EXPLORAÇÃO DE PETRÓLEO E DE GÁS NATURAL

Reflexões jurídicas sobre a oneração de tal atividade

C26t

Cardoso, Auta Alves.
Exploração de petróleo e de gás natural: reflexões jurídicas sobre a oneração de tal atividade / Auta Alves Cardoso. – São Paulo : Noeses, 2015.

Inclui bibliografia.
480 p.
ISBN: 978-85-8310-046-1

1. Petróleo. 2. Petróleo - exploração. 3. Gás - exploração. 4. Royalties. 5. Exploração - petróleo/gás - direito tributário. 6. Exploração - petróleo/gás - natureza tributária. 7. Compensação - direito tributário. 8. Compensação - direito civil. I. Título.

CDU - 665.6:340

AUTA ALVES CARDOSO

Doutora e Mestra em Direito Tributário pela Pontifícia
Universidade Católica de São Paulo – PUC/SP

EXPLORAÇÃO DE PETRÓLEO E DE GÁS NATURAL

Reflexões jurídicas sobre a oneração de tal atividade

2015

Copyright 2015 By Editora Noeses
Fundador e Editor-chefe: Paulo de Barros Carvalho
Gerente de Produção Editorial: Rosangela Santos
Arte e Diagramação: Renato Castro
Designer de Capa: Aliá3 - Marcos Duarte
Revisão: Vanessa Faullame Andrade
Bibliotecária responsável: Maria Erilene de Alencar, CRB-8 / 9677

TODOS OS DIREITOS RESERVADOS. Proibida a reprodução total ou parcial, por qualquer meio ou processo, especialmente por sistemas gráficos, microfílmicos, fotográficos, reprográficos, fonográficos, videográficos. Vedada a memorização e/ou a recuperação total ou parcial, bem como a inclusão de qualquer parte desta obra em qualquer sistema de processamento de dados. Essas proibições aplicam-se também às características gráficas da obra e à sua editoração. A violação dos direitos autorais é punível como crime (art. 184 e parágrafos, do Código Penal), com pena de prisão e multa, conjuntamente com busca e apreensão e indenizações diversas (arts. 101 a 110 da Lei 9.610, de 19.02.1998, Lei dos Direitos Autorais).

2015

Editora Noeses Ltda.
Tel/fax: 55 11 3666 6055
www.editoranoeses.com.br

Dedico este livro

Aos meus pais, por tudo. Sempre.
À minha filha, Flávia, por ser essa luz tão intensa em minha vida.
Aos meus irmãos, por este caminhar juntos.
Ao Professor Dr. Paulo de Barros Carvalho, jurista e filósofo incomparável, que muito dignifica a cultura jurídica brasileira.
Aos amigos, em todas as dimensões.
À memória de N.P.

SUMÁRIO

PREFÁCIO XV

INTRODUÇÃO 01

CAPÍTULO I - DIREITO, FILOSOFIA E INTERPRETAÇÃO 07

1.1 Hermenêutica: Teoria da interpretação na tradição ... 08

1.2 Teoria da interpretação no Direito – teoria analítica. O neopositivismo lógico – A importância da linguagem. 16

    1.2.1 Da influência do neopositivismo lógico no ato de interpretar. Da importância da aplicação da lógica na interpretação do Direito – teoria analítica........ 18

1.3 Da importância da aplicação da lógica na interpretação do Direito - Teoria analítica..................................... 24

    1.3.1 Da influência dos princípios da identidade, terceiro excluído e da não contradição no ato de interpretar 28

1.4 O Direito como linguagem: Utilização da semiótica como método de interpretação 30

1.4.1 Língua e realidade na concepção de Vilém Flusser 33
1.5 Da virada hermenêutica: Do giro-linguístico 37
    1.5.1 Do texto e do contexto 43
    1.5.2 Do dialogismo 44
1.6 Axiomas da interpretação 48
1.7 O percurso gerador de sentido 50
    1.7.1 O percurso gerador de sentido dos textos jurídicos: Os planos S1, S2, S3 e S4 53
1.8 A relação entre interpretação e aplicação do Direito .. 58
    1.8.1 Da aplicação do Direito 59
1.9 Das lacunas: Problema meramente interpretativo – Análise semântica 62
1.10 Da valoração das interpretações jurídicas 64
1.11 Derivação e positivação no Direito 68

CAPÍTULO II - DO REGIME JURÍDICO APLICÁVEL À EXPLORAÇÃO DE PETRÓLEO E DE GÁS – DOS CONTRATOS DE CONCESSÃO, DE PARTILHA DE PRODUÇÃO E DE CESSÃO ONEROSA 73

2.1 Do regime jurídico constitucional referente à exploração de petróleo e de gás 73
2.2 Do regime jurídico infraconstitucional, regulador da exploração e produção de petróleo e de gás natural ... 79
    2.2.1 Da Lei nº 2.004/53 79
    2.2.2 Da Lei nº 3.257/57 80
    2.2.3 Do Decreto-lei nº 523/69 80
    2.2.4 Do Decreto-lei nº 1.288/73 80
    2.2.5 Da Lei nº 7.453/85 81

2.2.6 Da Lei nº 7.525/86 82

2.2.7 Da Lei nº 7.990/89 84

2.2.8 Da Lei nº 8.001/90 85

2.2.9 Da Lei nº 9.478/97 86

2.3 Limites constitucionais e legais à atuação das agências reguladoras 91

    2.3.1 Dos diferentes regimes jurídicos regulatórios das atividades de exploração e produção (E&P) 119

    2.3.2 Da experiência internacional com referência à utilização dos diferentes regimes jurídicos regulatórios 132

2.4 Do regime legal aplicável aos contratos de concessão no Brasil 136

    2.4.1 Bônus de assinatura 139

    2.4.2 *Royalties* 143

    2.4.3 Participação especial 147

    2.4.4 Pagamento pela ocupação ou retenção de área .. 151

    2.4.5 Participação para os proprietários da terra 153

2.5 As regras-matrizes das contrapartidas governamentais nos contratos de concessão 158

2.6 Da Lei nº 12.351/2010 – Pré-sal e áreas estratégicas.... 160

2.7 Do contrato de partilha de produção 171

2.8 Da Lei nº 12.304/2010 – Criação da empresa PRÉ-SAL PETRÓLEO S/A 177

2.9 Da Lei nº 12.276/2010 – Contrato de cessão onerosa ... 182

2.10 Das participações governamentais no Direito alienígena 194

CAPÍTULO III - DOS *ROYALTIES* **197**

3.1 Do Plano S1 do percurso gerador de sentido das normas jurídicas 197

3.2 Evolução legislativa dos *royalties* 199

3.3 A acepção semântica do vocábulo *royalty* adotada nestas reflexões 207

3.4 Entendimento jurisprudencial sobre o royalty 210

3.5 Da polêmica distribuição dos valores intitulados de *royalties* do petróleo 218

3.6 Da titularidade do produto da lavra de petróleo e de gás 258

CAPÍTULO IV – DA NATUREZA TRIBUTÁRIA DA IMPOSIÇÃO DEVIDA PELA EXPLORAÇÃO DE PETRÓLEO E DE GÁS **267**

4.1 Da teoria da norma 267

4.2 Das normas jurídicas gerais e individuais, abstratas e concretas 274

4.3 Da regra-matriz de incidência 278

4.4 Da definição jurídica de tributo 282

4.5 Espécies tributárias 287

    4.5.1 Das taxas 289

    4.5.2 Permissivos constitucionais para a imposição de taxas 290

4.6 Dos impostos 297

    4.6.1 Das contribuições de melhoria 298

    4.6.2 Das contribuições 299

        4.6.2.1 Das espécies de contribuições 306

4.6.2.1.1 Das contribuições de intervenção no domínio econômico 306

4.6.2.1.2 Das contribuições sociais 309

4.6.2.1.3 Das contribuições de interesse das categorias profissionais 312

4.7 Da oneração tributária sobre a exploração e produção de petróleo e gás 313

CAPÍTULO V - A COMPENSAÇÃO COMO INSTITUTO DE DIREITO CIVIL: FORMA DE EXTINÇÃO DAS OBRIGAÇÕES 327

5.1 Da previsão da compensação no art. 368 do CC 327

5.2 Classificação jurídica 330

5.3 Espécies de compensação 332

    5.3.1 Da compensação legal 332

        5.3.1.1 Requisitos da compensação legal 333

        5.3.1.2 Reciprocidade dos créditos e débitos 333

        5.3.1.3 Obrigações de terceiros 333

        5.3.1.4 Pluralidade de créditos e de dívidas 335

        5.3.1.5 Da solidariedade 336

        5.3.1.6 Da cessão de crédito 337

        5.3.1.7 Das medidas de constrição e direitos de terceiros 338

5.4 Da liquidez das dívidas 339

    5.4.1 Da fungibilidade dos débitos 341

5.5 Da exclusão da compensação 342

5.6 Do lugar da compensação 345

5.7 Da compensação de dívidas fiscais 345

5.8 Da compensação convencional.. 347

5.9 Da compensação judicial.. 348

5.10 Efeitos da compensação 348

CAPÍTULO VI - A COMPENSAÇÃO TRIBUTÁRIA: PAGAMENTO 351

6.1 Notas introdutórias 351

6.2 O princípio constitucional da não-cumulatividade e a compensação tributária 352

6.3 Requisitos da compensação tributária............................ 356

6.4 Classificação jurídica 356

6.5 Do fenômeno da positivação do Direito......................... 359

6.6 Características da compensação tributária 362

    6.6.1 Da liquidez e certeza.. 363

6.7 Da aplicação do art. 170-A do CTN................................. 364

CAPÍTULO VII – AS CONTRAPARTIDAS GOVERNAMENTAIS NÃO POSSUEM NATUREZA CONTRATUAL. DECORREM DA LEI.. 367

7.1 Prestação de serviço público ou exercício de atividade econômica?... 367

7.2 Os contratos de concessão, de partilha da produção e de cessão onerosa são contratos administrativos 370

7.3 O dever de pagar as denominadas participações governamentais decorre da lei e não da vontade dos contratantes... 373

CAPÍTULO VIII – DA DESTINAÇÃO CONSTITUCIONAL DOS VALORES ADVINDOS DA EXPLORAÇÃO DE PETRÓLEO E DE GÁS. DAS RECEITAS PÚBLICAS 375

8.1 Classificação das receitas auferidas pelo Estado.......... 375

8.2 Da compensação financeira e da participação no resultado da exploração como receitas do Estado.......... 378

8.3 A compensação financeira como indenização administrativa 383

8.4 A compensação financeira como indenização ambiental 394

8.5 A compensação financeira como preço público........... 405

CAPÍTULO IX – DA PARTICIPAÇÃO NO RESULTADO DA EXPLORAÇÃO DE PETRÓLEO E DE GÁS 413

CAPÍTULO X – DA DESTINAÇÃO CONSTITUCIONALMENTE PREVISTA PARA PRODUTO DA ARRECADAÇÃO ADVINDO DA EXPLORAÇÃO E DA PRODUÇÃO DE PETRÓLEO E DE GÁS 423

CONCLUSÃO 433

REFERÊNCIAS BIBLIOGRÁFICAS............................. 443

PREFÁCIO

É momento precioso para o conhecimento jurídico aquele no qual se verifica a intersecção das proposições teóricas com o plano das realizações práticas, ali onde as necessidades prementes da vida social reclamam construções do intelecto que possam ser bem compreendidas, a ponto de produzir respostas concretas que satisfaçam o espírito crítico, transcendendo a circunstância e permitindo ao ser humano avançar no domínio cognoscitivo do mundo que o cerca.

Penso que tais palavras se ajustam bem ao Prefácio deste trabalho, fruto das inquietações vividas intensamente pela Autora, na condição de profissional que lida com questões atinentes à exploração e à produção de petróleo.

Para além dessa vivência, rica e variada na multiplicidade de seus aspectos, o tema recebe de Auta Alves Cardoso um olhar metodologicamente privilegiado, reconhecido pelo rigor analítico que imprime a seu discurso, orientando-se pela utilização das categorias do Constructivismo Lógico Semântico, pensamento que desenvolve com segurança e determinação.

É preciso dizer que a obra corresponde à sua tese de doutorado, brilhantemente sustentada na Pontifícia Universidade Católica de São Paulo, perante Banca Examinadora exigente, que não lhe poupou explicações sobre a matéria.

Agora, se refletirmos bem sobre a marcha do processo histórico brasileiro, poderemos notar a importância estratégica do petróleo, seja pelos valores que movimenta, seja pelas vicissitudes políticas sempre presentes no contexto do mercado nacional e internacional.

Sabemos que tem sido algo decisivo na vida de nossa República, confirmando-se a perspectiva desta análise na profusão de normas jurídicas que se destinam a regular as atividades de exploração, de produção e de comercialização do produto, âmbitos cujo controle e acompanhamento dizem respeito à própria segurança nacional.

Ora, foi precisamente sobre este subsetor da experiência jurídica que a Autora demarcou o objeto de suas preocupações, empreendendo estudo aprofundado para nele acomodar, em categorias definidas e consistentes, aquele encontro de que falei entre teoria e prática, ciência e experiência. Submete, assim, esse recorte do direito positivo a exame apurado, valendo-se da teoria das normas e segregando os traços distintivos e consequentes regimes jurídicos de cada uma das imposições legais sobre a produção e a exploração do petróleo na ordem nacional: (i) o bônus de assinatura; (ii) a participação especial; (iii) o pagamento pela ocupação ou retenção da área; (iv) o pagamento aos proprietários da terra; e (v) os royalties.

E é justamente no coteja das normas-padrão de cada uma dessas cobranças que Auta faz brilhar seu espírito crítico, expondo as inconsistências do legislador e o desencontro entre as previsões da lei e as diretrizes constitucionais instituídas no art. 20, § 1º, do Estatuto Fundamental.

O livro que tenho o prazer de prefaciar é um escrito sério, elaborado com proposições jurídicas tecidas com esmero de linguagem, bem fundamentadas nas suas relações de coordenação e de subordinação, do que resultam conclusões claras e objetivas. Daí o grande interesse e oportunidade de seu lançamento no mercado jurídico brasileiro.

De parabéns, portanto, a Pontifícia Universidade Católica de São Paulo ao formar doutora de tão elevado nível, à jovem professora e já grande especialista, e à comunidade dos interessados em assunto de petróleo.

São Paulo, julho de 2015.

PAULO DE BARROS CARVALHO
Professor Emérito e Titular da PUC/SP e da USP

INTRODUÇÃO

O presente trabalho propõe a reflexão sobre a classificação jurídica das chamadas participações governamentais, devidas em razão da exploração de petróleo e de gás, bem como sobre a destinação constitucional do produto da mesma.

Atualmente, as discussões centram-se no resultado econômico da exploração, na disputa entre os Estados produtores e não produtores pela titularidade dos recursos, olvidando que a destinação dos mesmos só pode dar-se nos moldes constitucionalmente eleitos, a saber: compensação financeira ou participação no resultado da exploração.

Toda essa discussão não pode ser reduzida ao entendimento de que a compensação, constitucionalmente determinada, traduz-se em *royalties*. É preciso identificar e apartar as formas jurídicas que a União utiliza para <u>obter os recursos</u> dos exploradores dos campos – seja no regime jurídico da concessão, contrato de partilha de produção ou cessão onerosa – <u>da destinação</u> dos mesmos, tal como prevista na Constituição do Brasil.

Para tanto, estas reflexões estendem-se por dez Capítulos.

No Capítulo 1, denominado "Direito, Filosofia e Interpretação", alinhamos a corrente filosófica que norteou nossa investigação, porque qualquer reflexão sobre o Direito positivo deve ser precedida da apresentação da corrente filosófica a que se filia o estudioso. Tal providência é fundamental para que o leitor possa contextualizar-se.

A Filosofia da Linguagem presidiu nossas reflexões, já que o Direito é um objeto do mundo cultural que se verte em linguagem. Na esteira do Giro-linguístico, entendemos que, no mundo dos objetos culturais, a língua não é a forma de falar da realidade, mas sim o elemento que a constitui. A realidade é uma convenção linguística em um dado momento histórico. Conhecer um objeto significa emitir proposições sobre o mesmo.

Analisamos, ainda que sucintamente, os pressupostos do Construtivismo Lógico Semântico, que norteou nossa investigação sobre a classificação jurídica das chamadas participações governamentais, devidas pela exploração de petróleo e de gás, abordando a Filosofia da Linguagem, as características do discurso científico, os conceitos de Direito, de tributo, da compensação e da participação no resultado da exploração, a Teoria da Norma Jurídica, a Teoria do Ordenamento Jurídico e a Teoria da Incidência Normativa.

No Capítulo 2, está exposto o regime jurídico constitucional e o regime jurídico infraconstitucional aplicável à exploração de petróleo e de gás, trazendo os entendimentos doutrinários e jurisprudenciais sobre a legislação em foco, bem como os limites à atuação das agências reguladoras.

Neste Capítulo são demonstrados os diferentes regimes jurídicos regulatórios das atividades de exploração e de produção, denominadas de E&P, no Brasil e no mundo; é exposto e investigado o regime legal dos contratos de concessão, da partilha de produção e da cessão onerosa previstos em nosso Direito positivo para as atividades de E&P. Dentre as cláusulas dos referidos contratos, estão previstas as participações governamentais que, no contrato de concessão, dividem-se em bônus de assinatura, *royalties*, participação especial, pagamento pela ocupação ou retenção da área e participação para os proprietários da terra, que são analisadas sob o enfoque jurídico e lógico, por meio das suas regras-matrizes.

Nos contratos de partilha de produção, que se destinam ao pré-sal e a áreas estratégicas, investigamos as participações governamentais, que se dividem em bônus e *royalties*. Nos contratos de cessão onerosa, regidos pela Lei nº 12.276, de 30 de junho de 2010 – que autorizou a União a ceder onerosamente à Petróleo Brasileiro S.A. (Petrobras), dispensada a licitação, o exercício das atividades de pesquisa e da lavra de petróleo, de gás natural em áreas não concedidas localizadas no pré-sal, não podendo a produção exceder 5 (cinco) bilhões de barris equivalentes de petróleo – as participações governamentais restringem-se aos denominados *royalties*, que deverão ser apurados nos termos do art. 47 da Lei nº 9.478, de 6 de agosto de 1997.

Fazemos, ainda, no Capítulo 3, uma breve exposição das participações governamentais no Direito alienígena.

No Capítulo 3, cuidamos dos *royalties*, abordando a sua evolução legislativa, a multiplicidade das acepções semânticas que lhe são atribuídas e a acepção semântica adotada nestas reflexões; tratamos do entendimento jurisprudencial sobre os mesmos, a polêmica em torno da sua distribuição, bem como a titularidade do produto da lavra.

No Capítulo 4, passamos a investigar a natureza tributária das imposições devidas pela exploração de petróleo e de gás, expondo os motivos deste convencimento. Fazemos ainda uma brevíssima incursão pela Teoria da Norma e análises das diferentes espécies tributárias.

Nos Capítulos 5 e 6, visando identificar a classificação jurídica da compensação, prevista na Constituição Federal, é analisado o instituto à luz do Direito Civil e do Direito Tributário, o que demonstrou que a busca pela acepção semântica do vocábulo demandava maiores investigações, posto que o Texto Supremo não o empregou como forma de extinção das obrigações.

As denominadas contrapartidas governamentais, devidas pela exploração de petróleo e de gás, não possuem natureza contratual, mas decorrem da lei. As razões de tal convencimento estão postas no Capítulo 7.

No Capítulo 8, ao tratarmos da destinação constitucional dos valores advindos da exploração de petróleo e de gás, cuidamos da classificação das receitas auferidas pelo Estado, identificando, dentre elas, a compensação financeira e a compensação no resultado da exploração, referidas no art. 20, § 1°, da CF, em relação à União, aos Estados, ao Distrito Federal e aos Municípios.

A doutrina realizou um grande esforço na tentativa de classificar a compensação financeira prevista no art. 20, § 1°, da CF, ao cuidar da Compensação Financeira pela Exploração de Recursos Minerais (CFEM), classificando-a das mais diferentes formas, a saber: como cláusula contratual decorrente dos contratos de concessão; como indenização administrativa; como indenização ambiental e como preço público. Nossas investigações afastam-se de tais entendimentos, como está demonstrado no aludido Capítulo 8.

Analisamos, no Capítulo 9, a questão atinente à participação no resultado da exploração de petróleo e de gás, comentando o entendimento jurisprudencial a respeito.

No Capítulo 10, demonstramos que o destino da arrecadação advinda da exploração de petróleo e de gás só pode ser o constitucionalmente previsto, a saber: (a) a compensação financeira, devida quando houver o desequilíbrio patrimonial entre quem aufere os ganhos advindos da exploração de petróleo e de gás e quem suporta a lavra.

Neste caso, o valor devido ao desfavorecido deverá corresponder aos ônus comprovadamente suportados, dentre eles, a perda de receita tributária, decorrente da imunidade nas operações interestaduais que envolvem petróleo e gás, não podendo traduzir-se no montante obtido pela aplicação de alíquotas ao valor representativo da produção total do campo.

Aqui vale o alerta aos entes políticos beneficiados, de que tal montante não pode ser tido como receita fixa, porque os motivos determinantes do pagamento da compensação financeira podem ocorrer ou não e; (b) a participação no resultado da exploração – que pode ser paga aos Estados produtores ou não, neste último caso, se a lavra ocorrer no mar territorial, na plataforma continental ou na zona econômica exclusiva – que deverá ter por base de cálculo o resultado (conceito contábil) da exploração e não o valor total da produção do campo.

Abordando todos esses temas, esperamos ter contribuído para a discussão de matéria de importância vital para a sociedade brasileira, no que se refere à construção de uma sociedade solidária e justa, na partilha dos ganhos advindos da exploração e lavra de petróleo e de gás, mas ainda tão mal tratada pelo legislador e seus intérpretes.

Propomos a análise sistêmica do regime jurídico atinente à exploração de petróleo e de gás, sentindo-nos profundamente gratificados se conseguirmos estabelecer o debate técnico, distante, o quanto possível, de anseios políticos e arrecadatórios que tanto têm prejudicado e empobrecido, sob o enfoque jurídico, o trato da questão.

CAPÍTULO I

DIREITO, FILOSOFIA E INTERPRETAÇÃO

Como já tivemos oportunidade de consignar, qualquer reflexão sobre o Direito positivo deve ser precedida da apresentação da corrente filosófica a que se filia o estudioso. Tal necessidade epistemológica é reconhecida pela nossa melhor doutrina, como se verifica nas precisas lições de Paulo de Barros Carvalho,[1] pelas quais:

> (...) estou convicto que o discurso da Ciência será tanto mais profundo quanto mais se ativer, o autor, ao modelo filosófico por ele eleito para estimular sua investigação Requer-se, hoje, a inserção num paradigma mais amplo, numa tomada mais abrangente, capaz de manter-se em regime de interação com um esquema que possa realimentar incessantemente o labor da Ciência, nos quadros de uma concepção grandiosa do pensamento humano. O toque da cultura, cada vez reconhecido com maior intensidade, evita que se pretenda entrever o mundo pelo prisma reducionista de mero racionalismo descritivo. Por isso, o sopro filosófico, na forma superior de meditação crítica, há de estar presente em toda a extensão do trabalho.

A tal labor nos dedicaremos, neste Capítulo desde já declarando que a Filosofia da Linguagem presidirá nossas

---

1. CARVALHO, Paulo de Barros. *Direito tributário*: Linguagem e método. 2. ed. São Paulo: Noeses, 2008.

reflexões, já que o Direito é um objeto do mundo cultural que se verte em linguagem.

Na esteira do Giro-linguístico entendemos que no mundo dos objetos culturais a língua não é a forma de falar da realidade, mas o elemento que a constitui. A realidade é uma convenção linguística em um dado momento histórico. Conhecer um objeto significa emitir proposições sobre o mesmo.

Analisaremos, ainda que sucintamente, os pressupostos do Construtivismo Lógico Semântico, que norteará nossa investigação sobre a classificação jurídica das chamadas participações governamentais, devidas pela exploração de petróleo e de gás, abordando a Filosofia da Linguagem, as características do discurso científico, os conceitos de Direito, de tributo, da compensação e da participação no resultado da exploração, a Teoria da Norma Jurídica, a Teoria do Ordenamento Jurídico e a Teoria da Incidência Normativa.

Comecemos, então.

1.1. Hermenêutica: Teoria da interpretação na tradição

O Direito existe para que seja possível a regulação das condutas humanas nas suas relações de inter-humanidade, entre elas, a decidibilidade dos conflitos que se instauram no meio social. A aplicação do Direito positivo ao caso concreto pressupõe a compreensão e a interpretação das normas. A Hermenêutica trata, de modo genérico, dos meios, dos critérios e dos esquemas interpretativos.

Hermenêutica, segundo a visão tradicional, representada por Carlos Maximiliano[2] é a teoria científica da arte de interpretar. Não se confundem Hermenêutica e interpretação. A interpretação é a aplicação da Hermenêutica, sendo que a esta cabe descobrir e fixar os princípios que regem aquela.

---

2. MAXIMILIANO, Carlos. *Hermenêutica e aplicação do direito*. 9. ed. Rio de Janeiro: Forense, 1979.

A Hermenêutica clássica, influenciada pela apologia à universalidade da razão e pela crença no método científico, acreditava ser este o captador do sentido da norma jurídica, fundando-se sobre a compreensão epistemológica sujeito-objeto, relegando a linguagem a terceiro elemento entre o sujeito e o objeto.

Cabia ao intérprete, portanto, aplicar métodos interpretativos pré-definidos para extrair da lei o seu sentido e o alcance das suas expressões. A Hermenêutica, enquanto método de interpretação, reduzia-se a um conjunto de regras bem ordenadas que fixavam os critérios e os princípios norteadores da interpretação. Era, nesta acepção, a Hermenêutica a teoria científica da interpretação do Direito, sendo um instrumento para a realização do mesmo.

Para Francesco Ferrara,[3] o intérprete possui apenas o papel de mediador entre a lei e o fato. Consigna que:

> A missão do intérprete é justamente descobrir o conteúdo real da norma jurídica, determinar em toda a plenitude o seu valor, penetrar o mais possível (como diz Windscheid) na alma do legislador, reconstruir o pensamento legislativo.

No Brasil, o pensamento hermenêutico normativo era representado por Carlos Maximiliano[4] que ensinava:

> A Hermenêutica Jurídica tem por objeto o estudo e a sistematização dos processos aplicáveis para determinar o sentido e o alcance das expressões do Direito. As leis positivas são formuladas em termos gerais; fixam regras, consolidam princípios, estabelecem normas, em linguagem clara e precisa, porém ampla, sem descer a minúcias. É tarefa primordial do executor a pesquisa da relação entre o texto abstrato e o caso concreto, entre a norma jurídica e o fato social, isto é, aplicar o Direito. Para o conseguir, se faz mister um trabalho preliminar: descobrir e fixar o sentido verdadeiro da regra positiva; e, logo depois, o respectivo alcance,

---

3. FERRARA, Francesco. *Como aplicar e interpretar as leis*. Belo Horizonte: Líder, 2002.
4. MAXIMILIANO, Carlos. Op. cit.

a sua extensão. Em resumo, o executor extrai da norma tudo o que na mesma se contém: é o que se chama interpretar, isto é, determinar o sentido e o alcance das expressões do Direito.

A Hermenêutica Filosófica desenvolveu-se a partir do trabalho de Heidegger[5] para quem a hermenêutica permite revelar, descobrir, perceber qual o significado mais profundo daquilo que está na realidade manifesta.

Para Hans George Gadamer,[6] o labor da Hermenêutica não é mais desenvolver um caminho para a compreensão, mas "esclarecer as condições sobre as quais surge a compreensão." Interpretar, para o autor, já não é mais uma instância científica; é, antes, uma experiência humana do mundo, na qual a compreensão é um próprio critério existencial. Esclarece que a sua proposição não implica numa diminuição de cientificidade, mas na legitimação de um significado humano especial. Há de se reconhecer, em todo compreender, um engajamento real e efetivo.

Afirma Hans George Gadamer[7] que:

> Minha intenção verdadeira, porém, foi e é uma intenção filosófica: O que está em questão não é o que nós fazemos, o que nós deveríamos fazer, mas o que ultrapassando nosso querer e fazer, nos sobrevém, ou nos acontece.

Sua obra filosófica apresenta as estruturas fundamentais da compreensão, todas vinculadas entre si, a saber:

a) **O horizonte histórico** - parte da compreensão de que o ser humano é um ser incluído na História e que, por isso, acrescenta ao seu âmbito de visão o conjunto de experiências trazidas pela tradição. O horizonte histórico é o

---

5. HEIDEGGER, Martin. *Conferências e escritos filosóficos*. Coleção: Os pensadores. São Paulo: Vozes, 2003.

6. GADAMER, Hans George. *Verdade e método*. 3. ed. Rio de Janeiro: Vozes, 1997. p. 442.

7. Idem, p. 14.

campo de visão acrescido de todos os pré-juízos e preconceitos já adquiridos.

b) **O círculo hermenêutico** - o processo de interpretação se dá por meio da interação ontológico-dialética (representada em forma espiral) entre a consciência histórica do intérprete e a abertura interpretativa permitida pelo objeto, a partir do seu próprio mundo. A compreensão verdadeiramente se apresenta quando há interação daquilo que se conhece e daquilo que se propõe a conhecer, havendo ainda a interação circular passado e presente. Como consequência da fusão dos horizontes, apresenta-se a fusão de três características antes concebidas como distintas, a saber: compreensão, interpretação e aplicação. Para Hans George Gadamer,[8] a interpretação é uma forma explícita de compreensão. Por seu turno, a aplicação integra o ato de compreender. Em suma: compreende-se, aplicando.

c) **Mediação** - todo fenômeno jamais se mostra em sua pureza objetiva e apartado do seu tempo histórico, como que isolado e pronto à descoberta em seu estado bruto, mas antes aparece carregado da visão daquele que o observa. A compreensão é influenciada pelo prisma sob o qual o intérprete o analisa. É o conhecimento de algo como algo. Há uma pluralidade de camadas de sentido, sendo que, por meio do processo de mediação, pode-se alcançar a compreensão plena do objeto. A análise está permeada pela tradição em que o intérprete se acha situado e de onde ele recebe as experiências e os preconceitos que o influenciam na compreensão (conhecimento do objeto). A busca da revelação é o constante projetar e retroprojetar de sentidos. O recuo histórico permite aferir que opiniões fizeram jus ao fenômeno, dissociando-as das que dele se separam. A atividade interpretativa é de reconhecimento, ou seja, de conhecer novamente o objeto analisado,

---

8. GADAMER, Hans George. Op. cit.

repetindo esse ciclo até que a plenitude do conhecimento do mesmo;

d) **Diálogo** - o intérprete busca a abertura para a verdade do objeto observado e sua estrutura por meio da dialética da pergunta e da resposta, processo que marca o caráter dialógico da compreensão. Interrogar é abrir-se ao conhecimento, é pressupor que do objeto observado pouco ou nada se sabe, o que em última análise, também confirma a historicidade e a mediação como estruturas fundamentais para a compreensão. A chave para o conhecimento se dá no relacionamento íntimo entre sujeito e objeto, suscitando a conclusão de que o resultado final do processo encontra-se, de certa forma, latente no próprio objeto interpretado.

e) **Linguisticidade** - é o meio pelo qual ocorre a compreensão, pois tanto o pensamento como a comunicação são realizados por meio da linguagem. Esta não pode ser vista como mero instrumento de interligação subjetiva entre o objeto e o sujeito (intérprete), pois além de possibilitar o conhecimento dos fenômenos, a ela pertencemos e nela estamos contidos. Parte-se da premissa de que toda a linguagem é convencional, pois é convenção para designar os fenômenos e não a propriedade intrínseca destes. Ou seja, as palavras não são fruto de uma atribuição intelectiva feita pelo homem às coisas, são convenções que refletem a possibilidade do tema vir à tona. Para Hans George Gadamer,[9] o que pode ser compreendido é a linguagem, transformando-a no elemento universal da Hermenêutica, pois todo o fenômeno é linguisticamente delineado.

O trabalho de Hans George Gadamer, após a análise das críticas que sofreu, sobretudo de Jurgen S. Habernas,[10] revela que o autor jamais foi contra o método científico na busca

---

9. GADAMER, Hans George. Op. cit.
10. HABERNAS, Jurgen S. *Verdade e justificação*: ensaios filosóficos. São Paulo: Loyola, 2000.

da verdade, mas refutava o entendimento de que o método seria o único caminho na busca da verdade absoluta e universal. Concordou, também, que a aceitação incondicional dos preconceitos tradicionais é incapaz de servir na busca da verdade. A pré-compreensão, embora necessária e incidente no processo interpretativo, dever ser temperada com propriedades críticas capazes de dissociar os preconceitos legítimos dos ilegítimos.

Identifica o autor em comento, quatro propriedades críticas do processo de interpretação, a saber: a antecipação do todo; a distância temporal; a situação de aplicação e a retórica.

Assim, Hans George Gadamer[11] relativizou o conceito e a força da tradição e da autoridade, na medida em que seu reconhecimento não seria feito mediante a submissão dogmática, mas por meio de um ato de razão que é livre por essência. Assim, não se pode reduzir o conceito de preconceito a uma mera assunção que se chega pela tradição, mas sim uma apropriação crítica desses preconceitos, dissociando os legítimos dos ilegítimos.

Na obra de Hans George Gadamer,[12] a questão interpretativa deixa de colocar-se como um problema metodológico para ser um problema filosófico, à medida que a interpretação não é concebida como um meio de conhecer, mas como um modo de ser. A Hermenêutica deixa de ser um método para tornar-se uma ontologia: o modo de ser do homem, o seu método de compreender.

O jurista, ao compreender e, por conseguinte, interpretar, não deixa de fazer as suas pré-compreensões, pois estas são constitutivas da própria compreensão.

Estabelecendo-se uma comparação entre as principais características da Hermenêutica clássica e da Hermenêutica filosófica, tem-se que:

---

11. GADAMER, Hans George. Op. cit.
12. Idem.

Hermenêutica Clássica:	Hermenêutica Filosófica:
— a linguagem não contribui para a realização da interpretação, sendo apenas um mecanismo;	— a linguagem se apresenta como o modo de existir do próprio ato interpretativo. "O que pode ser compreendido é a linguagem", elemento universal da hermenêutica, poi todo o fenômeno é linguisticamente delineado.
— baseia-se em princípios metodológicos, reduzindo-se a um processo repetitivo de busca de um sentido verdadeiro;	— reconhece os pré-juízos carregados pelo intérprete e busca o conhecimento desde a origem, sem a colocação de sentidos no processo de interpretação;
— a verdade está contida na lei;	— adequa-se à realidade plural e mutável da sociedade;
— os símbolos repetitivos engolem a realidade em nome da estagnação;	— há a contribuição produtiva do intérprete no movimento da compreensão;
— a linguagem é relegada a um terceiro plano, constituindo um resumo de identificação entre o sujeito e o objeto;	— atribuição de sentido ontológico ao conhecimento da verdade;
— não se coaduna com o Estado de Direito porque a interpretação não reconhece o "estado das coisas" quando busca resolver conflitos;	— permite que o intérprete traga à fala o que compreende numa perspectiva de abertura e de aproximação à realidade;
— divorcia-se da fonte do conhecimento ao eleger fórmulas que descobrem a verdade do texto, deixando vaga a aproximação da realidade que se apresenta;	— a virada linguística faz da linguagem a própria interpretação;
— segue um caminho dogmático e metodológico, desenvolvendo um discurso positivista, criando uma base formalista e sistemática, ligeiramente temperada com argumentos teleológicos;	— prega a impossibilidade de se interpretar situações concretas, porque a interpretação não é algo que se extraia de algo material. Provém do inefável;
— busca sistematizar os processos aplicáveis à determinação do sentido e do alcance das normas, que seriam extraídos do próprio texto;	— a verdade não é única ou absoluta, mas desvelada de acordo com a época e as visões do autor e depois do intérprete;
— o discurso hermenêutico clássico não é científico ou metodológico, mas dogmático e tópico.	— a interpretação coloca-se ao juízo do próprio texto, numa mistura de opiniões do intérprete e do texto, que transforma o mundo das coisas e, por consequência, o modo de pensamento do ser humano enquanto intérprete;
	— estabelece o diálogo constante entre o texto e o intérprete, num contínuo perguntar e perguntar.

Relembradas as vertentes doutrinárias pertinentes ao tema, chega-se a:

a) **Definição de Hermenêutica** - utilizando para tanto a acepção mais ampla de Hermenêutica, preconizada pelo pensamento filosófico de Hans George Gadamer,[13] tem-se que esta é um ramo da Filosofia que além de possuir um foco epistemológico, estuda o fenômeno da compreensão.

b) **Importância da Hermenêutica para o Direito** - firmando-se as premissas de que tudo o que é apreendido e representado pelo sujeito cognoscente remete a um processo hermenêutico e que tudo nos vem à consciência pela palavra (ninguém pode pensar sem palavras), sendo a linguagem já a primeira interpretação, forçoso é concluir que a Hermenêutica é inseparável da vida humana e, por conseguinte, do Direito. O Direito depende da mediação hermenêutica. Sem Hermenêutica não há Direito, só texto.

Além disso, no quadro comparativo acima, foram demonstrados os diferentes rumos que o Direito pode assumir em uma dada sociedade a depender da postura hermenêutica adotada.

Se aplicada à Hermenêutica clássica, que usa o método como captador do sentido da norma, cabendo ao intérprete do Direito apenas a reprodução de uma ideia contida na literalidade da lei, método esse preconizado pelo próprio Direito positivo, têm-se que o Direito sofrerá um processo de engessamento, não acompanhando a realidade do seu tempo e do caso a decidir, mas, sobretudo afastando-se da busca da verdade, da origem do conhecimento, já que a verdade, para esta corrente de pensamento, é a contida na lei, mesmo que as particularidades do caso e as necessidades sociais de justiça apontem para outra solução. Tal postura não permite ao Direito a melhor regência da vida social, bem como a efetivação da justiça, mas o reduz a um sistema de dominação, o que não se coaduna com o Estado de Direito.

---

13. GADAMER, Hans George. Op. cit.

Já a aplicação da Hermenêutica filosófica é mais consentânea com as necessidades trazidas pela complexidade crescente das relações sociais, vez que busca a verdade por meio de pré-compreensões que o intérprete desde sempre possui do mundo. É inevitável, numa sociedade plural e no Estado Democrático de Direito, a recriação crítica dos textos. A Hermenêutica filosófica, além de admitir as pré-concepções do intérprete, também se coloca aberta ao juízo do próprio texto, numa mistura de opiniões – do intérprete e do texto – que dialogam em nome de uma interpretação real, sensível aos acontecimentos mutáveis que transformam o mundo das coisas e, por consequência, o pensamento humano.

1.2. Teoria da interpretação no Direito – Teoria analítica. O neopositivismo lógico – A importância da linguagem

Segundo as lições de Paulo de Barros Carvalho,[14] o Positivismo Lógico é uma das denominações que se dá a um movimento de pensadores, representantes dos mais variados ramos do saber humano que, na segunda década do século XX, discutiam problemas relativos ao conhecimento científico (Epistemologia).

Além de reduzirem o campo filosófico à Epistemologia, reduziram também a Epistemologia à Semiótica, compreendida esta como a teoria geral dos signos, abrangendo todo e qualquer sistema de comunicação. Atribuíram à linguagem grande importância, como instrumento por excelência do saber científico e demonstraram como a própria linguagem presta-se a ser o modelo de controle dos conhecimentos por ela produzidos.

Perceberam, ainda, que a linguagem natural, carregada de ambiguidades, vaguidades, entre outros fatores, não traduzia adequadamente as necessidades cognoscitivas do ser

---

14. CARVALHO, Paulo de Barros. *Direito tributário:...* cit.

humano, partindo para a elaboração de linguagens artificiais em que os termos imprecisos fossem substituídos por vocábulos novos, criados estipulativamente.

Os neopositivistas lógicos, na procura da depuração discursiva, outorgaram importância muito grande à sintaxe (os signos linguísticos são examinados nas suas relações mútuas, isto é, signos com signos) e à semântica (cuida da relação do signo com o objeto que ele representa) em detrimento do ângulo pragmático (os signos são vistos na relação que mantêm com os utentes da linguagem). Ao conceber uma linguagem ideal para as Ciências, construíram um paradigma empobrecido no plano pragmático, ainda que bastante rigoroso nos planos da Sintaxe e da Semântica.

O respeito às normas sintáticas (construção de frases com sentido) é um pressuposto inafastável para o sentido do enunciado. Mas a validade sintática, ainda que tenha sentido, não garante o conteúdo de verdade do enunciado. É preciso recorrer-se à Semântica, isto é, no domínio da relação das palavras e expressões com as realidades interiores ou exteriores que elas denotam. Havendo a ponte entre o suporte material dos signos e os objetos significados, surge o valor de verdade como atributo do enunciado. Para apurar-se a veracidade ou falsidade dos enunciados descritivos de situações objetivas, usa-se a verificabilidade como critério.

Um importante traço da concepção neopositivista está no fato de que exige não só uma boa formação da sintaxe frásica, como também declara que os enunciados inverificáveis não podem integrar o discurso científico. Este só há de abranger enunciados verdadeiros, assim considerados por serem passíveis de comprovação efetiva.

O Positivismo Lógico, que reduz a Filosofia à análise da linguagem, bifurca-se dando origem a uma vertente que se dirige à análise da linguagem científica – Neopositivismo Lógico (Sintaxe e Semântica) e Filosofia da Linguagem Ordinária, que toma por objeto a linguagem comum. Esta última preserva toda a riqueza do ângulo pragmático, que é inerente à linguagem natural.

O manifesto apresentava uma concepção científica do mundo. De tal concepção, emergem dois atributos essenciais, a saber: todo o conhecimento fica circunscrito ao conhecimento empírico e à reivindicação do método e da análise lógica da linguagem como instrumento sistemático de reflexão filosófica.

1.2.1. Da influência do neopositivismo lógico no ato de interpretar. Da importância da aplicação da lógica na interpretação do Direito – teoria analítica

Sendo certo que o Neopositivismo Lógico considerava a linguagem não só como o instrumento por excelência do saber científico, como também o modelo de controle dos conhecimentos por ela produzidos e que, como um dos atributos da sua concepção científica do mundo reivindicava o método e a análise lógica da linguagem como instrumento sistemático de reflexão filosófica, influenciou a interpretação do Direito (o conhecimento do Direito) como um sistema de linguagem. Para a interpretação, é necessária a investigação da linguagem em seus três planos fundamentais, que são: a *Sintaxe* (relacionamento que os símbolos linguísticos mantém entre si, sem qualquer alusão ao mundo exterior ao sistema); a *Semântica* (diz respeito às ligações dos símbolos com os objetos significados) e a *Pragmática* (formas pelas quais os utentes da linguagem a empregam na comunidade do discurso e na comunidade social para motivar comportamentos). Logo, o Neopositivismo Lógico abriu caminho para a Filosofia da Linguagem, em que interpretar o Direito é percorrer os planos sintático, semântico e pragmático, compondo a significação adequada do produto legislado.[15]

---

15. Idem.

É fato, entretanto, que tanto a linguagem natural, como a técnica, na qual se verte o Direito positivo, apresentam vícios que dificultam a interpretação, denominados pela doutrina como ambiguidade, vaguidade e carga emotiva.

Para Tercio Sampaio Ferraz Jr.,[16] um símbolo é quando é possível usá-lo para um campo de referência com diferente intenção, manifestando qualidades diversas. Ou seja, o termo possui mais de um significado. Exemplo: "seduzir mulher honesta". A palavra honesta, neste contexto, não possui um sentido definido, pois conota várias significações. Quando é definido o sentido e delimitada a sua intenção surge a definição conotativa. Exemplo "entende-se por mulher honesta aquela que manifesta no comportamento as seguintes qualidades: (...)."

Para Genaro R. Carrió,[17] não é certo que todas as palavras sejam usadas em todos os contextos para conotar as mesmas propriedades. Assim, a palavra rádio pode conotar, entre outras significações: (a) aparelho para ouvir música; (b) elemento químico descoberto pelo casal Curie etc. Logo, o significado das palavras está em função do contexto linguístico em que aparecem e da situação humana dentro das quais são usadas. As dificuldades práticas podem ser superadas se for tomada a precaução de precisar, nos casos de possíveis dúvidas, o sentido no qual a palavra ou expressão foi empregada.

Um símbolo é vago quando seu possível campo de referência é indefinido. Por exemplo: matar alguém. A palavra alguém é uma variável que pode ser substituída por qualquer pessoa. Mas quando temos uma pessoa? O feto é uma pessoa? Quando definimos o campo dos objetos que o símbolo denota, temos uma definição denotativa ou definição pela extensão. Exemplo: "pessoas são todos os seres humanos do momento em que nascem até quando morrem".

---

16. FERRAZ JR., Tercio Sampaio. *Introdução ao estudo do direito*. Técnica, decisão dominação. 6. ed. São Paulo: Atlas, 2010.

17. CARRIÓ, Genaro R.. *Notas sobre derecho e lenguaje*. Buenos Aires: Abeledo-Perrot, 1990.

Afirma Genaro R. Carrió,[18] nos casos de vaguidade, a dúvida não se origina de falta de informação sobre o objeto, mas do fato do intérprete não saber onde termina o campo de aplicação da palavra. Tal fenômeno ocorre toda vez que uma palavra tem como critério relevante de aplicação uma característica ou uma propriedade em que os fatos se dão de forma contínua. Por exemplo: "jovem, adulto, alto, baixo etc".

A pergunta aqui não é o que significa jovem ou alto. Não é um problema de ambiguidade. A pergunta aqui é: em que precisa idade se deixa de ser jovem? Quanto se tem que medir para ser alto?

É fato que todas as palavras que usamos para falar do mundo ou de nós mesmos são, ao menos, potencialmente vagas. Suas condições de aplicação não estão determinadas em todas as direções possíveis. Sempre podemos imaginar casos, suposições ou circunstâncias, face aos quais o uso não indica a aplicação do termo nem a sua inaplicabilidade.

A essa característica de vaguidade potencial da linguagem natural a doutrina denomina de textura aberta da linguagem ou vaguidade intencional.

A carga emotiva ou o uso emotivo da linguagem tem o condão de provocar certas respostas emotivas nas pessoas. Usam-se palavras dentro de certos contextos para provocar a aprovação ou desaprovação do ouvinte, indignação, apoio ao entendimento exposto, repulsa etc. Dentre as palavras que possuem forte carga emotiva, estão os vocábulos: Direito, liberdade, democracia, oligarquia etc. Exemplo deste uso da linguagem está no discurso político. Daí porque o Positivismo jurídico pretendeu redefinir Direito e palavras relacionadas em termos desprovidos de carga emotiva.

Para Genaro R.Carrió,[19] é difícil eliminar o fato emotivo de uma palavra por meio de uma redefinição do seu conteúdo

---

18. Idem.
19. Idem.

descritivo, notadamente das palavras que há muito se incorporaram à linguagem cotidiana. Não basta determinar que doravante determinada palavra será usada em um certo sentido, desprovida de carga emotiva.

Isto é assim porque a língua é algo vivo, que comporta vários usos ou funções, a depender do que o utente pretende transmitir e do contexto na qual se desenvolve o fenômeno comunicacional.

Assim, se a pretensão é a realização de um discurso científico, por exemplo, deverá ser usada a *linguagem descritiva ou informativa*, que comporta a valoração em verdadeiro e falso; se o emissor desejar exprimir seus sentimentos usará a *linguagem na função expressiva de situações subjetivas*; se o emitente desejar manifestar prescrições diretivas do comportamento das pessoas, dar ordens, deverá usar a *linguagem prescritiva* das condutas; quando há a necessidade de se fazer indagações ou pedidos, utiliza-se a *linguagem interrogativa* ou dos pedidos; quando os modos de significar são usados para concretizar alguma ação, realizando por meio das palavras atos que, segundo convenções, constituem uma situação, há de ser usada a linguagem na sua função *operativa ou performática*; para o emissor estabelecer e manter a comunicação, bem como cortá-la, deverá empregar a *linguagem fáctica*; se o objetivo da comunicação é convencer o ouvinte, induzir, instigar, deve ser usada a linguagem na função *propriamente persuasiva*; se o intuito do emissor for dirigir contra a mensagem de outrem enunciados que visem a obscurecê-la, confundi-la ou dificultar a sua aceitação por terceiros, estará usando a linguagem na sua função *afásica*; se o utente da linguagem desejar criar contos fantasiosos ou fictícios, como as histórias infantis, utilizará a linguagem na sua função *fabuladora*; há, ainda, a *função metalinguística* quando a metalinguagem aparece no interior do discurso, quando o próprio emissor fala do seu discurso.[20]

---

20. CARVALHO, Paulo de Barros. *Direito tributário:*... cit.

Para afastar o vício da ambiguidade na atividade interpretativa deve o emissor da mensagem ou o autor do texto valer-se do processo de elucidação, identificando ou esclarecendo a terceiros o sentido dado ao termo utilizado. No que atine à vaguidade seus efeitos podem ser minimizados por meio da definição. Ou seja, conforme Aurora Tomazini de Carvalho,[21] "aumentamos a precisão de um termo diminuindo a extensão da sua conotação, ou seja, definindo seu conceito mais detalhadamente." Entretanto, é preciso atentar que a vaguidade não pode ser totalmente eliminada, porque a definição de um termo é feita por outro termo também vago. Como as palavras não tocam a realidade, mas apenas a retratam por meio de símbolos convencionais, nenhuma definição, por mais precisa que seja a reproduz.

Neste trabalho, a necessidade de elucidação aparece a cada passo, visto que os vocábulos compensação, *royalties*, dentre outros, necessitam de definição semântica para que seja possível a compreensão da classificação jurídica das denominadas participações governamentais.

A carga emotiva pode produzir alterações de significação, razão pela qual deve ser totalmente neutralizada na interpretação, notadamente de textos científicos em que deve prevalecer a função descritiva da linguagem.

Ensina-nos Aurora Tomazini de Carvalho,[22] que:

> No âmbito científico, as definições tendentes a satisfações ideológicas devem ser afastadas, pois as Ciências prezam pela neutralidade do discurso. A neutralidade científica, no entanto, não implica isenção de valores, pois eles estão presentes inerentemente a toda compreensão que se faça do mundo, mas importa evitar a expressão de emoções na definição do uso dos termos.

---

21. CARVALHO, Aurora Tomazini de. *Curso de teoria geral do direito*. São Paulo: Noeses, 2009. p. 63.

22. Idem, p. 66.

Dada à inexistência de conteúdo mínimo (comum) das palavras e dos textos, não é possível falar da existência de um conteúdo mínimo das palavras, porque os símbolos nada significam isoladamente. O que lhes confere significado é o seu uso. Uma língua admite usos diversos para os signos. Na esteira das proposições do Giro-linguístico, as palavras não têm um único conceito; este varia de acordo com a sua forma de uso.

Para Aurora Tomazini de Carvalho:[23]

> É certo que possuímos o conceito de uma palavra por vivenciarmos uma língua, ou seja, por habitarmos um dado contexto cultural. É isto que aproxima e distancia os conceitos e torna possível a comunicação. Não há um mínimo de significado comum preso às palavras, as associações são livres.

Tal fato se verifica na medida em que tanto os brasileiros como os portugueses falam a língua portuguesa, mas palavras que são grafadas e faladas da mesma forma possuem significados diferentes, em razão destes povos estarem inseridos em contextos culturais e sociais distintos, atribuindo livremente significado às palavras. Assim, contemporaneamente, a palavra pensar, no Brasil, é usada na acepção de formar ou combinar no espírito pensamentos e ideias, meditar, refletir; já em Portugal, é usada no sentido de prestar socorro médico. Assobio, no *Brasil*, é o silvo emitido com os lábios; em *Portugal*, é o apito.

Também não é possível falar de um conteúdo mínimo comum para os textos, porque o intérprete cria o significado daquilo que ouve ou lê, de acordo com a sua formação cultural, experiências anteriores, valores, independentemente do que pretendeu transmitir o emissor da mensagem.

Mas se as palavras e os textos não possuem um conteúdo mínimo que possibilite a comunicação intersubjetiva, como as pessoas comunicam-se, entendem-se, quer para acordar,

---
23. Idem, p. 53.

quer para discordar? *A resposta é que este conteúdo mínimo de significados está no contexto.* É na convivência social, na historicidade, na pré-compreensão do mundo, enfim, no mundo cultural, que reside um mínimo de significado consensado, que permite o estabelecimento do fenômeno comunicacional, dentre eles, o Direito.

1.3. Da importância da aplicação da lógica na interpretação do Direito – Teoria analítica

A correta construção sintática do texto é um dos requisitos necessários à interpretação, uma vez que os controles gramaticais são, em grande parte, responsáveis pelo sentido preciso das mensagens. A construção gramatical correta da frase é pressuposto inafastável do entendimento comunicacional e as regras de seu uso adequado estão na Sintaxe.

A formalização da linguagem natural permite apurar a estrutura do texto, no que atine às relações sintáticas que abriga, por meio da eliminação dos conteúdos de significação das palavras, remanescendo símbolos representativos do objeto e dos predicados em geral, além das partículas operatórias que exercem apenas função sintática.

A formalização da linguagem possibilita ao intérprete atenuar a vaguidade e a imprecisão da linguagem comum.

Ensina-nos Paulo de Barros Carvalho,[24] que a Lógica lida com entidades formais que organizam a estrutura do pensamento, constituindo-se em poderoso instrumental descritivo que permite ao intérprete apurar a racionalidade no discurso jurídico, sendo capaz, pela utilização das leis e estruturas lógicas, de apontar uma infinidade de características, vícios e contradições no ordenamento normativo.

Vale a lógica da linguagem formalizada, em que todas as palavras do discurso são substituídas por símbolos lógicos

---

24. CARVALHO, Paulo de Barros. *Direito tributário:...* cit., p. 69.

para a elaboração de cálculos proposicionais. A formalização deixa de lado os núcleos específicos de significação das palavras para ficar com os signos convencionalmente estabelecidos, que não apontam para este ou aquele objeto e mas para o objeto em geral.

Trata, portanto, de despojar-se a linguagem natural, técnica, científica ou qualquer outra de seus teores estritos de significação, substituindo-os por símbolos que expressem os objetos em geral, os predicados em geral, além das partículas que cumprem funções meramente sintáticas ou operatórias. Desta forma, o sistema de conhecimento fica reduzido às suas estruturas formais, em que os materiais empíricos ou intuitivos são postos de lado, para que surjam, em evidência, as relações sintáticas do discurso.

Continua ensinando-nos o autor em comento que, apesar de toda a formalização, com simbologia artificialmente criada para atenuar a vaguidade e a imprecisão da linguagem comum, mesmo assim estaremos diante de uma autêntica linguagem. Há variáveis x e y e uma constante R, de tal modo que as variáveis possuem um mínimo de significação, recolhendo em x e y quaisquer pessoas, sujeitos de direito.

Não pode substituir x e y por pessoas ou fatos, o que indica haver realmente uma significação muito genérica. Também R como relacional deôntico surgirá sempre modalizado num dos operadores: O (obrigatório); P (permitido) e V (proibido), inexistindo uma quarta possibilidade (lei deôntica do quarto excluído). Estamos diante de uma linguagem com estrutura sintática, rígida e bem organizada, com plano semântico em que seus termos encontram uma (e somente uma significação), com dimensão pragmática existente, embora pobre.

Para Paulo de Barros Carvalho,[25] no domínio das estruturas lógicas, o *termo* é a expressão da verbal da ideia. A *proposição* é a expressão verbal do juízo (é o ato pelo qual afirmamos

---

25. CARVALHO, Paulo de Barros. *Direito tributário:...* cit., p. 77.

ou negamos que a ideia de um predicado convém à ideia de dado objeto, sujeito da predicação). O argumento é a expressão verbal do raciocínio.

As noções, os juízos e o raciocínio são produzidos e permanecem na mente. Verbalizados surgem como termos, proposições e argumentos.

Vista a proposição internamente, teremos: *variáveis de objeto e variáveis de predicado* como categoremas; *partículas que cumprem papéis meramente sintáticos* dentro do esquema proposicional (operadores ou functores e quantificadores), isto é: sincategoremas.

Na forma clássica da estrutura proposicional, na lógica apofântica, temos: S é P, onde S e P são categoremas (S é variável de objeto e P variável de predicado) e o é apofântico faz às vezes de sincategorema.

Há situações em que o termo objeto e o termo predicado são compostos, aparecendo então conectivos como "e", "ou" ligando os símbolos integrantes. Noutras, o termo vem afetado por quantificador, tais como: todos, nenhum, alguns, pelo menos um.

Ocorre que, só com categoremas ou sincategoremas, não dá para construir uma estrutura formal dotada de validade sintática. Outras regras sintáticas, da lógica proposicional, disciplinam a conjugação de proposições numa combinatória apta para a elaboração de infinitas fórmulas. É importante observar que o universo das formas lógicas não termina com as indagações proposicionais. Antes estas se integram em estruturas mais complexas, até alcançar a condição limite de sistema. As associações se fazem por meio de conectivos (negador, e, ou includente, ou-excludente, se..., então, se e, somente se). Outras regras sintáticas, da Lógica Proposicional, disciplinam a conjugação de proposições, numa combinatória apta para a elaboração de infinitas fórmulas, todas pertencentes ao sistema.

EXPLORAÇÃO DE PETRÓLEO E DE GÁS NATURAL

Neste estudo, quando abordarmos as destinações constitucionalmente previstas para o produto da arrecadação advinda da exploração de petróleo e de gás, veremos que o art. 20, § 1º, da CF empregou o conectivo "ou" de forma excludente, pois assegurou às pessoas políticas o direito de receberem compensação financeira ou participação no resultado da lavra de petróleo e de gás. Isto significa que se os entes políticos receberem compensação financeira, não poderão receber também a participação no resultado da exploração.

Continuando as nossas reflexões sobre a Lógica, e ainda no rastro das lições de Paulo de Barros Carvalho,[26] temos que relações lógicas, ao contrário do que ocorre com as relações naturais, do mundo dos fatos, regidas pela causalidade, regem-se pelas *relações de implicação* instauradas entre os termos, as proposições ou os feixes de proposições de tal forma que o termo, a proposição ou o conjunto delas situada no tópico de antecedente, é condição suficiente do termo, da proposição ou do conjunto delas, alojado no lugar sintático do consequente que, por sua vez, será condição necessária do antecedente.

Para Lourival Vilanova,[27] a norma jurídica apresenta estrutura dual, dividindo-se em duas partes, a saber: *norma jurídica primária*, em que se estatuem as relações deônticas (direitos e deveres) como consequência da verificação de pressupostos fixados na proposição descritiva de situações fáticas ou situações juridicamente qualificadas; e *norma jurídica secundária*, em que se preceituam as consequências sancionadoras, no pressuposto do descumprimento do estatuído na norma determinante da conduta juridicamente devida.

As expressões normas primárias e secundárias não exprimem as relações de ordem temporal ou causal, mas de antecedente lógico para consequente lógico.

---

26. Idem.

27. VILANOVA, Lourival. *As estruturas lógicas e o sistema de direito positivo*. São Paulo: Noeses, 2005. p. 105.

Para Paulo de Barros Carvalho[28] a norma jurídica completa pode ser formalmente representada assim: D{(p →q) v [(p→ -q) → S]}

Também é importante reter que as relações lógicas dão-se na região dos objetos ideais e partem da experiência da linguagem, mas não estão na linguagem.

Contudo, é preciso observar, o que nos ensinou Geraldo Ataliba,[29] para quem a lógica é apenas um ponto de vista do conhecimento, sendo que a experiência jurídica integral levará em conta todos os aspectos constituintes do dado: o lógico nos enunciados e o empírico nos dados de fato, valorativamente selecionados da realidade física e social. Ou seja, a lógica, por si só, não é suficiente para conduzir a concreção material da experiência jurídica, isolando, na sua amplitude, somente os aspectos formais das normas.

Neste trabalho, empregaremos a Lógica para a ordenação do pensamento, valendo-nos dos princípios da identidade, do terceiro excluído e da não contradição no ato de interpretar; para as classificações, bem como para a análise das relações que se estabelecem entre os signos (Semiótica) e entre as normas de diferentes hierarquias.

1.3.1. Da influência dos princípios da identidade, terceiro excluído e da não contradição no ato de interpretar

Nas lições de Paulo de Barros Carvalho,[30] tais critérios são empregados se o intérprete se deparar com a linguagem formalizada dos cálculos proposicionais. Formalizar significa reduzir o conteúdo referencial da linguagem, fazendo desta

---

28. CARVALHO, Paulo de Barros. *Direito tributário:...* cit., p. 139.

29. ATALIBA, Geraldo. *As estruturas lógicas e o sistema de direito positivo*. Prefácio. São Paulo: Noeses, 2005.

30. CARVALHO, Paulo de Barros. *Direito tributário:...* cit.

forma aparecer as estruturas que estavam encobertas. Logo, a análise lógica não permite, por si só, a solução de casos concretos, postos ao julgador, já que nestes casos, aplicar a norma envolve juízos semânticos.

A elaboração e principalmente as operações entre fórmulas lógicas submetem-se a princípios básicos, a saber: o princípio da identidade, o princípio da não-contradição e o princípio do terceiro excluído.

O princípio da identidade é a base de todo o discernir lógico; por ele toda proposição implica em si mesma: "(p→ p)", que resulta na sua equivalência "(p≡ p)".

O princípio da não contradição enuncia que nenhuma proposição descritiva pode ser verdadeira e falsa ao mesmo tempo: "- (p.-p)". Noticia o autor em foco, na obra aqui referida, que alguns estudiosos entendem ser tal problemática de natureza semântica e pragmática e não apenas sintática, pretendendo demonstrar que sem a lei da contradição desfaz-se o discurso, rompe-se a possibilidade da comunicação. E isso ocorre porque ou os símbolos deixam de atuar como símbolos ou não se pode refletir no discurso o real.

Para o princípio do terceiro excluído toda proposição é verdadeira ou falsa, não existindo uma terceira possibilidade: "p v ~ p". Aqui também sustenta-se que a problemática do terceiro excluído é essencialmente semântica.

Diante disso, tem-se que quando o intérprete for enfrentar um cálculo proposicional, terá que ter em mente que sem os princípios, ora em comento, não há como o cálculo lógico se desenvolver. A ausência de qualquer um dos três critérios impossibilita a comunicação.

1.4. O Direito como linguagem: Utilização da Semiótica como método de interpretação

Inicialmente, é preciso fixar a relevância de tomar o Direito como linguagem, porque, como adverte Paulo de Barros Carvalho,[31] esta é o seu meio exclusivo de manifestação, notadamente "a verbal-escrita, em que se estabilizam as condutas intersubjetivas, ganhando objetividade no universo do discurso."

A linguagem é o sistema que melhor atende aos contatos intersubjetivos, como mecanismo fecundo de intercâmbio de informações, da transmissão de notícias e de conhecimentos, de ordens e de sentimentos, de sugestões, da formulação das perguntas, da própria realização dos fatos para a sociedade, bem como para a aproximação inicial das pessoas no convívio diário.

A linguagem é um modo de aquisição do saber científico, valendo-se para tanto da aplicação de mecanismos lógicos na construção de modelos artificiais para a comunicação científica.

Quando o objeto de estudo é a linguagem, imediatamente surge a necessidade de investigação do vocábulo signo. Signo é a unidade de um sistema que permite a comunicação inter-humana, *possui o* status lógico de relação; nele, um suporte físico se associa a um significado e a uma significação.

A Semiótica é a Teoria Geral dos Signos; é a Ciência que estuda as unidades representativas do discurso. Ora, sendo o Direito um fenômeno comunicacional, vertido em linguagem verbal-escrita, claro está que a Semiótica se apresenta como uma das técnicas pelas quais o Direito positivo pode ser interpretado.

Embora haja na doutrina entendimentos diferentes quanto ao signo encerrar uma relação triádica ou bilateral,

---

31. Idem, p. 162.

esta análise tomará o signo como uma relação triádica entre: (a) um suporte físico, (b) um significado e (c) uma significação.

O *suporte físico* é a parte material do signo, captada pelos nossos sentidos, aquilo com o qual temos contato físico (ex.: os gestos da mímica, as ondas sonoras da fala, as marcas de tinta no papel da escrita etc.). O suporte físico da linguagem idiomática é a palavra falada ou a palavra escrita.

O *significado* refere-se a algo do mundo exterior ou interior, de existência concreta ou imaginária, atual ou passada. Exemplo: o significado da palavra tulipa refere-se a uma realidade do mundo exterior conhecida por todos, a saber: uma espécie de flor. A *significação* faz surgir na mente de quem interpreta um conceito ou uma ideia do que se fala ou do que se lê. Tal conceito ou ideia é variável de pessoa para pessoa na dependência de fatores psíquicos ligados à experiência de vida de cada um.

Tanto o Direito positivo como a ciência do Direito são constituídos por linguagem, consubstanciando-se num conjunto estruturado de signos. Entretanto, os signos do direito positivo diferem dos signos da Ciência do Direito pelos seguintes motivos: a linguagem do direito positivo volta-se à região das condutas intersubjetivas com a finalidade de implementar certos valores almejados pela sociedade, tendo como suporte físico enunciados prescritivos que o compõem materialmente (texto de uma lei). Tais enunciados reportam-se à conduta humana, mais especificamente, às relações intersubjetivas, que é o seu significado, suscitando na mente de quem os interpretam a construção de normas jurídicas que constituem a sua significação.

Já a Ciência do Direito traduz-se num corpo de linguagem voltado ao conhecimento do direito positivo, tendo por suporte físico os enunciados descritivos que a compõem materialmente. Tais enunciados reportam-se ao direito positivo que é o seu significado. A significação são as proposições descritivas suscitadas na mente de quem os interpreta.

Para Aurora Tomazini de Carvalho[32] a significação e o significado se misturam, dado que a realidade (significado) a que se refere qualquer suporte físico acaba sendo aquela construída pelo intérprete (significação). A significação do Direito acaba por determinar o seu significado, ou seja, o modo como as relações intersubjetivas são disciplinadas. A realidade jurídica a qual o enunciado prescritivo faz referência acaba sendo aquela construída pelo intérprete.

Os sistemas sígnicos comportam três níveis de investigação, a saber: o *sintático* em que são estudadas as relações dos signos entre si; o *semântico* em que é investigado o vínculo do signo (suporte físico) com a realidade que ele exprime; e o *pragmático* no qual se analisa a relação do signo com os utentes da linguagem (emissor e destinatário).

Aplicando-se a semiótica à interpretação do direito positivo temos que: no plano sintático, a Lógica é um forte instrumento, que permite conhecer as relações estruturais do sistema e de sua unidade, a norma jurídica.

O ingresso no plano semântico possibilita a análise dos conteúdos significativos atribuídos aos símbolos positivados. Neste patamar é que surgem os problemas referentes à vaguidade, à ambiguidade e à carga emotiva. É o momento que estabelece a ponte que liga a linguagem normativa à conduta intersubjetiva por ela regulada.

Neste aspecto, situa-se a dificuldade da classificação jurídica das chamadas participações governamentais, visto que a vaguidade dos vocábulos que as preveem não foi eliminada pela definição, quer no texto maior, quer na legislação infraconstitucional.

A investigação pragmática permite observar o modo com que os sujeitos utilizam a linguagem jurídica para implantar certos valores almejados socialmente. No patamar da pragmática é investigada a interpretação dos tribunais aos textos

---

32. CARVALHO, Aurora Tomazini de. Op. cit.

do direito positivo, bem como as questões de criação e aplicação das normas jurídicas.

Logo, o ângulo sintático conduz à análise estrutural; o semântico, à análise conceitual (conteúdo); e o pragmático analisa o uso da linguagem jurídica. Para que seja possível conhecer o Direito é preciso percorrer os três planos aqui tratados.

O uso da Semiótica, como técnica metodológica, favorece o estudo analítico do direito positivo.

1.4.1. Língua e realidade na concepção de Vilém Flusser

Neste ponto, abrimos um parêntese para expor a concepção de Vilém Flusser[33] sobre a língua e a realidade. Assim, agimos por considerarmos as contribuições do autor bastante elucidativas no emprego da Filosofia da Linguagem.

Para Vilém Flusser,[34] nada está no intelecto que não estivesse anteriormente nos sentidos. Os sentidos são fornecedores de dados. Além de doadores de dados, os sentidos são, eles mesmos, dados. A maioria dos dados é coletada pela visão e pelos ouvidos. A maioria das informações, ao nosso dispor, consiste em palavras. Aquilo com que contamos, o que compilamos e o que comparamos e o que computamos, enfim, a matéria-prima do nosso pensamento, consiste, em sua maioria, de palavras.

As palavras, que chegam até nós por meio dos sentidos, vêm organizadas, segundo normas preestabelecidas, formando frases. Quando percebemos palavras, percebemos uma realidade ordenada, um cosmos. A língua é o conjunto de todas as palavras percebidas e perceptíveis, quando ligadas entre si de acordo com regras preestabelecidas.

---

33. FLUSSER, Vilém. *Língua e realidade*. 3. ed. São Paulo: Annablume, 2007.

34. Idem.

A realidade é um conjunto de palavras e de palavras *in statu nascendi*. Sendo assim, é o estudo da língua, possivelmente a única pesquisa legítima do único cosmos concebível.

As palavras são apreendidas e compreendidas como signos, isto é, possuem significado. Em consequência o cosmo da língua é simbólico e possui significado.

Os símbolos são resultados de acordo entre vários contratantes, mas as origens da língua e do seu passado simbólico perderam-se no passado, de sorte que somos forçados a aceitar a língua e o seu passado simbólico como a própria condição do pensamento.

A matéria-prima do intelecto, a realidade, consiste de palavras e de dados brutos (dados percebidos sensorialmente) a serem apreendidos e compreendidos. A verdade é uma correspondência entre frases ou pensamentos, resultado das regras da língua. A verdade absoluta, essa correspondência entre a língua e "algo" que ela significa é tão inarticulável quanto esse "algo".

A língua percebida internamente: o intelecto, os sentidos e o espírito formam o Eu. O Eu é inteiramente feito de realidade, colhida pelos sentidos, não passando de um canal por meio do qual a realidade se derrama para o futuro. A realidade transforma-se ao chegar ao intelecto em palavras. Há um abismo intransponível ao intelecto entre o dado bruto e a palavra. O intelecto sabe dos sentidos e dos dados brutos que colhe, mas sabe deles em forma de palavras. Logo, o intelecto consiste de palavras, compreende palavras, modifica palavras, reorganiza palavras e as transporta ao espírito o qual, possivelmente, as ultrapassa.

Para Vilém Flusser, o intelecto é produto e produtor da língua. Curiosamente, entretanto, o intelecto sente a diferença entre a palavra e o dado bruto. Em face do dado bruto inalcançável, mas intimamente próximo, o intelecto se precipita sobre uma palavra, ele articula. Em face da palavra, ele compreende e toma contato imediato, ele conversa. A distinção entre dados brutos e palavras é feita à base de um critério estético: os dados brutos são formados como uma pasta caótica; as palavras vêm organizadas em frases. O que transforma o caos em cosmo é a possibilidade da conversação, é o vem e vai da língua. O intelecto participando da conversação se realiza, torna-se real no sentido de participar do tecido da conversação. O intelecto em conversação conserva e aumenta o território da realidade. Realizando-se, realiza.

A sociedade é real como conversação, e o homem é real como intelecto participando dessa conversação. Neste sentido, a língua se revela como sendo a essência da sociedade.

A língua forma, cria e propaga a realidade, porque o universo, o conhecimento, a verdade e a realidade são fenômenos linguísticos. Os dados brutos que nos chegam pelos sentidos só se tornam realidade no contexto da língua, única responsável pelo seu aparecimento. O mundo é "aparentemente caótico", mas pela linguagem pode ser ordenado, constituindo-se a realidade.[35]

Ainda, para Vilém Flusser,[36] a multiplicidade das línguas revela a relatividade das categorias do conhecimento. Há tantos sistemas categoriais e, portanto, tantos sistemas de conhecimento quantas línguas existem ou podem existir. Toda vez que o intelecto troca de língua, a realidade é diferente. Cada língua por si é o lugar onde os dados brutos e o intelecto se realizam. Ou seja, toda língua tem dois horizontes, a saber: os dados brutos que tendem realizar-se nela e os intelectos que nela pensam. A Ciência, que erroneamente se diz válida para todas as línguas, é ela própria uma língua a ser traduzida para as demais a fim de realizar-se nelas.

A multiplicidade de línguas prova que é ocioso falar-se em realidade extralinguística e demonstra a relatividade do conhecimento, o qual está limitado, por definição, ao campo

---

35. CARVALHO, Paulo de Barros. *Direito tributário:...* cit., p. 171.
36. FLUSSER, Vilém. Op. cit.

de uma única língua, já que o conhecimento é uma função das categorias daquela língua.

Assim, e definindo interpretação como a construção da significação de um texto pelo intérprete, tem-se que se este não conhecer a língua da qual o texto promana, não poderá interpretar, porque tanto os dados brutos, como os próprios intelectos realizam-se na língua, que possui, individualmente, uma categoria de conhecimento.

Ensina Vilém Flusser[37] que, durante o processo de tradução, há a aparente passagem do intelecto de uma língua para outra. Enquanto o tradutor está no âmbito de uma língua, seu pensamento possui um significado determinado, mas durante o processo de tradução, há o fenômeno da suspensão do pensamento, pairando o tradutor sobre o abismo do nada. O "Sou", nesse momento, há somente no sentido de poder ser. Toda tradução é um aniquilamento, que pode ser superado pela tradução realizada. O salto de língua a língua, atravessando o abismo do nada, cria no intelecto uma sensação de irrealidade. A possibilidade da tradução representa para o intelecto a vivência da relatividade da realidade. A passagem de uma língua para outra significa sair de uma realidade conhecida para outra, havendo entre ambas o abismo do nada, o aniquilamento do pensamento.

Explicando a afirmação:

> Traduzindo, o intelecto ultrapassa o horizonte da língua, aniquilando-se nesse processo. Sem recurso a qualquer visão mística ou religiosa, o intelecto 'vive' (erlebt) a dissolução da realidade e do Eu.[38]

Temos que, como o intelecto se realiza na língua, ultrapassando esse horizonte, ele não tem como subsistir, já que experimenta a dissolução da realidade e do Eu.

---

37. Idem.
38. Idem, p. 59.

Continua o autor expondo que a tradução é uma das poucas possibilidades, talvez a única praticável, do intelecto superar os horizontes na língua. Durante esse processo, ele se aniquila provisoriamente, ao abandonar o território da língua original, para condensar-se de novo ao alcançar a língua da tradução. Cada língua tem uma personalidade própria, proporcionado ao intelecto um clima específico de realidade.

Assim, é possível afirmar que o intérprete traduz o Direito porque, segundo ensina-nos Tercio Sampaio Ferraz Jr.,[39] quando interpretamos, analogamente do que ocorre na tradução, realizamos a passagem de uma língua, a das prescrições normativas, para outra língua, a da realidade. A interpretação hermenêutica cuida da passagem da língua das normas para a língua da realidade, apresentando, portanto, feição interlinguística.

O discurso prescritivo das normas não nos diz como as coisas são, mas como devem ser. A estrutura da língua normativa (LN) é dominada pelo conectivo dever-ser (é proibido, é obrigatório, é permitido). A estrutura da língua-realidade (LR) é dominada pelo conectivo ser. A passagem, isto é, a interpretação, exige uma espécie de transferência indireta, que ocorre graças a uma terceira língua – a língua técnica da hermenêutica dogmática (LH) que, por pressuposto, possui em sua estrutura, suas próprias regras básicas e, como regras secundárias, as regras básicas (dever-ser e ser), das outras duas (LN e LR).[40]

1.5. Da virada Hermenêutica: Do Giro-linguístico

Falar em Giro-linguístico, em Filosofia, significa que a linguagem deixa de ser um meio, algo que está entre o sujeito e a realidade, por exemplo, para se transformar em algo capaz de criar tanto a realidade como o sujeito.

---

39. FERRAZ JR., Tercio Sampaio. Op. cit.
40. Idem.

Para Ludwig Wittgenstein,[41] a linguagem e o mundo são coextensivos; os limites de um são exatamente os limites do outro.

Para Martin Heidegger,[42]

> a linguagem é a morada do ser, o lugar onde o sentido do ser se mostra. É por meio dela que ocorre a manifestação dos entes a nós, de modo que, só onde existe linguagem o ente pode revelar-se como ente.

Existe uma correspondência entre as ideias e as coisas que são expressas pela linguagem por meio de juízos lógicos. Verdadeiras ou falsas são as proposições. Para refutar uma teoria não se pode remeter aos fatos, mas emitir outros enunciados, criticar, argumentar, expor, enfim falar. Em síntese, a realidade nunca refutou um discurso ou uma interpretação, sempre o fizeram outros discursos e outras interpretações.

O Giro-linguístico se converteu em um construtivismo radical, doutrina pela qual as teorias científicas ou os discursos metafísicos não descobrem a realidade, mas a criam. Questionava as verdades universais e restituía o fundamento cultural e ético ao pensamento.

O ser humano não pode subtrair-se à sua cultura, ao seu mundo histórico, à sua comunidade, para ver as coisas. O sujeito é herdeiro de uma linguagem histórica e finita que possibilita e condiciona o seu acesso a si mesmo e ao mundo.

Deste modo, a verdade, como resultado da correspondência entre a formulação mental e a essência do objeto significado linguisticamente, perde o fundamento, porque não existem mais essências a serem descobertas, já que os objetos são criados linguisticamente. A verdade das proposições conhecidas apresenta-se vinculada ao contexto em que o conhecimento

---

41. WITTGENSTEIN, Ludwig. *Tractatus logico-philosophicus*. Trad. Luis Henrique Lopes dos Santos. São Paulo: EDUSP, 1994.

42. HEIDEGGER, Martin. Op. cit., p. 170.

se opera, dependendo do meio social, do tempo histórico e das vivências do sujeito cognoscente.

A relação entre realidade e interpretação que se estabelece no Giro-linguístico está no fato de que, não havendo verdades absolutas, o que conhecemos como realidade são interpretações (construções linguísticas) que se reportam a outras interpretações, todas elas condicionadas ao contexto sociocultural constituído por uma língua.

Assim, nunca conhecemos os objetos tal como eles se apresentam fisicamente, fora dos discursos que falam acerca deles e que os constituem. Conhecemos sempre uma interpretação. O que chamamos de mundo nada mais é do que uma interpretação. A realidade não passa de uma interpretação, ou seja, de um sentido atribuído aos dados brutos, que nos são sensorialmente perceptíveis.

Ensina-nos Dardo Scavino[43] que:

> Si un significante remite siempre a outro significante, y jamás a un referente, entonces las cosas no están antes que el discurso, sino ao revés (...). 'non existen hechos, sólo interpretaciones, y toda interpretación interpreta otra interpretación'.

O real é, assim, uma construção de sentido e como toda e qualquer construção de sentido dá-se num universo linguístico. É neste contexto que se impõe a afirmação de que a linguagem cria ou constrói a realidade.

No Giro-Linguístico, o intérprete não tem acesso ao mundo físico, mas apenas à linguagem que o constitui, ou seja, ao seu significado. Passa-se a construir e a conhecer os objetos mediante a atribuição de sentido aos conteúdos que são perceptíveis e tal atribuição é condicionada pelos seus referenciais culturais (conhecimentos anteriores).

---

43. SCARVINO, Dardo. *La filosofia actual*: pensar sin certezas. Buenos Aires: Paidos, 1999. p. 36.

Nesta concepção, o significado não se confunde com o referente ou com o objeto designado, mas com uma definição aceita, convencionada no sistema da língua. Para compreender o que significa um termo já não basta saber ao que se refere. É preciso conhecer a língua; falar essa língua e participar da cultura na qual se insere.

Um enunciado é verdadeiro, em princípio, quando está conforme com uma interpretação estabelecida, aceita, instituída dentro da comunidade a que pertence. E essa interpretação, por sua vez, pode ser pensada como um conjunto de enunciados acerca de uma outra interpretação prévia, que só pode ser discutida quando confrontada com uma versão mais originária. Um enunciado verdadeiro não diz o que uma coisa é, senão o que propusemos que é dentro de uma cultura particular. E esse pressuposto, por sua vez, é um conjunto de enunciados acerca de outro pressuposto.

Sendo assim, a forma de aproximação, por excelência, de qualquer objeto é a interpretação. Tudo o que o homem sabe do mundo resume-se à sua interpretação.

Neste sentido, afirma Hans George Gadamer:[44]

> a forma de realização da compreensão é a interpretação, todo compreender é interpretar e toda a interpretação se desenvolve em meio a uma linguagem que pretende deixar falar o objeto e ao mesmo tempo a linguagem própria de seu intérprete.

Conhecemos algo quando lhe atribuímos algum sentido, quando o interpretamos. Nestes termos, conhecer é interpretar.

É preciso atentar, ainda, que o sentido se modifica de acordo com o sintagma ou com a sucessão discursiva. De sorte que, dentro de uma mesma língua e cultura, os termos possuem significações e sentidos diferentes. Então, o

---

44. GADAMER, Hans George. *Verdade e método*. 4. ed. Rio de Janeiro: Vozes, 1997. p. 503.

sentido do significante dependerá da sucessão discursiva na qual se insere, tanto do passado dessa sucessão como para o futuro. Dessa forma, os termos ulteriores podem mudar retroativamente o sentido dos anteriores.

O intérprete constrói o sentido do texto, porque toda interpretação é condicionada pelas suas vivências que, enquanto ser humano encontra-se num mundo cultural permeado de valores, que influenciam, entre outros fatores, a significação que dará ao texto.

Para o Giro-Linguístico não existe uma verdade por correspondência ou objetiva. Para tal vertente, as coisas só têm existência para o ser humano quando articuláveis em seu intelecto, ou seja, quando constituídas em linguagem. Assim, não há como verificar a compatibilidade de um enunciado com o objeto ao qual ele se refere, mas somente com outro enunciado.

Conhecemos as diferentes coisas do mundo porque fazemos parte de uma cultura, falamos uma língua, porque cada uma das coisas tem para nós, originariamente, uma ou várias significações. Tais significações são conhecidas tal como existem em uma língua. Assim, o mundo é um conjunto de significações, de valores, de gostos: uma pré-interpretação ou uma pré-compreensão. Os pré-juízos ou as interpretações estão sempre à frente das coisas (sem interpretar, não há coisas).

Habitamos, portanto, um mundo de linguagem ou de cultura. É a linguagem que constrói nosso senso de mundo, nosso meio e nossas experiências. O que não podemos dizer não podemos conhecer. Toda linguagem fundamenta-se em outra linguagem e nada mais existe além dela.

Várias correntes do pensamento procuram responder a indagação: O que é a verdade? Dentre as concepções, há: (a) a *verdade por correspondência*, que é definida pela adequação entre determinado enunciado e a realidade referida. Um enunciado é verdadeiro quando condizente com a realidade por ele descrita e falso quando não condizente; (b) a *verdade por coerência* – que parte do pressuposto de que a realidade é um todo coerente. Uma proposição é verdadeira quando deduzida de outras proposições e não contraditória com as demais de um mesmo sistema. Tais critérios definem a verdade interna de um sistema e preservam a ausência de contradição entre os seus termos; (c) a *verdade por consenso* – a verdade que decorre de um acordo entre indivíduos de uma mesma comunidade linguística. Uma proposição é verdadeira quando aceita como tal por um grupo social; (d) a *verdade pragmática* – um enunciado é verdadeiro quando possui efeitos práticos, ou seja, quando é útil.

A verdade, na concepção do Giro-linguístico, é o valor atribuído a uma proposição quando ela se encontra em consonância com certo modelo, que se traduz (o modelo) em um conjunto estruturado de formulações linguísticas. Por essa razão, pode-se afirmar que a verdade se dá pela relação entre linguagens. É pelo vínculo estabelecido entre uma proposição e as linguagens de determinado sistema que se pode auferir sua verdade ou falsidade. Será verdadeira a proposição condizente com o sentido comum, instituído dentro de um modelo. *Destaca-se, assim, a importância da noção de referência para a atribuição do valor verdade a qualquer afirmação.*

A verdade é um conceito metafísico, portanto, tal conceito transcende o campo do empírico e, por isso, não é suscetível de apreciação pela experiência. Entretanto, o fato de ser inexperimentável não se confunde com a incognoscibilidade, já que o metafísico é passível de conhecimento, ainda que não empírico. O valor verdade pode ser atribuído a uma proposição quando há a identificação de certos critérios suscetíveis de apreciação pela experiência. A escolha dos critérios também está condicionada pelo sistema da língua habitado pelo intérprete. Uma proposição é verdadeira quando está de acordo com uma proposição aceita, instituída nos moldes referenciais, dentro das quais é processada.

O sistema referencial dentro do qual são processadas e verificadas as informações tidas como verdadeiras, é um conjunto de crenças, ou seja, de outras proposições tomadas como verdadeiras. Tais crenças são acolhidas e tomadas como ponto de partida para o desenvolvimento de novas proposições que, por consonância com aquelas, são tomadas como verdadeiras. Uma crença se sustenta sempre em outra, caracterizando-se as proposições verdadeiras como interpretações que coincidem com outras interpretações prévias, daí extraindo-se o sentido do texto.

1.5.1. Do texto e do contexto

Todo *texto* é a manifestação do enunciado. É uma realidade imediata, dotada de materialidade, que advém do fato de ser um conjunto de signos. O *enunciado* é um todo de sentido, dado pela possibilidade de admitir uma réplica, tendo natureza dialógica. Todo texto é envolvido por um *contexto*, isto é, encontra-se inserido num processo histórico-social em que atuam determinadas formações ideológicas. Logo, não há texto sem contexto.

O contexto é formado por todos os enunciados com os quais o texto se relaciona. Todo discurso inserto num processo comunicacional mantém relação com outros discursos, pois nenhum enunciado se volta para a realidade em si, senão para outros enunciados que o circundam. Sendo assim, para apreendermos o sentido do texto, o *conteúdo*, não basta identificarmos o significado das unidades que o compõem (signos) é preciso perceber as relações que ele mantém com outros textos (dialogismo).[45]

A importância do contexto no ato de interpretar está no fato de que ninguém consegue interpretar o direito positivo, ou seja lá o que for, alheio ao seu contexto, ao momento histórico-social no qual se insere, à sua ideologia, à sua formação cultural etc, pois estas interações dialógicas moldam as valorações do exegeta que, ao interpretar, cria a significação do texto de acordo com a suas vivências.

---

45. CARVALHO, Paulo de Barros. *Direito tributário:...* cit.

1.5.2. Do dialogismo

A língua, em sua totalidade concreta, viva, em seu uso real, tem a propriedade de ser dialógica. Essas relações dialógicas não se circunscrevem ao quadro estrito do diálogo, face a face, mas em todos os enunciados no processo de comunicação, independentemente de sua dimensão.

Segundo Mikhail Bakhtin, conforme relatado por José Luiz Fiorin,[46] o dialogismo traduz-se nas relações de sentido que se estabelecem entre dois enunciados. O enunciador para constituir um discurso, considera o discurso de outrem, que está presente no seu. Por isso, todo discurso é inevitavelmente atravessado pelo discurso alheio.

Trata-se da orientação natural de qualquer discurso vivo. Em todos os seus caminhos, até o objeto, em todas as direções, o discurso se encontra com o discurso de outrem e não pode deixar de participar, com ele, de uma interação viva e tensa.

O dialogismo é o modo de funcionamento real da linguagem, é o princípio constitutivo do enunciado. Todo enunciado constitui-se a partir de outro enunciado, é uma réplica a outro enunciado. Um enunciado é sempre heterogêneo porque ele comporta sempre duas posições: a sua e aquela em oposição a qual ele se constrói.

As relações dialógicas tanto podem ser contratuais ou polêmicas, de divergência ou de convergência, de aceitação ou de recusa, de acordo ou em desacordo, de avença ou de desavença etc.

O Círculo de Bakhtin dá um papel central à linguagem, porque não se tem acesso direto à realidade, uma vez que ela é sempre mediada pela linguagem. O real se apresenta para nós sempre linguisticamente.

---

46. FIORIN, José Luiz. *Introdução ao pensamento de Bakhtin*. São Paulo: Ática, 2006.

Não há nenhum objeto que não apareça cercado, envolto, embebido em discursos. Por isso, todo discurso que fale de qualquer objeto não está voltado para a realidade em si, mas para os discursos que o circundam. Por conseguinte, toda palavra dialoga com outras palavras; constitui-se de outras palavras, está rodeada de outras palavras. O discurso com apreciação admirativa dialoga com o discurso com entonação desdenhosa, um constitui-se a partir do outro.

Não são as unidades da língua que são dialógicas (sons, palavras, orações), mas os enunciados enquanto unidades reais da comunicação. As unidades da língua são repetíveis. No entanto, os enunciados são irrepetíveis, uma vez que são acontecimentos únicos, cada vez tendo um acento, uma apreciação, uma entonação, próprios.

Mikhail Bakhtin[47] propôs a criação da translinguística que teria por objeto o estudo dos enunciados, o que significa dizer o exame das relações dialógicas entre eles, dado que são necessariamente dialógicos. Pretendia criar uma Ciência que fosse além da Linguística, examinando o funcionamento real da linguagem em sua unicidade e não somente o exame virtual que permite esse funcionamento.

Cabe perguntar se os enunciados, sendo acontecimentos únicos, podem ser objeto da Ciência, uma vez que esta se funda sobre a repetibilidade. Respondendo a questão, Mikhail Bakhtin sustentou que as Ciências Humanas, em seu ponto de partida, operam sempre com singularidades e só depois fazem generalizações sobre a forma específica e a função dos objetos singulares. Os objetos, pois, da translinguística, são os aspectos e as formas das relações dialógicas entre enunciados e entre suas formas tipológicas.

Não é a dimensão que distingue uma unidade da língua de um enunciado, pois este pode ir desde uma réplica, constituída de uma única palavra (por exemplo: sim) até uma obra de vários volumes.

---

47. Idem.

O que os diferencia é que o enunciado é a réplica de um diálogo, pois cada vez que se produz um enunciado, o que se está fazendo é participar de um diálogo com outros discursos. O que delimita a sua dimensão é a alternância entre os falantes. Um enunciado é acabado quando permite uma resposta do outro. Portanto, o que é constitutivo de um enunciado é que ele não existe fora das relações dialógicas.

Outras diferenças entre as unidades da língua e os enunciados

UNIDADES DA LÍNGUA	**ENUNCIADOS**
— não pertencem a ninguém. Não têm autor;	— possuem autor;
— as relações entre as unidades da língua são semânticas ou lógicas (exemplo: sinônimos e antônimos);	— sendo réplica, têm um acabamento específico que permite uma resposta;
— são completas, mas não têm acabamento específico que permita uma resposta;	— possuem destinatários;
— não são dirigidas a ninguém;	— não são neutros: carregam emoções, juízos de valor, paixões;
— são neutras;	— possuem sentido de ordem dialógica.
— sendo unidades potenciais, têm significação, que é depreendida da relação com outras unidades da mesma língua.	

Conforme Mikhail Bakhtin:[48]

a) **primeiro conceito de dialogismo** – um enunciado constitui-se a partir de outro enunciado, sendo sempre heterogêneo, pois ele revela duas posições: a sua e a aquela em oposição à qual se constrói. Todos os fenômenos presentes na comunicação real (social e individual) podem ser analisados à luz das relações dialógicas que os constituem.

b) **dialogismo constitutivo** – o enunciado se constitui em relação aos enunciados que o precederam e que o sucedem na cadeia de comunicação. Um enunciado solicita uma resposta

---

48. Idem.

que ainda não existe. Ele espera sempre uma compreensão responsiva ativa, constrói-se para uma resposta, seja ela uma concordância ou uma refutação. Não se mostra no fio do discurso.

c) **dialogismo composicional** – trata-se da incorporação pelo enunciador da voz ou das vozes de outro(s) no enunciado. São maneiras externas e visíveis de mostrar outras vozes no discurso. Há duas maneiras de incluir o discurso do outro no enunciado: (a) o discurso alheio é abertamente citado e nitidamente separado do discurso citante (discurso objetivado). Por exemplo: discurso direto, aspas, negação, discurso indireto; (b) o discurso é bivocal (não tem demarcações nítidas entre as vozes que apesar de se misturarem são claramente perceptíveis), internamente dialogizado, em que não há separação muito nítida do enunciado citante e do citado. Exemplo: paródia, polêmica clara ou velada, pelo discurso indireto livre;

d) **intertextualidade** – é a denominação de um tipo composicional de dialogismo: aquele em que há no interior do texto o encontro de duas materialidades linguísticas, de dois textos. Para que isso ocorra, é preciso que um texto tenha existência independente do texto que com ele dialoga. Há o fenômeno da interdiscursividade que ocorre quando há relações dialógicas entre enunciados.

Para Mikhail Bakhtin,[49] há uma distinção entre texto e enunciado. O enunciado é um todo de sentido, dado pela possibilidade de admitir uma réplica, tendo natureza dialógica. O texto é a manifestação do enunciado, é uma realidade imediata, dotada de materialidade, que advém do fato de ser um conjunto de signos. O enunciado é da ordem do sentido. O texto do domínio da manifestação.

Havendo uma distinção entre discurso e texto, pode-se dizer que há relações dialógicas entre enunciados e entre textos. Isso pressupõe que toda intertextualidade implica a

---

49. Idem.

existência de uma interdiscursividade (relações entre enunciados), mas nem toda interdiscursividade implica uma intertextualidade.

Há, ainda, relações entre textos e dentre textos, o que impõe a necessidade de diferençar a intertextualidade da intratextualidade. Assim, quando duas vozes são mostradas no interior do texto não se deve falar em intertextualidade.

Para Aurora Tomazini de Carvallho,[50] há o fenômeno da *intertextualidade externa*, quando, por exemplo, o texto do direito positivo relaciona-se cognoscitivamente com outros sistemas (social, econômico, político, histórico etc.) que também são linguísticos. Apesar da análise jurídica não recair sobre o seu contexto histórico-social, é esta relação dialógica que molda as valorações do intérprete. Como sistema, as unidades do direito positivo também se relacionam entre si. Há neste sentido uma *intertextualidade interna* (contexto jurídico) na qual se justificam e fundamentam todas as construções significativas da análise jurídica.

Embora a análise do direito positivo possa decorrer de investigações internas dos textos jurídicos, tal análise não foge à noção externa, porque sendo o direito positivo um objeto do mundo cultural não há como ignorar a existência do seu contexto, mesmo que a análise sobre ele não recaia. Sem a contextualização não há como dizer qual é o direito, porque para o compreendermos, atribuímos valores ao seu suporte físico e os valores são imprescindíveis de historicidade.

1.6. Axiomas da interpretação

Ensina Paulo de Barros Carvalho,[51] que dois pontos suportam o trabalho interpretativo como axiomas da interpretação, a saber: a intertextualidade e a inesgotabilidade. A *in-*

---

50. CARVALHO, Aurora Tomazini de. Op. cit.
51. CARVALHO, Paulo de Barros. *Direito tributário:...* cit.

tertextualidade é formada pelo intenso diálogo que os textos mantém entre si, sejam eles passados, presentes ou futuros, pouco importando as relações de dependência estabelecida entre eles. Assim que inseridos no sistema, iniciam a conversação com outros conteúdos, intra-sistêmicos e extra-sistêmicos, num denso intercâmbio de comunicações. Por exemplo, normas de lei ordinária dialogando com normas constitucionais; com outras normas já revogadas, com dispositivos insertos em atos normativos infralegais, além das conversações que se instalam com mensagens advindas dos mais diversos setores do direito posto. Os limites dessas relações, perfazendo o universo do conteúdo, são os horizontes da nossa cultura.

A intertextualidade se apresenta no Direito em dois níveis bem característicos: (a) o estritamente jurídico, que se estabelece entre os vários ramos do ordenamento (Intertextualidade interna ou intrajurídica); e (b) o chamado jurídico em acepção lata, abrangendo todos os setores que tem o Direito como objeto, mas o consideram sob ângulo externo, vale dizer, em relação com outras propostas cognoscentes, assim como a Sociologia do Direito, a História do Direito etc (intertextualidade externa ou extrajurídica). Quanto ao Direito comparado, cabe tanto na primeira classe como na segunda, dependendo da perspectiva em que se coloca o sujeito do conhecimento.

Trazendo tais reflexões para o presente trabalho, temos que a todo o momento nos valemos da intertextualidade, demonstrando o diálogo que se estabelece entre as normas constitucionais, que preveem a forma jurídica pela qual deve dar-se à exploração e à produção de petróleo e de gás, bem como o modo de destinação do produto da lavra, com as leis infraconstitucionais que disciplinam a oneração econômica sobre tal atividade.

A inesgotabilidade abriga a ideia de que toda interpretação é infinita, porque nunca restrita a determinado campo semântico. Daí a inferência de que todo texto poderá ser sempre reinterpretado.

A inesgotabilidade e a intertextualidade são as duas regras que aprisionam o ato de interpretação do sujeito cognoscente do Direito. Segundo os padrões da moderna Ciência da Interpretação, o sujeito cognoscente constrói o sentido do texto, em função da sua ideologia e dentro do seu universo de linguagem (seu mundo).

É preciso observar, entretanto, que a inesgotabilidade e a intertextualidade não significam ausência de limites para a tarefa interpretativa. No caso dos textos do Direito positivo, o ingresso no seu plano de conteúdo tem que levar em conta as diretrizes do sistema.[52] Teríamos molduras dentro das quais múltiplas significações podem ser inseridas, se quisermos privilegiar o ângulo sintático ou lógico. No processo de aplicação do Direito, os aplicadores lidarão com materiais semânticos ocorrentes na cadeia de positivação, pois não teria cabimento prescindir dos conteúdos concretos, justamente aqueles que se aproximam das condutas interpessoais, postulando implementar os valores e as estimativas que a sociedade adota.

1.7. O percurso gerador de sentido

Como aqui já ficou assente, para a linha de pensamento denominada interpretação na tradição, lastreada nos ensinamentos de Carlos Maximiliano,[53] interpretar é:

> explicar; esclarecer; dar significado ao vocábulo, atitude ou gesto; reproduzir por outras palavras um pensamento exteriorizado; mostrar o sentido verdadeiro de uma expressão; extrair, da frase, sentença ou norma, tudo o que na mesma se contém.

Ou seja, cabia ao intérprete revelar o conteúdo contido no texto. Para esta corrente, as coisas possuíam um significado ontológico e as palavras denotavam tal significado,

---

52. Idem.

53. MAXIMILIANO, Carlos. *Hermenêutica e aplicação do direito*. 9. ed. 1. tiragem. Rio de Janeiro: Forense, 1980. p. 9.

de modo que existia um conteúdo próprio para cada termo. Assim, cabia ao intérprete encontrar a significação preexistente no texto.

Após o advento do Giro-liguístico e do construtivismo lógico semântico, as palavras deixam de ter um significado ontológico, uma vez que é a própria linguagem que cria o objeto. Sob esta nova perspectiva, o conteúdo dos textos deixa de ser algo dado, pré-existente, para ser algo construído e vinculado aos referenciais do intérprete.

Para Paulo de Barros Carvalho[54] interpretar é atribuir valores aos símbolos, isto é, adjudicar-lhes significações e, por meio dessas significações, fazer referências aos objetos. Conhecer o Direito é, em última análise, compreendê-lo, interpretá-lo, *construindo o conteúdo*, o sentido e o alcance da comunicação legislada.

Diante disso, não é mais possível falar em sentido sem interpretação, porque é o intérprete que o constrói em função da sua ideologia e dentro dos limites do seu universo de linguagem. A significação não está atrelada ao signo, mas ela é atribuída pelo intérprete e condicionada às suas tradições culturais. Logo, o sentido não está no texto, mas é produzido pelo intérprete e, desta forma, condiciona-se aos seus referenciais linguísticos.

O intérprete constrói o conteúdo textual. O texto (em sentido estrito) é significativo, mas não contém em si mesmo as significações (conteúdo). Ele serve como estímulo à produção de sentido. As significações são construídas na mente de quem interpreta o suporte físico, razão pela qual requerem, indispensavelmente, a presença do homem. Assim, não existe texto sem conteúdo, mas também não existe conteúdo sem o ser humano. *O conteúdo está no homem, apenas está atribuído ao texto.*

---

54. CARVALHO, Paulo de Barros. *Direito tributário:...* cit.

O homem se torna indispensável à existência do Direito em dois momentos: para instaurar o processo comunicacional e emitir a mensagem jurídica (emissor-legislador); e depois para interpretar o texto produzido e construir os juízos normativos (destinatário-intérprete).

Adverte o autor em foco que o fato das normas jurídicas serem construção do intérprete, não importa situar o Direito no plano das subjetividades e nem limitá-lo à vontade do intérprete. Adota-se uma posição culturalista perante o Direito ao concebê-lo como instrumento linguístico suscetível de valoração e utilizado para implementar certos valores, mas ao mesmo tempo, positivista ao considerar que tais valores objetivam-se no texto positivado e que todas as valorações do sujeito interpretante estão restritas a ele. Os limites construtivos da mensagem jurídica são: (a) plano de expressão dos textos jurídicos; (b) os horizontes culturais do intérprete; (c) todo o contexto que o envolve.

De nossa parte, acreditamos que não existem limites, de nenhuma espécie, para a interpretação, porque o texto positivado e as suas valorações também são alvo de interpretação, que é livre.

Como bem pontua Aurora Tomazini de Carvalho,[55] a objetividade do Direito está no seu suporte físico que é aberto. A comunicação jurídica (entre legislador e intérpretes) se estabelece porque ambos vivenciam a mesma língua, a mesma cultura, por estarem inseridos no mesmo contexto histórico. As significações jurídicas aproximam-se tendo em conta o mesmo contexto histórico-cultural, mas se afastam na medida em que são consideradas as associações valorativas ideológicas que informam os horizontes culturais de cada intérprete.

---

55. CARVALHO, Aurora Tomazini de. Op. cit.

1.7.1. O percurso gerador de sentido dos textos jurídicos: Os planos S1, S2, S3 e S4

Diante dos textos (em sentido estrito) do direito positivo, o exegeta, a fim de compreendê-los, só tem uma alternativa: interpretá-los.

Paulo de Barros Carvalho[56] voltou-se ao estudo do percurso gerador de sentido dos textos jurídicos, oferecendo um modelo que permite analisar a trajetória de construção de sentido de qualquer sistema prescritivo (Direito) em quatro planos, a saber: plano dos enunciados (S1); sistema dos conteúdos significativos dos enunciados prescritivos (S2); sistema das significações normativas – proposições deonticamente estruturadas (S3); e plano das significações normativas sistematicamente organizadas (S4).

No Plano dos Enunciados – S1 ocorre o primeiro contato que o intérprete tem, no percurso da construção do sentido dos textos jurídicos, com o campo da literalidade textual, formado pelo conjunto dos enunciados prescritivos, um conjunto de letras, palavras, frases, períodos, parágrafos, graficamente manifestados nos documentos produzidos pelos órgãos de criação do Direito. É o seu plano de expressão, único dado que lhe é objetivo, base material para a construção das significações jurídicas.[57]

Para o autor em foco, o plano da literalidade é representado pelo suporte físico textual, no qual se objetivam as prescrições do legislador e dos quais parte o intérprete para a construção do sentido legislado. A palavra textual aqui é empregada como conjunto de enunciados devidamente estruturados e os enunciados são tomados como sinônimo de frases. As frases são formas de transmissão de um sentido completo no processo comunicacional. Pressuposto das frases é a formação de sentido completo, isto quer dizer que da sua forma

---

56. CARVALHO, Paulo de Barros. *Direito tributário:...* cit.

57. Idem.

pode-se construir uma proposição (s é p). Quando tal construção não é possível, o suporte físico não se caracteriza como um enunciado, porque não viabiliza a criação de um sentido completo.

A frase escrita (que é a maneira como se manifesta o direito positivo no Brasil), se constituída de uma só palavra, é necessário que ela seja suficiente para a construção de uma proposição. Por exemplo: Indeferido; concluso etc.

Nas frases compostas por mais de um vocábulo, há uma estrutura mais complexa denominada sintagma (é o resultado da combinação de um determinante e um determinado numa unidade linguística, podendo ser nominal, quando o núcleo for um substantivo, e verbal composto por um verbo).

Os elementos das frases escritas são as palavras. As palavras são signos que constituem as unidades mínimas de significação chamadas morfemas. Os morfemas são os menores segmentos fônicos portadores de significado. Podem aparecer como morfema lexical ou lexema, quando diz respeito à base gramatical da palavra (tributária-tribut) e morfema gramatical ou gramema determinantes das mutações nas palavras de mesma base gramatical (tributária-ária).

Sob este enfoque, afirma Aurora Tomazini Carvalho[58] que o plano material do direito positivo (S1) é composto pela associação de lexemas e gramemas. Logo, para que o intérprete possa construir o sentido dos textos positivados, necessita conhecer as regras de associação destas partículas morfológicas e compreender a sua aglomeração como um texto.

A organização dos símbolos é um ato individual do emissor, determinante para a construção de sentido pelo intérprete. A construção do conteúdo normativo tem como pressuposto uma boa organização sintática dos enunciados que compõem o plano da literalidade textual do direito positivo.

---

58. CARVALHO, Aurora Tomazini de. Op. cit.

Aqui vale lembrar a distinção entre enunciado e proposição. Enunciado é parte integrante do plano da literalidade textual, componente do dado material em que se expressa o direito positivo. A proposição é o sentido atribuído aos signos que compõem os enunciados. O enunciado, numa linguagem escrita, representa-se como um conjunto de morfemas que, obedecendo às regras gramaticais de certo idioma materializa a mensagem produzida pelo legislador e serve como base para a mensagem construída pelo intérprete. Neste sentido, aparece sempre de forma objetiva, como dado físico do direito positivo.

O número de enunciados não é, necessariamente, igual ao número de proposições que os tomam por base porque de um enunciado podem ser produzidas diferentes proposições. De um enunciado é construída, ao menos, uma significação, pois uma das condições para que seja considerado enunciado é a sua capacidade de transmitir um sentido completo.

No Plano S1, examinam-se as combinações morfológicas empregadas pelo legislador na produção do discurso jurídico, nas estruturações sintáticas que ordenam os vocábulos, nas formações frásicas e nas conexões entre enunciados na formação dos parágrafos e capítulos.

Em *S2 – o sistema dos conteúdos significativos dos enunciados prescritivos –*, o sujeito que ingressa no plano dos conteúdos dos textos do direito positivo passa a lidar com a significação dos símbolos positivados. Mergulha no campo semântico, em que reside toda a problemática que envolve o contexto jurídico. Seu trabalho volta-se à construção de sentidos prescritivos que implementam diretivas à regulação das condutas intersubjetivas.

Nesta etapa, o intérprete volta-se à construção das significações isoladas dos enunciados. As significações elaboradas neste plano têm por base sentenças soltas consideradas individualmente e desprovidas de qualquer forma deôntica de agrupamento. As proposições construídas em S2, quando estruturadas na forma implicacional, passarão a fazer parte de outro plano, o das significações normativas S3, abordado mais adiante.

As significações dos enunciados prescritivos são elaboradas na mente do intérprete com atribuição de valores aos símbolos gráficos que os compõem. As proposições são produto de um processo hermenêutico, condicionado pelos horizontes culturais do intérprete. No Plano S2 o intérprete lida com o conteúdo dos enunciados de forma isolada, atribuindo sentido às palavras que os compõem para a compreensão de cada um deles antes de se preocupar com a construção da mensagem legislada.[59]

No *Plano S3 – o sistema das significações normativas – proposições deonticamente estruturadas –*, ingressa, o intérprete, na construção da mensagem jurídica em que, associando as proposições elaboradas em S2, na forma hipotética condicional (H→C), constrói uma significação normativa (norma jurídica). A norma jurídica é uma proposição, enquanto juízo construído a partir de enunciados prescritivos, mas uma proposição estruturada na fórmula hipotético-condicional (H→C). As proposições construídas em S2 compõem as variáveis, hipótese e consequente da norma jurídica, mas podem ser consideradas separadamente. Neste sentido, toda norma é uma proposição jurídica, mas o inverso não é verdadeiro.

Em suma: a norma jurídica é resultado de um trabalho mental de construção e estruturação de significações. Primeiro, o intérprete entra em contato com o dado físico do Direito (S1). Depois, mediante um processo hermenêutico, começa a construir proposições isoladas, correspondentes aos sentidos das frases isoladas, que o compõem (S2). E, depois, as ordena na forma implicacional, juntando algumas significações na posição sintática de hipóteses e outras, no lugar do consequente (S3). Nessa concepção, a norma jurídica não se confunde com os enunciados prescritivos que lhe servem

---

59. CARVALHO, Paulo de Barros. *Direito tributário:...* cit.

como base empírica (elementos do plano S1), nem com as proposições que a compõem (pertencentes ao Plano S2).

Em *S4 – o plano das significações normativas sistematicamente organizadas* – é a fase da sistematização em que serão estabelecidos os vínculos de subordinação e de coordenação entre as normas construídas. Neste plano, o interessado estabelece as relações horizontais e as graduações hierárquicas das significações normativas construídas no Plano S3, cotejando a legitimidade das derivações e fundamentações produzidas. Aqui, o intérprete, ao estabelecer relações de subordinação, verifica a fundamentação jurídica das normas, detectando vícios de constitucionalidade e de legalidade.

O estabelecimento do vínculo de coordenação e de subordinação entre as normas pressupõe valoração, o que aponta para o fato de cada intérprete constrói o seu próprio sistema, em razão de suas preferências e de suas decisões interpretativas.

Prossegue Paulo de Barros Carvalho[60] ensinando que o Direito, em sua materialidade existencial, enquanto conjunto de enunciados prescritivos já é um sistema, organizado de acordo com o processo e a competência enunciativa. Existem enunciados constitucionais, legais, judiciais, administrativos etc. Isso demonstra certa organização que independe da interpretação que lhe é dada.

Ademais as frases encontram-se estruturadas em relação de coordenação e de subordinação com outras frases, justamente para que possam ser compreendidas, o que, por si só, já atribui a característica de sistema ao conjunto dos textos brutos do direito positivo.

A sistematização das normas jurídicas toma por base critérios de organização dos enunciados prescritivos (por matéria; por veículo introdutor), mas não deixa de ser um ato de interpretação informado pelos horizontes culturais do intérprete.

---

60. Idem.

Os Planos S1, S2, S3 e S4 não podem ser entendidos isoladamente. No processo gerador de sentido dos textos jurídicos, o intérprete transita livremente por estes planos, indo e vindo, várias vezes, em cada um deles, mas sem deles sair em qualquer momento. Com tais cruzamentos, ratifica-se a unidade do sistema jurídico, que é visto como um todo trabalhado e construído pelo intérprete.

1.8. A relação entre interpretação e aplicação do Direito

A aplicação do Direito pela teoria tradicional – preconizadora da tese da incidência imediata e infalível, pela qual a norma projeta-se sobre os acontecimentos sociais juridicizando-os, incidindo sozinha e por conta própria sobre os fatos assim que eles se concretizem – é o ato pelo qual a autoridade competente formaliza os direitos e deveres já constituídos com a incidência, possibilitando, assim, o uso coercitivo para executá-los. Para este posicionamento, incidência e aplicação são coisas distintas e ocorrem em momentos diversos. Ou seja, os direitos e deveres previstos na norma são constituídos no impreterível momento da ocorrência tomada como suposto das normas jurídicas, podendo posteriormente ser ou não aplicada pelo homem.

Para Paulo de Barros Carvalho,[61] a incidência não é automática nem infalível à ocorrência do evento, pois necessita da produção de uma linguagem competente, que juridicize o fato, imputando-lhe efeitos na ordem jurídica.

Sob este enfoque, não prevalece a diferença entre incidência e aplicação. Para incidir a norma tem que ser aplicada, de modo que a incidência e a aplicação se confundem. A incidência da norma jurídica se dá no momento em que o evento é relatado em linguagem competente, o que ocorre com o ato de aplicação. Antes disso, podem haver efeitos sociais, morais, econômicos, religiosos, mas não jurídicos. Sendo assim, não é

---

61. Idem.

possível cogitar-se da incidência da norma por conta própria e não haver a sua aplicação. Sempre que a norma incidir é porque foi aplicada por alguém.

Para que haja a incidência da norma geral e abstrata, é preciso que haja a expedição de uma norma individual e concreta, posta em linguagem competente, pelo ente competente, identificado pelo direito positivo. As regras para propagarem efeitos jurídicos pressupõem alguém que as aplique, que promova a subsunção do fato à sua hipótese e constitua a relação jurídica prescrita em seu consequente.

Para produzir norma individual e concreta, o aplicador interpreta o texto normativo, constrói a delimitação da regra geral e abstrata, identifica a ocorrência do fato descrito na hipótese pelas provas do Direito apresentadas e produz a linguagem competente, instituindo, juridicamente, uma relação entre sujeitos, nos moldes do consequente daquela norma, que se projeta sobre o plano social, para que nele seja concretizado o vínculo entre tais pessoas.

Logo, para aplicar o Direito é preciso interpretá-lo.

Ensina Paulo de Barros Carvalho[62] que é

> no átimo da aplicação que aparece o homem, atuando por meio de órgãos singulares e coletivos, na sua integridade psicofísica, com seus valores éticos, com seus ideais políticos, sociais, religiosos, fazendo a seleção entre as interpretações possíveis, estimando-as axiologicamente, para eleger uma entre outras, expedindo então a nova regra jurídica. A escolha que o aplicador faz, entre várias possibilidades interpretativas é um ato de decisão política.

1.8.1. Da aplicação do Direito

Conforme aqui já exposto, para que haja a incidência ou a aplicação da norma geral e abstrata, é preciso que haja a

---

62. CARVALHO, Paulo de Barros. *Curso de direito tributário*. 21. ed. São Paulo: Saraiva. 2009. p. 123.

expedição de uma norma individual e concreta, posta em linguagem competente, pelo ente competente, identificado pelo direito positivo. As regras para propagarem efeitos jurídicos pressupõem alguém que as aplique, que promova a subsunção do fato a sua hipótese e constitua a relação jurídica prescrita em seu consequente.

A aplicação da norma depende do homem, da sua capacidade de interpretação e da produção de uma nova mensagem.

A incidência ou aplicação da norma, tomada como um enunciado linguístico pode ser estudada sob os enfoques sintático, semântico e pragmático.[63]

Sob o enfoque do *plano sintático*, a incidência (aplicação do Direito) se perfaz em duas operações lógicas: (a) subsunção – há subsunção do fato à norma quando este guarda absoluta identidade com o acontecimento previsto na hipótese. Aqui a subsunção dá-se entre conceitos conotativos (norma geral e norma abstrata) e denotativos (norma individual e norma concreta). (b) há a subsunção da relação jurídica à norma quando esta se encaixa exatamente no modelo do consequente.[64]

Trata-se, portanto, da subsunção de uma operação lógica entre dois conceitos: um conotativo (hipótese e consequente de norma geral e abstrata) e outro denotativo (fato jurídico e relação jurídica). O fato para ser jurídico deve se encaixar à classe da hipótese e a relação jurídica a ser instaurada deve enquadrar-se à classe do consequente. A subsunção é sempre do fato e da relação.

A incidência jurídica ou a aplicação do Direito, sob o enfoque lógico, reduz-se a duas operações formais: a primeira de subsunção ou inclusão de classes, em que se reconhece uma ocorrência concreta, localizada em um dado ponto do espaço social e numa específica unidade de tempo, inclui-se na classe dos fatos previstos no suposto da norma geral e abstrata; a

---

63. CARVALHO, Paulo de Barros. *Direito tributário:*... cit.
64. Idem.

segunda de implicação, porquanto a fórmula normativa prescreve que o antecedente implica a tese, ou seja, o fato concreto faz surgir uma relação jurídica também determinada, entre dois sujeitos de Direito.

Inexiste cronologia entre o fato jurídico e a relação jurídica, porque o vínculo abstrato que une pessoas surge exatamente no momento em que aprece a linguagem competente que relata o evento descrito pelo legislador. Para o Direito são entidades simultâneas.

O *plano semântico* revela a denotação dos conteúdos normativos. Tal enfoque leva em conta o trabalho do aplicador de transformar comandos normativos gerais e abstratos em individuais e concretos. Assim, a incidência é uma operação de identificação dos elementos de conceitos normativos gerais e abstratos.

A denotação, operação realizada no plano semântico, implica na criação de um conceito concreto a partir de um conceito genérico. O aplicador, ao produzir a norma individual e concreta, identifica todos os critérios previstos na norma geral e abstrata, determinando e individualizando seus conceitos de acordo com a situação concreta.

Com a incidência, todos os critérios da regra-matriz são transformados pelo aplicador em elementos na norma individual e concreta. Há no antecedente um elemento material, que se refere a uma situação ou estado concreto; um elemento espacial que alude a um local específico e um elemento temporal que se reporta a um momento passado. Há no consequente: um elemento pessoal, referente aos sujeitos da relação (ativo e passivo) e um elemento prestacional que se refere a uma obrigação determinada.

Para que haja a incidência no aspecto semântico, todos os critérios da regra-matriz devem estar reduzidos à unidade de elementos da norma individual e concreta. Se um dos critérios não estiver denotado, a incidência não se verifica.

No *plano pragmático*, há a interpretação e a produção da norma individual e concreta. Do ponto de vista pragmático, a incidência abriga duas operações:

a) **Interpretação** - divide-se em: interpretação dos enunciados probatórios, que reportam o aplicador à ocorrência do evento e interpretação do direito (construção da norma a ser aplicada);

b) **Produção da linguagem competente** - que relata o fato (constituindo-o como fato jurídico) e instaura o vínculo relacional (obrigatório, permitido e proibido) entre os sujeitos.

1.9. Das lacunas: Problema meramente interpretativo – Análise semântica

Para a doutrina tradicional, há lacuna normativa quando não há na ordem jurídica norma que regulamente determinada conduta.

A discussão sobre a existência ou inexistência de lacunas está relacionada à ideia de completude do sistema. Assim, a doutrina divide-se em duas correntes, a saber: a que afirma a inexistência de lacunas e sustenta haver no ordenamento jurídico regulação para todos os comportamentos humanos; e a que sustenta a existência de lacunas no sistema, sob o argumento de que este não pode prever todas as situações de fato que se concretizam no âmbito social.

Para a primeira corrente, representada pelo pensamento de Hans Kelsen,[65] o sistema normativo é fechado e completo, isto porque os comportamentos que não estão juridicamente proibidos estão permitidos, de modo que o sistema sempre apresenta uma resposta, possibilitando ao juiz aplicá-la no caso concreto.

---

65. KELSEN, Hans. *Teoria pura do direito*. 2. ed. São Paulo: Martins Fontes, 1987.

Para a segunda corrente, o juiz também não deixa de aplicar o Direito ao caso concreto, mas depara-se com dificuldades para decidir por não encontrar no sistema, em certos casos, os instrumentos indispensáveis para solucioná-los. Pode haver ausência de normas, mas o ordenamento estabelece meios para integrar tal ausência.

Para Tercio Sampaio Ferraz Jr.,[66] a plenitude do sistema é uma ficção que permite: (a) ao juiz criar o Direito quando o ordenamento, a princípio completo, parece-lhe insatisfatório; (b) uma ficção doutrinária de ordem prática que permite ao jurista enfrentar os problemas de decidibilidade com o máximo de segurança.

Logo, para a Hermenêutica tradicional, que admite a existência de lacunas, a interpretação do Direito divide-se em dois estágios: (a) um declaratório, em que se diz qual o sentido do texto; (b) outro integrativo, no qual intérprete soluciona lacunas.

Para Aurora Tomazini de Carvalho,[67] o intérprete não declara o sentido existente, mas o constrói de acordo com as suas vivências linguísticas. E aquilo que a teoria tradicional denomina integração é um fenômeno contido no processo interpretativo. As lacunas, portanto, são problemas hermenêuticos enfrentados pelo intérprete quando da aplicação do Direito.

Não há hipótese de inexistir norma para determinado caso concreto, pois o sistema obriga o aplicador a construir essa norma. Existem lacunas no sistema de cada intérprete, nas construções de sentido que não satisfazem o ideal do aplicador.

A problemática das lacunas está associada à ideia de completude do ordenamento jurídico. O sistema é completo se considerarmos que o aplicador não se exime da obrigação de produzir uma norma individual e concreta, disciplinando

---

66. FERRAZ JR., Tercio Sampaio. Op. cit.

67. CARVALHO, Aurora Tomazini de. Op. cit.

cada caso específico (art 4º, do Decreto-lei nº 4.657, de 4 de setembro de 1942, intitulado Lei de Introdução às Normas do Direito Brasileiro – LINDB). Por outro lado, o sistema não será completo se considerarmos as normas gerais e abstratas, que não regulam todas as condutas possíveis, pois só as normas individuais e concretas regulam pontualmente cada caso específico.

Sendo assim, se nenhuma regra a ser aplicada for específica em relação aos casos concretos, não há que se falar em lacuna como ausência de norma específica para determinado caso. A completude relaciona-se à possibilidade de interpretação. O sistema é completo, porque sempre existirá uma interpretação aplicável.

A questão das lacunas não está associada à ausência de normas de direito positivo, mas a problemas de valoração, inerentes à interpretação dos textos jurídico-positivos. Há lacuna quando o intérprete não encontra uma significação que satisfaça os seus anseios axiológicos com relação ao caso concreto. A solução é buscar nova interpretação em outras fundamentações jurídicas. Neste sentido, o ordenamento é completo.

Logo, o julgador cria direito positivo, quando insere no ordenamento norma individual e concreta, vertida em linguagem competente e atento aos requisitos inafastáveis da fundamentação e justificativa.

1.10. Da valoração das interpretações jurídicas

Não existem interpretações jurídicas certas ou erradas, quer atinentes ao direito positivo, quer referentes à dogmática.

No que atine ao direito positivo, temos que a aplicação do Direito pressupõe a construção de sentido dos textos jurídicos pelo aplicador. Na leitura dos textos, podemos atribuir valoração tanto aos símbolos neles constantes, como também no sentido construído, o que resulta numa infinidade de possibilidades interpretativas, todas construídas com base nos textos do direito positivo e condicionadas aos critérios ideológicos e culturais do intérprete. Por isso, não há de se falar em interpretações certas ou erradas, porque quando se aplica uma norma, produz-se um enunciado prescritivo (individual e concreto) que positiva o sentido conferido ao texto jurídico pelo aplicador. Os enunciados prescritivos não estão sujeitos aos valores de verdade e de falsidade. As interpretações são válidas (autênticas) ou não válidas (não autênticas).

A norma individual e concreta, conforme Aurora Tomazini de Carvalho,[68] deve apresentar fundamentação e justificação.

Na *fundamentação*, o aplicador do Direito deve construir a norma individual e concreta valorando as suas escolhas significativas, com base nos enunciados jurídico-positivos existentes no sistema de Direito, fundamentando a sua decisão na ordem vigente. A fundamentação pode ser do fato e de direito.

A primeira indica os enunciados (probatórios) tomados como relevantes para a constituição do fato jurídico e a razão da escolha daqueles fatos. A segunda, os enunciados jurídico-positivos utilizados na composição da norma aplicada e as razões da escolha daquela norma. Isto é, para se manter no ordenamento a interpretação autêntica (feita pela autoridade competente), esta deve ter como base enunciados jurídico-positivos. Isto significa que o aplicador, ao valorar as suas escolhas, deve relacionar os conteúdos significativos construídos a enunciados prescritivos do sistema, fundamentando a sua decisão na ordem vigente. Este é um limite objetivo da interpretação, aparente na positivação. A decisão não fundamentada juridicamente padece de vício formal, mas enquanto não for retirada do sistema continua válida.

Quanto à *justificação*, temos que justificar uma decisão é mostrar as razões jurídicas utilizadas para fundamentá-la, ou seja, é indicar o contexto da fundamentação, demonstrando o porquê da opção do julgador por uns fundamentos jurídicos

---

68. Idem.

em detrimento de outros. A justificação serve de base para a reconstituição do caminho seguido pelo aplicador e também deve ser jurídica. A decisão não justificada juridicamente apresenta vício material, mas também é válida até que seja desconstituída por outra interpretação autêntica.

Qualquer ato de aplicação do Direito seja uma sentença ou um ato administrativo, além da parte dispositiva (que contém a norma individual e concreta), indispensavelmente, afirma Aurora Tomazini de Carvalho,[69] deverá conter: (a) a *fundamentação do fato*, consistente na indicação dos enunciados factuais, constantes do processo que influenciaram a convicção do aplicador para a conformação do fato jurídico; (b) a *justificação do fato jurídico*, consistentes nas razões que levaram o aplicador a utilizar aqueles enunciados factuais e não outros, na conformação do fato jurídico; (c) a *fundamentação jurídica*, onde é apontada a legislação tomada como base para a construção da norma aplicada; e (d) a *justificação jurídica*, consistente nas razões que levaram o aplicador a utilizar-se daquela legislação e não de outra. A fundamentação e a justificação do fato e do Direito possibilita-nos reconstruir a valoração da decisão e, com isso, atacar o ato produzido.

Para que uma norma seja válida, é preciso que tenha sido integrada no ordenamento jurídico nos moldes preconizados em nosso direito positivo. Tais processos são regulados por normas, que disciplinam a competência do editor (por exemplo, o Congresso Nacional), a matéria de competência (a tipificação de um crime e a pena correspondente) e o momento em que pode ocorrer a edição (por exemplo, a Constituição Federal não pode ser emendada no estado de sítio). A observação das normas de competência, de determinação do momento, constitui a validade formal. A observância da matéria constitui a validade material.

Assim, pode ocorrer que decisões sem fundamentação jurídica ou justificativa permaneçam no sistema até que sejam

---

69. Idem.

retiradas por outro ato da autoridade competente (interpretação autêntica), com a expedição de novas normas individuais e concretas, porque a validade não se presta a corrigir vícios da prestação jurisdicional, indicando apenas que uma dada norma jurídica integra um ordenamento.

Tais limites não são demarcáveis, pois as escolhas interpretativas são condicionadas aos horizontes culturais do intérprete, às suas ideologias, mas também não interferem na validade (autenticidade da decisão). A alegação da falta de fundamentação ou justificação jurídica é uma valoração quanto à decisão que, se positivada, autêntica, tem o condão de retirá-la do sistema.

Diante disso, tem-se que a norma adequada ao caso concreto é aquela produzida por uma interpretação autêntica até que outra interpretação, também autêntica, diga o contrário. Para o Direito, ela é a norma posta e, portanto, é a que resolve o caso para o sistema.

As interpretações doutrinárias também não podem ser classificadas em certas ou erradas. É fato que tanto o intérprete dogmático quanto o do direito positivo criam o sentido do texto de acordo com o contexto no qual se insere sua ideologia, suas crenças, suas necessidades, trazendo a compreensão da cultura em que vive. A diferença está na linguagem (enunciado) em que a interpretação é materializada. Ambos constroem sentidos: um prescritivo, um para aplicar; outro descritivo para descrever. A linguagem dogmática é descritiva do direito positivo.

As valências compatíveis com a linguagem do direito positivo são válidas e não válidas. Já para os enunciados da Ciência, que descrevem o direito positivo sem nele interferir, são verdadeiras ou são falsas.

Cabe à dogmática descrever o enredo normativo, ordenando-o, declarando a sua hierarquia, exibindo as formas lógicas que governam o entrelaçamento das várias unidades do sistema e oferecendo os seus conteúdos de significação. O dogmático debruça-se sobre o universo das normas jurídicas, observando-as, investigando-as, interpretando-as e descrevendo-as segundo determinada Metodologia. Vale-se, para tanto, de linguagem científica, na medida em que as proposições descritivas que emite vêm carregadas da harmonia dos sistemas presididos pela lógica clássica, com as unidades do conjunto arrumadas e escalonadas, segundo critérios que observam, estritamente, os princípios da identidade, da não-contradição e do terceiro excluído.[70]

Embora no patamar do direito positivo existam lacunas e contradições entre as unidades do conjunto, isto não ocorre no quadro sistemático da Ciência que o descreve. Isto porque toda ciência requer a observação restrita da lei lógica da não contradição, de modo que a permanência de dois enunciados contraditórios destrói a consistência interior do conjunto, esfacelando o sistema. Logo, no plano científico, não deve ser encontrada contradição entre as múltiplas proposições descritivas, a despeito de tais enunciados relatarem normas jurídicas algumas vezes antagônicas. O sistema da Ciência do Direito é isento de contradições.

1.11. Derivação e positivação no Direito

O direito positivo é fruto da decisão do homem. Manifesta-se por meio de normas jurídicas, que podem provir: (a) das leis, postas pelo Poder Legislativo; (b) dos pactos entre particulares (contratos), (c) das decisões judiciais e (d) do Poder Executivo (decretos, regulamentos).

Ensina-nos Tercio Sampaio Ferraz Jr.[71] que o fenômeno da positivação do Direito se deu no século XIX, tendo como fatores contribuintes: (a) o fato do Direito ter se manifestado cada vez mais de forma escrita, quer pela quantidade de normas emanadas do poder constituído, quer pela redação oficial

---

70. CARVALHO, Paulo de Barros. *Direito tributário:...* cit.
71. FERRAZ JR., Tercio Sampaio. Op. cit.

e decretação da maioria das normas costumeiras; (b) a recepção do Direito romano propiciou o surgimento da hierarquia das fontes (leis, costumes e Direito romano); (c) o Direito escrito aumenta a segurança e a precisão do seu entendimento e permite a visualização de limites; (d) os confrontos normativos aumentam a disponibilidade das fontes, na qual está a essência do aparecimento da hierarquia; (e) o aparecimento do Estado absolutista e a concentração do poder de legislar acarretam a prevalência do Direito escrito sobre o Direito costumeiro.

Tais transformações estabeleceram duas novas condicionantes: uma de natureza política, destacando-se a noção de soberania nacional e a noção de separação dos poderes e outra de natureza técnico-jurídica em que a lei assume o caráter privilegiado de fonte do Direito e a concepção do Direito como sistema de normas postas; (f) há a mutabilidade do Direito na cultura: o Direito se modifica quando são modificadas as normas que o compõem.

Aduz Tercio Sampaio Ferraz Jr., que há um sentido filosófico e um sentido sociológico de positivação. No primeiro, positivação designa o estabelecimento do Direito por meio de um ato de vontade. Daí advém a tese, segundo a qual o Direito é um conjunto de normas que vale por força de serem postas pela autoridade constituída e só por ela podem ser revogadas.

À medida que tais atos de vontade são atos decisórios, positivação passa a ser o termo correlato de decisão. Em consequência, implicando toda a decisão a existência de motivos decisórios, a positivação passa a ser um fenômeno em que todas as valorações, regras e expectativas de comportamento na sociedade têm de ser filtrados por meio de processos decisórios antes de adquirir validade jurídica. Assim, o direito positivo não é só aquele posto por decisão, mas também aquele cujas premissas de decisão também são postas por decisão. No sentido sociológico, a lei, como fonte do Direito, ganhou grande importância no século XIX.

Para Paulo de Barros Carvalho:[72]

> (...) positivação é a sequência de atos ponentes de normas no quadro da dinâmica do sistema. Seu trajeto é uniforme e a direção sempre descendente. Já a derivação é a operação lógico-semântica em que se articula uma unidade normativa a outras que lhe são sobrepostas ou sotopostas na hierarquia do conjunto. Cada impulso de positivação provoca um vínculo de derivação. Com isso, o jurista compõe o cálculo das normas, conjugando-as para agrupá-las, mediante iniciativas de coordenação ou em movimentos ascendentes e descendentes sugestivos de subordinação.

Pensar na positivação do Direito, em hierarquização, relações de subordinação e de coordenação entre normas (derivação), conduz à necessidade de refletir sobre o modo de investigá-lo, impondo-se a considerar o enfoque dogmático e zetético.

A análise do fenômeno jurídico, sob o enfoque dogmático, envolve a aceitação dos valores e das normas postos em um ordenamento jurídico sistematizado, hierarquizado, visando à decidibilidade de conflitos com a menor perturbação social possível. Não há problematização dos seus pressupostos. A análise zetética tem uma função especulativa, podendo questionar até as premissas da especulação.

A respeito são precisas as lições de Tercio Sampaio Ferraz Jr.,[73] pelas quais:

> (...) no enfoque zetético predomina a função informativa da linguagem. Já no enfoque dogmático, a função informativa combina-se com a diretiva e esta cresce ali em importância. A zetética é mais aberta, porque as suas premissas são dispensáveis (...) as questões que ela propõe podem ficar sem resposta até que as condições de conhecimento sejam favoráveis. A dogmática é mais fechada, pois está presa a conceitos fixados, obrigando-se a interpretações capazes de conformar os problemas às premissas e, não como sucede na zetética, as premissas aos problemas.

---

72. CARVALHO, Paulo de Barros. *Derivação e positivação no direito tributário*. v. 1. São Paulo: Noeses, 2011. p. XIX.

73. FERRAZ JR., Tercio Sampaio. Op. cit., p. 19.

A análise do direito positivo a que nos propomos é dogmática, ainda que permeada por investigações zetéticas, porque nos interessa discutir como o Direito posto está conformando um dado fato jurídico (participações governamentais na exploração de petróleo e de gás) e como estão sendo solvidos pelo Poder Judiciário os conflitos daí advindos, sem que isso implique num legalismo fechado, numa posição meramente formalista.

Para tanto, é preciso conhecer os ditames do nosso direito positivo no que atine: (a) à oneração imposta ao explorador, em razão da exploração de petróleo e de gás e (b) à destinação constitucional dos valores daí decorrentes.

CAPÍTULO II
DO REGIME JURÍDICO APLICÁVEL À EXPLORAÇÃO DE PETRÓLEO E DE GÁS – DOS CONTRATOS DE CONCESSÃO, DE PARTILHA DE PRODUÇÃO E DE CESSÃO ONEROSA

2.1. Do regime jurídico constitucional referente à exploração de petróleo e de gás

A Constituição Federal, em vários artigos, trata da titularidade dos recursos minerais e da forma jurídica que deve ser adotada para a exploração econômica de tais recursos, bem como dos hidrocarbonetos, dentre eles o petróleo e o gás natural, a saber:

> Art. 20. São bens da União:
>
> (...)
>
> IX – os recursos minerais, inclusive os do subsolo.

O art. 176 do Texto Supremo e seus parágrafos determinam que:

> Art. 176. As jazidas, em lavra ou não, e demais recursos minerais e os potenciais de energia hidráulica constituem propriedade distinta da do solo, para efeito de exploração ou aproveitamento, e pertencem à União, *garantida ao concessionário a propriedade do produto da lavra*.
>
> § 1º A pesquisa e a lavra de recursos minerais e o aproveitamento dos potenciais a que se refere o *caput* deste artigo somente poderão ser efetuados mediante autorização ou concessão da União, no interesse nacional, por brasileiros ou empresa constituída sob as leis brasileiras e que tenha sua sede e administração no País, na forma da lei, que estabelecerá as condições específicas quando essas atividades se desenvolverem em faixa de fronteira ou terras indígenas.
>
> § 2º É assegurada participação ao proprietário do solo nos resultados da lavra, na forma e no valor que dispuser a lei. (...) (Destaque nosso).

No que atine à exploração e à produção de petróleo, de gás e de derivados prevê o Texto Supremo que:

> Art. 177. Constituem monopólio da União:
>
> I - a pesquisa e a lavra das jazidas de petróleo e gás natural e outros hidrocarbonetos fluidos
>
> II - a refinação do petróleo nacional ou estrangeiro;
>
> III - a importação e exportação dos produtos e derivados básicos resultantes das atividades previstas nos incisos anteriores;
>
> IV - o transporte marítimo do petróleo bruto de origem nacional ou de derivados básicos de petróleo produzidos no País, bem assim o transporte, por meio de conduto, de petróleo bruto, seus derivados e gás natural de qualquer origem. (...)
>
> § 1º A União poderá contratar com empresas estatais ou privadas a realização das atividades previstas nos incisos I a IV deste artigo observadas as condições estabelecidas em lei.
>
> § 2º A lei a que se refere o § 1º disporá sobre:
>
> I - a garantia do fornecimento dos derivados de petróleo em todo o território nacional;

EXPLORAÇÃO DE PETRÓLEO E DE GÁS NATURAL

> II - as condições de contratação;
>
> III - a estrutura e atribuições do órgão regulador do monopólio da União (...)

As presentes reflexões voltam-se para a oneração imposta ao explorador pela União, em decorrência da exploração de petróleo e de gás, bem como para os mandamentos do art. 20, § 1º, da CF, que cuida do destino de tal arrecadação, sob as formas jurídicas de compensação financeira ou participação no resultado da exploração.

Assim está posto o aludido comando constitucional:

> Art. 20. São bens da União:
>
> (...)
>
> § 1º. É assegurada, nos termos da lei, aos Estados, Distrito Federal e aos Municípios, bem como aos órgãos da administração direta da União, *participação no resultado da exploração de petróleo ou gás natural*, de recursos hídricos para fins de geração de energia elétrica e de outros recursos minerais no respectivo território, plataforma continental, mar territorial[74] ou zona econômica exclusiva, <u>ou</u> *compensação financeira* por essa exploração. (Destaque nosso).

Da leitura do § 1º, do art. 20, do Texto Supremo, pode-se construir a seguinte significação: a União deverá, nos termos da lei, repassar aos Estados, ao Distrito Federal e aos Municípios, bem como aos órgãos da sua Administração

---

74. *Mar territorial*, conforme a Lei nº 8.617/93, é uma faixa de mar adjacente com dimensão de até 12 milhas marítimas (1m.m. = 1.852 metros) a partir das linhas de base. As linhas de base podem ser normais ou retas. Quando normais, acompanham a linha de baixa-mar, conforme indicada nas cartas náuticas produzidas pela Diretoria de Hidrografia e Navegação (DHN), do Ministério da Marinha. *Plataforma continental* de um Estado compreende o leito e o subsolo das áreas submarinas que se estendem além do seu mar territorial, em toda a extensão do prolongamento natural do seu território terrestre, até ao bordo exterior da margem continental, ou até uma distância de 200 milhas marítimas das linhas de base. *Zona econômica exclusiva* é uma zona situada além do mar territorial e a este adjacente, que segundo a Convenção das Nações sobre os diretos do mar, se estende até 200 milhas marítimas das linhas de base a partir das quais se mede a largura do mar territorial.

Direta, os valores advindos da exploração de petróleo e de gás, sob a forma de participação no resultado da exploração *ou* compensação financeira por essa exploração.

Logo, de imediato, há dois fatos jurídicos a serem analisados, a saber: (a) como a União obtém os valores decorrentes da exploração de petróleo e de gás; e (b) como garante, por meio de lei, a destinação constitucional dos mesmos, seja na forma participação no resultado da exploração ou compensação financeira, aos Estados, aos Municípios, ao Distrito Federal e aos demais órgãos integrantes sua Administração Direta.

O legislador infraconstitucional não trilhou este caminho, pois, em vez de implementar os desígnios constitucionais, elaborou uma legislação que toma o destino da arrecadação (compensação) como a forma que a União possui para obter os recursos decorrentes da exploração de petróleo e de gás, tratando como sinônimos institutos de Direito submetidos a diferentes regimes jurídicos, tais como os *royalties*, a compensação financeira, as indenizações oriundas de ato ilícito etc.

É fato que embora a partilha dos valores advindos da exploração de petróleo e de gás tenha dado ensejo a trabalhos doutrinários, a decisões judiciais e a imensa disputa política, estas voltaram-se apenas à destinação do numerário, à sua divisão entre os entes políticos produtores e não produtores, ignorando a natureza de vários institutos jurídicos, bem como a destinação constitucional dos recursos, como aqui demonstraremos.

Neste ponto, a fim de que haja coerência entre as nossas investigações e a corrente filosófica que abraçamos, cumpre definir a expressão natureza jurídica tal como será empregada nestas reflexões.

Entendemos que o intérprete não revela o conteúdo contido no texto, porque as coisas não possuem um significado ontológico, denotado pelas palavras, cabendo, portanto, ao intérprete apenas encontrar a significação preexistente no texto. Para nós, a linguagem cria o objeto. As coisas são construídas pela interpretação. As coisas são o que os intérpretes dizem delas. A verdade é uma convenção social, em um dado momento histórico.

Diante disso, utilizamos a expressão natureza jurídica *como um critério classificatório*, que permite estabelecer semelhanças e diferenças entre os objetos, possibilitando atinar a qual regime jurídico se subsume o fenômeno estudado.

Sobre a importância da identificação da natureza jurídica dos fenômenos estudados, são precisas as lições de Marçal Justen Filho:[75]

> Ressalte-se que a determinação da natureza jurídica dos objetos juridicamente relevantes não é uma tarefa relacionada apenas com o conhecimento teórico. Apresenta decorrências práticas de grande relevância. Através da natureza jurídica, é possível estabelecer semelhanças e diferenciações entre os objetos. Surgem classes e categorias, integradas por objetos semelhantes e diversos entre si. A grande questão reside em que a identidade de natureza jurídica acarreta a identidade de disciplina jurídica. Ou seja, o regime jurídico deixa de ser determinado em função de cada objeto específico e passa a incidir sobre as classes e categorias que apresentam idêntico regime jurídico. Portanto, a determinação da natureza jurídica produz um resultado prático fundamental, consistente na uniformização do tratamento jurídico de figuras aparentemente distintas entre si. Não é possível que objetos de idêntica natureza jurídica subordinem-se a regime jurídico diverso. O oposto também tende a ser verdadeiro: não é possível que objetos com diversa natureza jurídica tenham idêntico tratamento jurídico. A partir desses pressupostos, torna-se de extrema relevância definir a natureza jurídica dos diferentes institutos, eis que isto acarretará a identificação do regime jurídico aplicável.

Embora o intérprete seja livre no ato interpretativo, como aqui já restou demonstrado, o contexto jurídico, no qual se insere a norma interpretada, tem autoridade para validar ou não o entendimento adotado pelo exegeta. Assim, não tem amparo

---

75. JUSTEN FILHO, Marçal. *O direito das agências reguladoras independentes*. São Paulo: Dialética, 2002.

em nosso sistema de direito positivo tomar a compensação, destino da arrecadação, tal como posta no art. 20, § 1º, da CF, como sinônimo de *royalty* e também como a forma que a União possui para obter coativamente os valores advindos da exploração de petróleo e de gás.

O mesmo se aplica ao legislador. Embora o legislador seja livre para juridicizar o fato, em razão da hierarquia, que caracteriza nosso sistema de Direito, tal liberdade encontra limite na Constituição Federal, nos imperativos de sistematização do ordenamento (as relações de coordenação e subordinação que se estabelecem entre as normas jurídicas), nas nossas tradições jurídicas, nos valores consagrados no ordenamento etc.

Assim, se a Constituição Federal determina que seja repassada aos entes políticos compensação, vocábulo que possui acepções semânticas próprias em Direito, não pode o legislador, para solver com simplicidade disputas arrecadatórias, denominá-la de *royalty*, afastando-se do que determina o Texto Supremo.

Ora, de acordo com a Magna Carta, a compensação deve ser paga aos entes políticos que suportam as externalidades advindas das atividades de exploração de petróleo e de gás bem como perdas fiscais. E não foi por acaso que não a denominou de indenização.

Sendo assim, só haverá lugar para o pagamento de compensação se o ente político provar que a sua esfera jurídica foi agravada em razão de suportar, em seus domínios territoriais, a exploração de atividade lícita, almejada e licenciada pelo Estado. Logo, a compensação não é devida a todos Estados, Municípios e Distrito Federal, tampouco pode ser tomada pelo legislador infraconstitucional como *royalties*, devidos estes apenas à União, em razão da exploração do seu patrimônio.

Embora os *royalties* não decorram da tradição jurídica brasileira, possuem a acepção semântica de contraprestação pelo uso de direito de terceiros, dentre eles, os exploratórios de petróleo e de gás.

EXPLORAÇÃO DE PETRÓLEO E DE GÁS NATURAL

Para melhor explorar o tema, comecemos investigando o regime jurídico infraconstitucional, que rege a exploração e a produção de petróleo e de gás natural.

2.2. Do regime jurídico infraconstitucional, regulador da exploração e da produção de petróleo e de gás natural

2.2.1. Da Lei nº 2.004/53

A Lei nº 2.004/53,[76] dispunha sobre a Política Nacional do Petróleo, definia as atribuições do Conselho Nacional do Petróleo, instituiu a Petrobras, dentre outras providências, já veiculava comandos referentes a uma contraprestação aos entes políticos onde houvesse a lavra de petróleo e de gás, a saber:

> Art. 27. A Sociedade e suas subsidiárias ficam obrigadas a pagar aos Estados e Territórios *onde fizerem a lavra de petróleo* e xisto betuminoso e a extração de gás, *indenização* correspondente a 5% (cinco por cento) sobre o valor do óleo extraído ou do xisto ou do gás.
>
> § 1º Os valores do óleo e do xisto betuminoso serão fixados pelo Conselho Nacional do Petróleo.
>
> § 2º Será efetuado trimestralmente o pagamento de que trata êste artigo.
>
> § 3º Os Estados e Territórios distribuirão 20% (vinte por cento) do que receberem, proporcionalmente aos Municípios, segundo a produção de óleo de cada um deles devendo êste pagamento ser efetuado trimestralmente.
>
> § 4º Os Estados, Territórios e Municípios deverão aplicar os recursos fixados nêste artigo, preferentemente, na produção de energia elétrica e na pavimentação de rodovias. (Destaque nosso).

Posteriormente, tal artigo foi alterado pela Lei nº 3.257/57.

---

76. A Lei nº 2.004/53 foi revogada pela Lei nº 9.478/97.

2.2.2. Da Lei nº 3.257/57

A Lei nº 3.257/57 modificou o art. 27 e seus parágrafos, nos seguintes termos:

> Art. 27. A sociedade e suas subsidiárias ficam obrigadas a pagar *indenização* correspondente a 4% (quatro por cento) sobre o valor do óleo extraído ou do xisto ou do gás aos Estados e Territórios *onde fizerem a lavra do petróleo* e xisto betuminoso e a extração de gás, de indenização de 1% (um por cento) aos Municípios onde fizerem a mesma lavra ou extração. (grifo nosso).
>
> § 1º Os valores do óleo e do xisto betuminoso serão fixados pelo Conselho Nacional do Petróleo.
>
> § 2º Será efetuado trimestralmente o pagamento de que trata êste artigo.
>
> § 3º Os Estados, Territórios e Municípios deverão aplicar os recursos fixados neste artigo, preferentemente, na produção da energia elétrica e na pavimentação de rodovias.

2.2.3. Do Decreto-lei nº 523/69

O Decreto-lei em comento acrescentou o § 4º ao art. 27 da Lei nº 2.004/53, com a redação que lhe foi dada pela Lei nº 3.257, de 2 de setembro de 1957, passando a dispor que:

> § 4º Quando o óleo ou gás forem extraídos da plataforma continental, os 5% (cinco por cento) de que trata o *caput* dêste Artigo serão destinados, em partes iguais, ao Departamento Nacional da Produção Mineral, do Ministério das Minas e Energia, para constituição do Fundo Nacional de Mineração e ao Ministério da Educação e Cultura, para o incremento da pesquisa e do ensino de nível superior no campo das geociências.

2.2.4. Do Decreto-Lei nº 1.288/73

Tal decreto-lei dispunha que o § 4º, do art. 27, da Lei nº 2.004/53, acrescentado pelo Decreto-Lei nº 523/69, assumia a seguinte redação:

EXPLORAÇÃO DE PETRÓLEO E DE GÁS NATURAL

> § 4º Quando o óleo ou gás forem extraídos da plataforma continental, os 5% (cinco por cento) de que trata o *caput* deste artigo serão destinados ao Conselho Nacional do Petróleo - C.N.P., do Ministério das Minas e Energia, para formação de estoques de combustíveis destinados a garantir a segurança e a regularidade de geração de energia elétrica.

2.2.5. Da Lei nº 7.453/85

A lei em foco modificou o *caput* e os §§ do art. 27 da Lei nº 2.004/53, da seguinte forma:

> Art. 27. A Sociedade e suas subsidiárias ficam obrigadas a pagar <u>indenização</u> correspondente a 4% (quatro por cento) aos Estados ou Territórios e 1% (um por cento) aos Municípios, sobre o valor do óleo, do xisto betuminoso e do gás extraídos de suas respectivas áreas, *onde se fizer a lavra do petróleo.*
>
> (...)
>
> § 3º Os Estados, Territórios e Municípios deverão aplicar os recursos previstos neste artigo, preferentemente, em energia, pavimentação de rodovias, abastecimento e tratamento de água, irrigação, proteção ao meio-ambiente e saneamento básico.
>
> § 4º É também devida a *indenização* aos Estados, Territórios e Municípios *confrontantes*, quando o óleo, o xisto betuminoso e o gás *forem extraídos da plataforma continental,* nos mesmos 5% (cinco por cento) fixados no caput deste artigo, sendo 1,5% (um e meio por cento) aos Estados e Territórios; 1,5% (um e meio por cento) aos Municípios e suas respectivas áreas geo-econômicas, 1% (um por cento) ao Ministério da Marinha, para atender aos encargos de fiscalização e proteção das atividades econômicas das referidas áreas, e *1% (um por cento) para constituir um Fundo Especial a ser distribuído entre todos os Estados, Territórios e Municípios.*
>
> (...)
>
> § 6º *Os Estados, Territórios e Municípios centrais, em cujos lagos, rios, ilhas fluviais e lacustres se fizer a exploração de petróleo, xisto betuminoso ou gás, farão jus à indenização prevista no caput deste artigo.* (Destaque nosso).

Aqui vale observar que a Lei nº 7.453/85 já previa a criação de um fundo, a ser partilhado entre todos os Estados e os Municípios, quando o petróleo, o gás e o xisto betuminoso fossem extraídos na plataforma continental.

2.2.6 Da Lei nº 7.525/86

A Lei nº 7.525/86 estabeleceu normas complementares para a execução do disposto no art. 27 da Lei nº 2.004/53, com a redação da Lei nº 7.453/85, nos seguintes termos:

> Art. 1º A indenização a ser paga pela Petróleo Brasileiro S.A. - PETROBRÁS e suas subsidiárias, nos termos do art. 27 da Lei nº 2.004, de 3 de outubro de 1953, com a redação dada pela Lei nº 7.453, de 27 de dezembro de 1985, *estender-se-á à plataforma continental* e obedecerá ao disposto nesta lei.
>
> Art. 2º Para os efeitos da indenização calculada sobre o valor do óleo de poço ou de xisto betuminoso e do gás natural extraído da plataforma continental, consideram-se <u>confrontantes</u> com poços produtores os Estados, Territórios e Municípios contíguos à área marítima delimitada pelas linhas de projeção dos respectivos limites territoriais até a linha de limite da plataforma continental, onde estiverem situados os poços.
>
> Art. 3º A <u>área geoeconômica</u> de um Município confrontante será definida a partir de critérios referentes às atividades de produção de uma dada área de produção petrolífera marítima e a impactos destas atividades sobre áreas vizinhas.
>
> Art. 4º Os Municípios que integram tal área geoeconômica serão divididos em 3 (três) zonas, distinguindo-se *1 (uma) zona de produção principal, 1 (uma) zona de produção secundária e 1 (uma) zona limítrofe à zona de produção principal.*
>
> § 1º Considera-se como *zona de produção principal* de uma dada área de produção petrolífera marítima, o Município confrontante e os Municípios onde estiverem *localizadas 3 (três) ou mais instalações dos seguintes tipos:*
>
> I - instalações industriais para processamento, tratamento, armazenamento e escoamento de petróleo e gás natural, excluindo os dutos;
>
> II - instalações relacionadas às atividades de apoio à exploração, produção e ao escoamento do petróleo e gás natural, tais

como: portos, aeroportos, oficinas de manutenção e fabricação, almoxarifados, armazéns e escritórios.

§ 2º Consideram-se *como zona de produção secundária* os Municípios atravessados por oleodutos ou gasodutos, incluindo as respectivas estações de compressão e bombeio, ligados diretamente ao escoamento da produção, até o final do trecho que serve exclusivamente ao escoamento da produção de uma dada área de produção petrolífera marítima, ficando excluída, para fins de definição da área geoeconômica, os ramais de distribuição secundários, feitos com outras finalidades.

§ 3º Consideram-se como *zona limítrofe à de produção principal* os Municípios contíguos aos Municípios que a integram, bem como os Municípios que sofram as conseqüências sociais ou econômicas da produção ou exploração do petróleo ou do gás natural.

§ 4º Ficam *excluídos da área geoeconômica* de um Município confrontante, Municípios onde estejam localizadas instalações dos tipos especificados no parágrafo primeiro deste artigo, mas que não sirvam, em termos de produção petrolífera, exclusivamente a uma dada área de produção petrolífera marítima.

§ 5º No caso de 2 (dois) ou mais Municípios confrontantes serem contíguos e situados em um mesmo Estado, será definida para o conjunto por eles formado uma única área geoeconômica. (Destaque nosso).

Tal lei também prevê, embora de forma tímida, a participação dos entes políticos não produtores na participação dos frutos da exploração de petróleo e de gás. Disciplinou a contraprestação devida aos Estados, aos Territórios e aos Municípios contíguos à área marítima, na hipótese de exploração na plataforma continental. Criou o conceito de área geoeconômica, dividindo-a em zona de produção principal, zona de produção secundária e zona limítrofe à zona de produção principal, aumentando, dessa forma, o rol dos Municípios contemplados com os ganhos advindos da exploração de petróleo e de gás.

Nos termos da lei em comento, passaram a ser favorecidos os Municípios onde estiverem localizadas 3 (três) ou mais instalações relacionadas às atividades de apoio à exploração, à produção e ao escoamento do petróleo e de gás natural, tais como: portos, aeroportos, oficinas de manutenção e fabricação, almoxarifados, armazéns e escritórios; os Municípios atravessados por oleodutos ou gasodutos, incluindo as respectivas estações de compressão e bombeio, ligados diretamente ao escoamento da produção, bem como os Municípios que suportem as consequências sociais ou econômicas da produção ou exploração do petróleo ou do gás natural.

2.2.7. Da Lei nº 7.990/89

A Lei nº 7.990/89 ao instituir para os Estados, o Distrito Federal e os Municípios, compensação financeira pelo resultado da exploração de petróleo ou do gás natural, de recursos hídricos para fins de geração de energia elétrica, de recursos minerais em seus respectivos territórios, plataforma continental, mar territorial ou zona econômica exclusiva, determinou, em seu art. 7º que:

> Art. 7º O art. 27 e seus §§ 4º e 6º, da Lei nº 2.004/53, alterada pelas Leis nsº 3.257/57, 7.453/85, e 7.525/86, passam a vigorar com a seguinte redação:
>
> Art. 27. A sociedade e suas subsidiárias ficam obrigadas a pagar a *compensação financeira* aos Estados, Distrito Federal e Municípios, correspondente a 5% (cinco por cento) sobre o valor do óleo bruto, do xisto betuminoso e do gás extraído de *seus respectivos territórios, onde se fixar a lavra do petróleo ou se localizarem instalações marítimas ou terrestres de embarque ou desembarque de óleo bruto ou de gás natural*, operados pela Petróleo Brasileiro S.A. – PETROBRÁS, obedecidos os seguintes critérios:
>
> I - 70% (setenta por cento) aos Estados produtores;
>
> II - 20% (vinte por cento) aos Municípios produtores;
>
> III - 10% (dez por cento) aos Municípios onde se localizarem instalações marítimas ou terrestres de embarque ou desembarque de óleo bruto e/ou gás natural.
>
> (...)

EXPLORAÇÃO DE PETRÓLEO E DE GÁS NATURAL

> § 4º É também devida a compensação financeira aos Estados, Distrito Federal e Municípios confrontantes, quando o óleo, o xisto betuminoso e o gás forem extraídos da plataforma continental nos mesmos 5% (cinco por cento) fixados no *caput* deste artigo, sendo 1,5% (um e meio por cento) aos Estados e Distrito Federal e 0,5% (meio por cento) aos Municípios onde se localizarem instalações marítimas ou terrestres de embarque ou desembarque; 1,5% (um e meio por cento) aos Municípios produtores e suas respectivas áreas geoeconômicas; 1% (um por cento) ao Ministério da Marinha, para atender aos encargos de fiscalização e proteção das atividades econômicas das referidas áreas de *0,5% (meio por cento) para constituir um fundo especial a ser distribuído entre os Estados, Territórios e Municípios.*
>
> (...)
>
> § 6º Os Estados, Territórios e Municípios centrais, em cujos lagos, rios, ilhas fluviais e lacustres se fizer a exploração de petróleo, xisto betuminoso ou gás, farão jus à compensação financeira prevista no *caput* deste artigo. (Destaque nosso)

Da aludida lei, percebe-se que há a imposição legal ao pagamento de: (a) compensação financeira, apurada mediante a aplicação da alíquota de 3% sobre o valor do faturamento líquido, resultante da venda de minerais e (b) outra *para petróleo e gás,* calculada por meio da aplicação da alíquota *de 5% sobre o valor do óleo bruto*, devida às pessoas políticas onde se fixar a lavra. É também devida a compensação financeira aos Estados, ao Distrito Federal e aos Municípios confrontantes, quando o óleo, o xisto betuminoso e o gás forem extraídos da plataforma continental, nos mesmos 5% (cinco por cento).

Note-se que esta lei, não prevê indenização aos entes políticos, como a lei anterior, mas compensação.

2.2.8. Da Lei nº 8.001/90

A Lei nº 8.001/90, no que respeita à exploração *de petróleo e de derivados e de gás*, em seu art. 3º, alterou o art. 8º da Lei nº 7.990/89 prevendo que:

Art. 3º O art. 8º da Lei nº 7.990, de 28 de dezembro de 1989, passa a ter a seguinte redação:

Art. 8º O pagamento das *compensações financeiras* previstas nesta lei, *inclusive o da indenização pela exploração do petróleo,* do xisto betuminoso e do gás natural, será efetuado mensalmente, diretamente aos Estados, ao Distrito Federal, aos Municípios e aos órgãos da Administração Direta da União (...). (Destaque nosso).

A lei em comento prevê como duas realidades jurídicas distintas as compensações financeiras e a indenização pela exploração de petróleo e de gás. Não definiu compensação financeira, tampouco indenização. Apenas apartou-as como fenômenos jurídicos distintos.

2.2.9. Da Lei nº 9.478/97

A Lei nº 9.478/97, dispõe sobre a política energética nacional, as atividades relativas ao monopólio do petróleo, institui o Conselho Nacional de Política Energética e a Agência Nacional do Petróleo (ANP).

Analisemos o regime jurídico que inaugura no que atine à exploração de petróleo e de gás.

Determina a aludida lei, que compete ao Conselho Nacional de Política Energética (CNPE) definir os blocos objeto de concessão ou de partilha de produção. A União valendo-se de concessões, precedidas de licitação, ou partilha de produção, deverá efetuar a lavra de petróleo, de gás e de outros hidrocarbonetos. As atividades de exploração, de desenvolvimento e de produção, efetuadas no pré-sal e em áreas estratégicas, serão exercidas sob o regime de partilha de produção.

Foi instituída a Agência Nacional do Petróleo, sob a forma de autarquia, como órgão regulador da indústria do petróleo e do gás natural, vinculada ao Ministério de Minas e Energia.

EXPLORAÇÃO DE PETRÓLEO E DE GÁS NATURAL

Em seu art. 3º, determina a Lei nº 9.478/97, que pertencem à União os depósitos de petróleo, de gás natural e outros hidrocarbonetos fluidos existentes no território nacional, nele compreendidos a parte terrestre, o mar territorial, a plataforma continental e a zona econômica exclusiva. Dispõe, ainda, em seu art. 21, que todos *os diretos de exploração e produção* dos mesmos *pertencem à União Federal.*

No art. 4º consigna que constituem monopólio da União, nos termos do art. 177 da CF, as seguintes atividades: a pesquisa e a lavra das jazidas de petróleo, de gás natural e de outros hidrocarbonetos fluidos; a refinação de petróleo nacional ou estrangeiro; a importação e a exportação dos produtos e derivados básicos e o transporte marítimo do petróleo bruto de origem nacional ou de derivados básicos de petróleo produzidos no País, bem como o transporte, por meio de conduto, de petróleo bruto, seus derivados e de gás natural.

Para o trato do tema é preciso ter presente as seguintes definições, constantes da lei em comento e no Decreto nº 2.705/98, que a regulamenta, a saber:

a) **petróleo**: todo e qualquer hidrocarboneto líquido em seu estado natural, a exemplo do óleo cru e condensado.

b) **gás natural ou gás**: todo hidrocarboneto que permaneça em estado gasoso nas condições atmosféricas normais, extraído diretamente a partir de reservatórios petrolíferos ou gaseíferos, incluindo gases úmidos, secos, residuais e gases raros.

c) **derivados de petróleo**: produtos decorrentes da transformação do petróleo.

d) **derivados** básicos: principais derivados de petróleo, referidos no art. 177 da CF, a serem classificados pela Agência Nacional do Petróleo (gasolina, diesel, óleos lubrificantes, asfalto, solventes, gás liquefeito de petróleo, parafina, dentre outros).

e) **jazida**: reservatório ou depósito já identificado e possível de ser posto em produção.

f) **prospecto**: feição geológica mapeada como resultado de estudos geofísicos e de interpretação geológica, que justificam a perfuração de poços exploratórios para a localização de petróleo ou de gás natural.

g) **bloco**: parte de uma bacia sedimentar, formada por um prisma vertical de profundidade indeterminada, com superfície poligonal definida pelas coordenadas geográficas de seus vértices, onde são desenvolvidas atividades de exploração ou produção de petróleo e de gás natural.

h) **campo de petróleo ou de gás natural**: área produtora de petróleo ou de gás natural, a partir de um reservatório contínuo ou de mais de um reservatório, a profundidades variáveis, abrangendo instalações e equipamentos destinados à produção.

i) **pesquisa ou exploração**: conjunto de operações ou atividades destinadas a avaliar áreas, objetivando a descoberta e a identificação de jazidas de petróleo ou de gás natural.

j) **lavra ou produção**: conjunto de operações coordenadas de extração de petróleo ou de gás natural de uma jazida e de preparo para sua movimentação.

l) **desenvolvimento:** conjunto de operações e investimentos destinados a viabilizar as atividades de produção de um campo de petróleo ou de gás.

m) **descoberta comercial**: descoberta de petróleo ou de gás natural em condições que, a preços de mercado, tornem possível o retorno dos investimentos no desenvolvimento e na produção.

n) **cadeia produtiva do petróleo**: sistema de produção de petróleo, de gás natural e de outros hidrocarbonetos fluídos e seus derivados, incluindo a distribuição, a revenda e a estocagem, bem como o seu consumo.

EXPLORAÇÃO DE PETRÓLEO E DE GÁS NATURAL

o) **data de início da produção:** a data em que ocorrer a primeira medição, em cada campo, de volumes de petróleo ou de gás natural em um dos respectivos pontos de medição da produção, e a partir da qual o concessionário assumirá a propriedade do volume de produção fiscalizada, sujeitando-se ao pagamento dos tributos incidentes e das participações legais e contratuais correspondentes.

p) **participações governamentais:** pagamentos a serem realizados pelos concessionários de atividades de exploração e produção de petróleo e de gás natural, nos termos dos arts. 45 a 51 da Lei nº 9.478/97 e do Decreto nº 2.705/98.

q) **pontos de medição da produção:** pontos a serem obrigatoriamente definidos no plano de desenvolvimento de cada campo, propostos pelo concessionário e aprovados pela Agência Nacional do Petróleo, nos termos do contrato de concessão, onde será realizada a medição volumétrica do petróleo ou do gás natural produzido nesse campo, expressa nas unidades métricas de volume adotadas pela Agência Nacional do Petróleo e referida à condição padrão de medição, e onde o concessionário assumirá a propriedade do respectivo volume de produção fiscalizada, sujeitando-se ao pagamento dos tributos incidentes e das participações legais e contratuais correspondentes.

r) **preço de referência:** preço por unidade de volume, expresso em moeda nacional, para o petróleo, para o gás natural ou para o gás condensado produzido em cada campo, a ser determinado pela Agência Nacional do Petróleo.

s) **produção:** conjunto de operações coordenadas de extração de petróleo ou de gás natural de uma jazida e de preparo de sua movimentação, nos termos definidos no inciso XVI do art. 6º da Lei nº 9.478/97, ou, ainda, volume de petróleo ou de gás natural extraído durante a produção, conforme se depreenda do texto, em cada caso.

t) **receita bruta da produção:** relativamente a cada campo de uma dada área de concessão, o valor comercial total do volume de produção fiscalizada, apurado com base nos preços de referência do petróleo e do gás natural produzidos.

u) **receita líquida da produção**: relativamente a cada campo de uma dada área de concessão, a receita bruta da produção deduzidos os montantes correspondentes ao pagamento de *royalties*, investimentos na exploração, custos operacionais, depreciações e tributos diretamente relacionados às operações do campo, que tenham sido efetivamente desembolsados, na vigência do contrato de concessão, até o momento da sua apuração, e que sejam determinados segundo regras emanadas da Agência Nacional do Petróleo.

v) **volume de produção fiscalizada**: soma das quantidades de petróleo ou de gás natural, relativas a cada campo, expressas nas unidades métricas de volume adotadas pela Agência Nacional do Petróleo, que tenham sido efetivamente medidas nos respectivos pontos de medição da produção, sujeitas às correções técnicas de que trata o art. 5º do Decreto nº 2.705/98.

x) **volume total da produção**: soma de todas e quaisquer quantidades de petróleo ou de gás natural, extraídas em cada mês de cada campo, expressas nas unidades métricas de volume adotadas pela Agência Nacional do Petróleo, incluídas as quantidades de petróleo ou de gás natural perdidas sob a responsabilidade do concessionário; as quantidades de petróleo ou de gás natural utilizadas na execução das operações no próprio campo e as quantidades de gás natural queimadas em flares em prejuízo de sua comercialização, e excluídas apenas as quantidades de gás natural reinjetadas na jazida e as quantidades de gás natural queimadas em flares, por razões de segurança ou de comprovada necessidade operacional, desde que esta queima seja de quantidades razoáveis e compatíveis com as práticas usuais da indústria do petróleo e que seja previamente aprovada pela Agência Nacional do Petróleo ou, posteriormente, perante ela justificada pelo concessionário, por escrito e até 48 horas após a sua ocorrência.

As atividades econômicas inerentes à exploração e à indústria do petróleo e do gás são reguladas e fiscalizadas pela União e podem ser exercidas, mediante concessão, autorização, contratação sob o regime de partilha de produção ou por contrato de cessão onerosa, por empresas constituídas sob as leis brasileiras, com sede e administração no País ou com exclusividade pela Petrobras, na hipótese de cessão onerosa.

Assim, é bom fixar que cabe à Agência Nacional do Petróleo, dentre outras atribuições, elaborar os editais e promover as licitações para a concessão de exploração, de desenvolvimento e de produção, celebrando os contratos delas decorrentes e fiscalizando a sua execução.

Neste ponto, abrimos um parêntese na análise da Lei nº 9.478/97 para avaliar os limites constitucionais e legais da atuação das agências reguladoras, no caso a Agência Nacional do Petróleo, dada a intensidade da sua atuação na exploração e na produção de petróleo e de gás natural.

2.3. Limites constitucionais e legais à atuação das agências reguladoras

A Constituição brasileira, em seu art. 174, determina que o Estado, como agente normativo e regulador da atividade econômica, exerça, na forma da lei, as funções de fiscalização, incentivo e planejamento das mesmas, sendo que o planejamento é determinante para o Poder Público e indicativo para o setor privado.

No art. 177, § 2º, inciso III, prevê a Magna Carta que a lei deverá prever a estrutura e as atribuições do órgão regulador do monopólio da União. Esse poder regulador do Estado, que rege o exercício de certas atividades econômicas, é exercido por meio das denominadas agências reguladoras. As agências em foco possuem o regime jurídico previsto nas leis que as instituíram, respeitados os nortes constitucionais.

A implantação do regime regulatório no Brasil derivou da política de privatizações, iniciada no País na década de 1990, que visava transferir para a iniciativa privada o controle de empresas públicas e sociedades de economia mista que exploravam atividades de grande interesse público, tais como energia elétrica, telecomunicações e distribuição de gás canalizado. À época, o Estado não tinha como arcar com os custos da modernização de tais serviços, acarretando prejuízos ao desenvolvimento nacional.

Na Constituição brasileira está previsto que o Estado assegurará o exercício das atividades econômicas à iniciativa privada, que deverá reger-se pelas normas do direito privado e pelos princípios da livre iniciativa e da livre concorrência. Contudo, é fato que há atividades econômicas que são de interesse coletivo, dado o forte impacto social que acarretam, tais como, os serviços de abastecimento de água, de energia elétrica, abastecimento nacional de petróleo e de derivados, utilização de recursos hídricos, que não podem ficar a mercê apenas da satisfação dos interesses privados.

Neste contexto, afastado o Estado do exercício direto da atividade econômica, surge à necessidade de regulação, como uma forma de manter o mercado abastecido e o equilíbrio entre os interesses coletivos e privados.

Nas presentes reflexões, cuidaremos da Agência Nacional do Petróleo – ANP.

A Agência Nacional do Petróleo – ANP foi instituída pela Lei nº 9.478/97, como entidade integrante da Administração Federal Indireta, submetida ao regime autárquico especial, como órgão regulador da indústria do petróleo, do gás natural e dos seus derivados.

O regime autárquico, previsto para as agências reguladoras (regime autárquico especial) traz uma remodelação jurídica da autarquia, diferente da proposta no Decreto-Lei nº 200/67, uma vez que, em razão da independência, legalmente assegurada às mesmas, seus atos não poderão ser revistos ou revisados por autoridade administrativa superior.

Neste sentido, o entendimento de Maria Sylvia Zanella Di Pietro,[77] pelo qual as agências,

> como autarquias que são, estão sujeitas à tutela ou controle administrativo exercido pelo Ministério a que se acham vinculadas. Todavia, como autarquias de regime especial, seus atos não podem ser revistos ou alterados pelo Poder Executivo.

As agências reguladoras devem reger-se pelos princípios da eficiência, da publicidade, assegurando a participação dos setores envolvidos nos seus atos regulatórios. O processo decisório da Agência Nacional do Petróleo, tal como posto na Lei do Petróleo (Lei nº 9.478/97), com as alterações posteriores, deve obedecer aos princípios da legalidade, da impessoalidade, da moralidade e da publicidade.

As sessões deliberativas da diretoria da Agência Nacional do Petróleo – que se destinam a resolver pendências entre os agentes econômicos, entre estes e os consumidores e os usuários de bens e serviços da indústria de petróleo e gás natural – **são** públicas, permitida a sua gravação por meios eletrônicos e assegurado aos interessados o direito delas obter transcrições.

Também, prevê a legislação em comento, que as iniciativas de projetos de lei ou de alteração de normas administrativas que impliquem na afetação de direito dos agentes econômicos ou de consumidores e de usuários de bens e serviços das indústrias de petróleo, de gás natural ou de biocombustíveis, serão precedidas de audiências públicas convocadas e dirigidas pela Agência Nacional do Petróleo.

Prevê a lei, dentre as atribuições da Agência Nacional do Petróleo, articular-se com os outros órgãos reguladores do setor energético sobre matérias de interesse comum.

---

77. DI PIETRO, Maria Sylvia Zanella. *Parcerias na administração pública*. 3. ed. São Paulo: Atlas, 1999. p. 132.

A Resolução Conjunta nº 1/99 da Agência Nacional de Telecomunicações (Anatel), da Agência Nacional de Energia Elétrica (Aneel) e da Agência Nacional do Petróleo (ANP), que aprovou o Regulamento Conjunto para Compartilhamento de Infraestrutura entre os setores de energia elétrica, telecomunicações e petróleo, dentre outras, demonstrava a articulação entre as Agências, visando à otimização de estruturas para a melhor prestação dos serviços de interesse coletivo.

Influenciaram a criação de agências reguladoras no Brasil, a experiência norte-americana e a experiência inglesa. Informam trabalhos acadêmicos[78] especificamente voltados ao tema que:

> Na Inglaterra e nos Estados Unidos as primeiras agências reguladoras (*regulatory agencies*) foram criadas, respectivamente, em 1834 e 1887, a fim de regular determinados setores da atividade econômica. Apesar da aparição posterior nos Estados Unidos, com a criação da *Interstate Commerce Commission* em 1887, o regime de regulação setorial norte-americano se desenvolveu ininterruptamente no curso dos anos, servindo de inspiração para tantos outros, a ponto de autores como Caio Tácito[79] identificarem as experiências com entes reguladores como uma 'moderna tendência universal'. Nesse contexto, acompanhando tendência mundial, as recentes inovações na Administração Pública do Brasil tiveram forte inspiração no modelo anglo-saxão. Com isso se almejou acompanhar o crescimento da atuação do setor privado em áreas de interesse social, considerando a especialização tecnológica e atuação veloz que o novo instrumento das agências reguladoras poderia trazer.

As agências, muito comuns no Direito alienígena, não podem ser incorporadas ao direto positivo brasileiro, tal como resultaram da cultura e do Direito dos seus países de origem. Vale lembrar que na experiência norte-americana as

---

78. ROCHA, Jaqueline Mainel. *Discricionariedade técnica e poder normativo das agências reguladoras brasileiras*. Disponível em: <www.getel.org/docmonografiajaquelineDiscricionariedadeTecnica>.

79. TÁCITO, Caio. As agências reguladoras da administração. *Revista de Direito Administrativo*, ano 34, v. 221, Rio de Janeiro, jul.-set. 2000.

atividades econômicas sempre foram exercidas pela iniciativa privada, ao contrário do Brasil, onde em nome dos interesses públicos, muitas atividades privadas e serviços são titulados pelo Estado, que concede, permite ou autoriza o exercício dos mesmos aos particulares.

Contudo, inobstante as diferenças cultural e jurídica, um aspecto das agências reguladoras é alvo de debates e questionamentos judiciais aqui e no mundo, a saber: o seu "poder normativo".

Maria Sylvia Zanella Di Pietro[80] consigna que o fato das agências reguladoras serem entidades altamente técnicas em suas respectivas áreas de atuação, devendo preservar-se, portanto, de qualquer influência política, foi o pilar da função normativa por elas exercida. Aduz, ainda, que apesar das agências precisarem regular condutas técnicas com celeridade, necessitando, portanto, da expedição rápida de normas, verificou-se, historicamente, nos Estados Unidos, forte controle judicial sobre as decisões das agências.

Analisando a questão normativa, ainda nos Estados Unidos, informa Jaqueline Mainel Rocha[81] que:

> Relativamente aos poderes atribuídos aos entes reguladores, coloca-se, como discussão de pano de fundo no Direito Administrativo americano, no âmbito da Suprema Corte Americana, a determinação do conteúdo do princípio constitucional da separação dos Poderes. E, o grande foco dessa discussão é justamente a atribuição de poderes estatais típicos do Legislativo e do Judiciário – os ditos poderes quase-legislativos e quase-judiciais – às agências reguladoras.

Quanto à atribuição de poderes normativos às agências americanas, três principais teorias tentam fundamentar a delegação de poderes do Legislativo, questionada quanto à violação dos princípios da representatividade e responsabilidade

---

80. DI PIETRO, Maria Sylvia Zanella. Op. cit.
81. ROCHA, Jaqueline Mainel. Op. cit., p. 11.

democrática – visto que a competência do Congresso, eleito pelo povo, para legislar é constitucionalmente determinada.

São elas, como elenca Conrado Hübner Mendes:[82]

> [a teoria da transmissão democrática (*transmissio belt model*), que] aceita tal delegação às agências pelo fato de ser o legislador, legitimado constitucionalmente, que cria o ente e lhe transfere balizas de atuação; [a teoria dos burocratas técnicos (*expertise model*), que] justifica a transferência por estarem estas agências formadas por técnicos especializados em matérias as quais o Congresso não teria condições de regular; [e teoria do procedimento (*procedural model*), que] legitima a atuação das agências por garantir aos interessados a participação no seu processo de tomada de decisões.

Ao tratar do entendimento jurisprudencial norte americano, a Autora deste trabalho, citando as lições de Conrado Hübner Mendes,[83] consigna que:

> O comportamento atual da interpretação jurisprudencial da Suprema Corte Americana tem sido o de analisar, dentro do conteúdo da lei editada pelo Congresso, os tais padrões mínimos que delimitem o âmbito de atuação das agências. Os entes do Poder Executivo devem, então, cumprir os fins e objetivos que o legislador estipulou no ato de criação (*contingented delegatio*). Para tanto, deve o legislador conferir um mínimo de parâmetros de atuação, que sejam claros e concretos (*inteligible principle*), o que se convencionou chamar de parâmetros significativos (*meaningful standards*). Tais parâmetros, mais específicos ou mais genéricos, são fundamentais para definir a liberdade de ação de uma agência. Definitivamente, um dos critérios mais importantes para se definir a amplitude ou mesmo a existência de tão discutível independência.

---

82. MENDES, Conrado Hübner. Reforma do estado e agências reguladoras: Estabelecendo os parâmetros de discussão. In: SUNDFELD, Carlos Ari (Org.). *Direito administrativo econômico*. São Paulo: Malheiros Editores, 2000. p. 130-131.

83. Idem.

Quanto aos poderes ditos quase-judiciais, adverte a Autora que, consistem na competência para dirimir conflitos no âmbito do setor regulado, admitindo-se no sistema americano que as agências exerçam tal atribuição se garantirem a igualdade entre as partes no procedimento e se admitirem posterior controle jurisdicional (*apellate review theory*).

Diante da experiência estrangeira, surge a necessidade de reflexão sobre o conceito brasileiro de agência reguladora e dos limites da sua atuação, considerando que entre nós a atividade econômica se rege pelo primado da livre iniciativa, da livre concorrência e pela legalidade.

A doutrina brasileira apresenta diversos conceitos de agências reguladoras.

Para Alexandre Mazza,[84] as agências reguladoras são "autarquias com autonomia qualificada frente à Administração Direta, criadas para atuar no controle, fiscalização ou fomento de determinados setores."

Para Marçal Justen Filho,[85] a agência reguladora:

> é uma autarquia especial, criada por lei para intervenção estatal no domínio econômico, dotada de competência para regulação de setor específico, inclusive com poderes de natureza regulamentar e para arbitramento de conflitos entre particulares, e sujeita ao regime jurídico que assegure a sua autonomia em face da Administração Direta.

Leila Cuéllar[86] afirma que as agências reguladoras são

> pessoas jurídicas de Direito Público, com estrutura formal autárquica e competência para regulamentar, contratar, fiscalizar, aplicar sanções e atender reclamo dos usuários/consumidores de determinado serviço público ou atividade econômica.

---

84. MAZZA. Alexandre. *Agências reguladoras*. Coleção Temas de Direito Administrativo. São Paulo: Malheiros, 2005.p. 39.

85. JUSTEN FILHO, Marçal. Op. cit., p. 344.

86. CUÉLLAR, Leila. *As agências reguladoras e seu poder normativo*. São Paulo: Dialética, 2001. p. 81.

Segundo Fernando Quadros da Silva,[87]

> as agências reguladoras brasileiras são, em essência, autarquias especiais que recebem do legislador a autonomia administrativa e são dirigidas por colegiados cujos membros não demissíveis livremente pelo Presidente da República, o que garantiria a independência de autuação.

Há na doutrina vários outros conceitos. De nossa parte entendemos que as agências reguladoras classificam-se como autarquias com autonomia qualificada. Resta saber a razão da autonomia qualificada, e se esta não conflita com o art. 84, inciso II, da CF, pelo qual compete *privativamente* ao Presidente da República exercer, com o auxílio dos Ministros de Estado, a direção superior da administração federal. Logo, a teor de tal comando, não haveria a possibilidade jurídica de um ato praticado por uma autarquia não poder ser revisto pelo chefe do Poder Executivo.

Sérgio Varella Bruna,[88] analisando o fenômeno das privatizações no Brasil, apontou dois mecanismos jurídicos que visavam a impedir que os antigos monopólios públicos se convertessem em monopólios privados, a saber: a *competição entre as empresas*, submetidos eventuais abusos ao Direto da Concorrência ou, quando fosse impossível o controle dos agentes privados por meio da competição, deveria o Estado assegurar a consecução do interesse coletivo por meio de uma outra forma de intervenção no processo econômico, denominada de *regulação*.

O fundamento da autonomia, para o autor, está no fato de que a privatização demandou a atração de investidores e que estes são avessos à "inconstância política que é própria dos organismos da Administração Direta" razão pela qual foi

---

87. SILVA, Fernando Quadros da. *Agências reguladoras*. Curitiba: Juruá, 2002. p. 97.

88. BRUNA, Sérgio Varella. Atribuições das agências reguladoras. Peculiaridades do modelo brasileiro. *Revista do Direito da Energia* – IBDE. 2004.

atribuída aos entes governamentais investidos em competências regulatórias independência.

Tal independência visa a assegurar a estabilidade das normas aplicáveis às atividades reguladas, bem como a necessária neutralidade dos agentes reguladores às influências políticas.

Nas palavras do autor:

> A independência surge, assim, como técnica de controle do processo de regulação, voltada a conferir estabilidade ao ambiente institucional das atividades que se desenrolam sob esse regime.

Mais uma razão determinaria a necessidade de autonomia das agências reguladoras, a saber: a sua missão de cobrar do Estado a implantação das condutas que lhe cabem no desenvolvimento das atividades de grande interesse nacional. Isto porque contemporaneamente espera-se que as agências, como entidades propulsoras das atividades econômicas, não exerçam apenas as funções meramente fiscalizatórias, traduzindo-se em mais um braço burocrático do Estado.

Antes, devem conciliar os reclamos do interesse público com as possibilidades e necessidades do setor privado. Devem fazer com que o Estado se envolva com o empreendedor privado, entendendo as suas necessidades, concedendo incentivos e apoio para o desenvolvimento de bens e serviços considerados prioritários para o desenvolvimento do País e para o bem estar público. As agências reguladoras não devem ser meras executoras de determinações políticas, mas sim cogestoras do desenvolvimento no setor público e no setor privado.

Logo, ou as agências cumprem o seu papel de dinamizadoras do mercado, negociando com o Governo e agentes privados as melhores condições para o atendimento dos interesses nacionais ou traem, em prejuízo de todos, os motivos ensejadores da sua instituição, fazendo número no rol das entidades meramente burocráticas, custosas para o Erário, cuja eficiência é historicamente questionada. O problema consiste em como conciliar esse ideal de agência reguladora ao direito positivo brasileiro.

As agências reguladoras possuem as seguintes características básicas:

a) **independência** - as agências reguladoras devem ser independentes a fim de que não sofram influências ou ingerências políticas por parte do Poder Executivo. Assegura-se a independência da agência reguladora garantindo-se a estabilidade de seus dirigentes, a ausência de subordinação hierárquica, ou revisão de suas decisões por órgão da Administração Direta, e, ainda, a autonomia financeira, em alguns casos. A estabilidade de seus dirigentes é apontada como fator fundamental para garantir a independência. Mas a desejada independência das Agências Reguladoras no Brasil é questionada e até tida por inconstitucional,[89] porque o art. 84, II, do Texto Supremo prevê que o Presidente da República comanda, é o responsável pela Administração Pública Federal, nela compreendidas as autarquias especiais.

b) **regime autárquico** – a Lei nº 9.478/97 criou a Agência Nacional do Petróleo como entidade integrante da Administração Federal Indireta, submetida ao regime *autárquico especial*, como órgão regulador da indústria do petróleo, do gás natural, de seus derivados e de biocombustíveis, vinculada ao Ministério de Minas e Energia. Não só a Agência Nacional do Petróleo mas também as demais agências reguladoras brasileiras classificam-se como autarquias, submetidas a regime especial.

Celso Antônio Bandeira de Mello[90] ao cuidar do regime especial autárquico, com a clareza costumeira, ensina que:

---

89. MENSAGEM nº 870, DE 6 DE AGOSTO DE 1997, do Presidente da República ao Presidente do Senado Federal, publicada no Diário Oficial da União de 7.8.1997; ADInMC 1.949-RS, rel. Min. Sepúlveda Pertence, 18.11.99. (Publicado no Informativo STF nº 171, Brasília, 15 a 19 de novembro de 1999).

90. MELLO, Celso Antônio Bandeira de. *Curso de direito administrativo*. 17. ed. São Paulo: Malheiros, 2004. p. 174.

'independência administrativa' ou 'autonomia administrativa', 'autonomia financeira', 'autonomia funcional' e 'patrimonial e da gestão de recursos humanos' ou de quaisquer outros que lhe pertençam, 'autonomia nas suas decisões técnicas', ausência de subordinação hierárquica' são elementos intrínsecos à natureza de toda e qualquer autarquia, nada acrescentando ao que lhes é inerente. Nisto, pois, não há peculiaridade alguma; o que pode ocorrer é um grau mais ou menos intenso destes caracteres. Assim, o único ponto realmente peculiar em relação à generalidade das autarquias está nas disposições atinentes à investidura e fixidez do mandato dos dirigentes destas pessoas.

c) **poder normativo** – é o aspecto mais polêmico no trato das agências reguladoras. Sistemicamente verifica-se que a atividade normativa das agências reguladoras encontra um sem número de obstáculos no direito positivo brasileiro, a saber: o princípio da legalidade (art. 5º, inciso II, da CF); a competência privativa do Presidente da República para a expedição de decretos e regulamentos para execução das leis (art. 84, inciso IV, da CF); o inciso II do art. 84 da CF, tal como posto acima; os limites do contencioso administrativo (art. 5º, inciso XXXV, da CF), além do art. 25 do ADCT, revogando todos os dispositivos legais que atribuíssem ou delegassem ações normativas aos órgãos do Poder Executivo.

Conheçamos, ainda que brevemente, o entendimento doutrinário e jurisprudencial a respeito.

Jaqueline Mainel Rocha[91] sustenta que a necessidade de regulação de setores técnicos – expressa pela noção de discricionariedade técnica – justifica a atribuição de poder normativo às agências reguladoras brasileiras. Parte da premissa de que:

> A noção de discricionariedade surge da impossibilidade de o legislador prever nas leis todas as hipóteses fáticas e suas respectivas soluções ou de dar a solução mais adequada para cada situação concreta. Então, em face da inviabilidade de engessar todas as medidas administrativas em lei, é confiada ao administrador

---

91. ROCHA, Jaqueline Mainel. Op. cit.

a faculdade de decidir, em face do caso concreto, qual a melhor solução a ser adotada, dentre indiferentes jurídicos, possibilitando-se, assim, a governabilidade.

Ao explicitar o que denomina de discricionariedade técnica, afirma que:

> Quanto à questão da tecnicidade, observa-se no bojo da criação das agências a necessidade de se atender com velocidade a demandas técnicas, seja na edição de normas, inovando no ordenamento jurídico, seja na resolução de pleitos administrativos relacionados a análises de questões técnicas específicas. Decorrente dessas necessidades é que emerge a noção de discricionariedade técnica.

Após refletir sobre os múltiplos aspectos que a atividade normativa das agências reguladoras envolve, a autora em foco[92] apresenta as seguintes conclusões:

> A pretensão inicial deste estudo foi traçar um liame causal entre a discricionariedade técnica e o poder normativo atribuído às agências reguladoras. Ao longo da exposição, foi possível concluir que a discricionariedade técnica é figura rediviva da atualidade, resultado da crescente especialização dos setores sociais. Os avanços tecnológicos cada vez mais velozes impulsionaram esta especialização, que culminou na pluralização da sociedade, a ponto de se formarem subsistemas normativos setoriais para atender a demanda por regulação, que não pode ser provida pelas casas legislativas tradicionais.
>
> (...)
>
> Nesse contexto, percebe-se a importância do poder normativo atribuído às agências reguladoras. Vale ressaltar que este designado "poder" não constitui uma anomalia em face da teoria da separação dos poderes. O poder normativo é, verdadeiramente, exercício de função normativa conjuntural, tendo em vista que a separação de poderes tem lastro justamente na atribuição de funções preponderantes a entes diversos do Estado, de modo que possam se controlar reciprocamente (e é a função preponderante a cada um deles que acaba por conformar sua designação). Desse modo, vê-se que a separação de poderes não é

---

92. Idem.

absoluta, cabendo tanto ao Executivo, quanto ao Legislativo e ao Judiciário o exercício de funções não abarcadas nas suas atribuições precípuas. Deve-se então compreender a separação de poderes não como padrão absoluto, mas como mecanismo de equilíbrio entre os poderes que, pelo controle, recíproco serve para evitar abusos.

A partir desta revisão na leitura do 'dogma' da Separação de Poderes, constata-se a possibilidade de atribuição de função normativa à Administração Pública, aí incluídas as agências reguladoras. O mediador desta atribuição, que guarda afinidade com mudanças conjunturais, é a evolução tecnológica, cada vez mais veloz e profunda. Tal fator faz com que os mecanismos tradicionais de produção normativa do Estado sejam insuficientes, tendo em vista o gigantesco acréscimo na pauta normativa do Estado, iniciado com o Estado Social e acrescido com o aumento da atuação do Estado na regulação setorial.

Tem-se, deste modo, que a discricionariedade técnica ocupa o papel de grande mediador da atribuição de competência normativa às agências reguladoras. A partir da percepção de que se faz necessária a atuação de um órgão estatal que concentre a possibilidade de escolha dentre soluções mais convenientes e oportunas em face de situações conjunturais, cumulado com a apreciação de critérios técnicos – e não puramente a confecção de estudos técnicos – encontra-se a razão de ser do poder normativo das agências reguladoras. Importa frisar que a discricionariedade técnica combina apreciação de mérito administrativo com critérios técnicos, surgindo, justamente, da apreciação de conveniência e oportunidade que se tece sobre base técnica. A junção dos dois termos não é, portanto, um paradoxo.

Além disso, evidencia-se que a apreciação técnico-discricionária deve ser realizada para atender à formação de normas setoriais com carga de generalidade e abstração. Abarca-se então o universo setorial como um todo, formando-se ordenamentos específicos, subordinados ao ordenamento jurídico constitucional e legal.

Sobre a função normativa das agências reguladoras, foram apresentadas duas teorias justificadoras. A primeira delas fundamenta a existência de poder normativo dos entes reguladores a partir da tese de que o Poder Executivo exerce tal tipo de poder para fazer frente a situações conjunturais, o que decorre diretamente dos ensinamentos advindos de Montesquieu. A segunda, que não chega a ser oposição da primeira, mas uma complementação sustenta que a função normativa das agências reguladoras advém da especialização setorial decorrente da complexização da vida humana que se operou a partir do segundo pós-guerra. Essa alteração gerou, conseqüentemente, demanda pela solução de novas questões emergentes, sem precedentes anteriores no ordenamento jurídico. Para suprir esta demanda, teve origem a formação de subespécies de ordenamentos jurídicos, advindos da produção normativa das agências reguladoras, que aprofundam a atuação normativa do Estado, sem contudo excluir o poder de legislar.

Expostos todos os elementos necessários para a compreensão do tema, foi abordado como a discricionariedade técnica se apresenta na estrutura das leis, abrindo margem para o exercício de função normativa pelas agências reguladoras. Discorreu-se sobre a inserção de preceitos diretivos nas leis instituidoras das agências, que fixam comandos gerais a serem posteriormente complementados pela edição de normatização técnica específica. Tais comandos, tratados também por standards, traçam diretrizes, ou indicativos genéricos, de como se deve pautar a atuação em determinado setor, não impondo obrigações diretamente, mas parâmetros para o seu estabelecimento nos campos marcados pela grande complexidade técnica e pela sujeição a constantes mudanças.

Para demonstrar a influência da discricionariedade no poder normativo das agências reguladoras, foi tecido estudo a partir de duas naturezas distintas atribuídas a este poder, a de delegação legislativa e a da competência regulamentar. Visou-se com isso demonstrar que, não obstante a discussão sobre a natureza deste poder ou função, a discricionariedade técnica aparece como fator determinante de sua existência.

Pela teoria da delegação legislativa, a atribuição de função normativa às agências reguladoras deve se dar por meio de delegação operada pelo Congresso Nacional, visto que ele tem a primazia para inovar no ordenamento jurídico. Por tal teoria o art. 25 do ADCT não constitui vedação para a delegação legislativa, representando, tão somente, não recepção das leis anteriores à Constituição de 1988, com a finalidade de reestruturar o sistema das delegações.

A partir desta natureza, concluiu-se que a discricionariedade técnica é fator determinante para atribuição de função normativa às agências reguladoras, na medida em que as matérias que podem ser objeto de delegação são restritas a pontos que, pela sua própria tecnicidade, não são normatizados satisfatoriamente pelo Congresso Nacional, encarregado de traçar os conceitos gerais e as políticas setoriais.

> Por outro lado, pela consideração de que o poder regulamentar é inerente à Administração Pública, e pela impossibilidade, em face de interpretação do mesmo art. 25 do ADCT, de haver delegação legislativa no ordenamento jurídico brasileiro, firma-se a teoria de que a natureza do poder normativo das agências reguladoras configura exercício de competência regulamentar. Assim, por esta teoria, podem ser emanadas estatuições primárias, a partir do exercício de poder derivado: o poder regulamentar.
>
> Com base nesta natureza, conclui-se, igualmente, que a discricionariedade técnica exerce influência na função normativa das agências reguladoras. Foi possível verificar que a impossibilidade de disciplinamento eficaz de matérias técnicas faz com que se deixe abertura para regulamentação posterior por órgão técnico especializado, a partir da inserção na lei que trata do setor regulado de preceitos gerais ou diretivos. Tais preceitos são complementados pela regulamentação editada pelas agências. Assim, a margem de discricionariedade possível de ser atribuída à Administração, de modo a fundar sua atuação normativa, é aquela referente a escolhas técnicas – a partir da inserção em lei de conceitos gerais, denominados preceitos diretivos ou *standards* –, tendo sido feitas anteriormente as opções político-administrativas gerais que nortearão, como diretivas, a integração do ordenamento jurídico pelas agências reguladoras.
>
> Ao final da exposição, constatou-se que a discricionariedade técnica é fator determinante para a atribuição de poder normativo às agências reguladoras brasileiras, independentemente da natureza que seja atribuída a este poder. Dá-se, portanto, que a inserção de comandos gerais nas leis que disciplinam os setores propicia que, com base em margem técnico-discricionária, os entes reguladores exercitem competência normativa, inovando no ordenamento jurídico.

O problema da legitimação da atividade normativa das agências reguladoras também foi enfrentado por Sérgio Varella Bruna[93] que aponta as seguintes teorias, usadas para conferir legitimidade às normas editadas pelas agências, a saber:

---

93. BRUNA, Sérgio Varella. Op. cit., p. 20-22.

a) no *modelo formalista* a busca da legitimidade das normas emitidas pelos entes reguladores encontra respaldo no interesse público que tais órgãos devem perseguir.

> Assim, a busca do interesse público seria o vetor de controle da atividade das agências, compensando a falta de legitimidade eleitoral de tais órgãos. [Critica o autor tal entendimento aduzindo que o modelo formalista] 'é carregado de uma grande dose de ingenuidade, ao confiar piamente a atividade de controle ao abstrato interesse público. Ora, o interesse público é conceito demasiado genérico e compatível com muitas soluções antagônicas, conforme seja a orientação política do órgão regulador.'[94]

b) o *modelo da especialização* justifica a atribuição de poderes normativos às agências, dada a natureza eminentemente técnica das questões inerentes às atividades reguladas. O conhecimento técnico seria o controlador da atividade normativa. Entende o autor, que este critério não solve o problema de legitimação das normas expedidas pelas agências porque, via de regra, existe mais de uma solução técnica para cada caso.

c) o *modelo da revisão judicial* parte da premissa de que

> a atividade normativa estaria pautada por princípios pré-estabelecidos na lei, cabendo ao Poder Judiciário corrigir, por ilegalidade, as situações em que as normas editadas pela agência se divorciassem dos comandos legislativos.

Tal critério também não atende aos anseios de legitimação das normas regulatórias já que

> o estabelecimento de princípios pelo legislador não é capaz de controlar de forma totalmente satisfatória o fenômeno normativo, uma vez que os princípios são também por demasiado genéricos e compatíveis com decisões incompatíveis entre si. Além disso, a capacidade do Judiciário de corrigir desvios das normas editadas, em relação aos princípios que deveriam presidir a sua edição, também é limitada, não só pelo conhecimento imperfeito

---

94. Idem, ibidem.

dos juízes acerca das situações reguladas, mas também em função das deficiências que marcam os processos judiciais.

a) *o modelo pluralista de mercado*

> é marcado pelas idéias do liberalismo econômico, que propõe que as hipóteses de regulação sejam limitadas ao mínimo estritamente necessário, devendo o controle dessa atividade normativa ser realizado por mecanismos de participação dos interessados.[95]

Exemplo de tais mecanismos são as consultas e audiências públicas, realizadas pelas agências reguladoras antes da expedição de Resoluções, Portarias etc.

Criticando tal modelo, pondera o autor que

> a participação popular não é capaz de exercer de forma plena essa espécie de controle, uma vez que apenas os grupos mais articulados costumam reunir condições de participar dos procedimentos de consulta pública, havendo uma natural tendência a que prevaleçam grupos melhor estruturados, em detrimento daqueles mais fracos, a despeito do mérito dos interesses em combate.[96]

Conclui Sergio Varella Bruna[97] aduzindo que, inobstante todas as dificuldades existentes no que respeita à fixação de limites à atividade normativa das agências reguladoras, é fato que tais entes existem, e que sem elas seria extremamente difícil atender às necessidades do capitalismo moderno. Sendo assim, cabe aos estudiosos do Direito desenvolver sistemas de controle adequados à atuação de tais órgãos normativos.

---

95. Idem.
96. Idem.
97. Idem.

Marçal Justen Filho[98] expõe os limites da admissibilidade das Agências Reguladoras em nosso direito positivo, analisando os princípios constitucionais que envolvem o tema.

Aduz que:

> Os princípios fundamentais a serem considerados são precisamente aqueles constantes dos arts. 1º e 3º da CF/88. A ordem jurídica brasileira se orienta à obtenção da dignidade da pessoa humana, em suas diferentes vertentes (...) A dignidade da pessoa humana envolve a eliminação da pobreza (CF, art. 3º, inc.III) tanto quanto a garantia à propriedade privada (arts. 5º e 170, inciso II). Adotada a concepção capitalista para a ordem econômica, a dignidade da pessoa humana assegura a livre iniciativa e a livre concorrência (art. 170, inciso IV e parágrafo único), mas exclui a possibilidade de abuso de poder econômico (art. 173, § 4º).

Continua o autor em foco considerando que:

> A intervenção do Estado não pode ir a ponto de eliminar a autonomia privada (...) Vale dizer, é possível a intervenção estatal no domínio econômico (propriamente dito) para impor preços e intervir em setores específicos, na medida em que se verifiquem defeitos ou insuficiências do mercado. Essa intervenção somente se justifica mediante a evidência de certos requisitos, muito restritos, quando a questão se configurar interesse de natureza econômica. Em primeiro lugar, é necessário apontar a falha ou insuficiência do mercado. Em segundo, é indispensável comprovar que a solução interventiva é adequada e satisfatória para superar as deficiências. Em terceiro, é indispensável verificar a relevância do setor relativamente à realização do interesse coletivo. Essas exigências derivam de uma interpretação sistemática, que privilegia os princípios da livre iniciativa, mas também reconhece que o Estado não pode omitir-se de realizar a proteção dos interesses dos consumidores e dos destituídos de poder econômico. Em suma, simplificando a questão, o abuso do poder econômico não pode ser justificado através do argumento da livre iniciativa.

Diante disso, pode-se compreender o exercício das atividades de fiscalização das agências reguladoras. Contudo,

---

98. JUSTEN FILHO, Marçal. Op. cit.

é preciso investigar os limites do seu poder regulamentar, quando expedem normas, pretendendo conformar a conduta dos administrados.

Para o autor em foco, a normatividade técnica, expedida pelos técnicos das agências reguladoras especializadas, tem como objetivo, em primeiro lugar, solver os problemas decorrentes da demora da produção legislativa, visto que a realidade regulatória exige presteza na definição de diretrizes, objetivos, escolha da melhor tecnologia disponível, sob pena de comprometimento do abastecimento do mercado e de todas as demais atividades econômicas e políticas governamentais dependentes ou conexas com as atividades reguladas.

Além disso, os atos decisórios das agências reguladoras têm que ser técnicos e não políticos, como são os atos parlamentares.

A respeito, elucida Marçal Justen Filho[99] que:

> A natureza própria da atividade parlamentar pode inviabilizar o desempenho da atividade regulatória estatal. É que as decisões fundadas na técnica nem sempre são as mais simpáticas. Como o político necessita da aprovação popular para manter-se nessa função, há um sério risco de optar pela solução mais agradável. Como decorrência, a regulação produzida através de lei e regulamento envolve dificuldades de ordem formal (demora) e de ordem material (conteúdo). A institucionalização das agências visa a superar essas dificuldades.

As atividades fiscalizatórias também exigem expertise do fiscalizador, devendo, portanto, ser realizadas por técnicos altamente especializados, que devem compor a reserva técnica das agências reguladoras.

A necessidade imperiosa de que as decisões das agências reguladoras sejam técnicas e não políticas faz com o que os sistemas de direito positivo que as elegem prevejam a sua autonomia, quer em relação ao Poder Executivo, quer desvinculadas

---

99. Idem.

da estrutura própria do Poder Legislativo. Além disso, pode haver o controle judicial sobre o conteúdo do ato da agência reguladora, no que atine ao enfoque tecnológico e científico, o que não poderia ocorrer se a regulação fosse feita por meio de lei, onde o controle judicial estaria limitado às questões de legalidade e constitucionalidade.

> A evidência de que a decisão da agência é incompatível com o conhecimento técnico autoriza a sua desconstituição, o que dificilmente pode dar-se no âmbito do controle de constitucionalidade das leis.[100]

Eros Roberto Grau,[101] ao tratar da regulação, ensina que:

> o mercado é impossível sem uma legislação que o proteja e uma vigorosamente racional intervenção destinada a assegurar sua existência e preservação; de que os postulados da racionalidade dos comportamentos individuais, do ajuste espontâneo das preferências e da harmonia natural dos interesses particulares e do interesse geral são insuficientes; de que os fenômenos da dominação desnaturam o mercado. Assim, a opção de um mercado livre, hoje, apenas não corresponde a uma aspiração de volta ao passado porque, em verdade, os mercados jamais funcionaram livremente.

Logo, o mercado é um fenômeno jurídico, visto que precisa de uma ordem jurídica estatal, voltada à superação das crises e à sua própria preservação.

Sustenta Eros Roberto Grau[102] que: "O mercado – insisto neste ponto – é uma instituição jurídica constituída pelo direito positivo, o direito posto pelo Estado moderno."

---

100. JUSTEN FILHO, Marçal. Op. cit., p. 367.

101. GRAU, Eros Roberto. *O direito posto e o direito pressuposto*. 7. ed. São Paulo: Malheiros, 2008. p. 129-130.

102. GRAU, Eros Roberto. *A ordem econômica na Constituição de 1988*. 4. ed. São Paulo: Malheiros, 2010. p. 33.

Sendo o mercado um fenômeno jurídico, regido por leis, contratos e atos regulamentares do Poder Público, prevendo a Constituição Federal a criação de órgãos reguladores de atividades econômicas, é fato que esses órgão reguladores terão que expedir normas. E, sabemos, também pela experiência, que tais órgãos reguladores não se limitam à expedição de normas técnicas, mas inovam no ordenamento criando direitos e obrigações para os administrados. Então, como conformar as normas emitidas pelo órgão regulador (agências) com o primado da legalidade?

Eros Roberto Grau[103] enriquece o debate trazendo à doutrina as seguintes ponderações: ao lado dos denominados Poderes do Estado que se tripartem no Poder Executivo (função preponderante administrativa), Poder Legislativo (função preponderante edição de textos normativos) e Poder Judiciário (função preponderante na aplicação de normas jurídicas), os três Poderes exercem parcelas de funções atípicas. Assim, o Poder Executivo exerce parcela de função atípica legislativa quando expede atos normativos, regulamentos etc.

Conheçamos as lições do autor:

> (...) nossa doutrina tem, com grande freqüência, aludido ao princípio da legalidade com impediente do exercício, pelo Poder Executivo, da função regulamentar, salvo no que respeite à produção de regulamentos de execução. Essa doutrina, como se vê, adota uma visão inteiramente errônea da teoria da tripartição dos poderes, concebendo-a como proposta de separação e não de equilíbrio entre os poderes(...).
>
> Tome-se o seu enunciado na Constituição de 1988, art. 5º, II: "ninguém será obrigado a fazer ou deixar de fazer alguma coisa senão em virtude de lei.". Ora, há visível distinção entre as seguintes situações: i) vinculação da Administração às definições da lei; ii) vinculação da Administração às definições decorrentes – isto é, fixadas em virtude dela – de lei. No primeiro caso estamos diante da reserva da lei; no segundo, em face da reserva da norma (norma que pode ser tanto legal quanto regulamentar ou regimental). Na segunda situação, ainda quando as definições

---

103. GRAU, Eros Roberto. *O direito posto...* cit.

em pauta se operem em atos normativos não da espécie legislativa – mas decorrentes de previsão implícita ou explícita em atos legislativos contida – o princípio estará sendo devidamente acatado. No caso, o princípio da legalidade expressa reserva da lei em termos relativos (= reserva da norma), razão pela qual não impede a atribuição explícita ou implícita, ao Executivo, para no exercício de função normativa, definir obrigação de fazer e não fazer que se imponha aos particulares – e os vincule.

Continua o autor sustentando que:

> Voltando ao art. 5º, II, do texto constitucional, verificamos que, nele, o princípio da legalidade é tomado em termos relativos, o que induz à conclusão de que o devido acatamento lhe estará sendo conferido quando – manifesta, explícita ou implicitamente, atribuição para tanto – ato normativo não legislativo, porém regulamentar (ou regimental), definir obrigações de fazer ou não fazer alguma coisa imposta a seus destinatários. Tanto isso é verdadeiro – que o dispositivo constitucional em pauta consagra o princípio da legalidade em termos apenas relativos – que em pelo menos três oportunidades (isto é, no art. 5º, XXXIX, no art. 150, I e no parágrafo único do art. 170) a Constituição retoma o princípio, então o adotando, porém, em termos absolutos: não haverá crime ou pena, nem tributo, nem exigência de autorização de órgão público para o exercício de atividade econômica, sem lei – aqui entendida como tipo específico de ato legislativo – que o estabeleça.
>
> (...)
>
> Resta, evidenciado, desta sorte, não importar ofensa ao princípio da legalidade inclusive a imposição, veiculada por meio de regulamento,[104] de que alguém faça ou deixe de fazer algo, desde que

---

104. A doutrina dá notícia dos seguintes tipos de regulamento no Brasil: (a) *regulamentos executivos* ou de execução, que são os que, decorrendo de atribuição do exercício de função normativa explícita no texto constitucional (art. 84, inciso IV, *in fine*) destinam-se ao desenvolvimento da lei, no sentido de deduzir os diversos comandos nela já virtualmente abrigados; (b) *regulamentos autorizados* são os que decorrendo de atribuição do exercício de função normativa explícita em ato legislativo, importam o exercício pleno daquela função – nos limites da atribuição – pelo Executivo, inclusive com a obrigação de fazer ou deixar de fazer alguma coisa; (c) *regulamentos autônomos* ou independentes, que são os que, decorrendo da atribuição do exercício da função normativa implícita no Texto Constitucional importam o exercício daquela função pelo Executivo para o fim de viabilizar a atuação dele, no desenvolvimento da função administrativa de sua competência, envolven-

> decorra, isto é, venha em virtude de lei. Note-se, ademais, que, quando o Executivo expede regulamentos – ou o Judiciário, regimentos – não o faz no exercício de delegação legislativa.
>
> (...)
>
> Logo, quando o Executivo e o Judiciário emanam atos normativos de caráter não legislativo – regulamentos e regimentos, respectivamente, não o fazem no exercício da função legislativa, mas sim no desenvolvimento da função normativa.

Aqui fazemos uma pausa nos entendimentos doutrinários para consignar que não nos filiamos à tese da discricionariedade técnica como fundamento do poder normativo das agências reguladoras, porque tal argumento é ideológico, pragmático, mas não jurídico. A discricionariedade da Administração Pública traduz-se na possibilidade que lhe é atribuída por lei, de mediante juízos de oportunidade, eleger uma dentre várias soluções jurídicas possíveis. Sabemos que as agências reguladoras, extrapolam os limites da atividade técnica e da atividade discricionária, visto que as normas que editam, não raro, criam direitos e obrigações aos administrados. Portanto, tal entendimento não abarcou o fenômeno como um todo.

Também não concordamos com o entendimento de que há delegação de função normativa, porque a aptidão legislativa é indelegável, sob pena de restar letra morta o primado da separação e independência dos Poderes. Neste passo, andou melhor Eros Roberto Grau[105] ao preferir a função normativa do ato regulatório à delegação legislativa. Contudo, também não podemos concordar com o seu entendimento de que a Constituição Federal relativiza o princípio da legalidade.

Em nosso direito positivo não há relativização do princípio da legalidade, sendo necessário compreender as formas pelas quais tal princípio se manifesta, inovando na ordem jurídica.

---

do, quando necessário, a obrigação de fazer ou deixar de fazer alguma coisa.
105. GRAU, Eros Roberto. *O direito posto...* cit.

É preciso observar que são veículos introdutores de normas no ordenamento não só as leis editadas pelo Poder Legislativo, mas também as decisões judiciais (sentenças e acórdãos); atos do Executivo, tais como os decretos, regulamentos, concessão de regimes especiais de tributação etc; os negócios jurídicos realizados no âmbito do direito privado, por exemplo, os contratos, as doações, os testamentos. Tudo isso, obviamente, nos termos da lei. Logo, se houver lei prevendo a atividade normativa das agências reguladoras, estas poderão exercer tal atribuição, porém adstritas a fiel observação dos limites legais e constitucionais que lhe são impostos.

O entendimento predominante, tanto na nossa doutrina como na jurisprudência, é de que os atos normativos das agências reguladoras devem subordinar-se à lei.

Para Maria D'Assunção Costa:[106]

> a ANP tem a finalidade – que se traduz em aptidão e compromisso legal – de promover a regulação, emitindo normas regulatórias subordinadas à legislação e à regulamentação; a contratação, firmando e acompanhado os contratos de concessão; e a fiscalização, mediante a aplicação de sanções administrativas, de todos os agentes contratados ou autorizados para a execução das atividades da indústria do petróleo, gás natural e biocombustíveis.

Marçal Justen Filho,[107] entendendo que só a lei pode inovar no ordenamento jurídico, sustenta que:

> A orientação da atuação estatal brasileira em direção a um modelo regulador não significa a possibilidade de alteração estrutural da partilha de competências normativas abstratas consagradas constitucionalmente (...)
>
> Isso significa que o Estado brasileiro pode optar pelo exercício mais intenso de suas competências normativas, reduzindo sua atuação direta no âmbito econômico. No entanto, a alteração de

---

106. COSTA, Maria D'Assunção. *Comentários à lei do petróleo*. 2. ed. São Paulo: Atlas, 2009. p. 149.

107. JUSTEN FILHO, Marçal. Op. cit., p. 538.

um projeto de Estado de bem-estar para um Estado regulatório não pode afetar a partilha de competências normativas consagradas constitucionalmente. É descabido instituir uma agência reguladora e, por meio de instrumento infraconstitucional, atribuir-lhe competências reservadas constitucionalmente ao Poder Legislativo. Se, então, o modelo de Estado Regulatório exigir a atribuição de competências legiferantes para agências autônomas, sua consagração no Brasil dependerá de alteração constitucional. Somente por via de reforma constitucional seria possível atribuir competências legiferantes a entidade autônoma tal como uma agência.

As agências podem absorver competências e atribuições reservadas constitucionalmente ao Executivo (...) No Brasil, não cabe discutir a competência normativa das agências reguladoras, mas a competência normativa do Executivo.

Supremo Tribunal Federal, nos autos da ADI 1.668/DF,[108] ao enfrentar o tema, decidiu que:

> COMUNICAÇÕES. LEI GERAL Nº 9.472/97. CONTROLE CONCENTRADO.
>
> Admissibilidade parcial da ação direta de inconstitucionalidade e deferimento em parte da liminar ante fundamentos retratados nos votos que compõem o acórdão Votação e resultado: O Tribunal, por votação unânime, não conheceu da ação direta, quanto aos arts. 8º e 9º, da Lei nº 9.472, de 16/07/1997.
>
> Prosseguindo no julgamento, o Tribunal, apreciando normas inscritas na Lei nº 9.472, de 16/07/1997, resolveu: (...)
>
> 3) deferir, em parte, o pedido de medida cautelar, para:
>
> a) *quanto aos incisos IV e X, do art. 19, sem redução de texto, dar-lhes interpretação conforme à Constituição Federal, com o objetivo de fixar exegese segundo a qual a competência da Agência Nacional de Telecomunicações para expedir normas* <u>*subordina-se aos preceitos legais*</u> *e regulamentares que regem outorga, prestação e fruição dos serviços de telecomunicações no regime público e no regime privado, vencido o Min. Moreira Alves, que o indeferia;*
>
> b) quanto ao inciso II do art. 22, sem redução de texto, dar-lhe interpretação conforme à Constituição, com o objetivo de fixar a

---

108. Disponível em: <stf.jusbrasil.com.br/jurisprudencia/.../agreg-na-reclamacao-rcl-6360-ba-st>.

exegese segundo a qual a competência do Conselho Diretor fica submetida às normas gerais e específicas de licitação e contratação previstas nas respectivas leis de regenciam, vencido o Min. Moreira Alves, que o indeferia; (grifo nosso).

(....)

(DI-MC 1668/DF – Relator: Min. MARCO AURÉLIO - Julgamento: 20/08/1998 – Órgão Julgador: Tribunal Pleno. Publicação: DJ 16-04-2004 – PP-00052 – EMENT VOL-02147-01 PP-00127).

O Tribunal Regional Federal da 1ª Região[109] decidiu que:

CONSTITUCIONAL E ADMINISTRATIVO. AGRAVO REGIMENTAL CONTRA DECISÃO EM AGRAVO DE INSTRUMENTO. AGÊNCIA NACIONAL DO PETROLEO (ANP). PAGAMENTO DE ROYALTIES AO MUNICÍPIO DE GOIANA (PE). ALTERAÇÃO DE CRITÉRIOS DEFINIDOS NAS LEIS 7.990/89 E 9.478/97. PORTARIA Nº 29, DE 22/02/2002, BAIXADA PELA AGÊNCIA NACIONAL DO PETRÓLEO. INOBSERVÂNCIA DOS PRINCÍPIOS DA LEGALIDADE, DO DEVIDO PROCESSO LEGAL, DO CONTRADITÓRIO E DA AMPLA DEFESA (CONSTITUIÇÃO, ART. 5º, INCISOS II, LIV E LV).

1. Tratando-se de ação contra os efeitos da Portaria nº 29, de 22/02/2002, editada pela Agência Nacional do Petróleo, só este ente é que está legitimado para figurar no polo passivo da correspondente demanda.

2. Ocorrendo o pagamento de royalties ao Município-agravante, detentor de instalações de embarque e desembarque de petróleo e/ou gás natural, que era feito com base nas Leis nsº 7.990/89 e na Lei nº 9.478/97, *a modificação do critério desse pagamento, ocorrida a partir da edição da Portaria nº 29/2001, da Agência Nacional do Petróleo, viola os princípios da Legalidade, do Devido Processo Legal e da Ampla Defesa, sendo, pois, lídima a insurgência do agravante, que pretende o restabelecimento desses pagamentos.*

3. Presentes os pressupostos legais, concede-se a pleiteada antecipação da tutela recursal, determinando à ANP o restabelecimento do pagamento dos royalties ao Município-agravante. (Destaque nosso).

---

[109]. Disponível em: <trf-1.jusbrasil.com.br/.../agravo-regimental-no-agravo-de-instrumento-aga>.

4. Agravo regimental provido.

Decide a Turma, por maioria, vencida a Relatora Desembargadora Federal Maria Isabel Gallotti, dar provimento ao agravo regimental, nos termos do voto-divergente do Juiz Federal Moacir Ferreira Ramos.

(Tribunal Regional Federal da 1ª Região - 6ª T. - Acórdão nº 2006.01.00.036877-1 – J. 16 de Março de 2007.).

O Superior Tribunal de Justiça,[110] bem como a 3ª Turma do Tribunal Regional Federal da 4ª Região[111] reconheceram a aptidão normativa das agências nos seguintes termos:

> ADMINISTRATIVO. SERVIÇO PÚBLICO DE TELECOMUNICAÇÕES. TELEFONIA FIXA. LEI 9.472/97. LIGAÇÕES TELEFÔNICAS EM DISTRITOS PERTENCENTES AOS LIMITES DO MUNICÍPIO DE SANTA CRUZ DO SUL. COBRANÇA DE TARIFA INTERURBANA NAS LIGAÇÕES 'DE E PARA' A SEDE DO MUNICÍPIO. DELIMITAÇÃO DA 'ÁREA LOCAL' PARA EFEITO DE COBRANÇA DE TARIFA INTERURBANA. CRITÉRIOS TÉCNICOS (E NÃO POLÍTICO-GEOGRÁFICOS) ADOTADOS PELA ANATEL. *COMPETÊNCIA NORMATIVA DA AGÊNCIA REGULADORA. INVASÃO PELO PODER JUDICIÁRIO. IMPOSSIBILIDADE.* AGRAVO REGIMENTAL A QUE SE NEGA PROVIMENTO. (Destaque nosso).
>
> (Superior Tribunal de Justiça - AgRg no REsp nº 965.566-RS. Relator: Ministro Teori Albino Zavascki).
>
> ADMINISTRATIVO. AGÊNCIAS REGULADORAS. ATIVIDADE NORMATIVA. PORTARIA. LEGITIMIDADE. DISCRICIONARIEDADE TÉCNICA. AUTORIZAÇÃO PARA EXERCÍCIO DE ATIVIDADE. INDEFERIMENTO. REQUISITO CUMPRIDO. SENTENÇA DE PROCEDÊNCIA. MANUTENÇÃO. A atividade das agências reguladoras deve ser prestigiada, preservando-se suas atribuições, em razão de sua essencialidade na preservação do mercado e dos valores fundamentais que regem a Ordem Econômica.*Também deve ser preservada a atividade regulatória concreta e competência normativa*

---

110. Disponível em: <stj.jusbrasil.com.br/.../agravo...recurso-especial-agrg-no-resp-...rs...stj/inte...>.

111. Disponível em: <trf-4.jusbrasil.com.br/.../apelacao-reexame-necessario-apelreex-2274-sc>.

das agências, na medida em que recebem do legislador ou, em alguns casos da própria constituição (art. 177, § 2º, III, CF/88), a importante tarefa de regular uma parcela do mercado, um serviço público essencial ou ainda, uma atividade monopolizada pelo Estado.Portanto a atividade normativa das agências é necessária e indispensável, como instrumento de atuação concreta de intervenção no ramo ou atividade econômica que se pretende regular. Portanto, não pode o intérprete simplesmente afastar as normas editadas pelas agências sobre o fundamento de violação da reserva da lei. Tem-se, portanto, como válidas as Portarias ANP 202/99 e 116/2000, porque expedidas pela autoridade competente, com base em resolução da Diretoria Colegiada, sendo legítima a exigência de que os responsáveis pelas atividades não tenham débitos para com a agência, inscritos no Cadin. No caso em exame, contudo não se está afastando a norma contida na portaria, por ilegalidade ou irrazoabilidade. O julgador *a quo* solveu a controvérsia com base nas normas contidas na portaria. Não mais subsiste o motivo que levou ao indeferimento pois os sócios inadimplentes se retiraram da sociedade.Quanto a este ponto, não há discricionariedade. O ato é vinculado. Preenchidas as condições legitimamente previstas na portaria, o ato ou autorização deve ser expedido. A discricionariedade que se reconhece às agências é aquela justificada por motivos técnicos, impossíveis de serem previstos e tratados pelo Poder Legislativo com a celeridade e tecnicidade necessárias. Não se vislumbra violação dos arts. 2º, da Constituição Federal e arts. 3º, I, 5º, I e II, da Lei nº 9.847/99, por estar preservada a esfera de atuação da agência e sua atribuição de permanente fiscalização da atividade regulada. Apelação e remessa oficial desprovidas. (grifo nosso).

(Tribunal Regional Federal da 4ª. Região. 2274 SC 2006.72.13.002274-0, Relator: Fernando Quadros da Silva. Data de Julgamento: 31/08/2010, Terceira Turma. Data de Publicação: D.E. 10/09/2010).

Diante disso, verifica-se que se as agências reguladoras tornaram-se entidades burocráticas do Estado e não entes facilitadores da atividade econômica, incentivadoras do setor privado, independentes, reguladoras do mercado, mediadoras entre o que pretende o Poder Público e as possibilidades e as necessidades do setor privado, não atenderão aos motivos ensejadores da sua criação, limitando-se à função fiscalizatória.

EXPLORAÇÃO DE PETRÓLEO E DE GÁS NATURAL

Por outro lado, como vimos, há dificuldades constitucionais para a instituição no Brasil de agências reguladoras independentes do Poder Executivo, sendo muito questionada a sua faculdade de expedir normas jurídicas inovadoras.

A jurisprudência oscila de entendimento sobre a legitimidade da atividade normativa das agências reguladoras, a depender das características do caso concreto. Isto porque embora a regulação do mercado se imponha, é fato que ainda não está bem posta em nosso direito positivo.

Observadas as características que o regime regulatório pode assumir no Brasil, é preciso saber que as operações relativas à exploração e à produção de petróleo e de gás podem ocorrer sob a égide de diferentes regimes jurídicos regulatórios, que variam de país para país, de acordo com o seu direito positivo e do seu nível de envolvimento nas aludidas operações. Ou seja, o regime regulatório traduz-se na forma como cada Estado ordena as atividades exploratórias e de produção de petróleo e de gás, como participa delas e se relaciona com os diferentes participantes dessa indústria.

Vejamos quais são os principais regimes jurídicos regulatórios das atividades de exploração e produção (E&P) existentes no mundo.

2.3.1. Dos diferentes regimes jurídicos regulatórios das atividades de exploração e de produção (E&P)

Um estudo de fôlego sobre o tema, consubstanciado no artigo intitulado "Estudos de alternativas regulatórias, institucionais e financeiras para a exploração e produção de petróleo e gás natural e para o desenvolvimento industrial da cadeia produtiva de petróleo e de gás natural no Brasil",[112] revela que:

---

112. Os Estudos de alternativas regulatórias, institucionais e financeiras para a exploração e produção de petróleo e gás natural e para o desenvolvimento industrial da cadeia produtiva de petróleo e gás natural no Brasil foi realizado por Tozzini Freire Advogados, com a colaboração da Bain & Company. Disponível em: <http://

O regime jurídico-regulatório é composto, pois, por diversos elementos e características presentes na estrutura político-econômica do Estado. Dentre esses elementos e características, pode-se dizer que aqueles listados a seguir são os mais relevantes para definir o modo pelo qual o Estado ordenará as atividades petrolíferas e como se envolverá e se relacionará com os diferentes agentes dessa indústria: propriedade dos hidrocarbonetos; instrumento jurídico típico celebrado entre o país hospedeiro e a OC,[113] agentes governamentais envolvidos; fases contratuais; papéis/ responsabilidades da OC e do governo do país hospedeiro; contrapartidas recebidas pelas OCs; mecanismos de escolha e contratação das OCs; mecanismos de remuneração do Governo; propriedade das instalações utilizadas na exploração e produção; dispositivos de revisão contratual e disputa; mecanismos de controle de produção; controles e limites de comercialização; mecanismos de incentivo à transferência de tecnologia e ao conteúdo local; mecanismos de individualização (unitização) da produção.

A experiência mundial revela a existência de quatro regimes jurídico-regulatórios adotados por países produtores de petróleo e de gás que são: a concessão, o contrato de partilha de produção (em inglês, *production sharing contracts* – PSC), o contrato de serviços e a *joint venture*, historicamente muito pouco utilizada pelos países produtores.

É noticiada, ainda, a existência de regimes múltiplos, que são adotados por alguns Estados hospedeiros quando há exploração e produção de hidrocarbonetos em áreas com características muito distintas dentro de um mesmo território e, portanto, a pluralidade de regimes possibilita o melhor atendimento às particularidades de cada região.

---

www.bndes.gov.br/SiteBNDES/export/sites/default/bndes_pt/Galerias/Arquivos/empresa/pesquisa/chamada1/RelConsol-1de6.pdf>. p. 14.

113. No artigo são denominadas de *oil company* (OC) as empresas que realizam as operações de prospecção e produção de petróleo e de gás; de NOC, as empresas estatais que participam das atividades de E&P e de estado hospedeiro – aquele no qual se realiza a lavra de petróleo e de gás.

EXPLORAÇÃO DE PETRÓLEO E DE GÁS NATURAL

Os regimes jurídicos regulatórios usados no mundo são os seguintes: concessão, partilha de produção, contrato de serviços e *joint venture*. Vejamos cada um deles.

A *Concessão*, também referida como Licença e Lease em determinados países produtores, é o regime jurídico-regulatório por meio do qual o titular originário dos direitos sobre os hidrocarbonetos – via de regra o Estado – concede a uma ou mais companhias exploradoras, nacionais ou estrangeiras, exclusividade na exploração e na produção de hidrocarbonetos, por sua conta e risco, em determinada área. As companhias exploradoras, então, se tornam proprietárias da produção e podem dela dispor livremente, observando as regras do contrato e da legislação aplicável. Na concessão, normalmente, o Estado hospedeiro não participa diretamente da atividade e, portanto, não recebe os recursos advindos diretamente da venda da produção. Sua contrapartida é o pagamento de tributos e das participações governamentais (geralmente *royalties*) pelas companhias exploradoras.

A *partilha de produção* (PSC) é um contrato firmado entre o Estado hospedeiro, via de regra por meio de sua empresa estatal, e a companhia exploradora, por meio do qual o primeiro contribui primordialmente com a área territorial a ser explorada, e a empresa exploradora, geralmente, conduz as atividades de exploração e de produção a seu próprio risco e custo. Uma vez encontradas reservas comercializáveis, a empresa exploradora recebe a sua parte dos hidrocarbonetos produzidos como custo em óleo, nos termos definidos no contrato.

A principal diferença que o contrato de partilha apresenta em relação ao contrato de concessão está no fato de que no contrato de partilha de produção *o hidrocarboneto extraído permanece sob propriedade da União*. Nesta modalidade de contratação, o Estado participa diretamente das atividades de E&P, geralmente por meio de sua empresa petrolífera, podendo atuar como operador ou não; o Estado recebe sua parcela da produção definida no contrato de partilha, não sendo, via de regra, remunerado por meio de *royalties* e de tributos pelas companhias exploradoras.

No Brasil, os contratos de partilha preveem que o Estado será remunerado por meio dos *royalties* além do recebimento de parte da produção e de tributos.

Na partilha de produção, a contrapartida para ambas as partes ocorre apenas em caso de sucesso das operações e da descoberta de reservas comercializáveis. Após o início da produção, a companhia exploradora recupera os custos incorridos e os investimentos realizados na exploração, desenvolvimento e produção, por meio do recebimento de uma porcentagem da produção, normalmente denominada petróleo-custo (*cost oil*).

O petróleo remanescente, denominado petróleo-lucro (*profit oil*), corresponde à parcela da produção que será partilhada entre o país produtor e a companhia exploradora, de acordo com os termos previamente estabelecidos no contrato de partilha da produção.

O *contrato de serviços* é geralmente adotado naqueles Estados em que o direito de explorar e produzir hidrocarbonetos é atribuição exclusiva da empresa estatal, não havendo outorga às companhias exploradoras. Ou seja, nesses países produtores as empresas exploradoras têm pouco ou nenhum acesso às atividades de E&P e, logo, às reservas de hidrocarbonetos.

Esclarece o artigo em comento que não se pode confundir os contratos de serviço firmados entre as empresas estatais petrolíferas e as empresas exploradoras para instrumentalizar este regime, com os contratos de serviços corriqueiros amplamente adotados pelas empresas exploradoras (tanto multinacionais quanto nacionais, e também pelas empresas estatais petrolíferas) para contratação de serviços necessários à realização das atividades de exploração, de desenvolvimento e de produção. Estes contratos de serviço são comuns a todos os regimes jurídico-contratuais. No regime de serviços, o pagamento aos prestadores de serviço é feito em espécie, e os contratados não correm qualquer risco na exploração das jazidas, ou seja, o pagamento pelo serviço prestado independe, portanto, da descoberta de reservas.

É importante notar que existem duas modalidades contratuais no regime de serviços para contratação da empresa exploradora pela estatal petrolífera: o contrato de serviço sem risco e o contrato de serviço com cláusula de risco.

Quando o interesse das empresas exploradoras reside no acesso às reservas de determinado país produtor para a consequente comercialização do hidrocarboneto produzido, os contratos de serviço sem risco são poucos atrativos, como forma de relacionamento contratual entre as empresas exploradoras e o país produtor. No entanto, existem casos em que empresas exploradoras multinacionais figuram como partes contratadas pelas empresas estatais petrolíferas, quando tal alternativa é a única forma das mesmas poderem operar em países com grandes reservas, nos quais a estatal petrolífera detém o monopólio das atividades de E&P. Por meio desse contrato, a empresa exploradora pode adquirir conhecimento geológico sobre as reservas e iniciar relacionamento com a estatal petrolífera e os governos locais.

Os contratos de serviço com cláusula de risco, por outro lado, foram adotados em países que pretendiam atrair empresas exploradoras, mas cuja legislação proibia a outorga da atividade de E&P pela estatal petrolífera. O fator de atratividade para as empresas exploradoras, nesse tipo de contrato, é que este permite que o pagamento à empresa exploradora contratada seja feito em petróleo ou por meio de desconto no preço de compra do barril pela empresa exploradora.

Os contratos de serviço com cláusula de risco permitem, portanto, que as empresas exploradoras tenham acesso, ainda que limitado, às reservas do país produtor. Nos contratos observados na experiência internacional, a empresa exploradora é contratada para realizar as atividades de exploração com vistas a encontrar reservas comercializáveis.

Uma vez que a produção se inicia, a operação, via de regra, passa de volta à estatal petrolífera contratante. As atividades exploratórias e os investimentos para tanto correm por conta e risco da empresa exploradora contratada. Caso reservas comercializáveis não sejam encontradas, a empresa exploradora não recebe nada, ao contrário do contrato de serviços simples.

Informa o artigo em questão[114] que os contratos de serviço foram muito utilizados pela Petrobras (entre os anos de 1953 e de 1997) e chegaram a ser adotados no México (nos anos da década de 1950) e no Irã e no Iraque (anos da década de 1960). Atualmente, pode-se dizer que esse tipo de contrato perdeu importância no cenário internacional, cedendo espaço aos regimes da concessão e partilha da produção.

Joint venture consiste na formação de uma sociedade com propósito específico. Portanto, a relação societária entre as partes se dá no âmbito do regime jurídico-contratual da *joint venture*, não havendo a celebração de contratos de concessão ou de partilha da produção. Esse regime é utilizado em países produtores cujas empresas estatais são atuantes na atividade de E&P, e geralmente detêm o direito originário de realizar essas atividades.

Na Venezuela, é obrigatória a constituição de uma sociedade de propósito específico (denominada empresa mista), entre a PDVSA e a empresa exploradora, para realização das atividades. Na Nigéria, a *joint venture* foi amplamente utilizada entre as décadas de 1970 e 1990 e, em Angola existe a previsão legal desse regime, apesar de não adotado na prática.

O quadro abaixo demonstra as principais diferenças existentes entre os regimes de concessão, partilha de produção, prestação de serviço e *joint venture*, a saber:[115]

---

114. TOZZINI FREIRE ADVOGADOS; BAIN & COMPANY. *Estudos de alternativas regulatórias, institucionais e financeiras para a exploração e produção de petróleo e gás natural e para o desenvolvimento industrial da cadeia produtiva de petróleo e gás natural no Brasil*. 2009. Disponível em: <http://www.bndes.gov.br/SiteBNDES/export/sites/default/bndes_pt/Galerias/Arquivos/empresa/pesquisa/chamada1/Rel-Consol-1de6.pdf>. Acesso em: 17 jul. 2012. p. 14.

115. Idem.

EXPLORAÇÃO DE PETRÓLEO E DE GÁS NATURAL

	Concessão	Partilha da Produção	Contrato de Serviço	Joint venture
Propriedade do Hidrocarboneto.	Quando *in situ*: do Estado Após extraído: da OC.	Quando *in situ*: do Estado Após extraído: compartilhado entre o Estado e a OC, garantida primeiramente o cost oil da OC.	Quando *in situ*: do Estado Após extraído: do Estado, sendo que a OC pode receber uma parte como forma de remuneração.	Quando *in situ*: do Estado Após extraído: dividido entre o Estado e a OC, respeitado o percentual que cada um detém na joint venture.
Instrumento Contratual Firmado.	Contrato de Concessão, Contrato de Licença e *Lease*.	Contrato de Partilha de Produção (Production Sharing Contract).	Contrato de Prestação de Serviços, com ou sem cláusula de risco.	*Joint Venture Societária*: atos constutivos e documentos societários referentes à constituição e governança da SPE.
Remuneração do Estado.	Participações Governamentais (e.g. *royalties*) e tributação da OC.	Comercialização da parcela do Estado no hidrocarboneto produzido e tributação da OC.	Comercialização da parcela do Estado no hidrocarboneto produzido.	Comercialização da parcela do Estado no hidrocarboneto produzido.
Papel da OC	Planejamento e execução.	Planejamento e execução.	Planejamento e execução dos serviços sob os termos do contrato.	Planejamento e execução, por meio da SPE.
Papel do Governo.	Agente regulador: — Regulamentação — Acompanhamento e controle do processo.	NOC: planejamento e execução Agente regulador: — Regulamentação — Acompanhamento e controle do processo.	NOC: planejamento e execução Agente regulador: — Regulamentação — Acompanhamento e controle do processo.	— Regulamentação — Acompanhamento e controle do processo — Execução por meio da SPE.
Riscos / capital empregado	OC	OC	México/ Arábia Saudita: NOC Caso de *risk production*: Brasil década de 70 - 90	Compartilhado

Inobstante serem variadas as formas de contratação da exploração e da produção de petróleo e de gás, existem aspectos comuns à atividade de E&P em todas elas.

O artigo que estamos analisando aponta as fases contratuais, as contrapartidas recebidas pelas empresas exploradoras, as formas de escolha das empresas exploradoras, a propriedade das instalações utilizadas na exploração e produção, os dispositivos de revisão contratual e de disputa, os mecanismos de controle da produção, os controles e os limites de comercialização, os mecanismos de incentivo à transferência de tecnologia e ao conteúdo local e os mecanismos de individualização (unitização) da produção.

Quanto às fases contratuais, as atividades de E&P apresentam as seguintes etapas:[116]

a) **exploração**:

> pode compreender a parte da sísmica e inclui a contratação de serviços e equipamentos necessários para a perfuração de poços exploratórios e pioneiros, com vistas à descoberta de reservas comercializáveis.

A duração da fase de exploração varia de cinco a dez anos.

b) **desenvolvimento**:

> abrange as atividades e a contratação dos serviços e equipamentos necessários à avaliação de uma descoberta, bem como o preparo do campo para o início da produção.

c) **produção**:

> consiste no gerenciamento das operações de escoamento ou bombeamento dos hidrocarbonetos do subsolo até a superfície, incluindo o tratamento primário, medição, armazenagem provisória e distribuição aos navios tanques e/ou oleodutos ou polidutos.

---

116. Idem.

A duração da fase de produção pode durar de 20 a 40 anos, já incluindo a etapa de desenvolvimento, como forma de garantir e encorajar atividades de exploração eficientes e rápidas, visando o descobrimento de hidrocarbonetos comercializáveis.

d) descomissionamento: "abrange o processo de tamponamento e abandono do poço, visando conter possível migração de fluídos entre as várias formações penetradas na exploração."

As contrapartidas recebidas pelas empresas exploradoras podem ocorrer de duas formas, a saber:[117]

a) **por meio de mecanismos de remuneração:** que garante a lucratividade da empresa exploradora.

b) **pelo direito de registro das reservas provadas em suas demonstrações financeiras:** possibilitando o fortalecimento de seu balanço financeiro, viabilizando melhor percepção do mercado (e, consequente valorização de eventuais papéis negociados em bolsa de valores) e a possibilidade de captação de mais recursos por meio de maior endividamento. Tal prerrogativa é garantida nos contratos de concessão e de partilha da produção, já os contratos de serviço e *joint ventures* não permitem tal dispositivo.

c) **outras formas de remuneração:** participação (parcial ou total) nas receitas auferidas com a venda dos hidrocarbonetos; o ressarcimento de todos os custos relacionados com as atividades prestadas e o compartilhamento dos lucros remanescentes dentro de determinados parâmetros previstos contratualmente.

Em relação às formas de escolha das empresas exploradoras, há dois meios para um país produtor selecionar uma empresa exploradora, a saber: licitação e negociação direta.

---

117. (BAIN & COMPANY; TOZZINI FREIRE ADVOGADOS, 2009).

A prática mundial demonstra que existem três tipos básicos de procedimentos licitatórios, cujas diferenças residem nos critérios para julgamento das ofertas.[118] São eles:

a) **sistema de outorga discricionário ou técnico:** onde os critérios mais relevantes para decisão do Estado hospedeiro são aqueles de natureza técnica, de expertise em operações semelhantes àquelas que se pretende realizar no bloco ofertado e de comprometimento de investimentos e trabalhos exploratórios mínimos. A oferta financeira geralmente inexiste ou tem peso pequeno nos critérios da oferta.

b) **leilão:** nesta modalidade licitatória, o lance pelo bloco tem grande peso ou é o único critério de julgamento das ofertas. A parte técnica das empresas exploradoras é analisada para fins de qualificação, objetivando a participação no certame. As licitações no pré-sal e áreas estratégicas ocorrerá na modalidade de leilão;

c) **sistema misto:** nesta hipótese, o Estado produtor leva em conta tanto a capacidade técnica da empresa exploradora e o seu comprometimento de investimento, como a oferta financeira para arremate do bloco determinado. Para referência, o sistema misto é utilizado no Brasil, nas rodadas de licitações da Agência Nacional do Petróleo em que os critérios da oferta são: o programa exploratório mínimo, o conteúdo local e o bônus de assinatura.

d) **negociação direta:** quando o Estado produtor utiliza seu poder discricionário para decidir qual empresa exploradora irá operar em determinados blocos, sem critérios predeterminados para qualificação ou apresentação de proposta. Esse modelo também é utilizado nos Estados Unidos, quando o proprietário da terra é o ente privado.

Quanto à propriedade das instalações utilizadas na exploração e produção, existem quatro tipos de regime de

---

118. Idem.

propriedade dos bens utilizados nas atividades de exploração e de produção de petróleo e de gás:[119]

a) propriedade originária do Estado produtor, sem sofrer qualquer alteração;

b) propriedade da empresa exploradora com transferência da propriedade ao Estado hospedeiro ao final do período contratual;

c) propriedade compartilhada entre Governo e a empresa exploradora, respeitando-se o percentual de cada um dentro do empreendimento, no caso das *joint ventures*, sendo posteriormente revertida ao Estado produtor;

d) propriedade sempre da empresa exploradora, sem possibilidade de reversão de propriedade ao Estado.

O regime de propriedade não é característica peculiar de um dado modelo jurídico exploratório adotado. Pode apresentar-se da mesma forma quer se trate de concessão, de regime de partilha de produção, de prestação de serviços ou de *joint ventures*. Contudo, como regra geral, no regime de concessão a propriedade dos ativos é transferida ao Estado produtor somente ao final do contrato, mediante interesse público, via reversão de bens.

Quanto aos dispositivos de revisão contratual e disputa, a depender da situação político-econômica do país produtor, assim como da instabilidade de suas instituições governamentais, a atratividade para as empresas exploradoras fazerem investimentos no referido país dependerá da segurança jurídica que o mesmo propiciar aos potenciais investidores.[120]

Dessa forma, as cláusulas que versam sobre revisões contratuais, solução de controvérsias e disputas assumem um papel de destaque para atrair as empresas exploradoras ao país.

---

119. Idem.
120. Idem.

Dependendo do regime jurídico-regulatório adotado, diversas são as formas que possibilitam a geração de segurança institucional aos interessados, podendo existir normas legais versando sobre o tema, assim como mecanismos financeiros que buscam o equilíbrio contratual. Uma dessas formas é a utilização de arbitragem com regras internacionais, evitando a submissão da disputa ao Poder Judiciário local, que poderia ser considerado não imparcial.[121]

Os contatos de partilha de produção regem-se por seus próprios termos e condições, bem como pela legislação especial a eles aplicável, não se sujeitando às mudanças de outras legislações genéricas do Estado produtor. Esse tipo de contrato permite ao investidor ter certeza de seus direitos e de suas obrigações, antes de comprometer seus recursos em um projeto de E&P.

Com relação aos mecanismos de controle da produção, há três tipos de controle:[122]

a) **controle direto**, feito pelo Estado produtor, que atua diretamente na produção.

b) **controle técnico**, exercido pelos órgãos fiscalizadores do Estado produtor, os quais analisam e aprovam programas de desenvolvimento e de produção apresentados pela empresa exploradora; e

c) **controle normativo,** no qual o Estado produtor, mediante a promulgação de normas específicas, impõe o aumento e a redução da produção às empresas exploradoras, a seu critério discricionário. Além dos controles que podem ser exercidos pelos países individualmente, existe o controle internacional da produção para os países-membros da Organização dos Países Exportadores de Petróleo – OPEP. Como parte do estatuto da organização, as quotas de produção acordadas em

---

121. Idem.
122. Idem.

suas reuniões devem ser seguidas, como teto máximo de produção, pelos seus membros.

Referente aos controles e limites de comercialização, há Estados produtores que além do controle sobre a produção, adotam também o controle sobre a comercialização do óleo produzido em seu território. No estudo em comento, foram indicadas as seguintes formas de controle da comercialização:

a) controle sobre os preços a serem praticados no mercado interno (como ocorre, comumente, para a comercialização de gás natural).

b) imposição de reservas estratégicas, na qual parte ou a totalidade da produção da empresa exploradora deve obrigatoriamente ser vendida ao Estado produtor; e

c) criação de mecanismos de destinação comercial, que visam garantir o mercado doméstico.

Quanto aos mecanismos de incentivo à transferência de tecnologia e ao conteúdo local, por se tratar de uma geração de recursos finitos, alguns países produtores, em especial aqueles subdesenvolvidos ou em desenvolvimento, impõem às empresas exploradoras o cumprimento rígido de cláusulas, visando o fomento do parque industrial local, a geração de novos empregos, o treinamento e a qualificação da mão de obra local, assim como o aumento do nível tecnológico do país.[123]

Tais imposições, que podem ser feitas tanto por via contratual, mediante a inclusão de cláusulas específicas, como por força de lei, e costumam versar, dentre outros elementos, sobre: aquisição de materiais, equipamentos, maquinaria e bens de consumo de produção nacional; contratação de prestadores de serviços locais; transferência de tecnologia; restrição ao uso de mão de obra composta por expatriados para fomentar o desenvolvimento de mão de obra local.

---

123. Idem.

Quanto aos mecanismos de individualização (unitização) da produção, temos que tal fenômeno ocorre quando jazidas abrangem áreas ou blocos adjacentes que possuem agentes distintos. No plano internacional, a unitização ocorre quando essas jazidas ocupam uma região que abrange dois ou mais países produtores fronteiriços. O objetivo da unitização – instrumentalizada por meio de acordo de unitização, também conhecido como *joint development agreement* ou acordo de individualização de produção – é a otimização e eficiência da produção de uma mesma jazida, de forma equitativa e racional, com rateio da produção em bases proporcionais às dimensões da área detida pelos diferentes agentes.

Independentemente do regime jurídico-regulatório aplicável, quando se trata de unitização dentro de um mesmo país produtor, tais mecanismos costumam estar previstos em lei ou em instrumentos contratuais específicos (*Unitization Operating Agreement*).[124]

2.3.2. Da experiência internacional com referência à utilização dos diferentes regimes jurídicos regulatórios

Os contratos de concessão e de partilha de produção são os mais utilizados no mundo. Entre os países que se valem do regime de concessão destacam-se: Alemanha, Brasil, Canadá, Congo, Dinamarca, África do Sul, Argentina, Austrália, Brunei, Emirados Árabes Unidos, Espanha, França, Holanda, Inglaterra, Itália, Moçambique, Paquistão, Tailândia, Tunísia.[125]

Os Estados Unidos possuem regime jurídico totalmente diferente do nosso, a começar pela sua Constituição que não

---

124. Idem.

125. SCHWIND, Willian Prescott Mills; ALICE, Felipe. Participações governamentais na exploração e produção de petróleo e gás. perspectivas do direito comparado e norte- americano. *Revista do Direito da Energia*, n° 9, set. 2009.

faz alusão aos recursos naturais, tampouco existe uma lei federal sobre o petróleo. Lá os recursos minerais encontrados no subsolo pertencem ao dono do solo, como uma manifestação do direito da propriedade imobiliária.

A respeito são elucidativas as seguintes informações:[126]

> Nos Estados Unidos, os direitos aplicáveis aos recursos do petróleo e gás, bem como quaisquer outros recursos minerais presentes no subsolo, tratam-se de direitos de propriedade imobiliária cuja aplicação engloba todos os aspectos da propriedade real. Nesse sentido, e como regra geral, o proprietário de uma área não é apenas dono da superfície embaixo da qual está situada a reserva de petróleo e gás, mas também o proprietário desses recursos naturais, retendo o direito de desenvolvê-los.

A titularidade governamental dos recursos naturais encontrados no subsolo limita-se às áreas de sua propriedade.

Outra peculiaridade do sistema jurídico norte-americano está no fato de que os direitos referentes à propriedade de superfície podem ser separados dos direitos atinentes à propriedade mineral. Neste caso, a propriedade mineral prevalece sobre a propriedade de superfície

> permitindo a realização na superfície de atividades de pesquisa e exploração dos recursos do subsolo, inclusive o direito de acesso ao terreno, desde que não haja abuso na interferência com o direito de propriedade da superfície.[127]

Há também a regra de captura pela qual o proprietário de uma área adquire o domínio sobre o petróleo e o gás extraído em suas terras, ainda que estes tenham migrado de terrenos vizinhos, pertencentes a outros proprietários.

> A regulação vigente tem todavia, limitado a aplicação da regra de captura com base em princípios de política pública a fim de otimizar a produtividade das reservas e garantir a justiça.

---

126. Idem.
127. Idem. Op. cit., p. 73.

É preciso observar, ainda, que o direito da propriedade imobiliária nos Estados Unidos permite a transmissão dos direitos exploratórios e de produção de petróleo e de gás por meio de um instrumento de *lease* ou de um contrato de transferência de direitos.[128]

Os governos estaduais e federal só recebem *royalties* se forem os proprietários das terras onde ocorre a exploração de petróleo e de gás. No âmbito federal, estão as áreas terrestres de propriedade do Governo, tais como: parques nacionais, terras objeto de assentamento de índios etc.

No âmbito estadual, estão compreendidas as áreas pertencentes aos Estados. As áreas exploradas fora do continente podem ser:[129]

> (...) federais ou estaduais a depender da sua distância da costa. Os Estados têm jurisdição sobre as terras submersas que se estendam 3 milhas náuticas do litoral (...) Nos estados do Texas e Flórida, porém, o limite estadual é mais amplo, fixados em 3 léguas marítimas... A jurisdição federal se estende além do limite estadual até a fronteira da Zona Econômica Exclusiva (...)

Informam, ainda, Willian Prescott Mills Schwind e Felipe Alice[130] que nos Estados Unidos,

> (...) os direitos de exploração são transmitidos através de um contrato de *lease* de petróleo e gás, denominado *oil and gas lease*, inexistindo concessões, contratos de partilha de produção ou contrato de serviço. O contrato de *lease*, que se assemelha em muitos aspectos a um contrato típico de locação imobiliária, é assinado entre o dono do terreno aplicável, como "locador", e uma terceira parte, como "locatário", na nomenclatura americana.

No que respeita aos *royalties* do petróleo, consignam os autores em comento que:

---

128. Idem.
129. Idem, p. 74.
130. Idem, p. 75.

EXPLORAÇÃO DE PETRÓLEO E DE GÁS NATURAL

> (...) na medida em que existe produção de petróleo e/ou gás em quantidades comercialmente viáveis são certos e razoavelmente previsíveis os direitos do proprietário, seja privado ou governamental, de reter uma determinada porcentagem da produção ou de participar em uma determinada porcentagem dos resultados obtidos com a sua venda.
>
> Os *royalties* são normalmente devidos durante a produção comercial do petróleo e do gás e são livres dos custos de exploração e produção. Não obstante, o dono dos *royalties* é proporcionalmente responsável pelos custos de comercialização dos hidrocarbonetos produzidos. Em terras federais, os *royalties* podem ser pagos tanto em dinheiro como em substância, conforme determinado pelo *Mineral Management Service*.

Em caso de licitação das áreas federais *offshore*, o *Mineral Management Service* (MMS) determina os procedimentos licitatórios. Há a cobrança de bônus de assinatura que é oferecido pelo licitante. No ato do oferecimento da proposta o licitante deposita um quinto da quantia total que ofereceu como bônus de assinatura. Sendo rejeitada a proposta, tal valor é restituído ao licitante. Caso a proposta seja vencedora, o licitante deverá pagar os restantes quatro quintos do bônus de assinatura. O vencedor da licitação terá que pagar aluguéis até o momento em que os *royalties* sejam gerados por meio da produção de petróleo e de gás.

Os contratos de partilha de produção são usados por grandes produtores como Angola, Indonésia, Cazaquistão, Nigéria, Líbia, Bolívia, Camarões, China, Bahrein, Egito, Gabão, Iêmen, Índia, Irã, Malásia, Omã, Qatar, Síria e Turquia.

Países que adotam o contrato de serviço (simples) geralmente são aqueles em que o Governo mantém maior controle sobre suas riquezas, mantendo a titularidade do petróleo e do gás durante as fases de exploração e de produção. Nesta modalidade contratual, o prestador de serviço pactua o preço do serviço, recebendo o pagamento em dinheiro e, em alguns casos, em petróleo e gás, em face de um direito de preferência na aquisição de tais produtos junto ao Governo.

O México adota um contrato de serviço sem cláusula de risco, especificamente para a E&P de gás natural não associado, em que figuram como partes contratadas diversas empresas exploradoras multinacionais, incluindo a Petrobras. O país tomou essa decisão para incentivar a participação das empresas exploradoras em um contexto regulatório que o limitava para a adoção de regimes alternativos (a legislação desse país proíbe expressamente o pagamento do serviço com produção).

O contrato de serviço, com cláusula de risco, foi utilizado em passado recente, pois era a forma encontrada por alguns países, como Irã e Brasil que visavam a atrair empresas exploradoras para o desenvolvimento dessas atividades, evitando a proibição legislativa de se delegar a atividade de E&P, que era monopólio da empresa estatal, por força de lei.

No Brasil, a Petrobras, nas décadas de 1970 a 1990, firmou vários desses contratos com empresas exploradoras nacionais e multinacionais.

A *joint venture* é um regime, também, pouco utilizado. Como maior exemplo de país produtor que o adota, é citada a Venezuela, que anteriormente empregava o contrato de serviço com cláusula de risco (chamado de *operating services agreement*).

2.4. Do regime legal aplicável aos contratos de concessão no Brasil

Dispõe o art. 24 da Lei n° 9.478/97 que os *contratos de concessão* deverão prever duas fases, a saber:

a) a de *exploração* que consiste no desenvolvimento das atividades de avaliação de eventual descoberta de petróleo ou gás natural, para determinação de sua comercialidade.

b) a de *produção* que abrange as atividades de desenvolvimento.

EXPLORAÇÃO DE PETRÓLEO E DE GÁS NATURAL

Somente poderão obter concessão para a exploração e produção de petróleo ou de gás natural as empresas que atenderem aos requisitos técnicos, econômicos e jurídicos estabelecidos pela Agência Nacional do Petróleo, Gás Natural e Biocombustíveis.

Destacamos as seguintes obrigações do concessionário previstas na lei em comento:

a) obrigação de explorar, *por sua conta e risco* e, em caso de êxito, produzir petróleo ou gás natural em determinado bloco, *conferindo-lhe a propriedade desses bens, após extraídos;*

b) pagar tributos incidentes sobre o objeto da contratação;

c) *pagar as participações legais* ou contratuais correspondentes;

d) fazer, por sua conta exclusiva, a remoção dos equipamentos e bens que não sejam objeto de reversão;

e) *reparar ou indenizar os danos decorrentes de suas atividades;*

f) *praticar os atos de recuperação ambiental determinados pelos órgãos competentes;*

g) prestar garantias referentes ao cumprimento do contrato;

h) pagar as indenizações devidas por desapropriações ou instituição de servidões;

i) responsabilidade civil por ato dos seus prepostos;

j) *indenizar todos e quaisquer danos decorrentes das atividades de exploração, desenvolvimento e produção contratadas;*

l) ressarcir à Agência Nacional do Petróleo ou à União os ônus que venham a suportar em consequência de eventuais demandas motivadas por atos de sua responsabilidade.

Consta, além da lei, do contrato de concessão[131] para a exploração e produção de petróleo e de gás que o concessionário fará a exploração por sua conta e risco, a saber:

> *Custos e Riscos Associados à Execução das Operações*
>
> 2.2 O Concessionário assumirá sempre, *em caráter exclusivo*, todos os custos e riscos relacionados com a execução das operações e suas consequências, <u>cabendo-lhe, como única e exclusiva contrapartida, a propriedade do Petróleo e Gás Natural que venham a ser efetivamente produzidos e por ele recebidos no Ponto de Medição da Produção</u>, nos termos deste Contrato, com sujeição aos encargos relativos aos tributos e às compensações financeiras detalhadas no ANEXO V – Participações Governamentais e de Terceiros, e da legislação brasileira aplicável.
>
> 2.3 A disposição do parágrafo 2.2 inclui a *obrigação de o Concessionário arcar com todos os prejuízos em que venha a incorrer, sem direito a qualquer pagamento, reembolso ou indenização, caso não haja Descoberta Comercial na Área da Concessão* ou caso o Petróleo e Gás Natural que venha a receber no Ponto de Medição da Produção sejam insuficientes para a recuperação dos investimentos realizados e o reembolso das despesas direta ou indiretamente incorridas. Além disso, o Concessionário será o único responsável civilmente pelos seus próprios atos e os de seus prepostos e sub-contratados, bem como pela reparação de todos e quaisquer danos causados pelas Operações e sua execução, independentemente da existência de culpa, devendo ressarcir a ANP e a União dos ônus que estas venham a suportar em consequência de eventuais demandas motivadas por atos de responsabilidade do Concessionário. (Destaque nosso).

É importante manter na memória que: (a) a lei e o contrato já determinam que é dever do concessionário indenizar todos os danos que causar, inclusive os ambientais, o que leva a crer que a Constituição Federal em seu § 1º do art. 20, não trata de indenização ao se referir a compensação financeira; e (b) que, como o concessionário adquire o direito ao produto da lavra, tudo o que sobre ela recair onerará o patrimônio do particular, não havendo porque cogitar-se em receita originária da União.

---

131. Disponível em: <www.brasil-rounds.gov.br/round11/portugues_r11/pacote_dados.asp>. 11ª Rodada de Licitação. Contrato.

EXPLORAÇÃO DE PETRÓLEO E DE GÁS NATURAL

O contrato de concessão possui cláusulas essenciais, dentre elas, as obrigações do concessionário quanto às chamadas *participações governamentais* que são as seguintes:

2.4.1. Bônus de assinatura

O bônus de assinatura, previsto no inciso I do art. 45 da Lei nº 9.478/97, corresponde ao montante ofertado pelo licitante vencedor na proposta para obtenção da concessão de petróleo ou de gás natural, não podendo ser inferior ao valor mínimo fixado pela Agência Nacional do Petróleo no edital de licitação.

O licitante vencedor pagará, no ato da assinatura do respectivo contrato de concessão, o valor integral do bônus de assinatura, em parcela única, independente do resultado da exploração de petróleo e de gás.

Entende Maria D'Assunção Costa,[132] que o pagamento dos bônus de assinatura visa a recuperar os custos governamentais decorrentes do processo e que, portanto, deve reger-se, dentre outros, pelos primados da razoabilidade e da proporcionalidade, sustentando que:

> (...) sua forma de avaliação e mensuração se dá no momento prévio da elaboração do edital, e deve fundamentar-se nos princípios da razoabilidade, proporcionalidade, finalidade, valores previstos na norma editalícia não se transformem num impedimento à participação dos agentes econômicos.

Com tal entendimento não concordamos, visto que os custos relativos ao certame são cobrados pela Agência Nacional do Petróleo, Gás Natural e Biocombustíveis daqueles que querem participar das rodadas de licitação, sob a forma de taxa de participação.

---

132. MENEZELLO, Maria D'Assunção Costa. Comentários à Lei do Petróleo. Lei Federal nº 9.478, de 6-8-1997. São Paulo: Atlas, 2000. p. 241.

O pré-edital da 11ª Rodada de Licitações de blocos para exploração e produção de petróleo e de gás natural, publicado em janeiro de 2013 e reeditado em março, dispôs que o valor da taxa de participação para cada setor varia de R$ 15.000,00 a R$ 125.000,00. O valor total para aqueles que optarem por todos os setores é de R$ 875.000,00.[133]

O pagamento da taxa de participação é obrigatório e individual para cada empresa, mesmo que venha a apresentar oferta mediante consórcio.

No que se refere à participação do leilão para a exploração do pré-sal (bloco Libra), a taxa de participação, apenas para o Setor SS-AUP, montou em R$ 2.067.400,00, segundo informação constante no site da Agência Nacional do Petróleo, Gás Natural e Biocombustíveis – ANP.[134]

Logo, a cobrança intitulada bônus de assinatura precisa ter uma razão jurídica que a justifique, sendo descabidas as assertivas de que tal verba é devida em razão da assinatura do contrato ou para recuperar os gastos da Agência Nacional do Petróleo, Gás Natural e Biocombustíveis no certame. Tais valores são de vulto considerável para serem impostos ao explorador sem maiores justificativas.

Verifiquemos, então, a razão jurídica de tal cobrança.

A Nota Informativa nº 902/2012, de lavra da Consultoria Legislativa do Senado Federal brasileiro,[135] tratando das participações governamentais, definiu bônus de assinatura como o "pagamento pelo *direito de exploração do bloco*, efetuado

---

133. Disponível em: <www.brasil-rounds.gov.br/round11/portugues_r11/pacote_dados.asp>. 11ª Rodada de Licitação. Taxa de Participação.

134. Disponível em: <http://www.brasil-rounds.gov.br/>. Edital da 1ª. licitação para outorga do contrato de partilha de produção>. ANEXO 8 do Contrato. Acesso em: 17 jul. 2015.

135. SENADO FEDERAL. Nota Informativa nº 902, de 2012 - Referente à STC Nº 2012-02611, da Consultoria Legislativa, acerca de elaboração de nota sobre as participações governamentais nas receitas de petróleo, com o objetivo de subsidiar a Comissão do Federalismo.

no ato da assinatura do contrato de concessão.". O valor do bônus de assinatura é definido em leilão, sendo vencedora a empresa que oferecer o maior valor.

No mesmo sentido consigna Maria D'Assunção Costa[136] que:

> Esse bônus de assinatura corresponde ao ônus financeiro pago pelo ofertante no leilão, *pela obtenção da outorga de direitos exploratórios*. O valor mínimo está inserido no edital de concessão, *independentemente de êxito nas fases de exploração ou da produção*. (...) O pagamento do bônus de assinatura se deve apenas pela obtenção dos direitos exploratórios, independentemente do que ocorrer durante a execução do contrato de concessão. (Destaque nosso).

Para nós, o denominado bônus de assinatura traduz-se num pagamento pelo direito de exploração do bloco, que o concessionário faz à União Federal pelo direito de explorar o patrimônio à Ela pertencente. Sendo assim, tal verba pode ser classificada como *royalty*, considerando-se que os *royalties são tomados neste trabalho como o pagamento devido por todo aquele que explora direito de outrem*.

Logo, a compensação financeira, tal como posta no art. 20, § 1°, da CF, devida aos Estados, aos Municípios e ao Distrito Federal, em razão dos ônus que suportam, decorrentes da exploração de petróleo e de gás, não pode ser tida como *royalties*, já que estes *são exclusivamente devidos ao detentor dos direitos exploratórios*, no caso, a União Federal.

Vale observar, ainda, que os valores que a União aufere a título de bônus de assinatura não são desprezíveis, como informa Fabricio do Rozario Valle Dantas Leite,[137] em seu artigo

---

136. COSTA, Maria D'Assunção. Op. cit., p. 241.

137. LEITE, Fabricio do Rozario Valle Dantas. As participações governamentais na indústria do petróleo sob a perspectiva do estado-membro: Importância econômica, natureza jurídica e possibilidade de fiscalização direta. *Revista de Direito GV*, n° 2, v. 5, São Paulo, Fundação Getúlio Vargas, Escola de Direito, jul./dez. 2009. Disponível em: <http://dx.doi.org/10.1590/S1808-24322009000200015>. Acesso em: 08 set.

intitulado "As participações governamentais na indústria do petróleo sob a perspectiva do estado-membro: Importância econômica, natureza jurídica e possibilidade de fiscalização direta".

Sustenta o autor que:

> (...) segundo dados da ANP, a arrecadação de bônus de assinatura, abrangendo as nove rodadas de licitações de blocos exploratórios e as duas rodadas de licitações de áreas inativas de acumulação marginal, de 1999 a 2007, totaliza a quantia de R$ 5.371.000.000,00 (cinco bilhões e trezentos e setenta e um milhões de reais), sendo que, somente em 2007, a arrecadação foi de R$ 2.101.000.000,00 (dois bilhões e cento e um milhão de reais).

Na primeira rodada de licitação para a exploração em área do pré-sal, os bônus de assinatura foram fixados no valor de R$ 15.000.000.000,00 (quinze bilhões de reais).

Fabricio do Rozario Valle Dantas Leite[138] sustenta ainda, ao contrário do que entendemos, que:

> Como o bônus de assinatura se insere no gênero legal das participações governamentais que, por sua vez, é parte do conceito constitucional de compensação financeira pela exploração dos recursos minerais, os valores excedentes desta receita, ou seja, aqueles que forem superiores ao valor mínimo fixado em edital e que, ademais, sejam superiores às necessidades orçamentárias da ANP, deverão ser repartidos, na forma prevista no § 1º do artigo 20 da Constituição. A aparente omissão legal, ao contrário do que vem sendo praticado desde a primeira rodada de licitação promovida pela ANP, é insuficiente para afastar a participação dos Estados, Distrito Federal e Municípios no resultado da arrecadação da referida compensação financeira.

Mais uma vez, verificamos que é preciso ter cuidado na análise da classificação jurídica das denominadas participações governamentais. Isto é assim porque não há como

---

2012.

138. Idem, p. 531-532.

sustentar que os bônus de assinatura inserem-se no gênero legal de participações governamentais, que por sua vez é parte do conceito constitucional de compensação financeira, uma vez que inexiste o conceito constitucional de compensação financeira, tal como prevista no art. 20, § 1º do Texto Supremo.

O que importa consignar sobre a classificação jurídica dos bônus de assinatura, é que por serem devidos em razão da aquisição de um direito exploratório de bem da União, podem ser classificados como *royalties*.

2.4.2. Royalties

Os denominados *royalties* previstos no inciso II do art. 45 da Lei nº 9.478/97, serão devidos pelos concessionários de exploração e de produção de petróleo ou de gás natural, e serão pagos mensalmente, com relação a cada campo, a partir do mês em que ocorrer a respectiva data de início da produção comercial do campo, vedadas quaisquer deduções.

O valor dos denominados *royalties*, devidos a cada mês em relação a cada campo, será determinado multiplicando-se o equivalente a dez por cento do volume total da produção de petróleo e de gás natural do campo durante esse mês pelos seus respectivos preços de referência, definidos na forma do Capítulo IV do Decreto nº 2.705/98.

O preço de referência é variável de acordo com as características de cada campo, sendo desconsiderados na sua apuração os impostos incidentes sobre a venda do produto da lavra, tais como imposto sobre circulação de mercadorias e de serviços (ICMS), Programa de Integração Social (PIS) e contribuição para o financiamento da seguridade social (Cofins), os custos de transporte fora da área de concessão, bem como os custos de transferência do petróleo do poço até o ponto de escoamento da produção (*ringfence* do campo).

O preço de referência considera ainda a existência ou não de operação de venda do petróleo (pode ser que a concessionária efetue o refino e a venda dos derivados, ou somente venda o petróleo para que outras empresas façam o refino, há as exportações de petróleo etc.).

A Agência Nacional do Petróleo, Gás Natural e Biocombustíveis poderá, no edital de licitação para um determinado bloco, prever a redução do percentual de dez por cento até um mínimo de cinco por cento do volume total da produção, tendo em vista os riscos geológicos, as expectativas de produção e outros fatores pertinentes a esse bloco.

Constará obrigatoriamente do contrato de concessão, o percentual do volume total da produção a ser adotado para o cálculo dos *royalties* devidos com relação aos campos por ele cobertos.

O valor dos chamados *royalties* será apurado mensalmente pelo concessionário, com relação a cada campo, a partir do mês em que ocorrer a data de início da produção do campo, e pago, em moeda nacional, até o último dia útil do mês subsequente, cabendo ao concessionário encaminhar à Agência Nacional do Petróleo um demonstrativo da sua apuração, em formato padronizado pela mesma, acompanhado de documento comprobatório do pagamento, até o quinto dia útil após a data da sua efetivação.

O Ministério de Minas e Energia, por meio de uma consultoria[139] que visava à análise comparativa entre os tipos de *royalties* mais utilizados nas atividades de mineração, destacou, dentre todos, os *royalties* específicos e os *royalties ad valorem*.

---

139. MINISTÉRIO DE MINAS E ENERGIA. Contrato n° 48000.003155/2007-17: Desenvolvimento de Estudos para elaboração do Plano Duodecenal (2010-2030) de Geologia, Mineração e Transformação Mineral Ministério de Minas e Energia – Mme. Secretaria de Geologia, Mineração e Transformação Mineral-Sgm. Banco Mundial. Banco Internacional para a Reconstrução e Desenvolvimento – Bird. Aspectos Tributários da Mineração Brasileira. Análise Comparativa de Royalties. J. Mendo Consultoria. Consultor: Eliezer Braz. Projeto Estal. Projeto de Assistência Técnica ao Setor de Energia. Junho de 2009. Disponível em: <www.mme.gov.br/...Mineral_no.../7539b086-7d51-4e11-b67e-d914d53>. Acesso em: 04 nov. 2012.

EXPLORAÇÃO DE PETRÓLEO E DE GÁS NATURAL

Os *royalties ad valorem* são os utilizados pelo Brasil na oneração da exploração de petróleo e de gás. Vejamos:

> O *royalty específico* consiste no pagamento de uma quantia fixa, estabelecida pelo governo, por cada unidade (peso ou volume) produzida. Os *royalties* específicos baseados no peso são mais fáceis de medir e monitorar sendo os preferidos. A grande vantagem dos royalties específicos é a simplicidade, que facilita a compreensão dos contribuintes e a fiscalização pelo governo. Desde que o governo disponha de um sistema eficiente de contabilização da quantidade produzida, fica difícil haver sonegação. A fiscalização fica ainda mais fácil quando o produto mineral é exportado. Outra vantagem do royalty específico é a estabilidade da receita proporcionada, que depende apenas de haver produção. Pode ser estabelecida uma escala graduada de valores a ser cobrados como royalties, dependendo do nível de produção ou do valor das vendas. Um mecanismo de reajuste periódico dos valores cobrados precisa ser definido. (Destaque nosso).

Já para o *royalty <u>ad valorem</u>*, consigna a pesquisa que:

> Ele é calculado como uma porcentagem do valor do produto mineral. Dessa forma, ele é sensível à qualidade do bem mineral produzido e aos preços de venda. No entanto, o royalty ad valorem não leva em consideração os custos de produção nem a rentabilidade obtida pela empresa. Trata igualmente minas de elevada rentabilidade e minas de rentabilidade marginal. A receita obtida é menos estável do que no caso do royalty específico, pois o valor do produto mineral varia conforme a quantidade produzida e o preço, mas haverá receita desde que haja produção. Sendo um custo, a cobrança de um royalty ad valorem incentiva o aumento da rentabilidade mediante a elevação do teor de corte, com a consequente redução da vida da mina. Após a cobrança de um royalty, seja específico ou ad valorem, normalmente haverá elevação do preço do bem mineral, redução da rentabilidade dos produtores, redução do consumo e da produção (...).[140]

---

140. NOTA 137

O Instituto de Pesquisas Tecnológicas (IPT),[141] por meio da Nota Técnica 5/2009, ao comentar a opção brasileira pela adoção dos *royalties ad valorem* formula as seguintes críticas:

> A simplicidade da apuração (percentual fixo sobre o valor da produção) é um fator positivo na cobrança dos *royalties*, por isso é um instrumento usado por muitos países, não exigindo esforços significativos de fiscalização. Porém esta forma de arrecadação não é capaz de captar os ganhos de escala, comuns na indústria de PGN, o que acaba gerando um caráter regressivo nesta ferramenta. Assim a mesma alíquota é aplicada a um campo de 200 MMbbl e a um de 2000 MMbbl, que possui custo unitário muito menor que o primeiro, gerando uma lucratividade maior.

O valor dos *royalties* é apurado segundo a aplicação de alíquotas variáveis, que poderão oscilar em razão do volume da produção, dos riscos geológicos, das expectativas de produção, da qualidade do produto, dentre outros fatores, que possam tornar a exploração viável. Contudo, de acordo com informação obtida junto aos dados oficiais da Agência Nacional do Petróleo quase que a totalidade das alíquotas estabelecidas chega ao teto máximo estabelecido pela Lei do Petróleo (Lei nº 9.478/97 - 10% sobre a receita bruta da produção).

Aqui surge mais uma perplexidade: *se os* royalties são devidos em razão da fruição de direitos exploratórios, independentemente do resultado da lavra, não deveriam ser calculados sobre o valor da produção, quer bruta, quer comercial dos campos, porque estas podem não ocorrer e, assim sendo, a contraprestação devida pelo direito exploratório restaria prejudicada. O que pode ser calculado sobre o *resultado* da produção são as participações.

Note-se que a contraprestação pelo uso de recursos minerários é devida, ainda que o concessionário não obtenha

---

141. INSTITUTO DE PESQUISAS TECNOLÓGICAS – IPT. *Nota Técnica 005/2009.* Participações governamentais na renda do petróleo no Brasil. 2009. Disponível em: < http://www.energia.sp.gov.br/a2sitebox/arquivos/documentos/216.pdf>. Acesso em: 13 abr. 2012. p. 11-12.

EXPLORAÇÃO DE PETRÓLEO E DE GÁS NATURAL

os resultados econômicos da lavra. O mesmo para as indenizações e a compensação pelas externalidades causadas pela lavra de petróleo e de gás. Portanto, quer estejamos diante de *royalties*, indenizações ou compensações, nenhum destes institutos jurídicos poderá ter por base de cálculo a receita bruta ou a receita líquida dos campos.

Logo, os valores a serem pagos pelos exploradores de petróleo e de gás, denominados *royalties*, como previstos na Lei nº 9.478/97, não possuem a aludida classificação jurídica, revelando um imposto instituído pela União Federal, imposto este inconstitucional, por violação ao art. 154, I, da CF, visto que instituído por meio de lei ordinária e cumulativo.

Mais adiante analisaremos, à luz da doutrina e da jurisprudência, a classificação jurídica dos denominados *royalties* do petróleo.

2.4.3. Participação especial

A participação especial prevista no inciso III do art. 45 da Lei nº 9.478/97, constitui compensação financeira extraordinária devida pelos concessionários de exploração e produção de petróleo ou de gás natural, nos casos de *grande volume de produção ou de grande rentabilidade*, conforme os critérios definidos no Decreto nº 2.705/98, e será paga, com relação a cada campo de uma dada área de concessão, a partir do trimestre em que ocorrer a data de início da respectiva produção.

Para efeito de apuração da participação especial sobre a produção de petróleo e de gás natural *serão aplicadas alíquotas progressivas sobre a receita líquida da produção trimestral de cada campo*, consideradas as seguintes deduções: *royalties*, investimentos na exploração, custos operacionais, a depreciação e os tributos previstos na legislação em vigor (§ 1º do art. 50 da Lei nº 9.478/97), de acordo com a localização da lavra, o número de anos de produção e o respectivo volume de produção trimestral fiscalizada.

O Decreto nº 2.705/98 traz critérios para a apuração da participação especial, que possui fatores variáveis, a saber :

> Art. 22. Para efeito de apuração da participação especial sobre a produção de petróleo e de gás natural *serão aplicadas alíquotas progressivas sobre a receita líquida* da produção trimestral de cada campo, consideradas as deduções previstas no § 1º do art. 50 da Lei nº 9.478/97, de acordo com a localização da lavra, o número de anos de produção, e o respectivo volume de produção trimestral fiscalizada. (Destaque nosso).

A receita líquida da produção trimestral de um dado campo, quando negativa, poderá ser compensada no cálculo da participação especial devida do mesmo campo nos trimestres subsequentes.

A Portaria da ANP nº 10, de 13 de janeiro de 1999[142] define as deduções permitidas para o cálculo da participação especial como: (a) gasto com o bônus de assinatura; (b) *royalties*, pagamento pela ocupação ou retenção de área, pagamento aos proprietários de terra e 1% da receita bruta investido em P&D; (c) gastos exploratórios (geologia, geofísica, perfuração de poços exploratórios, avaliação, meio ambiente, gastos administrativos e operacionais); (d) gastos com o desenvolvimento do campo (Capex), gastos de produção (Opex) e gastos com o abandono; (e) gastos na desativação de um campo; (f) prejuízos registrados na apuração da participação especial passada. Não são dedutíveis os encargos financeiros e variações cambiais passivas.

Há entendimento doutrinário,[143] para o qual a participação especial, ao contrário do que sustentamos, encontra fundamento no § 1º do art. 20 da CF, sendo uma espécie de

---

142. Disponível em: <http://www.anp.gov.br/brasil-rounds/round1/Docs/LDOC15_pt.pdf>.

143. Compensações financeiras, participações e outras cobranças estatais sobre empresas dos setores de mineração, energia, petróleo e gás. *Revista Tributária e de Finanças Públicas* – RTRIB, nº 89, p. 252-275.

adicional da participação comum (*royalties*) arrecadada em benefício dos Estados, dos Municípios e de órgãos da União.

Rodrigo Caramori Petry[144] sustenta que:

> Seguindo a linha de entendimento já exposta pelo STF no julgamento do RE 228.800-5/DF (...) podemos concluir que ambas as cobranças no caso possuem a mesma natureza, como espécies de participação no resultado da exploração de petróleo e gás (e não "compensação" ou "indenização"), encontrando assim fundamento no § 1º do art. 20 da CF/1988.
>
> Mas acusamos a existência de respeitáveis opiniões em sentido contrário, entendendo que a participação especial é inacumulável com a cobrança da participação comum (royalties). O tema, enfim, é controverso, e veremos que é possível encontrar até mesmo alguns autores entendendo pela natureza tributária da "participação especial" da Lei 9.478/1997, como uma pretensa espécie de contribuição de intervenção no domínio econômico (Cide) (...)

Nos autos da ADI 4.492 ajuizada pelo governador do Estado do Rio de Janeiro, contra a Lei nº 12.276/2010,[145] sustenta tal ente federado que a participação especial

> (...) constitui, assim, 'um pagamento a que estão sujeitos os campos de grandes volumes de produção ou grande rentabilidade, permitindo à sociedade capturar parte da renda petrolífera extraordinária oriunda destes cenários.' Veja-se que *tal modalidade de participação governamental não se confunde com os royalties*: possui tratamento próprio e critérios de apuração e pagamento singulares, conforme prescrevem a Lei Geral do Petróleo e o citado Decreto Presidencial. Sua incidência justifica-se pelos grandes volumes de produção ou pela grande rentabilidade, que atrai riscos ambientais ainda maiores que os habituais na exploração de petróleo e impactos sociais profundos derivados de fortes fluxos migratórios. (Destaque nosso)

---

144. Op. cit.

145. Disponível em: <http://www.stf.jus.br/portal/cms/verNoticiaDetalhe.asp?idConteudo=165810>. Acesso em: 17 jul. 2015.

Continua o autor da ação judicial em foco alegando que:[146] "É a participação especial, portanto, elemento caracterizador do direito constitucional à plena compensação financeira prevista no art. 20 do texto maior."

Aqui vale observar, mais uma vez, a importância da classificação dos institutos jurídicos nas premissas do discurso sob pena do seu comprometimento.

As denominadas participações governamentais não têm fundamento na Constituição Federal, mas sim nas leis ordinárias federais que as preveem (Lei nº 9.478/97, Lei nº 12.276/2010 e Lei nº 12.351/2010), não sendo, portanto, as formas de participação no resultado da exploração, tampouco a compensação, tal como previstas no texto maior.

Insistimos que é preciso distinguir o que a União cobra dos exploradores a título da exploração e produção de petróleo e de gás (participações governamentais), da destinação constitucionalmente determinada para o fruto de tal arrecadação (compensação e participação no resultado da exploração).

Sendo assim, as participações governamentais, como adiante mostraremos, possuem a seguinte classificação jurídica: (a) impostos, os chamados *royalties*, a participação especial e o pagamento pela ocupação ou retenção de área; (b) *royalties* (bônus de assinatura) e a (c) participação no resultado da produção (participação dos proprietários da terra)

Assim, temos que a participação especial classifica-se como tributo, mais precisamente um imposto, que incide sobre a receita líquida da exploração do campo (lucro).

Note-se que tal imposição subsume-se aos ditames do art. 3º do CTN. Como imposto inserido na competência residual da União, deveria ser veiculado por meio de lei complementar, o que não ocorreu, razão que aponta para a sua inconstitucionalidade. Além disso, o imposto inserido na

---

146. Disponível em: <http://www.stf.jus.br/portal/cms/verNoticiaDetalhe.asp?idConteudo=165810>. Acesso em: 17 jul. 2015.

competência residual da União não pode ser cumulativo e ter base de cálculo ou fato jurídico tributário próprio dos demais tributos discriminados na Constituição Federal. Aqui vale lembrar que o imposto sobre a renda e a contribuição social sobre o lucro líquido (CSLL) já oneram o lucro, de sorte que a não-cumulatividade prevista no art.154, inciso I, da CF resta desatendida.

2.4.4. Pagamento pela ocupação ou retenção de área

Tal verba está prevista no art. 51 da Lei do Petróleo (Lei nº 9.478/97), nos seguintes termos:

> Art. 51. O edital e o contrato disporão sobre o pagamento pela ocupação ou retenção de área, a ser feito anualmente, fixado por quilômetro quadrado ou fração da superfície do bloco, na forma da regulamentação por decreto do Presidente da República.
>
> Parágrafo único. O valor do pagamento pela ocupação ou retenção de área será aumentado em percentual a ser estabelecido pela ANP, sempre que houver prorrogação do prazo de exploração.

Posteriormente, o Decreto nº 2.705/98, que definiu os critérios para cálculo e cobrança das participações governamentais de que trata a Lei nº 9.478/97, no que respeita ao pagamento pela ocupação e retenção da área, determinou em seu art. 28 que:

> Art. 28. O edital e o contrato de concessão disporão sobre o valor do pagamento pela ocupação ou retenção de área, a ser apurado a cada ano civil, a partir da data de assinatura do contrato de concessão, e pago em cada dia quinze de janeiro do ano subseqüente.
>
> § 1º O cálculo do valor do pagamento pela ocupação ou retenção de área levará em conta o número de dias de vigência do contrato de concessão no ano civil.
>
> § 2º Os valores unitários, em reais por quilômetro quadrado ou fração da área de concessão, adotados para fins de cálculo do pagamento pela ocupação ou retenção de área, serão

fixados no edital e no contrato de concessão, sendo aplicáveis, sucessivamente, às fases de exploração e de produção, e respectivo desenvolvimento.

§ 3º Para a fixação dos referidos valores unitários, a ANP levará em conta as características geológicas, a localização da Bacia Sedimentar em que o bloco objeto da concessão se situar, assim como outros fatores pertinentes, respeitando-se as seguintes faixas de valores:

I - Fase de Exploração: R$10,00 (dez reais) a R$500,00 (quinhentos reais) por quilômetro quadrado ou fração;

II - Prorrogação da Fase de Exploração: duzentos por cento do valor fixado para a fase de Exploração;

III - Período de Desenvolvimento da Fase de Produção: R$20,00 (vinte reais) a R$1.000,00 (hum mil reais) por quilômetro quadrado ou fração;

IV - Fase de Produção: R$100,00 (cem reais) a R$5.000,00 (cinco mil reais) por quilômetro quadrado ou fração.

(...)

§ 12. *Os recursos provenientes do pagamento pela ocupação ou retenção de área serão utilizados na forma prevista no art. 16 da Lei nº 9.478/97*. (Destaque nosso).

O art. 16 da Lei nº 9.478/97 determina que:

Art. 16. Os recursos provenientes da participação governamental prevista no inciso IV do art. 45, *nos termos do art. 51*, destinar-se-ão ao *financiamento das despesas da ANP* para o exercício das atividades que lhe são conferidas nesta Lei. (Destaque nosso)

Diante disso, é evidente que as normas em comento não criaram obrigações do concessionário para com o proprietário do imóvel, indenizando-o em razão da ocupação ou retenção de área de sua propriedade, ao contrário do que tem sustentado alguns autores, como Costa,[147] mas um imposto, cobrado pela União e destinado à Agência Nacional do Petróleo, Gás Natural e Biocombustíveis.

---

147. COSTA, Maria D'Assunção. Op. cit.

Nos termos do art. 154, inciso I, do Texto Supremo, tal tributo só poderia ser instituído por meio de lei complementar, desde que não fosse cumulativo, não tivesse fato imponível tributário e base de cálculo próprios de outros impostos previstos na Constituição Federal, o que não se verifica na hipótese, maculando-o de inconstitucionalidade.

A cumulatividade dos impostos que incidem sobre a exploração de petróleo e de gás é alarmante. Note-se que só na Lei nº 9.478/97 foram instituídos, por meio de lei ordinária, os seguintes impostos: imposto sobre a receita bruta do campo (os denominados *royalties*); imposto sobre a receita líquida do campo (participação especial); imposto pela retenção e ocupação de área, a ser calculado nos termos do art. 28, do Decreto nº 2.705/98, retro transcrito.

Além destes tributos é preciso considerar que nas operações nacionais incidem ainda o imposto de renda (IR), o PIS, a Cofins, a CSLL, o ICMS, o imposto sobre serviços (ISS) etc.

2.4.5. Participação para os proprietários da terra

O art. 52 da Lei do Petróleo determina que:

> Art. 52. Constará também do contrato de concessão de bloco localizado em terra cláusula que determine o pagamento aos proprietários da terra de participação equivalente, em moeda corrente, a um percentual variável entre cinco décimos por cento e um por cento da produção de petróleo ou gás natural, a critério da ANP.
>
> Parágrafo único. A participação a que se refere este artigo será distribuída na proporção da produção realizada nas propriedades regularmente demarcadas na superfície do bloco.

Regulamentando a lei em comento, o Decreto nº 2.705/98 nada dispôs sobre o pagamento aos proprietários da terra, de sorte que em 25 de setembro de 1998, foi publicada a Portaria

ANP nº 143,[148] que estabeleceu os procedimentos referentes à apuração e ao pagamento aos proprietários da terra da participação a estes devida nos termos do art. 52 da Lei nº 9.478/97.

Determina a referida Portaria que:

> Art. 3º A participação devida aos proprietários de terra será paga mensalmente, com relação a cada campo em terra, a partir do mês em que ocorrer o efetivo início da produção.
>
> § 1º O valor da participação devida aos proprietários de terra, a cada mês, em relação a cada campo em terra, será determinado multiplicando-se o equivalente a 1% (um por cento) do Volume Total da Produção de petróleo ou de gás natural do campo, durante esse mês, pelos seus respectivos preços de referência, definidos na forma do Capítulo IV do Decreto nº 2.705/98.
>
> (...)
>
> Art. 4º O valor mensal determinado conforme o artigo anterior será rateado entre os proprietários de terra na proporção do Volume Total da Produção de petróleo ou de gás natural extraída das Cabeças de Poço localizadas nas suas respectivas propriedades regularmente demarcadas na superfície da área de concessão e devidamente registradas no Registro Geral de Imóveis das respectivas comarcas.
>
> § 1º O valor da participação devida a cada proprietário, apurado a cada mês, nos termos deste artigo, deduzidos os tributos previstos na legislação em vigor, *será pago pelo concessionário diretamente ao proprietário* até o último dia útil do segundo mês subseqüente, cabendo ao concessionário encaminhar à ANP um demonstrativo da apuração do valor efetivamente pago, acompanhado de documento comprobatório de pagamento, até o décimo dia útil após a data de pagamento.
>
> (...)
>
> Art. 5º Nos casos de terras cuja propriedade seja objeto de disputa ou litígio judicial, o concessionário efetuará o pagamento mensal mediante depósito judicial nos autos do processo em curso.
>
> Art. 6º Nos casos de terras cuja titularidade seja duvidosa ou

---

148. PORTARIA ANP nº 143, de 25 de setembro de 1998. Disponível em: <http://www.anp.gov.br/brasil-rounds/round1/Docs/LDOC05_pt.pdf>. Acesso em: 12 jul. 2015.

indefinida, ou quando o seu proprietário não seja localizado, o concessionário efetuará o pagamento mensal mediante depósito em uma caderneta de poupança específica para cada propriedade, transferindo o saldo existente ao proprietário após o mesmo ter sido legalmente definido ou localizado.

Parágrafo único. Findo o contrato de concessão e permanecendo dúvida ou indefinição quanto à titularidade das terras ou ainda não tendo sido localizado o seu proprietário, o saldo existente na caderneta de poupança será transferido para a Conta Única do Governo Federal, onde permanecerá pelo prazo prescricional previsto em lei, à disposição do interessado.

Art. 7º Nos casos de terras cuja propriedade seja da União, o concessionário efetuará os pagamentos mensais diretamente à Conta Única da União.

Art. 8º As terras cuja propriedade seja do concessionário estarão isentas de pagamento.

Art. 9º Antes da realização do primeiro pagamento da participação devida ao proprietário de terra, o concessionário e cada proprietário celebrarão um contrato dispondo sobre o pagamento da participação devida. (Destaque nosso)

Embora o contrato firmado entre o concessionário e o proprietário da terra, envolta particulares, é fato que todos os termos do contrato e até a obrigatoriedade de assinatura da avença são impostas pelas normas ditadas pelo Estado, desde o edital da concessão, de sorte que na hipótese nem a liberdade para contratar existe. O concessionário é obrigado a pagar a participação do proprietário da terra, nos moldes postos na legislação de regência da matéria. Resta saber qual a classificação jurídica dessa participação, já que na doutrina e na jurisprudência é tomada como compensação, *royalty* etc.

Em primeiro lugar, é preciso fixar que a relação entre o concessionário e proprietário dá-se, embora atipicamente, no âmbito do direito privado, logo aqui não há espaço para imposições fiscais.

Assim, se o particular tiver a sua propriedade impactada pela atividade exploratória lícita, há o direito de ser compensado, na exata medida do ônus que suporta. A compensação não pode ter por base de cálculo o valor da produção sob pena de gerar ou enriquecimento sem causa do particular ou não equilibrar o patrimônio onerado. Se o concessionário, por ato ilícito, causar dano ao proprietário da terra, este fará jus à indenização, que também deverá refletir o valor do dano causado. A possibilidade do proprietário da terra cobrar *royalties* do concessionário pela exploração da sua propriedade não tem previsão na legislação em comento, preferindo o legislador a participação no resultado da produção.

Sendo assim, a participação do proprietário da terra no resultado da produção possui classificação jurídica própria, distinta dos *royalties*, da compensação e da indenização, pelos motivos expostos acima.

Contudo, o Superior Tribunal de Justiça, nos autos do Recurso Especial nº 1.159.941/SE (2008/0242143-0) classificou a participação devida ao proprietário da terra como compensação. Vejamos:

> DIREITO DO PETRÓLEO E PROCESSUAL CIVIL. AÇÃO AJUIZADA POR PARTICULARES PARA A COBRANÇA DE COMPENSAÇÃO FINANCEIRA PELA EXTRAÇÃO DE PETRÓLEO EM SUAS PROPRIEDADES. INEXISTÊNCIA DE CONTRATO CELEBRADO ENTRE A PETROBRÁS E O PROPRIETÁRIO DA TERRA. EFETIVA EXPLORAÇÃO RECONHECIDA. ÔNUS DA PROVA. IRRELEVÂNCIA. ARTS. 43, 51 e 52 DA LEI Nº 9.478/97. INAPLICABILIDADE.
>
> 1. (...)
>
> 2. No caso, alega-se violação dos arts. 43, 51 e 52 da Lei nº 9.478/97 - conhecida como 'Lei do Petróleo' –, ao fundamento de que os mencionados dispositivos exigem a celebração de contrato como requisito à *compensação financeira dos proprietários da terra explorada* (Destaque nosso).
>
> 3. Em um cenário de abertura do mercado e de necessidade regulatória veio a lume a chamada 'Lei do Petróleo' (Lei nº 9.478/97), que definiu objetivos macroeconômicos para o setor, instituiu a Agência Nacional do Petróleo e, de forma inovadora, redesenhou o papel que seria, doravante, exercido pela PETROBRAS S/A, como competidora privada do setor energético, ficando

claro tratar-se não de uma prestadora de serviço público, mas de um agente - entre vários outros - na exploração de atividade econômica em sentido estrito.

4. No tocante à atividade petrolífera propriamente dita, coube à lei disciplinar a forma pela qual a iniciativa privada deve se inserir nesse mercado, e, como não poderia ser diferente, em harmonia com as exigências constitucionais, previu a Lei do Petróleo que '[a]s atividades de exploração, desenvolvimento e produção de petróleo e de gás natural serão exercidas mediante contratos de concessão, precedidos de licitação, na forma estabelecida nesta Lei' (art. 23).

5. Com efeito, são esses os contratos regulados pelos arts. 43 e 44 da Lei, aos quais também fazem referência os arts. 51 e 52 do mesmo Diploma. Vale dizer, os mencionados dispositivos disciplinam os contratos de concessão celebrados entre o poder concedente (União) e a concessionária da iniciativa privada (ou a PETROBRAS S/A) vencedora de processo licitatório para a exploração de atividade petrolífera, tudo em consonância com os novos ditames de participação privada nesse setor da economia.

6. A relação jurídica estabelecida entre a concessionária exploradora e o particular é pré-definida no próprio contrato de concessão assinado entre aquela e o poder concedente (União/ANP), assim também no edital de licitação para a exploração da atividade, nos termos do que dispõe o art. 28 do Decreto nº 2.705/98.

7. Obviamente, a norma indicada como violada deve ter relação com o pedido e as alegações expendidas no especial. Ou seja, é necessário que o artigo apontado, de fato, corrobore a pretensão do recorrente, de modo que, ao menos em tese, sua aplicação à hipótese concreta dos autos se mostre possível. Inexistindo correlação lógica entre a tese defendida e os artigos listados como violados, que não seriam aplicáveis nem mesmo em tese ao caso concreto, incide a Súmula 284/STF. Precedentes.

8. Ademais, é incontroverso que a PETROBRAS S/A explora a propriedade privada dos autores para a extração de petróleo, restringindo suas alegações à ausência de contrato escrito entre a estatal e os proprietários. Assim, tal como entendeu o acórdão recorrido, se a ausência de pactuação escrita fosse razão suficiente para a estatal deixar de pagar a *retribuição financeira aos particulares*, também deveria ser justificativa mais que razoável para que ela nem mesmo chegasse a explorar a área. (grifo nosso).

9. Recurso especial não conhecido.

(Superior Tribunal de Justiça – Quarta Turma - Ministro Relator: Luis Felipe Salomão. Data do julgamento: 05 de fevereiro de 2013.)

Diante disso, verifica-se, além do uso da linguagem natural no emprego do vocábulo compensação, o caráter peculiar desta relação de direito privado entre o concessionário e o proprietário da terra.

Entendeu o Superior Tribunal de Justiça que, inobstante a ausência de contrato firmado entre ambos, como determina o art. 52 da Lei nº 9.478/97, o direito à participação do proprietário da terra no resultado da produção subsiste, podendo ser calculado com base nos critérios postos na legislação, sendo, portanto, totalmente irrelevante a vontade das partes.

2.5. As regras-matrizes das contrapartidas governamentais nos contratos de concessão

Nos termos da Lei nº 9.478/97 e do Decreto nº 2.705/98, as denominadas participações governamentais, devidas nos contratos de concessão, apresentam as seguintes regras-matrizes, que serão detalhadas apenas nos aspectos variáveis. Isto porque o aspecto espacial é o mesmo em qualquer hipótese, isto é, sempre será o território nacional; o sujeito ativo sempre será a União e o sujeito passivo será sempre o concessionário. Na participação devida aos proprietários da terra, o concessionário assume a condição jurídica de devedor.

EXPLORAÇÃO DE PETRÓLEO E DE GÁS NATURAL

Tipo de Participação Governamental	Aspecto Material da H.I.	Aspecto Temporal da H.I.	Base de Cálculo	Alíquota
Bônus de Assinatura	Explorar campo de petróleo e gás.	No ato da assinatura do contrato.	Valor mínimo fixado pela ANP ou o oferecido pelo licitante, o que for maior.	--------------
"Royalties"	Explorar campo de petróleo e gás.	O mês em que ocorrer o início da produção comercial do campo.	O volume total da produção comercial de petróleo e gás natural do campo durante um mês.	10% ou 5% nos contratos de concessão.
Participação Especial	Explorar e produzir em campos de grande volume de produção ou de grande rentabilidade.	A partir do trimestre em que ocorrer a data de início de produção.	Receita líquida da produção trimestral do campo, consideradas as deduções legais.	alíquotas progressivas.
Pagamento pela ocupação ou retenção de área	Ocupar ou reter de área para a exploração de petróleo e gás.	Data da assinatura do contrato de concessão.	Valores variáveis por quilômetro quadrado ou fração.	Valor monetário variável em função da progressividade das bases de cálculo.
Participação para os proprietários da terra	Ser proprietário de terra onde haja a exploração e produção de petróleo e gás.	Data da assinatura do contrato de concessão.	Valor da produção de petróleo ou gás natural.	Cinco décimos por cento e um por cento da produção.

159

Vejamos, então, os aspectos variáveis das regras-matrizes das denominadas participações governamentais, ilustrados abaixo:

2.6. Da Lei nº 12.351/2010 – Pré-sal e áreas estratégicas

Determina a Constituição Federal em seu art. 177 que:

> Art. 177. Constituem monopólio da União:
>
> (...)
>
> § 1º A União poderá contratar com empresas estatais ou privadas a realização das atividades previstas nos incisos I a IV deste artigo observadas as condições estabelecidas em lei.

Com fundamento em tal norma constitucional, foi publicada a Lei nº 12.351/2010, que dispõe sobre a exploração e a produção de petróleo, de gás natural e de outros hidrocarbonetos fluidos, sob o regime de partilha de produção, *em áreas do pré-sal e em áreas estratégicas*.

Nos termos do art. 2º, inciso IV, da aludida Lei, considera-se área do pré-sal:

> (...) IV – área do pré-sal: região do subsolo formada por um prisma vertical de profundidade indeterminada, com superfície poligonal definida pelas coordenadas geográficas de seus vértices estabelecidas no Anexo desta Lei, bem como outras regiões que venham a ser delimitadas em ato do Poder Executivo, de acordo com a evolução do conhecimento geológico (...)

O Ministério de Minas e Energia,[149] explicando o que é o pré-sal, afirma que:

---

149. MINISTÉRIO DE MINAS DE ENERGIA. *Pré-Sal*: Perguntas e respostas. Perguntas mais frequentes sobre o marco regulatório do Pré-Sal. 2009. p. 10. Disponível em: < http://www.mme.gov.br/documents/10584/1256544/Cartilha_prx-sal.pdf/e0d73bb0-b74b-43e1-af68-d8f4b18cb16c>. Acesso em: 17 jul. 2015.

EXPLORAÇÃO DE PETRÓLEO E DE GÁS NATURAL

Convencionou-se utilizar o termo "Pré-Sal" para definir as camadas rochosas que ocorrem abaixo de uma espessa camada de sal na plataforma continental brasileira, distinguindo-as das descobertas petrolíferas que ocorrem acima do sal – Pós-Sal.

"Pré-Sal", do ponto de vista geológico, são áreas cujos sedimentos foram acumulados antes do depósito da camada de sal. São, portanto, mais antigas do que o sal. São, portanto, mais antigas do que o sal.

As descobertas do Pré-Sal foram possíveis com base em novos levantamentos sísmicos de alta resolução realizados pela Petrobras agregados ao desenvolvimento de tecnologia específica, que permitiu aos técnicos brasileiros 'enxergar' o que havia abaixo da camada salina, que, em muitos trechos, pode alcançar mais de 2 mil metros de espessura.

(...)

A região da província petrolífera chamada Pré-Sal, localizada na Plataforma Continental Brasileira, estende-se do litoral do Estado do Espírito Santo até Santa Catarina, em área de aproximadamente 149 mil km^2. Os limites dessa área foram definidos a partir de interpretações geológicas, e poderão ser alterados com a obtenção de novos dados de poços que vierem a ser perfurados e a aquisição de novos dados sísmicos. A área de ocorrência do Pré-Sal, cujo potencial petrolífero não se iguala a nenhum outro descoberto até este momento, representa em torno de 2,3% do total das bacias sedimentares brasileiras, que totalizam 6,4 milhões de km^2, somando-se as bacias terrestres e marítimas.

(...)

A espessura da lâmina de água na região de ocorrência das rochas do Pré-Sal varia entre 800 metros e 3 mil metros, sendo classificada como "águas profundas" ou "águas ultraprofundas". Nestas condições, poucas empresas no mundo possuem tecnologia para executar as atividades de exploração e produção, sendo uma delas a Petrobras.

A Petrobras foi uma das empresas pioneiras na produção de petróleo em águas profundas e ultraprofundas, desenvolvendo tecnologia nacional, sendo requisitada para operar em vários países com potencial petrolífero situado em ambientes semelhantes. Por vários anos a empresa quebrou recordes sucessivos de operação em águas profundas, estando, portanto, apta para operar na área do Pré-Sal.

Atualmente, apenas algumas poucas empresas privadas, líderes no setor, como Shell, Exxon, BP, Devon, Anadarko, Eni, Kerr

Mcgee, Chevron, além da estatal norueguesa Statoil, dispõem de capacidade para operar em lâminas d'água como as do Pré-Sal.

(...)

No novo modelo, os limites do Pré-Sal serão estabelecidos por Lei. Eventuais ampliações desses limites, resultantes de novas informações técnicas, poderão ser propostas pelo Conselho Nacional de Política Energética – CNPE para aprovação pelo Presidente da República.

Área estratégica, tal como definida na Lei nº 12.351/2010 (art. 2º, inciso V), é a:

> região de interesse para o desenvolvimento nacional, delimitada em ato do Poder Executivo, caracterizada pelo baixo risco exploratório e elevado potencial de produção de petróleo, de gás natural e de outros hidrocarbonetos fluidos.

Esclarece o Ministério de Minas e Energia na Cartilha do Pré-Sal[150] que:

> O novo modelo prevê que novas áreas com características similares àquelas do Pré-Sal, isto é, que apresentem baixo risco exploratório e alto potencial para a produção de hidrocarbonetos, sejam denominadas como estratégicas e fiquem submetidas ao regime de partilha da produção. Áreas com essas características podem ocorrer em qualquer bacia sedimentar do País, sendo menos prováveis, no entanto, em bacias maduras e já muito exploradas.

As áreas estratégicas são definidas

> por estudos técnicos elaborados pela ANP e analisados pelo Ministério de Minas e Energia, que as submeterá ao CNPE para avaliação e proposição ao Presidente da República.

Ademais,

> As áreas classificadas como estratégicas, que ainda não estejam concedidas, serão exploradas por meio do modelo de partilha de

---

150. Idem.

produção. Os blocos já concedidos em áreas estratégicas terão seus contratos respeitados.[151]

Define a Lei nº 12.351/2010, a *partilha de produção* como o regime de exploração e produção de petróleo, de gás natural e de outros hidrocarbonetos fluidos no qual o contratado exerce, *por sua conta e risco*, as atividades de exploração, avaliação, desenvolvimento e produção e, em caso de descoberta comercial, adquire o *direito à apropriação do custo em óleo*, do volume da produção correspondente aos *royalties* devidos, *bem como de parcela do excedente em óleo, na proporção, condições e prazos estabelecidos em contrato.*

A União não assumirá os riscos das atividades de exploração, avaliação, desenvolvimento e produção decorrentes dos contratos de partilha de produção. Os custos e os investimentos necessários à execução do contrato de partilha de produção serão integralmente suportados pelo contratado, cabendo-lhe, no caso de descoberta comercial, a apropriação do custo em óleo, nos limites postos no contrato.

A União, por intermédio de fundo específico criado por lei, poderá participar dos investimentos nas atividades de exploração, avaliação, desenvolvimento e produção na área do pré-sal e em áreas estratégicas, caso em que assumirá os riscos correspondentes à sua participação, nos termos do respectivo contrato. A União não assumirá os riscos das atividades de exploração, avaliação, desenvolvimento e produção decorrentes dos contratos de partilha de produção.

Nos termos do art. 4º da Lei nº 12.351/2010, a Petrobras será a operadora de todos os blocos contratados sob o regime de partilha de produção, sendo-lhe assegurada, a este título, participação mínima no consórcio que deverá estabelecer com o licitante vencedor para a exploração do campo.

---

151. Idem, p. 11.

A *operadora* é responsável pela condução e pela execução, direta ou indireta, de todas as atividades de exploração, de avaliação, de desenvolvimento, de produção e de desativação das instalações de exploração e de produção. Já o contratado, pode ser a Petrobras diretamente ou, quando for o caso, o consórcio por ela constituído com o vencedor da licitação para a exploração e a produção de petróleo, de gás natural e de outros hidrocarbonetos fluidos em regime de partilha de produção.

Ainda conforme a referida lei, direito à apropriação do *custo em óleo* significa que o explorador de campos de petróleo e de gás tem direito à parcela da produção, exigível unicamente em caso de descoberta comercial, correspondente aos custos e aos investimentos realizados na execução das atividades de exploração, avaliação, desenvolvimento, produção e desativação das instalações, sujeita a limites, prazos e condições estabelecidos em contrato.

Esclarece o Ministério de Minas e Energia[152] que:

> O ressarcimento dos custos estará limitado anualmente, segundo parâmetros estabelecidos pelo CNPE, de modo que a União possa fazer jus ao recebimento de parte de sua parcela desde o início da produção do campo.

Consta da minuta do contrato de partilha de produção,[153] divulgado pela Agência Nacional do Petróleo para consulta pública, no que respeita ao *custo em óleo*, que:

> 5.3 Os gastos aprovados pelo Comitê Operacional e posteriormente reconhecidos pela Gestora como Custo em Óleo serão registrados em conta própria, cujo saldo será controlado pela Gestora (PRÉ-SAL PETRÓLEO S.A. (PPSA).

---

152. MINISTÉRIO DE MINAS DE ENERGIA. Pré-Sal: Perguntas e respostas. Perguntas mais frequentes sobre o marco regulatório do Pré-Sal. 2009. p. 10. Disponível em: < http://www.mme.gov.br/documents/10584/1256544/Cartilha_prx-sal.pdf/e0d73bb0-b74b-43e1-af68-d8f4b18cb16c. Axcesso em 17 jul. 2015.

153. Disponível em: <www.brasil-rounds.gov.br/round_p1/portugues_P1/edital.asp >. Acesso em: 17 jul. 2015.

5.3.1 O saldo da conta Custo em Óleo, quando positivo, representará crédito para o Contratado.

5.4 O Contratado, a cada mês, poderá recuperar o Custo em Óleo a que se refere o parágrafo 5.3, respeitando o limite de 50% (cinquenta por cento) do Valor Bruto da Produção nos dois primeiros anos de Produção e de 30% (trinta por cento) do Valor Bruto da Produção nos anos seguintes.

5.4.1 Após o início da Produção, caso os gastos registrados como Custo em Óleo não sejam recuperados no prazo de 2 (dois) anos a contar da data do seu reconhecimento como crédito para o Contratado, o limite de que trata o caput será aumentado, no período seguinte, para até 50% (cinquenta por cento), a critério da Gestora, até que os respectivos gastos sejam recuperados.

5.5 A gestão do processo de apuração, reconhecimento e recuperação do Custo em Óleo será de competência exclusiva da Gestora, que administrará, inclusive, a conta Custo em Óleo a que se refere o parágrafo 5.3.

5.6 Não haverá atualização ou reajuste monetário ou financeiro do saldo da conta Custo em Óleo.

5.7 Eventual saldo positivo da conta Custo em Óleo ao final do prazo contratual não gerará direito a indenizações ou restituições aos Contratados.

Também poderá ser computado no custo em óleo, "1% (um por cento) do valor bruto da produção anual de petróleo e gás natural", visto que o explorador possui a obrigação contratual de destinar tais recursos para atividades de pesquisa, desenvolvimento e inovação nas áreas de interesse e temas relevantes para o setor de petróleo, de gás natural e de biocombustíveis.

Não poderão ser computados no custo em óleo os seguintes gastos: os *royalties*, os bônus de assinatura; os *royalties* comerciais pagos às afiliadas; as informações adicionais obtidas nos termos do no subitem 2.6 do Anexo XI – Regras do Consórcio;os encargos financeiros e amortizações de empréstimos e financiamentos; a pesquisa, desenvolvimento e inovação, contratados nos termos do subitem 7.5 da Cláusula Sétima – Despesas Qualificadas como Pesquisa e Desenvolvimento e Inovação do Contrato, realizada em favor do próprio contratado; gastos com ativos imobilizados que não estejam diretamente relacionados às atividades previstas do subitem 3.1 do Anexo VIII do contrato; os gastos relacionados às custas judiciais e extrajudiciais, conciliações, arbitragens, perícias, honorários advocatícios, quaisquer valores resultantes de sucumbência e indenizações decorrentes de decisão judicial ou arbitral, mesmo que meramente homologatória de acordo judicial, bem como acordo extrajudicial; multas, sanções e penalidades de qualquer natureza; os gastos com a reposição de bens, equipamento e insumos que forem perdidos, danificados ou inutilizados em virtude de caso fortuito, força maior ou causas similares e fato de terceiro, bem como de dolo, imperícia, negligência, ou imprudência por parte do operador, seus prepostos, contratados, afiliados ou associados; os tributos sobre a renda, bem como os tributos que oneram as aquisições e geram créditos aproveitáveis pelo contratado; os gastos com comercialização ou transporte de petróleo e de gás natural, excluídos todos os gastos relacionados ao escoamento da produção; itens cobertos pelo percentual definido subitem 3.2.12. do Anexo VIII do contrato; os créditos tributários aproveitáveis pelos contratados decorrentes da não-cumulatividade que objetivam a recuperação da carga tributária incidente na etapa anterior, ressalvados os créditos que devam ser anulados ou estornados.

O excedente em óleo é a parcela da produção de petróleo, de gás natural e de outros hidrocarbonetos fluidos a ser repartida entre a União e o contratado, segundo critérios definidos em contrato, resultante da diferença entre o volume total da produção e as parcelas relativas ao custo em óleo, aos *royalties* devidos e, quando exigível, à participação do proprietário da terra, quando a lavra for terrestre.

Esquematicamente:

Excedente de óleo = volume total da produção − custo em óleo − *royalties* − participação do proprietário da terra. Ou seja, a parte relativa ao lucro da exploração deve ser partilhada com a União.

O Ministério de Minas e Energia, por meio da Portaria MME nº 218, de 20 de junho de 2013,[154] noticiou que a Agência Nacional do Petróleo, Gás Natural e Biocombustíveis deverá promover, em outubro de 2013, a Primeira Rodada de Licitação sob o regime de partilha de produção na área do pré-sal, ofertando, exclusivamente, a estrutura denominada prospecto de Libra, localizado na Bacia Sedimentar de Santos. Para a apuração da *parcela excedente em óleo*, consignou que a partilha do excedente em óleo entre União e contratado seria variável em função do preço do barril de óleo e da média da produção diária por poço produtor por campo.

No cálculo da média da produção por poço produtor, não serão considerados poços com produção restringida por questões técnicas e operacionais não condizentes com as melhores práticas da indústria do petróleo e que estejam com produção abaixo da média dos demais poços.

O CNPE, por meio da Resolução nº 5, de 25 de junho de 2013,[155] aprovou os parâmetros técnicos e econômicos dos contratos de partilha de produção para a Primeira Rodada de Licitações de blocos exploratórios de petróleo e de gás natural sob tal regime jurídico.

Consta da aludida Resolução:

a) **Excedente em óleo:** o cálculo do excedente em óleo da União deverá considerar o bônus de assinatura, o desenvolvimento em módulos de produção individualizados e o fluxo de caixa durante a vigência do contrato de partilha de produção. Já o percentual mínimo do excedente em óleo da União, na média do período de vigência do contrato de partilha de

---

154. Disponível em: <www.brasil-rounds.gov.br/.../PORTARIA_N_218_%202013_ MME_dire>. 21 de jun de 2013 - nica, publicadas no D.O.U de 20 de junho de 2013 - Seção 1 - pág. 76, tabela anexa, Portaria DEAA nº 600, Processo nº. 53500.002325/2012. Acesso em: jun. 2013.

155. MINISTÉRIO DE MINAS E ENERGIA. Resolução CNPE nº 5/2013, de 25 de junho de 2013. Disponível em: < http://www.mme.gov.br/documents/10584/1139163/ Resolucao_CNPE_5_2013.pdf/bc0d3bcd-763f-42fa-82fa-9187ccc84ff1>. Acesso em: 12 jul. 2015.

produção será de *quarenta por cento*, para o preço do barril de petróleo de US$ 105.00 (cento e cinco dólares norte americanos).

Posteriormente, o edital da primeira rodada de licitação na área do pré-sal, estabeleceu que o percentual do excedente em óleo para a União, a ser ofertado pelos licitantes, deverá referir-se ao valor de barril de petróleo entre US$ 100,01 (cem dólares e um centavo norte americanos) e US$ 120,00 (cento e vinte dólares norte americanos) e a coluna correspondente à produção, por poço produtor ativo correspondente à compreendida entre 10 mil e um barris/dia e 12 mil barris/dia.

As ofertas deveriam ser compostas exclusivamente com a indicação do percentual de excedente em óleo para a União, respeitado o percentual mínimo de 41,65%;

b) **Custo em óleo:** somente poderão ser reconhecidos como custo em óleo, os gastos, realizados pelo contratado, relacionados à execução das atividades vinculadas ao objeto do contrato de partilha de produção e aprovados no âmbito do comitê operacional, tendo como referência custos típicos da atividade e que reflitam as melhores práticas da indústria do petróleo. O contratado, a cada mês, poderá apropriar-se do valor correspondente ao custo em óleo respeitando o limite de cinquenta por cento do valor bruto da produção nos dois primeiros anos de produção e de trinta por cento nos anos seguintes. Os custos que ultrapassem tais limites serão acumulados para apropriação nos anos subsequentes, sem atualização monetária.

c) **Bônus de assinatura:** O valor do bônus de assinatura será igual a R$ 15.000.000.000,00 (quinze bilhões de reais) e a parcela deste a ser destinada a Pré-Sal Petróleo S.A. – PPSA será igual a R$ 50.000.000,00 (cinquenta milhões de reais);

d) **Conteúdo local mínimo (aquisição de bens e serviços brasileiros):** 37% para a fase de exploração; 15% para o Teste de Longa Duração (TLD), quando esta atividade fizer parte da fase de exploração; 55% para os módulos da etapa de desenvolvimento que iniciarem a produção até 2021; 59% para os módulos da etapa de desenvolvimento que iniciarem a produção a partir de 2022; e o conteúdo local do TLD não será computado para fins de cumprimento do percentual mínimo do conteúdo local da fase de exploração.

No regime jurídico atinente à partilha da produção, diversamente do que ocorre na concessão, o contratado só adquire a propriedade da exploração referente ao custo em óleo, nos limites expostos acima, e uma parte do excedente em óleo. A parte da União no excedente em óleo, não é adquirida do contratado, mas é tida como propriedade originária de tal ente político.

Ao tratar do *excedente em óleo*, prevê a minuta do contrato de partilha de produção que:

> Partilha do Excedente em Óleo
>
> 9.1 A Contratante e o Contratado partilharão mensalmente o volume de Petróleo e Gás Natural produzido na Área do Contrato correspondente ao Excedente em Óleo.
>
> 9.2 A parcela do Excedente em Óleo cabível à Contratante será variável em função da média do preço do Petróleo tipo Brent e da média da Produção diária por poço produtor por Campo, apurados para o período de cálculo do Excedente em Óleo, segundo as condições estabelecidas na tabela a seguir (...).

Ao cuidar da *diferença existente entre o regime de concessão e partilha de produção* esclarece o Ministério de Minas e Energia[156] que:

> A principal característica do regime de partilha de produção é a repartição, entre a União e o contratado, do petróleo e gás natural extraídos de uma determinada área. Segundo este modelo, durante a fase exploratória, o contratado assume sozinho os riscos de não descoberta, porém, em caso de sucesso

---

156. MINISTÉRIO DE MINAS DE ENERGIA. *Pré-Sal*: Perguntas e respostas. Perguntas mais frequentes sobre o marco regulatório do Pré-Sal. 2009. p. 10. Disponível em: < http://www.mme.gov.br/documents/10584/1256544/Cartilha_prx-sal.pdf/e0d73bb0-b74b-43e1-af68-d8f4b18cb16c >. Acesso em: 17 jul. 2015.

exploratório, os seus custos serão ressarcidos em petróleo/ gás (custo em óleo) pela União, *de acordo com os critérios previamente estabelecidos no contrato.* Uma vez descontados os investimentos e custos de extração, de acordo com a forma pactuada no contrato, a parcela restante do óleo produzido na partilha (excedente em óleo) é dividida entre a União e o contratado. No caso da concessão, o concessionário também assume sozinho o risco exploratório, porém adquire a propriedade de todo o petróleo e gás produzido. Em compensação, paga royalties e as demais participações governamentais previstas pela Lei nº 9.478 (bônus de assinatura, participação especial, pagamento pela ocupação ou retenção de área). (Destaque nosso)

É preciso notar que quando a Constituição Federal tratou dos bens da União, neles incluiu os recursos minerais, inclusive os do subsolo, mas estabeleceu regime jurídicos distintos para a exploração de minerais e para a exploração de petróleo e de gás. No art. 176 assegurou ao concessionário a propriedade do produto da lavra. No art. 177 determinou que a pesquisa e a lavra das jazidas de petróleo e de gás natural e outros hidrocarbonetos fluidos devem ser executadas pela União que poderá contratar para tanto empresas estatais ou privadas observadas as condições estabelecidas em lei. Mas, nada dispôs sobre a propriedade do produto da lavra.

Logo, quando a Lei nº 12.351/2010 introduziu no ordenamento jurídico brasileiro o regime de partilha de produção, reconhecendo ao explorador de petróleo e gás a propriedade *de parte* do resultado da lavra, não abriga inconstitucionalidade porque a Constituição Federal nada dispôs sobre a propriedade da lavra em tal exploração, ao contrário do que ocorreu com os minerais, limitando-se a determinar a sua realização nos termos da lei.

Determina a Lei nº 12.351/2010, ainda, que a União, por intermédio do Ministério de Minas e Energia, celebrará os contratos de partilha de produção:

a) diretamente com a Petrobras, dispensada a licitação nos casos em que o CNPE vise à preservação do interesse nacional e ao atendimento dos demais objetivos da política energética.

b) mediante licitação na modalidade leilão. Será considerada como proposta mais vantajosa *aquela que oferecer maior excedente em óleo para a União*, respeitado o percentual mínimo fixado a tal título pelo CNPE.

A Lei nº 12.351/2010, em seu art. 45, determina que

> O petróleo, o gás natural e outros hidrocarbonetos fluidos destinados à União serão comercializados de acordo com as normas do direito privado, dispensada a licitação, segundo a política de comercialização (...).

2.7. Do contrato de partilha de produção

O contrato de partilha de produção, que no do campo de Libra terá a duração de 35 (trinta e cinco) anos, prevê 2 (duas) fases, a saber:

a) a *de exploração*, que incluirá as atividades de avaliação de eventual descoberta de petróleo ou de gás natural, para determinação de sua comercialidade. Prevê a minuta contratual, submetida à consulta pública, que a fase de exploração começará na data de assinatura do contrato e terá a duração de 4 (quatro) anos, podendo ser prorrogada. Durante a fase de exploração, os consorciados deverão executar integralmente o programa exploratório mínimo, que se traduz no programa de trabalho previsto no Anexo II do contrato. O contrato prevê que para efeito do cumprimento do Programa Exploratório Mínimo, os poços perfurados deverão atingir o objetivo estratigráfico[157] suficiente *para estabelecer o seu potencial em petróleo e gás natural*. A inexecução, parcial ou integral, do Programa Exploratório Mínimo, implica na extinção, de pleno

---

157. A estratigrafia é o ramo da Geologia que estuda os estratos ou as camadas de rochas, buscando determinar os processos e os eventos que as formaram.

direito, do contrato, sem prejuízo da execução das garantias financeiras das atividades exploratórias, além da aplicação das sanções cabíveis; e

b) a *de produção*, que começará na data da apresentação, pelos consorciados à Agência Nacional do Petróleo, da respectiva Declaração de Comercialidade e terá sua duração limitada pela vigência do contrato. O contrato de partilha de produção de petróleo, de gás natural e de outros hidrocarbonetos fluidos não se estende a qualquer outro recurso natural, ficando o operador obrigado a informar a sua descoberta, nos termos do art. 30 da lei em comento. Extinto o contrato de partilha de produção, o contratado fará a remoção dos equipamentos e bens que não sejam objeto de reversão, ficando obrigado a reparar ou a *indenizar os danos decorrentes de suas atividades e a praticar os atos de recuperação ambiental determinados pelas autoridades competentes*.

Ao tratar das chamadas receitas governamentais, no regime de partilha de produção, dispõe o art. 42 da Lei nº 12.351/2010 que o aludido regime terá as seguintes receitas governamentais: *royalties* e bônus de assinatura.

Os denominados *royalties* serão calculados mediante a aplicação da alíquota de 15% sobre o valor da produção. Nos termos da lei em comento, os *royalties* correspondem à compensação financeira pela exploração do petróleo, de gás natural e de outros hidrocarbonetos líquidos de que trata o § 1º do art. 20, da CF, *sendo vedado*, em qualquer hipótese, seu ressarcimento ao contratado e *sua inclusão no cálculo do custo em óleo*. Os *royalties* serão pagos mensalmente pelo contratado, em moeda nacional, e incidirão sobre a produção de petróleo, de gás natural e de outros hidrocarbonetos fluidos, calculados a partir da data de início da produção comercial.

Os critérios para o cálculo do valor dos *royalties* serão estabelecidos em ato do Poder Executivo, em função dos preços de mercado do petróleo, do gás natural e de outros hidrocarbonetos fluidos, das especificações do produto e da localização do campo. A queima de gás em *flares*, em prejuízo de sua comercialização, e a perda de produto ocorrida sob a responsabilidade do contratado serão incluídas no volume total da produção a ser computada para cálculo dos *royalties*, sob os regimes de concessão e partilha, e para cálculo da participação especial, devida sob regime de concessão.

A literalidade de tal dispositivo pode embasar o entendimento de que a compensação financeira, de que cuida o art. 20, § 1º, da CF, traduz-se nos *royalties* referidos na Lei nº 12.351/2010. Contudo, acreditamos que tal conclusão não pode ser tão apressada, porque não pode decorrer de um dispositivo isolado de lei, mas de uma análise sistêmica dos institutos que compõem nosso direito positivo.

A tal labor nos dedicaremos em Capítulo específico.

Consta da minuta do contrato de partilha de produção,[158] divulgado pela Agência Nacional do Petróleo, Gás Natural e Biocombustíveis para Consulta Pública, no que respeita aos *royalties* que:

> CLÁUSULA SEXTA – *ROYALTIES*
>
> 6.1 Os *Royalties* previstos no inciso I do art. 42 da Lei nº 12.351/2010 constituem compensação financeira devida pelo Contratado decorrente da Produção de Petróleo e Gás Natural e serão pagos mensalmente com relação a cada Campo a partir do mês em que ocorrer for iniciada a Produção.
>
> 6.2 O valor dos *Royalties* devidos a cada mês em relação a cada Campo será determinado multiplicando-se o equivalente a 15% (quinze por cento) do Volume Total da Produção de Petróleo e Gás Natural do Campo durante esse mês pelos seus respectivos preços de referência, definidos na forma do Anexo VII – Procedimentos para Apuração do Custo e do Excedente em Óleo.
>
> 6.3 O Contratado fará jus ao volume da Produção correspondente aos *Royalties* devidos após seu pagamento, sendo vedado, em qualquer hipótese, o ressarcimento em pecúnia.

---

158. Disponível em: <www.anp.gov.br> Rodadas. 1ª rodada de partilha de produção. Edital e minuta do contrato. Acesso em: 18 jul. 2015.

6.4 O Contratado poderá efetuar o pagamento de *Royalties* antecipadamente, com base na expectativa de Produção para o mês subsequente.

6.4.1 Na hipótese do *caput*, eventuais diferenças serão compensadas no mês subsequente.

6.5 O Contratado não se eximirá do pagamento dos *Royalties* da Produção de Petróleo e Gás Natural ocorrida em Testes de Longa Duração.

Quanto aos tributos, dispõe a minuta contratual que:

CLÁUSULA OITAVA - TRIBUTOS

Regime Tributário

8.1 Os tributos sobre a renda, bem como os tributos que oneram as aquisições e geram créditos aproveitáveis pelo Contratado não integram o Custo em Óleo.

8.2 São considerados como aproveitáveis pelo Contratado os créditos decorrentes da não cumulatividade que objetivam a recuperação da carga tributária incidente na etapa anterior, ressalvados os créditos que devam ser anulados ou estornados em decorrência da Legislação Aplicável.

8.3 Cabe ao Contratado demonstrar os valores de tributos devidos e recolhidos e de créditos não aproveitáveis, para que possam integrar o Custo em Óleo.

O *bônus de assinatura* não integra o custo em óleo, correspondendo a um valor fixo devido à União pelo contratado, que será estabelecido pelo contrato de partilha de produção, devendo ser pago no ato de sua assinatura.

Dispõe a Lei nº 12.351/2010, em seu art. 10, que caberá ao Ministério das Minas e Energia propor ao CNPE o valor do bônus de assinatura.

No contrato de partilha de produção, diversamente do que ocorre no contrato de concessão, o bônus não será usado como critério de julgamento da licitação, visto que em tal regime jurídico o objetivo do Poder Público é aumentar a sua participação no excedente em óleo, em vez de antecipar um pagamento inicial a título de bônus de assinatura. Desta forma, o bônus, no caso da partilha, embora tenha um valor fixo estabelecido em edital, não será utilizado como critério de julgamento da licitação.

O contrato de partilha de produção, quando o bloco se localizar em terra, conterá cláusula determinando o pagamento, em moeda nacional, de participação equivalente a até 1% (um por cento) do valor da produção de petróleo ou de gás natural aos proprietários da terra onde se localizar o bloco. Tal participação será distribuída na proporção da produção realizada nas propriedades regularmente demarcadas na superfície do bloco, vedada a sua inclusão no cálculo do custo em óleo.

Prosseguindo na análise da Lei nº 12.351/2010, destacamos as seguintes obrigações do contratado previstas na lei em comento:

a) obrigação de exercer, por sua conta e risco, as atividades de exploração, de avaliação, de desenvolvimento e de produção. Em caso de descoberta comercial, adquire o direito à apropriação do custo em óleo, bem como parcela do excedente em óleo, na proporção, condições e prazos estabelecidos em contrato;

b) suportar, integralmente, os custos e os investimentos necessários à execução do contrato de partilha de produção, cabendo-lhe, no caso de descoberta comercial, a sua restituição nos termos do inciso II do art. 2º (custo em óleo);

c) obrigação do contratado de prestar garantias no contrato;

d) pagar as participações governamentais (*royalties*, bônus de assinatura);

e) a obrigatoriedade da realização de auditoria ambiental de todo o processo operacional de retirada e distribuição de petróleo e de gás oriundos do pré-sal;

f) fazer a remoção dos equipamentos e bens que não sejam objeto de reversão;

g) pagar as participações governamentais;

h) a obrigatoriedade de apresentação de inventário periódico sobre as emissões de gases que provocam efeito estufa – GEF, ao qual se dará publicidade, inclusive com cópia ao Congresso Nacional;

i) apresentar plano de contingência relativo aos acidentes por vazamento de petróleo, de gás natural, de outros hidrocarbonetos fluidos e seus derivados;

j) realizar auditoria ambiental de todo o processo operacional de retirada e distribuição de petróleo e de gás oriundos do pré-sal;

l) reparar ou a indenizar os danos decorrentes de suas atividades;

m) recuperação ambiental determinada pelas autoridades competentes.

O art. 9°, da lei em foco, em seus incisos VI e VII, determina que o CNPE proporá ao Presidente da República a política de comercialização do petróleo destinado à União nos contratos de partilha de produção e a política de comercialização do gás natural proveniente de tais avenças, observada a prioridade de abastecimento do mercado nacional.

Quanto a classificação jurídica das chamadas participações governamentais nesta modalidade de contratação (partilha de produção) temos que o *bônus de assinatura* possui a classificação jurídica de *royalty*, visto que é devido pelo contratado pela exploração do patrimônio de terceiros, no caso o da União Federal.

Os denominados *royalties*, tal como previstos na lei em comento, possuem a classificação jurídica de imposto, visto que se traduzem em prestação pecuniária compulsória, em dinheiro, oriunda de ato lícito, instituída em lei e cobrada mediante atividade administrativa plenamente vinculada, sem que haja qualquer contraprestação do Estado diretamente relacionada ao contribuinte.

Contudo, tal imposto só poderá tomar como base de cálculo a parte da produção pertencente ao contratado, a saber: a parte do excedente em óleo que lhe couber na partilha com a União, porque não pode a União tributar a si mesma, o que ocorreria se o valor total da produção fosse onerado. Também a parcela referente ao custo em óleo não poderá ser onerada, porque se traduz em gastos, custos do explorador, ausente, portanto, o requisito constitucional inafastável para a tributação que é existência de capacidade contributiva.

Nos contratos de partilha não há o pagamento de participação especial.

Em síntese, o regime jurídico aplicável à partilha de produção prevê as seguintes imposições ao contratado: (a) excedente em óleo; (b) *royalty*; (c) bônus de assinatura; (d) participação do proprietário da terra (exploração em terra); (e) pagamento à Empresa Brasileira de Administração de Petróleo e Gás Natural S.A. – Pré-Sal Petróleo S.A. (PPSA) –, referente à gestão dos contratos de partilha; (f) 1,0% (um por cento) do valor bruto da produção anual de petróleo e de gás natural, destinados às atividades de pesquisa, desenvolvimento e inovação nas áreas de interesse e temas relevantes para o setor de petróleo, gás natural e biocombustíveis.

Previa, ainda, a aludida lei, que seria criada uma empresa pública para a gestão dos contratos de partilha de produção firmados entre a União, por intermédio Ministério de Minas e Energia, e a Petrobras (diretamente) ou mediante licitação, na modalidade leilão. Com base em tal comando, foi editada a Lei nº 12.304/2010.

2.8. Da Lei nº 12.304/2010 – Criação da empresa PRÉ-SAL PETRÓLEO S/A

A Lei nº 12.304, de 2 de agosto de 2010, autorizou o Poder Executivo a criar uma empresa pública, sob a forma de sociedade anônima, denominada Empresa Brasileira de Administração de Petróleo e Gás Natural S.A. – Pré-Sal Petróleo S.A. (PPSA), vinculada ao Ministério de Minas e Energia, com prazo de duração indeterminado.

A Pré-Sal Petróleo S.A. terá por objeto a gestão dos contratos de partilha de produção celebrados pelo Ministério de Minas e Energia e a gestão dos contratos para a comercialização de petróleo, de gás natural e de outros hidrocarbonetos fluidos da União.

A aludida empresa não será responsável pela execução, direta ou indireta, das atividades de exploração, desenvolvimento, produção e comercialização de petróleo, de gás natural e de outros hidrocarbonetos fluidos, sujeitando-se ao regime jurídico próprio das empresas privadas, inclusive quanto aos direitos e obrigações civis, comerciais, trabalhistas e tributários.

Dentre os recursos financeiros da PPSA estão: (a) as rendas provenientes da gestão dos contratos de partilha de produção; (b) parcela que lhe for destinada do bônus de assinatura relativo aos respectivos contratos e (c) as rendas provenientes da gestão dos contratos que celebrar com os agentes comercializadores de petróleo e gás natural da União.

No caso de *contratação direta*, o Conselho Nacional de Política Energética proporá ao Presidente da República os casos em que, visando à preservação do interesse nacional e ao atendimento dos demais objetivos da política energética, a Petrobras será contratada diretamente pela União para a exploração e a produção de petróleo, de gás natural e de outros hidrocarbonetos fluidos sob o regime de partilha de produção.

Os parâmetros de tal contratação, propostos pelo CNPE, serão técnicos e econômicos, traduzindo-se nos seguintes: (a) os critérios para definição do excedente em óleo da União; (b) o percentual mínimo do excedente em óleo da União; (c) a participação mínima da Petrobras no consórcio, que não poderá ser inferior a 30% (trinta por cento); (d) os limites, prazos, critérios e condições para o cálculo e apropriação pelo contratado do custo em óleo e do volume da produção correspondente aos *royalties* devidos; (e) o conteúdo local mínimo e outros critérios relacionados ao desenvolvimento da indústria nacional; e (f) o valor do bônus de assinatura, bem como a parcela a ser destinada à empresa pública que gerirá tais avenças.

Na *hipótese de licitação*, o certame reger-se-á pela Lei nº 12.351/2010, pelo edital e pelas normas expedidas pela Agência Nacional do Petróleo, Gás Natural e Biocombustíveis

O edital de licitação será acompanhado da minuta básica do respectivo contrato e indicará, obrigatoriamente: o bloco objeto do contrato de partilha de produção; o critério de julgamento da licitação; o percentual mínimo do excedente em óleo da União; a formação do consórcio previsto no art. 20 e a respectiva participação mínima da Petrobras; os *limites, prazos, critérios e condições para o cálculo e apropriação pelo contratado do custo em óleo e do volume da produção correspondente aos royalties devidos*; os critérios para definição do excedente em óleo do contratado; o programa exploratório mínimo e os investimentos estimados correspondentes; o conteúdo local mínimo e outros critérios relacionados ao desenvolvimento da indústria nacional; o valor do bônus de assinatura, bem como a parcela a ser destinada à empresa pública que administrará tais avenças; as regras e as fases da licitação; as regras aplicáveis à participação conjunta de empresas na licitação; a relação de documentos exigidos e os critérios de habilitação técnica, jurídica, econômico-financeira e fiscal dos licitantes; a garantia a ser apresentada pelo licitante para sua habilitação; o prazo, o local e o horário em que serão fornecidos aos licitantes os dados, estudos e demais elementos e informações necessários à elaboração das propostas, bem como o custo de sua aquisição; e o local, o horário e a forma para apresentação das propostas.

Prevê a lei em foco, a necessidade da *formação de consórcio* tanto para a contratação direta da Petrobras, como para a licitação.

Se a Petrobras for contratada diretamente, ou no caso de ser vencedora isolada da licitação, deverá constituir consórcio com a empresa pública encarregada de administrar os contratos de partilha de produção, na forma do disposto no art. 279 da Lei nº 6.404/76.

Isto é, o consórcio deverá ser constituído mediante contrato aprovado pelo órgão da sociedade competente para autorizar a alienação de bens do ativo não circulante, do qual constarão: a designação do consórcio se houver; o empreendimento que constitua o objeto do consórcio; a duração, o endereço e o foro; a definição das obrigações e a responsabilidade de cada sociedade consorciada, e das prestações específicas; as normas sobre recebimento de receitas e partilha de resultados; normas sobre administração do consórcio, contabilização, representação das sociedades consorciadas e taxa de administração, se houver; forma de deliberação sobre assuntos de interesse comum, com o número de votos que cabe a cada consorciado e a contribuição de cada consorciado para as despesas comuns, se houver.

O contrato de consórcio e suas alterações serão arquivados no registro do comércio do lugar da sua sede, devendo a certidão do arquivamento ser publicada.

O contrato de constituição de consórcio deverá indicar a Petrobras como responsável pela execução do contrato, sem prejuízo da responsabilidade solidária das consorciadas perante o contratante ou terceiros, observando-se que a empresa pública, criada para gerir os contratos de partilha de produção, *participante do consórcio como representante dos interesses da União*, não assumirá os riscos e não responderá pelos custos e investimentos referentes às atividades de exploração, avaliação, desenvolvimento, produção e desativação das instalações de exploração e produção decorrentes dos contratos de partilha de produção.

A administração do consórcio caberá ao seu comitê operacional, composto por representantes da empresa pública que cuida dos interesses da União e dos demais consorciados. A empresa pública em comento indicará *a metade dos integrantes* do comitê operacional, *inclusive o seu presidente*, cabendo aos demais consorciados a indicação dos outros integrantes.

O comitê operacional possui as seguintes atribuições, ainda conforme a lei em comento: I - definir os planos de exploração, a serem submetidos à análise e à aprovação da Agência Nacional do Petróleo, Gás Natural e Biocombustíveis; II - definir o plano de avaliação de descoberta de jazida de petróleo e de gás natural a ser submetido à análise e à aprovação da Agência Nacional do Petróleo, Gás Natural e Biocombustíveis; III - declarar a comercialidade de cada jazida descoberta e definir o plano de desenvolvimento da produção do campo, a ser submetido à análise e à aprovação da Agência Nacional do Petróleo, Gás Natural e Biocombustíveis; IV - definir os programas anuais de trabalho e de produção, a serem submetidos à análise e à aprovação da Agência Nacional do Petróleo, Gás Natural e Biocombustíveis; V - analisar e aprovar os orçamentos relacionados às atividades de exploração, avaliação, desenvolvimento e produção previstas no contrato; VI - supervisionar as operações e aprovar a contabilização dos custos realizados; VII - definir os termos do acordo de individualização da produção a ser firmado com o titular da área adjacente, nos termos definidos na Lei nº 12.351/2010, além de outras atribuições definidas no contrato de partilha de produção.

Vale notar que a Agência Nacional do Petróleo, Gás Natural e Biocombustíveis, no novo modelo regulatório, continuará a exercer as funções de órgão regulador e fiscalizador do setor do petróleo, do gás natural e dos biocombustíveis, assegurando o emprego das melhores práticas da indústria do petróleo pelas empresas que operam no Brasil.

O Ministério de Minas e Energia continua com as suas atribuições na condução do planejamento e das políticas públicas para o setor petrolífero, cabendo a Petro-Sal cuidar dos interesses econômicos da União, com controle sobre os custos e sobre os resultados da comercialização do petróleo e gás natural da União na área do Pré-Sal.

2.9. Da Lei nº 12.276/2010 – Contrato de cessão onerosa

Ainda no que atine à exploração no pré-sal e áreas estratégicas, vale notar que foi promulgada a Lei nº 12.276/2010, que autorizou a União a ceder onerosamente à Petrobras o exercício das atividades de pesquisa e lavra de petróleo, de gás natural e de outros hidrocarbonetos fluidos de que trata o inciso I do art. 177 da CF, em áreas não concedidas localizadas no pré-sal.

Em contrapartida, a União obteve mais ações da Petrobras. Depois de um processo de venda de ações (capitalização) no mercado, em setembro de 2010, a participação total do Estado brasileiro (União federal, BNDESPar, Banco Nacional de Desenvolvimento Econômico e Social – BNDES, Fundo de Participação Social e Fundo Soberano somados) aumentou de menos de 40% para 47,8% do capital social da Companhia.[159]

Nos termos da Lei nº 12.276/2010, a aludida cessão é intransferível e deverá produzir efeitos até que a Petrobras extraia o número de barris equivalentes de petróleo, definido no contrato de cessão, não podendo tal número exceder a 5.000.000.000 (cinco bilhões) de barris equivalentes de petróleo. A Petrobras terá a titularidade do petróleo, do gás natural e dos outros hidrocarbonetos fluidos produzidos nos termos do contrato que formalizar a cessão em comento.

Os volumes de barris equivalentes de petróleo, bem como os seus respectivos valores econômicos, serão determinados a partir de laudos técnicos elaborados por entidades certificadoras, observadas as melhores práticas da indústria do petróleo, cabendo à Agência Nacional do Petróleo obter o laudo técnico de avaliação das áreas que subsidiará a União

---

159. AGÊNCIA NACIONAL DO PETRÓLEO, GÁS NATURAL E BIOCOMBUSTÍVEIS – ANP. *O regime regulador misto*: concessão e partilha. Disponível em: <http://www.anp.gov.br/?pg=63573&m=o%20regime%20regulador%20misto&t1=&-t2=o%20regime%20regulador%20misto&t3=&-t4=&ar=0&ps=1&1436629330326>. Acesso em: 15 abr. 2013.

nas negociações com a Petrobras sobre os valores e volumes referidos.

O pagamento devido pela Petrobras pela cessão onerosa deverá ser efetivado prioritariamente em títulos da dívida pública mobiliária federal, precificados a valor de mercado.

Prevê, ainda, a lei em cometo, que a Petrobras deverá pagar *royalties* à União, nos termos do art. 47 da Lei nº 9.478/97, isto é, os denominados *royalties* serão pagos mensalmente, em moeda nacional, a partir da data de início da produção comercial de cada campo, em montante correspondente a dez por cento da produção de petróleo ou de gás natural. Não há a previsão para o pagamento de participação especial.

Ainda que brevemente, permitimo-nos abrir um parêntese, para analisar se a modalidade de exploração do pré-sal por meio de cessão onerosa à empresa estatal, afastando a possibilidade de outras empresas participarem da exploração dos campos, contraria os primados da livre iniciativa e da livre concorrência, norteadores da ordem econômica, tal como posto no art. 170, *caput* e inciso IV, da CF.

Apontam para a constitucionalidade de tal avença os seguintes fundamentos:

a) embora nossa Constituição Federal consagre os princípios da livre iniciativa e da livre concorrência como norteadores da atividade econômica, é fato que também prevê para todas as atividades econômicas relacionadas ao petróleo e ao gás o regime de monopólio da União (177 da CF).

Para Fábio Konder Comparato[160] o regime de monopólio constitucionalmente previsto excepciona o princípio da livre iniciativa empresarial.

b) prevê nossa Magna Carta, no art. 177, § 1º, que a União poderá contratar empresas estatais e privadas para

---

160. COMPARATO, Fábio Konder. Direito público. Estudos e pareceres. São Paulo: Saraiva, 1996. p.151-152.

a execução das atividades da indústria do petróleo, nos termos da lei, não fazendo qualquer alusão à necessidade de licitação, diversamente do que faz quando cuida da prestação dos serviços públicos no art. 175, ao determinar que cabe ao Poder Público, na forma da lei, diretamente ou sob regime de concessão ou de permissão, *sempre por meio de licitação*, a prestação de serviços públicos;

a) nos termos das leis de regência da matéria, o exercício das atividades da indústria do petróleo e do gás podem ocorrer com licitação (concessão e partilha de produção) ou sem ela, tal como ocorre no contrato de cessão onerosa. A Lei nº 12.276/2010 autoriza a União a ceder à Petrobras, onerosamente e mediante dispensa de licitação, direitos exploratórios em áreas não concedidas no pré-sal. Logo, se não há a obrigatoriedade de licitação, constitucionalmente prevista, e se há lei dispondo sobre a cessão onerosa, a contratação direta nesta modalidade não é inconstitucional;

b) em regime de monopólio estatal só se instala ambiente de competição se for de interesse do monopolista, o que não ocorre nessa etapa inicial de exploração do pré-sal.[161]

c) o art. 177, § 1°, da CF, deve ser aplicado combinado com o seu art. 37, inciso XXI, pelo qual a Administração Pública, *ressalvados os casos especificados na legislação*, deve contratar obras, serviços, compras e alienações mediante processo de licitação pública que assegure igualdade de condições a todos os concorrentes. A cessão onerosa prevista na Lei nº 12.276/2010 é um caso ressalvado na legislação;

d) "(...) diante de um regime de monopólio, restou esclarecido que nada impede que o ente monopolista, *in casu*, a União, conceda um privilégio exploratório à pessoa da

---

161. BATISTA, Henrique. *A constitucionalidade da contratação direta da Petrobras no Pré-sal*. Reflexões jurídicas.

Administração, pouco importando o seu regime jurídico. Destarte, a contratação direta da Petrobras para exploração de áreas do pré-sal só corrobora com tal modelo de intervenção do Estado no domínio econômico, não havendo o que se falar em afronta ao princípio da igualdade e/ou da livre iniciativa – postulado capitalista que não impera quando se está diante de monopólio estatal – já que cabe ao monopolista a escolha pela competição, ou não, no setor."[162]

Os que entendem que a contratação direta é inconstitucional utilizam os seguintes fundamentos:

a) as sociedades de economia mista por explorarem atividade econômica em sentido estrito sujeitam-se ao disposto no § 1°, inciso II, do art. 173 da CF, pelo qual tais sociedades submetem-se ao regime jurídico próprio das empresas privadas, inclusive quanto aos direitos e obrigações civis, comerciais, trabalhistas e tributários. Logo, devem atuar em regime de competição, com empresas privadas que se disponham a disputar, no âmbito dos procedimentos licitatórios as contratações previstas no § 1°, do art. 177 da CF. O Supremo Tribunal Federal, ao julgar a ADI 3.273/DF, no voto vencedor do Ministro Eros Grau, entendeu que a sociedade de economia mista só poderá ser contratada mediante licitação pública, a saber:

> A União não poderá, *ex vi* do disposto no inciso XXI do art. 37 da CF, contratá-la senão mediante processo de licitação pública que assegure igualdade de condições a todos os concorrentes, observadas as condições previstas no § 1° do art. 177 da CF. (Supremo Tribunal Federal, 2005, p. 22 do voto, fls. 29 dos autos).

b) o Estado do Rio de Janeiro ajuizou a ADI 4.492 contra a Lei n° 12.276/2010, por entender que houve violação ao pacto federativo (afronta aos arts. 1°, 18, 19, inciso III e

---

162. Idem.

60, § 4°, inciso I); violação à manutenção do princípio democrático (arts. 1° e 60, § 4°, inciso II, da CF) e negativa da aplicação do art. 5°da Lei n° 12.276/2010 em harmonia com as normas contidas nos arts. 20, § 1° e 177, § 2°, do texto maior. Tal ação ainda pende de julgamento junto ao Supremo Tribunal Federal.

Apresentadas tais discussões que o contrato de cessão onerosa tem propiciado, passaremos a analisar algumas cláusulas que se vislumbram na aludida avença:[163]

a) nos Programas de Exploração Obrigatórios (PEOs) dos blocos definitivos não existe risco de perda do bloco, diversamente do que ocorre no contrato de concessão, caso, no tempo determinado no Contrato de Cessão Onerosa, não seja cumprido o PEO em determinado bloco, haverá apenas pagamento de multa.

b) a Petrobras poderá requerer à União a execução das atividades do PEO no bloco contingente no prazo máximo de 4 (quatro) anos contados da data de assinatura e desde que comprovado que o total dos volumes recuperáveis contidos nos blocos definitivos seja inferior ao volume máximo.

c) o valor inicial do contrato é de R$ 74.807.616.407,00, que equivale a US$ 42.533.320. O pagamento desse valor à União deveria dar-se em títulos da dívida pública mobiliária federal ou em reais.

d) o prazo de vigência do contrato é de 40 anos contados a partir da data da assinatura, sendo que tal prazo poderá ser prorrogado pela União por, no máximo, 5 anos, mediante solicitação da Petrobras. A taxa de desconto real

---

163. CÂMARA DOS DEPUTADOS. Consultoria Legislativa. Descrição e Análise do Contrato de Cessão Onerosa entre a União e a Petrobrás. Consultor Legislativo: Paulo César Ribeiro Lima. Disponível em: <bd.camara.gov.br/bd/bitstream/handle/.../descricao_analise_lima.pdf?seq>. Acesso em: 09 mar. 2012.

foi de 8,83% ao ano (a taxa de desconto representa para a União, o custo de oportunidade de investir na capitalização da Petrobras em vez de aplicar o dinheiro).

e) a Petrobras assume, sempre, em caráter exclusivo, todos os investimentos, custos e riscos relacionados à execução das operações e suas consequências, cabendo-lhe, como única e exclusiva contrapartida, a propriedade originária de petróleo e de gás natural que venham a ser efetivamente produzidos e por ela apropriados no ponto de medição da produção, devendo pagar os *royalties* nos termos do art. 47 da Lei nº 9.478/97.

f) o exercício das atividades objeto do contrato será dividido em duas fases: *fase de exploração*, que inclui as atividades de avaliação de eventual descoberta de petróleo e de gás natural, para determinação de sua comercialidade; e *fase de produção*, que incluirá as atividades de desenvolvimento. A fase de exploração terá a duração máxima de 4 anos para a execução das atividades do programa de exploração obrigatório, prorrogável por 2 anos.

g) concluída a produção dos volumes da cessão onerosa, ou extinto esse contrato por qualquer motivo, o campo será devolvido à União. A Agência Nacional do Petróleo poderá requerer que a Cessionária não tampone e não abandone poços, bem como não desative ou remova certas instalações e equipamentos, ficando responsável por tais poços, instalações e equipamentos após a saída da Petrobras.

h) os volumes de petróleo e de gás natural obtidos durante os testes de formação e produção serão de propriedade da Petrobras e considerados para efeito de pagamento dos *royalties* e para o cômputo do volume máximo. Quaisquer perdas e queimas ocorridas durante as operações da Petrobras serão incluídas no volume máximo e serão computados nos cálculos para pagamento de *royalties*.

i) o procedimento de individualização da produção deverá ser instaurado quando se identificar que a jazida se estende para além da área do contrato. A Petrobras deverá notificar à Agência Nacional do Petróleo imediatamente e apenas poderá exercer atividades de pesquisa e lavra mediante a celebração de acordo de individualização da produção com concessionário ou contratado sob outro regime.

j) é assegurada à Petrobras a livre disposição dos volumes de petróleo e de gás natural por Ela produzidos nos termos do contrato. Se, em caso de emergência nacional que possa colocar em risco o fornecimento de petróleo ou de gás natural no território nacional, declarada pelo Presidente da República ou pelo Congresso Nacional, houver necessidade de limitar exportações, a Agência Nacional do Petróleo poderá, mediante notificação por escrito com antecedência de 30 dias, determinar que a Petrobras atenda com petróleo e gás natural por ela produzidos e recebidos nos termos do contrato, às necessidades do mercado interno ou de composição dos estoques estratégicos do País.

k) o regime geral dos bens empregados pela Petrobras na execução das operações é a não reversão desses bens. Contudo, poderão reverter, em favor da União, bens móveis e imóveis, principais e acessórios, existentes em qualquer parcela da área do contrato que, a critério exclusivo da Cedente, ouvida a Agência Nacional do Petróleo, sejam considerados necessários para permitir a continuidade das operações, ou sejam, passíveis de utilização de interesse público. A posse e propriedade dos bens que vierem a ser revertidos serão transferidas para a União e à administração da Agência Nacional do Petróleo ao término do contrato para qualquer parcela da área do contrato.

EXPLORAÇÃO DE PETRÓLEO E DE GÁS NATURAL

Aqui, também a hipótese não é de pagamento de *royalties*, mas de imposto que inconstitucionalmente incide sobre o total da produção de petróleo e de gás.

Resumindo, no Brasil, temos que os seguintes regimes jurídicos aplicáveis à exploração de petróleo e de gás:

a) **concessão**, inaugurado pela Lei n° 9.478/97, para a exploração de petróleo e gás, em todas as áreas, excluídas as integrantes do pré-sal e as definidas como áreas estratégicas.

b) **contrato de partilha de produção**, regido pela Lei n° 12.351/2010, com as modificações legislativas posteriores, é aplicável à exploração ocorrida no pré-sal e nas áreas definidas como áreas estratégicas. A Petrobras pode operar sozinha ou ser a operadora dos consórcios em caso de licitação;

c) **contrato de cessão onerosa** rege-se pela Lei n° 12.276/2010 é aplicável à exploração em áreas não concedidas localizadas no pré-sal. Deverá produzir efeitos até que a Petrobras extraia o número de barris equivalentes de petróleo definido no respectivo contrato de cessão, não podendo tal número exceder a cinco bilhões de barris equivalentes de petróleo.

Embora neste momento histórico, em prejuízo de todas as reflexões necessárias sobre as formas eleitas no direito positivo brasileiro para a oneração da produção de petróleo e gás, a sociedade brasileira só discuta o destino do fruto da arrecadação de tal atividade, é preciso observar outras consequências jurídicas que advêm das modalidades negociais eleitas.

No que atine ao contrato de partilha de produção, trazido pela Lei n° 12.321/2010, observa a Escola de Administração Fazendária (ESAF) que a centralização da produção nas mãos da União Federal, traz à baila a discussão sobre a maior participação da sociedade na fruição dos recursos advindos da exploração no pré-sal e áreas estratégicas, bem como a repartição de receitas tributárias.

Em artigo intitulado "Tributação do Setor de Petróleo: Evolução e Perspectivas",[164] José Roberto Afonso e Kleber Pacheco de Castro afirmam que:

> a arrecadação tributária deve sofrer uma radical mudança pelo simples fato de que o óleo passará a pertencer à União. Ora, no atual regime, o óleo pertence a empresas que produzem, vendem e lucram e, como tal, recolhem à União IR, CSLL, COFINS, PIS e CIDE, e aos Estados, ICMS. No novo regime, como a União não tem lucro e nem fatura, muito menos é contribuinte de IR, CSLL, COFINS e ICMS, deixará de pagar tais tributos (...)
>
> Como a Constituição assegura a imunidade tributária recíproca entre os governos em relação aos impostos e a Justiça já interpretou que o mesmo princípio se aplica também às contribuições, econômicas e sociais, o resultado fiscal da mudança do regime será uma importante redução da receita "tomada" da produção de petróleo pelas vias já conhecidas. É curioso que, enquanto muito se discutiu e se aprovou redistribuir uma das receitas, apenas a de royalties, dos governos estaduais e municipais produtores para fundos nacionais, nada foi dito que o regime de produção conspira contra um forte aumento na arrecadação de IRPJ e IPI que beneficiaria os fundos de participação, logo, os Estados mais pobres e os Municípios de menor porte não devem ganhar com a nova riqueza natural quanto hoje indiretamente recebem. A educação também deixará de se beneficiar da vinculação sobre o IRPJ que não aumentará junto com os lucros do petróleo do novo regime. Também deixarão de ganhar contribuições as áreas: da seguridade social, incluindo saúde (incluindo os repasses do SUS para governos locais) e assistência social (que compreende o bolsa-família), pois União não é contribuinte de COFINS e de CSLL; e do FAT, ou melhor, do seguro-desemprego, do abono anual e dos investimentos do BNDES, porque o PASEP (devido por governos) arrecadará bem menos do que o PIS (se a receita fosse de empresas).
>
> Uma hipótese para se compreender essa mudança e redução no grau de tributação, direta e indireta, do óleo a ser explorado no

---

164. AFONSO, José Roberto; CASTRO, Kleber Pacheco de. *Tributação do setor de petróleo*: Evolução e perspectiva. Textos para discussão. Brasília, 2010. Disponível em: < http://www.esaf.fazenda.gov.br/a_esaf/biblioteca/textos-para-discussao/?searchterm=Kleber%20Pacheco%20de%20Castro>. Acesso em: 05 jul. 2012.

pré-sal é que isso tende a elevar os percentuais de partilha a serem oferecidos em favor da União por quem for disputar os futuros leilões. Ou seja, a tendência é que os participantes tendam a oferecer um percentual maior da produção para a União porque terão menores custos tributários, tanto da produção (royalties mantidos e restituídos, e extinta participação), quanto do negócio (menos IR, CSLL, COFINS, PIS, CIDE e até ICMS). Logo, enquanto muito se fala de royalties, passa despercebido que a mais importante fonte de recursos públicos tenderá a ser a receita direta de comercialização, a ser arrecadada pela União e, ao contrário de impostos e contribuições, sem maiores obrigações de aplicações. Ainda que aquela receita esteja sendo vinculada em parte para o fundo social, é sempre bom atentar que este é criado e regulado por lei ordinária, o que pode ser alterada por simples medida provisória (fora o imenso raio de manobra dos gestores do fundo).

Enfim, os governos estaduais e municipais e os programas sociais em especial não serão beneficiados pelos potenciais ganhos esperados da exploração do pré-sal. Não há dúvida que se trata de que o novo regime de produção por partilha recentralizará a receita pública nas mãos do governo federal, mas isso tem sido ignorado na medida em que o debate está limitado à batalha federativa da redivisão da receita de royalties.

Vale observar que o regime jurídico de cessão onerosa, inaugurado pela Lei nº 12.276/2010 também foi alvo de críticas.

A Consultoria da Câmara dos Deputados, em Nota Técnica,[165] consigna que:

> Com relação ao volume de Franco, o Contrato de Cessão Onerosa pode ter sido bastante conservador. O volume do contrato para esse bloco, de 3,056 bilhões de barris de petróleo equivalente, é muito menor que a melhor estimativa de 5,44 bilhões de barris recuperáveis, segundo o relatório da GCA. O contrato também pode ter sido conservador com o volume de barris recuperáveis do Entorno de Iara.

---

165. CÂMARA DOS DEPUTADOS. Consultoria Legislativa. Descrição e Análise do Contrato de Cessão Onerosa entre a União e a Petrobrás. Consultor Legislativo: Paulo César Ribeiro Lima. Disponível em: <bd.camara.gov.br/bd/bitstream/handle/.../descricao_analise_lima.pdf?seq>. Acesso em: 09 mar. 2012.

Dessa forma, foi necessária a cessão de muitas áreas da União para que se totalizasse os 5 bilhões de barris previstos, sendo que apenas Franco e Iara poderiam ser mais que suficientes para se atingir esse volume.

Em Tupi e Iara, simples acordos de unitização entre a União e os concessionários poderiam gerar grandes receitas líquidas para o estado brasileiro nos próximos anos, além da participação especial. Com a assinatura do Contrato de Cessão Onerosa, quem vai discutir o acordo de unitização com a Petrobras e suas parceiras é a própria Petrobras.

Dessa forma, a União cedeu um direito estratégico e muito valioso para a Petrobras.

No caso de Florim e Peroba, existe a possibilidade de grandes volumes recuperáveis de petróleo equivalente. Pela dimensão do prospecto de Peroba, ele pode vir a ter volumes recuperáveis da mesma ordem de grandeza de Tupi e Iara. Peroba, no entanto, poderá ser devolvido para a União, desde que comprovado que os blocos definitivos serão suficientes para a produção de 5 bilhões de barris. Como os programas de exploração obrigatórios não foram concebidos para certificar reservas, é possível que Peroba não seja devolvido para a União.

Em decorrência do Contrato de Cessão Onerosa, a Petrobras pode estar assumindo as mais promissoras áreas não concedidas do Pré-Sal, à exceção de Libra. Nas áreas cedidas onerosamente, o volume físico de petróleo pode chegar a 43,49 bilhões de barris, segundo a estimativa alta da GCA. Dessa forma, a Petrobras deverá montar uma grande estrutura de produção, com unidades flutuantes de produção (FPSOs), poços, linhas submarinas etc, nas áreas do Pré-Sal cedidas pela União, onde a empresa sequer vai pagar participação especial.

Além disso, as vazões iniciais dos poços podem ter sido muito conservadoras. A GCA assumiu uma vazão inicial de 25 mil barris por dia para os poços de Franco. No entanto, a própria ANP havia divulgado um potencial de produção de 50 mil barris por dia para o poço descobridor.

Dessa forma, o período de produção pode ser muito menor que 40 anos, podendo ser de cerca de 15 anos. Ao final desse período, quando a Petrobras tiver produzido os 5 bilhões de barris previstos no Contrato de Cessão Onerosa, pode surgir um novo contrato para que ela possa continuar produzindo grandes volumes remanescentes.

EXPLORAÇÃO DE PETRÓLEO E DE GÁS NATURAL

Ressalte-se, ainda, que a taxa de desconto do contrato de 8,83% ao ano não representa o custo de oportunidade da União. Registre-se, entretanto, que o contrato sequer estabelece uma curva de produção e estimativas de custos de produção. Como não há uma estimativa de fluxo de caixa, seria até mesmo dispensável o estabelecimento de uma taxa de desconto.

Admitindo-se um período de produção de 15 anos, um valor de US$ 70 por barril, custos de extração por barril iguais aos custos atuais da Petrobras e uma taxa de desconto de 5%, pode-se chegar a um valor presente da receita líquida de US$ 160 bilhões, equivalente a US$ 32 por barril, valor muito maior que o valor médio de US$ 8,51 do contrato.

Apenas a participação especial que a Petrobras deixará de pagar, de cerca de US$ 10 dólares por barril, é maior que o ônus de US$ 8,51 por barril. Registre-se que a Sinochem deve desembolsar US$ 15 por barril pela participação de 40% no campo de Peregrino. Campo esse que foi descoberto e rejeitado pela Petrobras.

O campo de Roncador, localizado na bacia de Campos, paga 31,5% da receita líquida a título de participação especial. Nos campos gigantes do Pré-Sal, como Tupi, Iara e Franco, o percentual pode ser ainda maior. Caso esse percentual fosse aplicado à receita líquida potencial dos 5 bilhões cedidos, poderiam ser destinados US$ 50,4 bilhões ao Fundo Social e a Estados e Municípios. Somente ao Fundo Social seriam destinados US$ 25,2 bilhões.

Com o Contrato de Cessão Onerosa, a nação está ficando sem áreas de grande potencial petrolífero. Sequer o prospecto de Libra deverá ser, adequadamente, produzido, pois pode não haver condições de suprimento de materiais e equipamentos no Brasil, de modo a atender a exigência de conteúdo nacional e aos planos de desenvolvimento das áreas concedidas e das áreas cedidas pela União para a Petrobras.

As áreas cedidas pela União, se licitadas no regime de partilha de produção, ou se exploradas mediante contratos de prestação de serviços, ou mediante acordos de unitização, poderiam gerar receitas muito mais altas para o estado que o valor do contrato de US$ 8,51 por barril.

Como se vê a exploração e a produção de petróleo e de gás comporta muitas análises, sob os mais variados aspectos, todos de muito impacto nos rumos da questão, mas o debate contemporaneamente centra-se apenas em percentuais arrecadatórios a serem distribuídos entre Estados produtores e Estados não produtores.

De nossa parte, a investigação sobre a classificação jurídica das denominadas participações governamentais é o corte metodológico que faremos sobre o tema, não analisando as demais questões conexas. Isto posto, vale investigar como estão previstas no Direito alienígena as denominadas participações governamentais.

2.10. Das participações governamentais no Direito alienígena

No Direito alienígena impõe-se aos exploradores de petróleo e de gás o pagamento de participações governamentais que se repartem em *royalties* e pagamento de tributos (*Royalty/ Tax* - R/T). Os *royalties* são devidos em razão da exploração de recursos finitos.

José Gutmam,[166] ao tratar das participações governamentais no mundo consigna que:

> Os *royalties* são uma espécie de participação governamental bastante adotada pelos países em seus sistemas fiscais aplicáveis às empresas que operaram no segmento de E&P, fato este que se deve principalmente pela facilidade de apurá-los, dado que em regra o montante é calculado através da multiplicação de uma alíquota pelo valor da produção (produção X preço).

---

166. GUTMAM, José. *Tributação e outras obrigações na indústria do petróleo*. Rio de Janeiro: Freitas Bastos Editores, 2007. p. 22.

Apresenta o autor o seguinte quadro,[167] em que elenca alguns países que adotam o modelo de percentual fixo sobre o valor da produção, a saber:

Papua Nova Guiné	2%
Belize	7,5%
Russia	8%
Itália onshore	9%
Brasil, Yemen	10%
Argentina	12%
Congo	15%
US GoM, Gana	12,50% (=1/8)
Venezuela, Us onshore	16,67% (=1/6)

Fonte: (1) Pedro van Meurs: Curso World Fiscal Systems for Oil & Gas. Londres, maio de 2000; (2) Richard Seba: Economics of Worldwide Petroleum Production. Second Printing. OGCI Publications. 1998.

Informa, ainda, o autor[168] que em outros países do mundo são utilizados critérios de escalonamento para a apuração do valor dos *royalties* devidos que podem levar em conta o nível da produção (Trinidad & Tobago); a profundidade da lamina d'água (Nigéria) ou a produção acumulada (Marrocos). No que atine às participações especiais, consigna o autor em foco que existem diversos tipos de participações especiais no mundo, com nomes e formas de apuração diferentes, mas, na essência, destinam-se a apropriar o lucro extraordinário oriundo da indústria do petróleo.

Exemplifica com: o Windfall Profit Tax, nos Estados Unidos (revogado em 1988); o Petroleum Resource Rent Tax, da Austrália; Hydrocarbon Tax, da Noruega; o Petroleum Revenue Tax, do Reino Unido (profundamente modificado a partir de 1993, abolido para os campos petrolíferos cujo

---

167. Idem.
168. Idem.

desenvolvimento começasse a partir de março de 1993) e o Canadian Frontier Royalties, do Canadá.

Aduz, o autor em comento,[169] sobre o bônus de assinatura que: "na indústria do petróleo internacional se encontram dois tipos de bônus: o bônus de assinatura, que é incidente à época da assinatura do contrato de concessão; e o bônus de produção, que possui como fato gerador algum evento relacionado à produção. A modalidade de bônus de assinatura, decorrente do contrato de concessão é usado no Brasil, Estados Unidos-Golfo do México, Canadá-Alberta".

O bônus de produção é mais comumente usado nos contratos de partilha, sendo utilizado na Ásia e na África nos contratos de *joint venture*.

Quanto ao pagamento pela ocupação ou pela retenção da área, informa o autor que tal verba é variável de país para país, incidindo de diferentes formas. Via de regra, consideram o tempo da exploração em meses ou anos, associando um valor em dólares americanos ao quilômetro quadrado. A fase de exploração é menos onerada, do que as fases de desenvolvimento e produção. Por exemplo, no Sudão, na fase de exploração, considerando um período de até 36 meses, o explorador deve pagar o valor equivalente a US$ 2/Km^2. Na fase de desenvolvimento e de produção deve recolher o valor equivalente a US$ 50/Km^2. Na Argentina, por igual período, na fase de exploração, o explorador deve pagar o valor equivalente a US$ 500/km^2.

Conhecido o regime jurídico atinente a exploração de petróleo e de gás, cumpre verificar a classificação jurídica dos institutos que a oneram, bem como a destinação constitucional do produto da arrecadação, a saber: compensação e participação no resultado da exploração. Antes, porém, é preciso que fique reforçada a acepção semântica do vocábulo *royalty* empregada nestas reflexões.

---

169. Idem.

CAPÍTULO III
DOS *ROYALTIES*

3.1. Do plano S1 do percurso gerador de sentido das normas jurídicas

No Capítulo 2, tratamos do percurso para a construção do sentido dos textos jurídicos, detalhando os planos S1, S2, S3 e S4. Neste ponto, retomamos o plano S1, porque, num primeiro momento, a análise do vocábulo compensação, tal como posto no § 1º do art. 20 da CF, pode levar ao entendimento de que o aludido vocábulo carece de definição, razão pela qual é utilizado pela doutrina, jurisprudência e pelo próprio legislador de formas tão distintas (indenização, *royalty* etc.).

Embora todos os enunciados tenham função prescritiva, Tárek Moysés Moussallem[170] os classifica de acordo com a sua estrutura sintática em: (a) meramente prescritivos; (b) qualificatórios; (c) definitórios e (d) regras técnicas. Os enunciados meramente prescritivos dirigem-se à conduta humana, via de regra, de forma imperativa. Os enunciados qualificatórios atribuem qualificações às coisas, às pessoas ou às ações. Por exemplo, o art. 13 da CF, pelo qual: "A língua portuguesa é o idioma oficial da República Federativa do Brasil."

---

170. MOUSSALLEM, Tárek Moysés. *Revogação em matéria tributária*. São Paulo: Noeses, 2005.

Os enunciados definitórios apontam o sentido que o legislador pretende outorgar a uma palavra e possuem a forma canônica das definições. Por exemplo: (x) significa (y), em que x representa a expressão que se pretende definir (*definiendum*) e y, as palavras que se usam para indicar o sentido a ser empregado na expressão (*definiens*). Ou seja, os enunciados definitórios estabelecem conceitos jurídicos. A falta do conceito constitucional da compensação em análise leva a uma série de distorções, porque como o vocábulo é empregado com as mais variadas acepções semânticas e, muitas delas, dissociadas do contexto do qual emergiu a compensação no texto constitucional, surgem as inquietações do momento presente, em que não se estabelece o que são os *royalties* devidos pela exploração de petróleo e de gás; a compensação, prevista no texto maior; a participação no resultado da exploração; a que título são pagos os bônus de assinatura etc., não permitindo atinar o que legitima tantas onerações sobre a lavra de petróleo e de gás.

A respeito sustenta Alberto Pinheiro Xavier[171] que:

> Reveste-se de extrema complexidade a determinação da natureza jurídica dos direitos obrigacionais dos entes políticos previstos no § 1° do art. 20 da CF, dada a fluidez e hibridez de contornos traçados pelo texto constitucional.

É fato que o Texto Supremo não define compensação, mas a acepção do vocábulo pode ser obtida pela análise sistêmica do nosso direito positivo, emergindo deste contexto. Como aqui demonstraremos, a compensação, mencionada na Constituição Federal, possui um significado próprio, diferente de indenização e dos *royalties*. Comecemos investigando os *royalties*.

---

171. XAVIER, Alberto Pinheiro. Natureza jurídica e âmbito de incidência da compensação financeira por exploração de recursos minerais. *Revista Dialética de Direito Tributário* – RDDT, n° 29, São Paulo, Dialética, p. 11-25, 1998.

EXPLORAÇÃO DE PETRÓLEO E DE GÁS NATURAL

3.2. Da evolução legislativa dos *royalties*

Em uma análise ligeira da evolução da legislação referente aos *royalties*, verifica-se que o vocábulo *royalty* possuiu diferentes conteúdos semânticos no direito positivo brasileiro, a saber:

a) **Lei nº 2.004/53 – Indenização:**

> Art. 27. A Sociedade e suas subsidiárias ficam obrigadas a pagar aos Estados e Territórios <u>onde fizerem a lavra</u> de <u>petróleo</u> e xisto betuminoso e a extração de gás, <u>indenização</u> correspondente a 5% (cinco por cento) sobre o valor do óleo extraído ou do xisto ou do gás; (Destaque nosso).

a) **o Decreto nº 53.451/64,** , previa o *royalty* como **remuneração, pela obtenção de licença para a exploração de objetos de patentes,** a saber:

> Art 10. Considerar-se-á como *Royalty* a remuneração, fixa ou percentual, paga, periodicamente a pessoa físicas ou jurídicas domiciliadas, residentes ou com sede no exterior, *pela obtenção de licença para a exploração de objetos de patentes* e de registros, patenteados e registrados no Brasil e no país de origem e desde que a proteção legal ainda esteja em vigor nos dois países. (Destaque nosso)

c) **a Lei nº 4.506/64,** ao tratar do imposto de renda conceituou o *royalty* **como rendimento decorrente do direito de pesquisar e extrair recursos minerais:**

> Art. 22. Serão classificados como 'royalties' os *rendimentos de qualquer espécie decorrentes do uso*, fruição, exploração de direitos, tais como: direito de colhêr ou extrair recursos vegetais, inclusive florestais; *direito de pesquisar e extrair recursos minerais;* c) uso ou exploração de invenções, processos e fórmulas de fabricação e de marcas de indústria e comércio; d) exploração de direitos autorais, salvo quando percebidos pelo autor ou criador do bem ou obra. (Destaque nosso).

d) **Lei nº 7.990/89 – Compensação financeira:**

Tal lei alterou o art. 27 da Lei nº 2.004/53 que adotou a seguinte redação:

> Art. 27. A sociedade e suas subsidiárias ficam obrigadas a pagar a *compensação* financeira aos Estados, Distrito Federal e Municípios, correspondente a 5% (cinco por cento) sobre o valor do óleo bruto, do xisto betuminoso e do gás extraído de seus respectivos territórios, <u>onde se fixar</u> a lavra do petróleo <u>ou</u> se <u>localizarem instalações marítimas ou terrestres de embarque ou desembarque</u> de óleo bruto ou de gás natural, operados pela Petróleo Brasileiro S.A. - PETROBRÁS, obedecidos os seguintes critérios: (...) (Destaque nosso).

e) **Lei nº 8.001/90 – Compensação financeira e indenização:**

Esta lei em seu art. 3º alterou o art. 8º da Lei nº 7.990/89, a saber:

> Art. 8º O pagamento das <u>compensações financeiras</u> previstas nesta Lei, <u>inclusive o da indenização pela exploração do petróleo, do xisto betuminoso e do gás natural</u> será efetuado, mensalmente, diretamente aos Estados, ao Distrito Federal, aos Municípios e aos órgãos da Administração Direta da União, até o último dia útil do segundo mês subseqüente ao do fato gerador, devidamente corrigido pela variação do Bônus do Tesouro Nacional (BTN), ou outro parâmetro de correção monetária que venha a substituí-lo, vedada a aplicação dos recursos em pagamento de dívida e no quadro permanente de pessoal. (Destaque nosso).

f) **Lei nº 9.478/97,** ao tratar da Política Energética Nacional, das atividades relativas ao monopólio do petróleo, dentre outras disposições, determina, em seu art. 47 que:

> Art. 47. Os *royalties* serão pagos mensalmente, em moeda nacional, a partir da data de início da produção comercial de cada campo, em montante correspondente a dez por cento da produção de petróleo ou gás natural.
>
> § 1º Tendo em conta os riscos geológicos, as expectativas de produção e outros fatores pertinentes, a Agência Nacional do Petróleo poderá prever, no edital de licitação correspondente, a

> redução do valor dos *royalties* estabelecido no *caput* deste artigo para um montante correspondente a, no mínimo, cinco por cento da produção.
>
> § 2º Os critérios para o cálculo do valor dos *royalties* serão estabelecidos por decreto do Presidente da República, em função dos preços de mercado do petróleo, gás natural ou condensado, das especificações do produto e da localização do campo.
>
> § 3º A queima de gás em *flares*, em prejuízo de sua comercialização, e a perda de produto ocorrida sob a responsabilidade do concessionário serão incluídas no volume total da produção a ser computada para cálculo dos *royalties* devidos.

Ressaltamos que esta lei tratou dos *royalties*, mas não os definiu.

g) Decreto nº 2.705/98 – Compensação financeira:

> Art. 11. Os *royalties* previstos no inciso II do art. 45 da Lei nº 9.478/97, *constituem compensação financeira* devida pelos concessionários de exploração e produção de petróleo ou gás natural, e serão pagos mensalmente, com relação a cada campo, a partir do mês em que ocorrer a respectiva data de início da produção, vedadas quaisquer deduções (Destaque nosso).

h) Lei nº 12.351/2010 – Compensação financeira:

> Art. 2º Para os fins desta Lei, são estabelecidas as seguintes definições: (...) XIII - *royalties: compensação financeira* devida aos Estados, ao Distrito Federal e aos Municípios, bem como a órgãos da administração direta da União, em função da produção de petróleo, de gás natural e de outros hidrocarbonetos fluidos sob o regime de partilha de produção, nos termos do (...) (Destaque nosso)

Voltando à origem do termo, verificamos que os *royalties* constituem uma das formas mais antigas de pagamento de direitos. Originalmente, *royal* era o direito que os reis tinham de receber pagamento pela extração de minerais em suas terras.

Parte da doutrina,[172] vê os *royalties* como uma compensação financeira devida pela exploração, por toda infraestrutura e urbanização e, também, por todo o dano decorrente da exploração de petróleo e de gás. Por conseguinte, os *royalties* deveriam privilegiar e afetar os entes políticos que efetivamente são atingidos pela atividade da indústria petrolífera. Entendem que os *royalties* são espécie do gênero compensação financeira, tal como prevista no art. 20, § 1º, da CF.

Para outros, os *royalties* e a compensação financeira são realidades jurídicas distintas. Para alguns autores,[173] a obrigação de pagamento de *royalties* do petróleo, instituto de Direito civil, tem natureza contratual decorrente da cláusula exorbitante de contrato administrativo. Por sua vez, a compensação financeira devida pela exploração de minerais, de petróleo e de gás, decorre da lei. Em sendo assim, restaria descaracterizada a natureza da compensação prevista no art. 20, § 1º, da CF como *royalty* por retratarem diferentes realidades jurídicas.

E, isto é apenas o começo de uma variada série de entendimentos. Conheçamos alguns, salientando que os ora anunciados serão detidamente analisados em itens específicos mais adiante. Mas apenas a título de levantamento das diferentes opiniões sobre a classificação jurídica dos *royalties*, encontramos os seguintes entendimentos:

a) **receitas patrimoniais originárias** da União porque provêm

> (...) de bens públicos dominicais, quais sejam, os recursos minerais. A receita decorrente do pagamento de tal obrigação não tem origem no patrimônio particular, e sim no do próprio

---

172. GUTMAM, José. Op. cit.

173. PEIXOTO, Frederico Augusto Lins; MACHADO, Victor Penido. Distinções entre a CFEM e o royalty do petróleo e entre receita originária e derivada. *CFEM compensação financeira sobre a exploração de recursos minerais*. São Paulo: Quartier Latin, 2010.

Poder Público, vez que os recursos minerais pertencem à União.[174]

b) **indenização,** porque visam compor os efeitos negativos presentes e futuros advindos da perda de recursos naturais; pela necessidade dos entes políticos investirem em infraestrutura; pelos impactos ambientais e urbanos (carência de moradias, necessidade de prestação de atendimento médico a trabalhadores e a familiares, saneamento básico[175] etc.

c) **compensação financeira,** devida aos entes políticos afetados pela produção de petróleo e de gás em razão dos ônus sociais, econômicos e ambientais que lhes advém, bem como pelo esgotamento do recurso mineral.[176]

d) **contratual**, trata-se de uma estipulação contratual em favor de terceiros, em que a União e o concessionário pactuam as participações governamentais em favor dos Estados e dos Municípios.

Sustentou Cácio Oliveira Manoel[177] que:

> É possível concluir que os royalties têm uma natureza contratual de estipulação em favor de terceiros, sendo este um contrato acessório no contrato principal, que seria o contrato de concessão. A análise do contrato de concessão de uso do bem

---

174. CLEMES, Sergio. É devido o pagamento da compensação financeira por exploração de recursos minerais (CFEM), prevista na Lei nº 7.990/89? p. 1. Disponível em: <http//jus2.uol.com.br/doutrina/ texto.asp>. Acesso em: 03 abr. 2012.

175. TORRES, Ricardo Lobo. *Curso de direito financeiro e tributário*. 11. ed. Rio de Janeiro: Renovar, 2004. e FREDERICO, Daniel Braga. Alguns apontamentos acerca da natureza jurídica das participações governamentais do petróleo e do gás e seus reflexos práticos. *Revista Brasileira de Direito do Petróleo, Gás e Energia*, nº 1, Rio de Janeiro, p. 189-208, mar. 2006.

176. OLIVEIRA, José Marcos Domingues de. Aspectos tributários do direito do petróleo. In: ROSADO, Marilda (Org.). *Estudos e pareceres*: direito do petróleo e gás. Rio de Janeiro: Renovar, 2005. p. 493-504.

177. MANOEL, Cácio Oliveira. *Natureza jurídica dos royalties do petróleo*. 2º Congresso Brasileiro de P&D em Petróleo e Gás. Disponível em: <http://www.portalabpg.org.br/PDPetro/2/7056.pdf>. Acesso em: 10 mai. 2013.

público demonstrou a necessidade de compensação que o ente público deverá perceber em função da cessão de uso do bem não renovável, como é o caso do petróleo. Todavia, no mesmo encadear lógico-sistemático, verificou-se que o ente público contratante – União – não recebe nenhum tipo de benefício dos valores extraídos de royalty no contrato de concessão, sendo os Estados e Municípios os entes beneficiários desses valores.

Continua o autor aduzindo que:[178]

(...) no ordenamento jurídico nacional, o único instituto que se assemelha a essa situação fática, qual seja: dois entes distintos contratam entre si – União e Empresa Concessionária – e um terceiro – Estados e Municípios – recebem as benesses do contrato avençado, sem ônus, é a estipulação em favor de terceiro.

Afirma o autor em foco que:[179]

Conforme também discutido no corpo do trabalho, a estipulação em favor de terceiros apesar de ser tratada especificamente na seara cível, não se exaure o campo de aplicação nessa área, podendo perfeitamente ser utilizada em qualquer segmento jurídico, desde que atendidas as suas características essenciais, as quais são perfeitamente atendidas no nosso caso em particular.

Sendo assim, os royalties têm uma natureza jurídica de benefício repassado a terceiros, constitucionalmente definido em seu art. 20, XI, § 1º:

É assegurada, nos termos da lei, aos Estados, ao Distrito Federal e aos Municípios, bem como a órgãos da administração direta da União, participação no resultado da exploração de petróleo ou gás natural (...), ou compensação financeira por essa exploração (...).

Certamente houve uma imprecisão técnica na elaboração deste parágrafo da Carta Magna, por dois motivos claros: o primeiro que não há referência direta à necessidade dos Estados e Municípios estarem vinculados direta ou indiretamente à produção de petróleo, o que ocorre nas leis infraconstitucionais que dão eficácia a esse dispositivo constitucional. Nesse sentido, forma-se a idéia da natureza jurídica de estipulação em favor de

---

178. Idem.

179. Idem.

terceiros, pois os Estados e Municípios não são partes no contrato principal de concessão que é firmado entre a União e a Empresa Concessionária. Por outro lado, as Leis n.º 7.990/89 e 9.478/97 remetem os valores fixados na alíquota dos royalties a esses entes.

Conforme também discutido no corpo do trabalho, a estipulação em favor de terceiros apesar de ser tratada especificamente na seara cível, não se exaure o campo de aplicação nessa área, podendo perfeitamente ser utilizada em qualquer segmento jurídico, desde que atendidas as suas características essenciais, as quais são perfeitamente atendidas no nosso caso em particular.

Sendo assim, os royalties têm uma natureza jurídica de benefício repassado a terceiros, constitucionalmente definido em seu art. 20, XI, § 1º:

"É assegurada, nos termos da lei, aos Estados, ao Distrito Federal e aos Municípios, bem como a órgãos da administração direta da União, participação no resultado da exploração de petróleo ou gás natural (...), ou compensação financeira por essa exploração" (...).

Certamente houve uma imprecisão técnica na elaboração deste parágrafo da Carta Magna, por dois motivos claros: o primeiro que não há referência direta à necessidade dos Estados e Municípios estarem vinculados direta ou indiretamente à produção de petróleo, o que ocorre nas leis infraconstitucionais que dão eficácia a esse dispositivo constitucional. Nesse sentido, forma-se a idéia da natureza jurídica de estipulação em favor de terceiros, pois os Estados e Municípios não são partes no contrato principal de concessão que é firmado entre a União e a Empresa Concessionária. Por outro lado, as Leis n.º 7.990/89 e 9.478/97 remetem os valores fixados na alíquota dos royalties a esses entes.

Em verdade, a estipulação em favor de terceiros é feita de maneira obrigatória, decorrente deste dispositivo constitucional, qualificando a natureza jurídica desses royalties de forma diferente da que figura em outros ordenamentos.

O segundo motivo claro da imprecisão constitucional encontra-se na figuração dos órgãos da administração direta da União como beneficiários dos royalties. Em verdade, tais entes não são beneficiados por esses valores, haja vista que somente é possível considerar alguém como beneficiário quando é possível aplicar o benefício recebido em seu favor, o que não ocorre nos casos previstos na lei infraconstitucional que remete valores da alíquota dos royalties a algum órgão da Administração da União.

(...)

> Vistos e analisados os aspectos mais importantes do assunto, podemos encerrar afirmando que os royalties no ordenamento jurídico nacional não tem natureza compensatória, nos moldes internacionais, mas sim natureza de benefício transmitido por força constitucional, constituindo-se em uma estipulação em favor de terceiro incluída de maneira vinculada no contrato de concessão firmada entre a União e a Empresa Concessionária, na qual os Estados e Municípios figuram na relação contratual como os beneficiários dos *royalties*.

b) tributo, o legislador infraconstitucional instituiu impostos[180] ou CIDE.[181]

c) preço público,

> uma vez que a aquisição de recursos minerais somente pode se dar a partir de um contrato de compra e venda, dotado de todos os requisitos necessários para a cobrança de preço público pelo Estado.[182]

No Direito alienígena, exige-se dos concessionários o pagamento de *royalties*, como a contraprestação pela exploração de um patrimônio finito.

Com tais entendimentos não podemos concordar porque: (a) a União e o concessionário não estipulam no contrato de concessão qualquer benefício a favor de terceiros. O destino dos frutos da exploração e da produção de petróleo e de gás são constitucionalmente determinados; (b) identificamos diferentes regimes jurídicos aplicáveis aos *royalties*, às compensações e às indenizações, de forma que não podemos tomar esses vocábulos como sinônimos como desavisadamente o

---

180. MANOEL, Cácio Oliveira. Op. cit.

181. PEIXOTO, Frederico Augusto Lins; MACHADO, Victor Penido. Op. cit., p. 68-77.

182. Paulo Roberto Coimbra da Silva e Gabriela Cabral Pires. A CFEM como preço público. In: SILVA, Paulo Roberto Coimbra (Coord.). CFEM: compensação financeira pela exploração de recursos minerais. São Paulo: Quartier Lantin, 2010. p. 126-142.

fez o legislador infraconstitucional. Além disso, as diferentes classificações dos *royalties* consideraram a destinação dos recursos, não se atendo a análise do instituto em si. Logo, é preciso identificar a acepção semântica dos *royalties*, tal como a empregaremos nas presentes reflexões.

3.3. A acepção semântica do vocábulo *royalty* adotada nestas reflexões

Como se vê, os *royalties* possuem diferentes acepções semânticas, com diferentes consequências jurídicas. A doutrina e a jurisprudência ora os tonam por indenização, por compensação, por imposto e como fruto da arrecadação (compensação financeira).

Tal tratamento confuso, no que atine à exploração de petróleo e de gás, deve-se à incorporação acrítica ao direito positivo brasileiro do que é praticado na indústria de petróleo e de gás no exterior, sem que tenha havido um exercício classificatório de tal instituto. Verifica-se que os *royalties* são classificados pela sua destinação, havendo poucas reflexões quanto a sua forma de instituição e qual a diferença que pode ser estabelecida entre os *royalties* e os impostos.

Nestas reflexões, o vocábulo *royalty* será utilizado na seguinte acepção semântica: como a contraprestação financeira devida pelo usuário de um direito pertencente a outrem. No caso, o direito de explorar e de produzir petróleo. Sendo assim, a única pessoa política que pode receber os *royalties* do petróleo é a União Federal, por ser a detentora do patrimônio público explorado.

Logo, quando o art. 20, § 1º, da CF assegura aos Estados, ao Distrito Federal e aos Municípios compensação financeira pela lavra de petróleo e de gás, no respectivo território, não está se reportando ao *royalty*, mas sim a uma prestação pecuniária a ser destinada aos entes políticos que suportam os ônus exploratórios em seus domínios.

Portanto, um fato jurídico é a União receber *royalties* pela exploração do seu patrimônio; outro é a compensação que deve repassar aos demais entes políticos pelos ônus decorrentes da exploração de petróleo e de gás, nos seus âmbitos territoriais. Diversa, ainda, é a participação no resultado da exploração econômica da lavra de petróleo e de gás, que pode ser partilhada entre os todos os entes políticos, produtores ou não (exploração *offshore*).

Tratar por *royalty* a prestação pecuniária que a União deve repassar aos Estados, aos Municípios e ao Distrito Federal, nos termos do art. 20, § 1º, da CF, é dizer nada, já que o vocábulo *royalty*, sem maiores análises, tem sido empregado para designar indenização aos entes políticos, indenização esta calculada sobre a receita bruta do campo, olvidando os intérpretes que a indenização só pode ter por base de cálculo o valor efetivo do dano a ser recomposto, sob pena de enriquecimento sem causa ou da não recomposição do patrimônio lesado.

Igualmente, a compensação, tomada na acepção da linguagem natural, como recompensa ou reparação de incômodo ou dano não poder ter como base de retribuição um percentual incidente sobre o valor total de produção do campo.

Logo, a Constituição Federal quando determinou compensação financeira não se referia à contraprestação de direitos exploratórios, razão pela qual não fez qualquer alusão ao pagamento de *royalties*.

Diante disso, a bem do rigor técnico, é preciso identificar: (a) a quem são devidos os *royalties*; (b) quais são os meios jurídicos que o legislador federal criou para que a União consiga obter recursos com o resultado da lavra de petróleo e de gás; (c) se está assegurado pelo legislador infra-constitucional, a destinação do numerário, tal como determina o Texto Supremo, em seu art. 20, § 1º, a saber: compensação financeira e participação no resultado da exploração, que deverão ser repassados aos demais entes políticos; (d) bem como atinar quais são as bases de cálculo pertinentes a cada um destes fatos jurídicos.

Respondendo à primeira das indagações, reafirmamos que os *royalties* pela exploração de petróleo e de gás só são devidos à União Federal, na qualidade de dona do patrimônio público explorado (arts. 176 e 177 da CF).

O valor dos *royalties* devem ser representativos da fruição dos direitos exploratórios, não podendo tomar por base de cálculo o resultado ou a receita da lavra, visto que estes podem não existir.

A retribuição, devida pelo concessionário ou contratado à União, pelo uso do direito de explorar impõe-se quer a lavra seja produtiva ou não. A previsão para a cobrança de *royalties* deve estar na lei, mas o valor poderá ser fixado no contrato, à vista do caso concreto, variando de acordo com a expressividade do campo, riscos envolvidos, interesse da União na exploração etc.

Quanto ao meio jurídico utilizado pelo legislador infraconstitucional para onerar o produto da lavra, temos que houve a instituição de um imposto sobre o valor total da produção do campo, como logo demonstraremos.

A compensação financeira e a participação no resultado da exploração são destinações constitucionais do produto da arrecadação dos impostos incidentes sobre a produção. Tal destinação, embora imprestável para a identificação da espécie tributária, possui relevância jurídica, visto que a União deverá repassar compensação financeira pela exploração de petróleo e de gás aos entes políticos, produtores ou não, atingidos pelas externalidades advindas da lavra. Não se referiu a Constituição Federal à indenização. Nem poderia fazê-lo, visto que a indenização é devida em razão do dano decorrente de ato ilícito.

Já a compensação é devida quando a prática de ato lícito, de interesse coletivo, acarreta incômodo ou necessidade de maiores gastos públicos para os Estados, os Municípios e o Distrito Federal que o suportam.

Mas tal compensação só é devida se tais externalidades de fato ocorrerem e para suportar as perdas arrecadatórias dos Estados produtores, sendo que cada ente político só poderá recebê-la no montante específico do ônus ou da perda de receita tributária que suportou. Já a participação no resultado da exploração é devida aos entes políticos produtores, nos seus limites territoriais, e aos demais Estados, Municípios e Distrito Federal se a exploração ocorrer no mar territorial, na plataforma continental ou na zona econômica exclusiva, devendo ter por base de cálculo o valor do *resultado* da exploração, e não o valor total da exploração do campo.

Como os valores advindos da exploração de petróleo e de gás natural são de grande monta, só interessava ao político discutir o destino da arrecadação, não havendo qualquer rigor técnico na análise do que determinou a Constituição Federal, bem como na definição e classificação jurídica dos institutos. A sociedade apenas fez cálculos, razão pela qual o legislador, apressadamente, consignou que a compensação financeira prevista na Constituição Federal é sinônima de *royalty*.

Para demonstrar tal assertiva, passemos à análise da jurisprudência a cerca deste tema.

3.4. Entendimento jurisprudencial sobre o *royalty*

Tal como na doutrina, não se estabeleceu, entre nós, um critério jurisprudencial que permita identificar o que é *royalty*, o que é compensação pela exploração de petróleo e de gás, o que significa participação no resultado da exploração do campo. A jurisprudência colacionada abaixo evidencia esta afirmação. Vejamos:

> ADMINISTRATIVO. PETRÓLEO. *ROYALTIES*. ICMS. ATIVIDADES DE EXTRAÇÃO E DE REFINO E DISTRIBUIÇÃO. COMPETÊNCIA DA ANP. ILEGITIMIDADE

PASSIVA DA UNIÃO. DECRETO 01/91. LEI 9.478/97. DESTINAÇÃO DOS EQUIPAMENTOS.

Não ocorre violação do art. 535 do CPC quando o acórdão recorrido apresenta fundamentos suficientes para formar o seu convencimento e refutar os argumentos contrários ao seu entendimento. 2. Agência Nacional do Petróleo - Agência Nacional do Petróleo é competente para regular as atividades econômicas integrantes da indústria do petróleo (art. 8º da Lei nº 9.478/97) e estabelecer critérios para o pagamento de royalties. (art. 49, I, c, da Lei nº 9.478/97). 3. *A União é parte ilegítima para figurar como ré em causa relacionada ao pagamento de royalties, uma vez que apenas repassa os recursos aos Municípios, o que não configura interesse jurídico. 4. Admite-se a participação da União na lide como assistente litisconsorcial quando presente o seu interesse econômico.* 5. As instalações marítimas ou terrestres de embarque ou desembarque de óleo bruto estão arroladas no parágrafo único do art. 19 do Decreto nº 01/91, as quais não incluem parque de tancagem para armazenamento de petróleo, parque de bombas e transferência de petróleo, casa de bombas de combate a incêndio. 6. O critério a ser atendido para o pagamento de royalties é o da destinação dos equipamentos, os quais devem ser direta e primariamente voltados à extração do petróleo, e não à distribuição e refino. 7. O equilíbrio da distribuição entre os Municípios da riqueza relacionada à atividade petroleira é feito com a distribuição de royalties (diretamente ligadas à extração do petróleo) e com o recolhimento do ICMS (demais atividades relacionadas). 8. Recurso da UNIÃO parcialmente provido e recurso da Agência Nacional do Petróleo provido. (Destaque nosso)

(Superior Tribunal de Justiça - Processo: REsp 1.119.643 RS 2009/0014861-3. Relator(a): Ministra Eliana Calmon. Julgamento: 20/04/2010. Órgão Julgador: T2 - SEGUNDA TURMA. Publicação: *DJ* 29/04/2010).

Neste julgado chama a atenção o fato da disputa recair sobre o que se intitula como *royalties* do petróleo e o Tribunal concluir que a União é parte manifestamente ilegítima para figurar em feito que abriga tal discussão.

O único motivo que suporta tal conclusão, ou seja, que o dono do patrimônio explorado por terceiros, não é parte legítima para discutir os *royalties* que desse patrimônio advêm, é a falta de definição do que são os *royalties*, compensação financeira e participação no resultado da exploração do campo. Enquanto tais realidades jurídicas não forem identificadas e conceituadas, sistemicamente continuaremos a assistir acirradas disputas de valores, em prejuízo do que está posto na Constituição Federal e do que emerge do contexto do nosso direito positivo.

Se realmente a disputa judicial em apreço versasse sobre *royalties* do petróleo e do gás natural jamais a União Federal poderia ter a sua ilegitimidade declarada pelo Tribunal.

Prossigamos na análise:

> ADMINISTRATIVO. PAGAMENTO DE ROYALTIES. RESULTADO DA EXPLORAÇÃO DO PETRÓLEO OU DO GÁS NATURAL. INSTALAÇÃO TERRESTRE DE EMBARQUE E DESEMBARQUE. CRITÉRIOS DEFINIDOS PELA PORTARIA 29/2001 DA AGÊNCIA NACIONAL DO PETRÓLEO. LEGALIDADE. PODER REGULAMENTAR.
>
> 1. A matéria tratada nos presentes autos diz respeito ao pagamento de royalties, onde o Município Agravante afirma possuir dutos em seu território pelos quais transitam petróleo e gás natural e, portanto, como credora de royalties se vê privado de receber pagamento mensal devido por força da Portaria n° 29, de 22.02.2001, que mudou o conceito de zona de influência de embarque e desembarque.
>
> 2. *A Constituição Federal de 1988 previu, em seu artigo 20, parágrafo 1°, o pagamento aos Estados, ao Distrito Federal e aos Municípios de participação no resultado da exploração de petróleo ou gás natural, ou a compensação financeira por essa exploração.* <u>*Entretanto, a previsão de compensação financeira através de royalties somente é devida aos Estados e aos Municípios afetados*</u> *pela exploração e pela produção de petróleo ou gás natural, ou os que, não sendo produtores, detêm instalações marítimas ou terrestres de embarque ou desembarque (Lei n° 7.990/89, Lei n° 9.478/97 e Decreto 1/91). (Destaque nosso).*
>
> (...)
>
> 5. Agravo de instrumento não provido. Revogação da decisão que atribuiu efeito suspensivo ativo ao presente recurso.
>
> (Tribunal Regional Federal da 5ª. Região - Processo: AGTR 78780 AL 0040475-75.2007.4.05.0000. Relator(a): Desembargador Federal Francisco Barros Dias. Julgamento: 09/02/2010. Órgão

EXPLORAÇÃO DE PETRÓLEO E DE GÁS NATURAL

Julgador: Segunda Turma. Publicação: Fonte: Diário da Justiça Eletrônico - Data: 04/03/2010 - Página: 403 - N°: 41 - Ano: 2010.).

Aqui vale notar que em nenhum momento a Constituição Federal prevê pagamento de *royalties* aos Estados, aos Municípios e ao Distrito Federal, mas como não definiu compensação financeira, foi conveniente denominá-la de *royalty* e prosseguir na discussão de quanto se pagará e a quem.

CONSTITUCIONAL. PROCESSUAL CIVIL. SENTENÇA QUE DETERMINA INCLUSÃO DE MUNICÍPIO NO ROL DE BENEFICIÁRIOS DO PAGAMENTO DE *COMPENSAÇÃO FINANCEIRA (ROYALTIES). CONSTITUIÇÃO FEDERAL, ART. 20, IX, PARÁGRAFO 1°. NECESSIDADE DE O MUNICÍPIO INSERIR-SE NA CADEIA PRODUTIVA DE PETRÓLEO OU DE GÁS NATURAL. INEXISTÊNCIA DE PROVA NOS AUTOS DE QUE O MUNICÍPIO RECORRIDO PARTICIPA DA CADEIA PRODUTIVA DE PETRÓLEO OU DE GÁS NATURAL. IMPOSSIBILIDADE DO PAGAMENTO DA COMPENSAÇÃO FINANCEIRA AO MUNICÍPIO RECORRIDO.*

- *O pagamento de royalties não constitui receita ligada à distribuição ou ao consumo* de derivados de petróleo nem de gás processado, *rectius* não se relaciona com a existência de oleoduto/gasoduto ou ponto de entrega (vulgarmente conhecido como 'city gate'), *mas compensação financeira assegurada pela Constituição Federal (art. 20, IX, parágrafo 1°),* nos termos da lei, aos Estados, ao Distrito Federal e aos Municípios cujos territórios, plataforma continental, mar territorial ou zona econômica exclusiva estejam inseridos na cadeia de produção de petróleo ou gás natural.

- No caso, o município recorrido não faz prova do fato constitutivo do pretenso direito à percepção dos royalties, ou seja, a sua participação nas operações de produção da matéria-prima, mas só nas operações destinadas ao consumo, não se desincumbindo assim do ônus probatório previsto no art. 333, I, do Código de Processo Civil.

- *Impossibilidade de pagamento da compensação financeira (royalties) ao município recorrido.*

- Apelação e remessa oficial às quais se dá provimento. (Destaque nosso).

(Tribunal Regional Federal da 5ª. Região. Processo: APELREEX 1275 PE 0013058-16.2006.4.05.8300. Relator(a): Desembargador

Federal Lazaro Guimarães. Julgamento: 07/07/2009. Órgão Julgador: Quarta Turma. Publicação: Fonte: Diário Eletrônico Judicial - Data: 12/08/2009 - Página: 187 - N°: 153 - Ano: 2009).

O Supremo Tribunal Federal, ao analisar o pleito de um Município sergipano para que os *royalties* em disputa na lide fossem imediatamente a ele creditados, sob o argumento de que se assim não fosse haveria lesão à ordem, à saúde, à segurança e à economia públicas, negou a liminar perseguida por entender que os *royalties* do *petróleo possuem natureza indenizatória* e assim *não poderiam ser tomados como receita do Município*. O julgado está posto nos seguintes termos:

> Agravo Regimental em Suspensão de Liminar. 2. Conflito entre dois municípios sergipanos quanto aos limites de seus territórios, com repercussão direta na distribuição de royalties relativos à Estação Robalo da Petrobrás. 3. Decisão liminar que determinou à Agência Nacional do Petróleo o depósito judicial do *correspondente valor indenizatório* até o trânsito em julgado da ação ordinária. 4. Decisão da Presidência que indeferiu o pedido de suspensão. 5. Novo pedido de suspensão formulado pelo município de Pacatuba, autor da ação ordinária, após o julgamento de procedência da lide. 6. Manutenção dos pressupostos fáticos e jurídicos a determinar improvimento do recurso de agravo regimental e o indeferimento do pedido de suspensão. 7. Inexistência de lesão à ordem, à saúde, à segurança e à economia públicas. 8. Agravo Regimental conhecido e improvido e Pedido de Suspensão de Liminar
>
> O SENHOR MINISTRO GILMAR MENDES (RELATOR):
>
> O Município de Pirambu, no presente agravo regimental, defende que os royalties de petróleo podem ser utilizados em ações de saúde e educação, *apesar de sua natureza indenizatória,* e que, assim, a decisão liminar gera risco de grave lesão à economia municipal, na medida em que prejudica a execução de ações de saúde e educação. Postula a reforma da decisão da Ministra Ellen Gracie que indeferiu o pedido de suspensão da liminar. (destaque, agora).
>
> O Município de Pacatuba, uma vez julgada procedente a ação ordinária, requer a declaração de perda de objeto da SL n° 173 ou a suspensão da decisão liminar concedida pela 3º Vara Federal de Sergipe (SL n° 267). Defende que os royalties do petróleo são

fundamentais para a economia municipal e que não é razoável manter o depósito judicial até o trânsito em julgado da ação.

(...)

O pedido de suspensão da decisão liminar foi indeferido pela Ministra Ellen Gracie, então Presidente desta Corte, nos seguintes termos:

1. O Município de Pirambu, com fundamento nas Leis 4.348/64, 8.038/90 e 8.437/92, requer a suspensão da execução da decisão proferida pelo Juízo da 3º Vara Federal da Seção Judiciária do Estado de Sergipe nos autos da Ação sob o Procedimento Ordinário nº 2003.85.00.8501-1, que determinou à Agência Nacional do Petróleo – Agência Nacional do Petróleo que procedesse "ao depósito judicial, mês a mês, da quantia referente aos royalties decorrentes da instalação de embarque e desembarque da Petrobras intitulada Robalo, em conta corrente a ser aberta na Caixa Econômica Federal" (fls. 249-251). A decisão ora impugnada foi mantida pela 2º Turma do Tribunal Regional Federal da 5º Região no julgamento do Agravo de Instrumento nº 63.948/SE (Processo nº 2005.05.00.030053-6, fls. 17-25).

(...)

5. A Lei nº 8.437/92, em seu art. 4º, autoriza o deferimento do pedido de suspensão da execução de liminar em caso de manifesto interesse público e para evitar grave lesão à ordem, à saúde, à segurança ou à economia públicas.

No presente caso, entretanto, não há que falar em grave lesão à ordem e à economia públicas, porque a ação principal versa, em verdade, sobre conflito entre dois municípios sergipanos quanto aos seus limites territoriais, com repercussão direta na distribuição de royalties relativos à Estação Robalo da Petrobras de embarque e desembarque de petróleo e gás natural oriundos do mar.

Entendo, assim, ser prudente que se aguarde o deslinde final da controvérsia inaugurada na Ação sob o Procedimento Ordinário nº 2003.85.00.8501-1, *ante o fato de que os royalties têm natureza jurídica indenizatória. Anoto, por isso mesmo, que o Município de Pirambu não deveria transformar esses royalties em receita prevista com o objetivo de cobrir suas despesas correntes mensais, com saúde e educação, porquanto as importâncias a serem pagas a título de indenização sempre variarão de acordo com a produção e o preço do petróleo e do gás natural a serem embarcados e desembarcados na Estação Robalo, o que certamente recomenda ao administrador público a devida cautela em relação à alocação desses recursos.*

Assevere-se, por fim, que o Município de Pirambu, caso o Município de Pacatuba seja vitorioso na referida ação de retificação de dados proposta em desfavor do Instituto Brasileiro de Geografia e Estatística, será compelido a devolver o que tenha recebido indevidamente, em ação regressiva, e dificilmente poderá arcar com o montante extremamente elevado a ser fixado, já que, conforme exposto pelo próprio requerente, aproximadamente setenta por cento de suas receitas, atualmente, derivam dos royalties em tela.

6. Ante o exposto, indefiro o pedido. (SL n° 173, DJ 27.8.2007).

Como bem consignou a Ministra Ellen Gracie ao indeferir o pedido de suspensão, afigura-se prudente aguardar o transito em julgado do Processo n ° 2003.85.00.8501-1, de forma a garantir que os valores depositados sejam entregues ao vencedor desta contenda, evitando-se, assim, que um dos Municípios seja compelido a devolver ao outro valor extremamente elevado em ação regressiva.

Os royalties do petróleo têm natureza indenizatória, cujo valor varia de acordo com a produção e o preço do petróleo, não devendo ser transformado em receita corrente por nenhum dos municípios litigantes. (Destaque nosso).

(Supremo Tribunal Federal – Pleno – Ag. Reg. na Suspensão de Liminar 173-6 – Sergipe. Relator: Ministro Gilmar Mendes. Agravante: Município de Pirambu. Interessados:Estado de Sergipe, Município de Pacatuba e IBGE – 04.03.2009).

Ainda, o Superior Tribunal de Justiça assim se manifestou sobre os *royalties* do petróleo:

> PROCESSUAL CIVIL E ADMINISTRATIVO. OMISSÃO INEXISTENTE. PETRÓLEO. INSTALAÇÃO DE EMBARQUE E DESEMBARQUE DE PETRÓLEO. ABRANGÊNCIA. INEXISTÊNCIA DE DIREITO AOS *ROYALTIES*. DECRETO N° 01/91. LEGALIDADE.
>
> (...)
>
> 2. A questão recursal trata do conceito de "pontos de embarque e desembarque terrestre", regulados pelo Decreto 1/91, como condição necessária para o recebimento do direito de royalties pelos municípios.
>
> 3. Em síntese, com a interpretação do que são "pontos de embarque e desembarque terrestre" o município envolvido (de Imbé) teria, ou não, direito ao recebimento dos royalties.

EXPLORAÇÃO DE PETRÓLEO E DE GÁS NATURAL

4. *Precedente da Segunda Turma do STJ, da relatoria da Ministra Eliana Calmon, entendeu que os royalties configuram uma <u>recompensa financeira à exploração e produção do petróleo</u>, sendo* indevida uma interpretação extensiva a ponto de atingir outras etapas da cadeia econômica. (REsp 1.119.643/RS, Rel. Ministra Eliana Calmon, Segunda Turma, julgado em 20.4.2010, DJe 29.4.2010.)

5. Não há ilegalidade no Decreto n. 1/91, no seu poder regulamentar, porquanto "o critério a ser atendido para o pagamento de royalties é o da destinação dos equipamentos, os quais devem ser direta e primariamente voltados à extração do petróleo, e não à distribuição e refino" (REsp 1.119.643/RS).

6. Assim, nos mesmos termos em que julgado o REsp 1.119.643/RS, no presente caso o Município de Imbé apenas tem uma base de apoio onde se localiza a infraestrutura "necessária às operações principais, que se realizam nas monobóias localizadas no município vizinho de Tramandaí ", daí porque não se subsume ao conceito legal de "embarque ou desembarque de óleo bruto", nos termos do art. 19, parágrafo único, do Decreto 1/91.

Recurso especial da Agência Nacional do Petróleo conhecido em parte e nessa parte provido. Recurso do Município do Rio de Janeiro não conhecido".

(...)

Em estudo sobre o tema em discussão, Sérgio Honorato Santos define royalties nestas palavras: '*Os royalties constituem compensação financeira* devida, principalmente, a Estados, Distrito Federal e Municípios pelos concessionários de exploração e produção de petróleo e gás natural, e serão pagos mensalmente, com relação a cada campo, a partir do mês em que ocorrer a respectiva data de início da produção, vedada quaisquer deduções (Royalties do Petróleo à luz do Direito Positivo. Rio de Janeiro: Esplanada, 2001, p. 31).'

Forte nessa definição e levando-se em conta as normas acima reproduzidas, tem-se que os royalties foram concebidos como uma recompensa financeira devida aos entes federados em cujos territórios ocorram atividades afetas à exploração e produção do petróleo, sendo defesa uma interpretação larga a ponto de englobar também outras etapas da cadeia econômica, o que representaria contrariedade direta a preceitos legais. (Destaque nosso).

(Superior Tribunal de Justiça – Recurso Especial nº 1.169.906 - RJ - 2009/0237129 - Relator: Ministro Humberto Martins).

Nossas Cortes têm tratado os *royalties* como indenização, compensação ou participação no resultado da exploração, sem atentar para a diferença jurídica que há entre *indenização* – que requer a existência de dano e que, portanto, só pode ser arbitrada no valor exato do mesmo – royalty que se traduz em prestação pecuniária devida por quem explora economicamente o patrimônio de outrem – bem como *a compensação financeira e a participação no resultado da exploração* que também possuem critérios classificatórios próprios, como aqui será demonstrado.

As frequentes disputas judiciais em torno da titularidade do direito de auferir *royalties* as quais os Estados e os Municípios têm dado causa, em nada contribuem para o melhor tratamento técnico de realidades jurídicas distintas, a saber: indenização, *royalties*, compensação, dentre outras, que ora são tidas como sinônimas, em prejuízo do tratamento jurídico de todas as questões que daí advêm.

Nestas reflexões, definido que os *royalties* são contraprestações devidas por quem explora economicamente patrimônio de terceiros, não podemos deixar de abrir um parêntese para tratar, ainda que brevemente, da distribuição dos denominados *royalties* do petróleo porque, inobstante a discussão esteja impregnada de argumentos políticos, temos que a destinação dos recursos oriundos da exploração de petróleo e de gás tem matriz constitucional, sendo, portanto, tema a ser tratado no âmbito do nosso direito positivo.

3.5. Da polêmica distribuição dos valores intitulados de *royalties* do petróleo

De acordo com os critérios postos na Lei nº 9.478/97, o resultado econômico advindo da exploração de petróleo e de gás, no regime de concessão, deveria ser assim partilhado:

a) parcela do valor do *royalty*, previsto no contrato de concessão, que representa cinco por cento da produção:

- 70% (setenta por cento) aos Estados produtores;

- 20% (vinte por cento) aos Municípios produtores;

-10% (dez por cento) aos Municípios onde se localizarem instalações marítimas ou terrestres de embarque ou desembarque de óleo bruto e/ou gás natural;

b) compensação financeira aos Estados, o Distrito Federal e aos Municípios confrontantes, quando o óleo, o xisto betuminoso e o gás forem extraídos da plataforma continental, no percentual de 5% assim partilhado:

- 1,5% (um e meio por cento) aos Estados e Distrito Federal e 0,5% (meio por cento) aos Municípios onde se localizarem instalações marítimas ou terrestres de embarque ou desembarque;

-1,5% (um e meio por cento) aos Municípios produtores e suas respectivas áreas;

-1% (um por cento) ao Ministério da Marinha, para atender aos encargos de fiscalização e proteção das atividades econômicas das referidas áreas de 0,5% (meio por cento) para constituir um fundo especial a ser distribuído entre os Estados, os Territórios e os Municípios;

c) os Estados, Territórios e Municípios centrais, em cujos lagos, rios, ilhas fluviais e lacustres se fizer a exploração de petróleo, xisto betuminoso ou gás, farão jus à compensação financeira no percentual de 5%.

Para os contratos sob o regime de partilha da produção, prevê a Lei nº 12.351/2010 o seguinte:

> Art. 42. O regime de partilha de produção terá as seguintes receitas governamentais:
>
> I - *royalties*; e
>
> II - bônus de assinatura.
>
> § 1º Os royalties correspondem à compensação financeira pela exploração de petróleo, de gás natural e de outros hidrocarbonetos

fluidos de que trata o § 1º do art. 20 da Constituição Federal, vedada sua inclusão no cálculo do custo em óleo.".

§ 2º O bônus de assinatura não integra o custo em óleo, corresponde a valor fixo devido à União pelo contratado e será estabelecido pelo contrato de partilha de produção, devendo ser pago no ato de sua assinatura.

Posteriormente, o Projeto de Lei nº 2.565/2011, previu a seguinte partilha do resultado econômico da exploração de petróleo e de gás:

1) o *valor dos* royalties *previstos nos* <u>contratos de concessão</u>, <u>que representem 5% da produção</u>, seriam assim repartidos:

a) **quando a lavra ocorrer em terra ou em lagoas, rios, ilhas fluviais e lacustres**:

- 70% (setenta por cento) aos Estados onde ocorrer a produção;

- 20% (vinte por cento) aos Municípios onde ocorrer a produção;

- 10% (dez por cento) aos Municípios que sejam afetados pelas operações de embarque, de desembarque de petróleo, de gás natural e de outros hidrocarbonetos fluidos, na forma e critérios fixados pela Agência Nacional do Petróleo;

b) **quando a lavra ocorrer na plataforma continental, no mar territorial ou na zona econômica exclusiva**:

- 20% (vinte por cento) aos Estados confrontantes;

- 17% (dezessete por cento) para os Municípios confrontantes e as respectivas áreas geoeconômicas, conforme definido na Lei nº 7.525/86;[183]

---

183. Vide arts. 2º, 3º e 4º da Lei nº 7.525/86: Art. 2º. Para os efeitos da indenização calculada sobre o valor do óleo de poço ou de xisto betuminoso e do gás natural extraído da plataforma continental, consideram-se confrontantes com poços produtores os Estados, Territórios e Municípios contíguos à área marítima delimitada pelas linhas de projeção dos respectivos limites territoriais até a linha de limite da plataforma continental, onde estiverem situados os poços.

EXPLORAÇÃO DE PETRÓLEO E DE GÁS NATURAL

- 3% (três por cento) para os Municípios que sejam afetados pelas operações de embarque, de desembarque de petróleo, de gás natural e de outros hidrocarbonetos fluidos, na forma e critérios fixados pela Agência Nacional do Petróleo;

- *20% (vinte por cento) para a constituição de um fundo especial, a ser distribuído entre os Estados e se for o caso o Distrito Federal, desde que não tenham recebido recursos como produtores.* O Estado produtor ou confrontante e o Distrito Federal, se for o caso, poderá optar em receber os recursos do fundo especial ou receber os recursos como produtor. O rateio dos recursos do fundo especial obedecerá às mesmas regras do rateio do Fundo de Participação dos Estados e do Distrito Federal (FPE) de que trata o art. 159 da CF;

Art. 3º. *A área geoeconômica de um Município confrontante será definida a partir de critérios referentes às atividades de produção de uma dada área de produção petrolífera marítima e a impactos destas atividades sobre áreas vizinhas.* (Destaque nosso) Art. 4º. Os Municípios que integram tal área geoeconômica serão divididos em 3 (três) zonas, distinguindo-se 1 (uma) zona de produção principal, 1 (uma) zona de produção secundária e 1 (uma) zona limítrofe à zona de produção principal. § 1º. Considera-se como zona de produção principal de uma dada área de produção petrolífera marítima, o Município confrontante e os Municípios onde estiverem localizadas 3 (três) ou mais instalações dos seguintes tipos: I - instalações industriais para processamento, tratamento, armazenamento e escoamento de petróleo e gás natural, excluindo os dutos; II - instalações relacionadas às atividades de apoio à exploração, produção e ao escoamento do petróleo e gás natural, tais como: portos, aeroportos, oficinas de manutenção e fabricação, almoxarifados, armazéns e escritórios. § 2º. Consideram-se como zona de produção secundária os Municípios atravessados por oleodutos ou gasodutos, incluindo as respectivas estações de compressão e bombeio, ligados diretamente ao escoamento da produção, até o final do trecho que serve exclusivamente ao escoamento da produção de uma dada área de produção petrolífera marítima, ficando excluída, para fins de definição da área geoeconômica, os ramais de distribuição secundários, feitos com outras finalidades. § 3º. Consideram-se como zona limítrofe à de produção principal os Municípios contíguos aos Municípios que a integram, bem como os Municípios que sofram as conseqüências sociais ou econômicas da produção ou exploração do petróleo ou do gás natural. § 4º. Ficam excluídos da área geoeconômica de um Município confrontante, Municípios onde estejam localizadas instalações dos tipos especificados no parágrafo primeiro deste artigo, mas que não sirvam, em termos de produção petrolífera, exclusivamente a uma dada área de produção petrolífera marítima. § 5º. No caso de 2 (dois) ou mais Municípios confrontantes serem contíguos e situados em um mesmo Estado, será definida para o conjunto por eles formado uma única área geoeconômica.

- 20% (vinte por cento) para a constituição de um fundo a ser distribuído aos Municípios, desde que não tenham recebido recursos como produtores. O Município produtor ou confrontante poderá optar em receber os recursos do fundo especial ou receber os recursos como produtor.

O rateio dos recursos do fundo especial obedecerá às mesmas regras do rateio do Fundo de Participação dos Municípios (FPM) de que trata o art. 159 da CF.

A soma dos *royalties* pagos aos Municípios produtores e afetados na partilha e na concessão, somadas às participações especiais, não poderá ultrapassar o valor dos *royalties* pagos aos mesmos no ano de 2011 ou 2 vezes o valor *per capita* distribuído multiplicado pela população do Município, o que for maior. O restante será incluído no Fundo Especial para rateio entre os demais entes.

Valor dos royalties *previstos nos <u>contratos de concessão, que excedam 5% da produção,</u>* serão assim repartidos:

a) **quando a lavra ocorrer em terra ou em lagos, rios, ilhas fluviais e lacustres**:

- 52,5% (cinquenta e dois inteiros e cinco décimos por cento) aos Estados onde ocorrer a produção;

- 15% (quinze por cento) aos Municípios onde ocorrer a produção;

- 7,5% (sete inteiros e cinco décimos por cento) aos Municípios que sejam afetados pelas operações de embarque e desembarque de petróleo e de gás natural, na forma e no critério estabelecidos pela Agência Nacional do Petróleo;

- 25% (vinte e cinco por cento) para a União, a ser destinado ao Fundo Social, deduzidas as parcelas destinadas aos órgãos específicos da Administração Direta da União;

b) **quando a lavra ocorrer na plataforma continental**:

- 20% (vinte por cento) aos Estados confrontantes;

- 17% (dezessete por cento) para os Municípios confrontantes e respectivas áreas geoeconômicas, conforme definido na Lei nº 7.525/86;

- 3% (três por cento) para os Municípios que sejam afetados pelas operações de embarque, de desembarque de petróleo, de gás natural e de outros hidrocarbonetos fluidos, na forma e critérios fixados pela Agência Nacional do Petróleo

- 20% (vinte por cento) para a constituição de um fundo especial, a ser distribuído entre os Estados e, se for o caso, o Distrito Federal, desde que não tenham recebido recursos como produtores. O Estado produtor ou confrontante e o Distrito Federal, se for o caso, poderá optar em receber os recursos do fundo especial ou receber os recursos como produtor. O rateio dos recursos do fundo especial obedecerá às mesmas regras do rateio do Fundo de Participação dos Estados e do Distrito Federal (FPE) de que trata o art. 159 da CF.

- 20% (vinte por cento) para a constituição de um fundo a ser distribuído aos Municípios, desde que não tenham recebido recursos como produtores. O Município produtor ou confrontante poderá optar em receber os recursos do fundo especial ou receber os recursos como produtor. O rateio dos recursos do fundo especial obedecerá às mesmas regras do rateio do Fundo de Participação dos Municípios (FPM) de que trata o art. 159 da CF. A soma dos *royalties* pagos aos Municípios produtores e afetados na partilha e concessão, somadas às participações especiais, não poderá ultrapassar o valor dos *royalties* pagos aos mesmos no ano de 2011 ou 2 vezes o valor *per capita* distribuído multiplicado pela população do Município, o que for maior. O restante será incluído no Fundo Especial para rateio entre os demais entes.

- 20% (vinte por cento) para a União, a ser destinado ao Fundo Social, instituído por lei, deduzidas as parcelas destinadas aos órgãos específicos da Administração Direta da União.

O percentual reservado aos *Municípios* confrontantes quando a lavra ocorrer na plataforma continental, no mar territorial e na zona econômica exclusiva *será reduzido*, de forma gradual, dos atuais 17% para 4% até 2019. O percentual de 20% reservado ao Fundo Especial a ser distribuído aos *Estados e o Distrito Federal* quando a lavra ocorrer em plataforma continental, em mar territorial e em zona econômica exclusiva *será elevado*, de forma gradual, até o patamar de 27% até 2019.

Graficamente, a distribuição dos *royalties* no regime de concessão, com valor de produção *superior a 5%* será a seguinte:

Distribuição dos *Royalties*	Em terras, lagos e rios	Mar territorial
Estados produtores	52,5%	20%
Municípios produtores	15%	17%
Municípios afetados	7,5%	3%
Fundo Especial dos Estados e DF	-	20%
Fundo Especial dos Municípios	-	20%
União (Fundo Social)	25%	20%

A distribuição dos *royalties* no regime de concessão, com valor de produção **até 5%** ficará da seguinte forma:

Distribuição dos *Royalties*	Em terras, lagos e rios	Mar territorial
Estados produtores	70%	20%
Municípios produtores	20%	17%
Municípios afetados	10%	3%
Fundo Especial dos Estados e DF	-	20%
Fundo Especial dos Municípios	-	20%
União (Fundo Social)	-	20%

No *regime de partilha da produção*, os *royalties* seriam apurados com a aplicação da alíquota de 15% do valor da produção, devendo ser recolhidos a partir do início da produção comercial. Nesta modalidade, os *royalties* serão partilhados da seguinte forma:

a) **quando a lavra ocorrer em terra ou em lagoas, rios, ilhas fluviais e lacustres**:

- 20% (vinte por cento) para os Estados ou o Distrito Federal, se for ocaso, produtores.

- 10% (dez por cento) para os Municípios produtores.

- 5% (cinco por cento) para os Municípios que sejam afetados pelas operações de embarque, de desembarque de petróleo, de gás natural e de outros hidrocarbonetos fluidos, na forma e critérios fixados pela Agência Nacional do Petróleo.

- 25% (vinte e cinco por cento) para a constituição de um fundo especial, a ser distribuído entre os Estados e se for o caso o Distrito Federal, segundo critérios previstos em lei.

- 25% (vinte e cinco por cento) para a constituição de um fundo especial, a ser distribuído entre os Municípios, segundo critérios previstos em lei.

- 15% (quinze por cento) para a União, a ser destinado ao Fundo Social, instituído por lei, deduzidas as parcelas destinadas aos órgãos específicos da Administração Direta da União, nos termos do regulamento do Poder Executivo.

b) **quando a lavra ocorrer na plataforma continental, no mar territorial ou na zona econômica exclusiva**:

- 22% (vinte e dois por cento) para os Estados confrontantes.

- 5% (cinco por cento) para os Municípios confrontantes.

- 2% (dois por cento) para os Municípios que sejam afetados pelas operações de embarque, de desembarque de petróleo, gás natural e outros hidrocarbonetos fluidos, na forma e critérios fixados pela Agência Nacional do Petróleo.

- 24,5% (vinte e quatro inteiros e cinco décimos por cento) para a constituição de um fundo especial, a ser distribuído entre os Estados e se for o caso o Distrito Federal, segundo critérios previstos em lei.

- 24,5% (vinte e quatro inteiros e cinco décimos por cento) para a constituição de um fundo especial, a ser distribuído entre os Municípios, segundo critérios previstos em lei.

- 22% (vinte e dois por cento) para a União, a ser destinado ao Fundo Social, instituído por lei, deduzidas as parcelas destinadas aos órgãos específicos da Administração Direta da União, nos termos do regulamento do Poder Executivo.

Caso os Estados, o Distrito Federal ou os Municípios optem por receberem como produtores, não poderão participar do rateio da parcela do Fundo Especial, que será dividida entre os demais entes políticos. Se preferirem receber do Fundo Especial não receberão como produtores.

A soma dos *royalties* pagos aos Municípios produtores e afetados na partilha e concessão, somadas às participações especiais, não poderá ultrapassar o valor dos *royalties* pagos aos mesmos no ano de 2011 ou 2 vezes o valor *per capita* distribuído multiplicado pela população do Município, o que for maior. O restante será incluído no Fundo Especial para rateio entre as demais pessoas políticas.

Graficamente, temos que a partilha dos denominados *royalties* ficaria da seguinte forma:

Distribuição dos *Royalties*	Em terras, lagos e rios	Mar territorial
Estados produtores	70%	20%
Municípios produtores	20%	17%
Municípios afetados	10%	3%
Fundo Especial dos Estados e DF	-	20%
Fundo Especial dos Municípios	-	20%
União (Fundo Social)	-	20%

EXPLORAÇÃO DE PETRÓLEO E DE GÁS NATURAL

O Projeto de Lei nº 2.565/2011 foi convertido na Lei nº 12.734/2012, que modificou a Lei nº 9.478/97 e a Lei nº 12.351/2010, para determinar novas regras de distribuição entre os entes da Federação dos *royalties* e da participação especial devidos em função da exploração de petróleo, de gás natural e de outros hidrocarbonetos fluidos, e para aprimorar o marco regulatório sobre a exploração desses recursos no regime de partilha.

Da Lei nº 12.734/2012 consta que os *royalties* correspondem à compensação financeira devida à União, aos Estados, ao Distrito Federal e aos Municípios pela exploração e pela produção de petróleo, de gás natural e de outros hidrocarbonetos fluídos de que trata o § 1º do art. 20 da CF.

Aqui novamente consignamos a falta de rigor classificatório do legislador ao tomar os *royalties* por compensação financeira, sem atinar para a classificação jurídica de cada um desses institutos, bem como para o que determina a Constituição do Brasil no que respeita a destinação dos valores advindos da lavra de petróleo e de gás.

Insistimos na importância da identificação da classificação jurídica da compensação, dos *royalties*, da participação no resultado da exploração, da indenização, para que seja possível, a todos os envolvidos, verificar a real carga econômica que recai sobre a exploração de petróleo e de gás, visando impedir a incidência de várias cobranças ao mesmo título, que oneram atividade de importância vital para o País. É preciso saber o que se paga, a título de exploração de petróleo e de gás, não polarizando a discussão sobre o destino da arrecadação, como atualmente acontece.

Além disso, e tão importante quanto, é preciso assegurar a destinação constitucional de tais recursos, o que não foi implementado pela legislação infraconstitucional, que se limitou a aplicar alíquotas sobre o valor total da produção do campo e repartir tais recursos em termos meramente percentuais, alheia ao que determina o Texto Supremo quando prevê compensação ou participação no resultado da exploração.

Tais desatenções do legislador infraconstitucional proporcionou o equivocado entendimento dos Estados produtores, de que todos os frutos da exploração de petróleo e de gás lhes são devidos com exclusividade e não apenas a compensação dos valores que perderam com a arrecadação do ICMS e demais ônus comprovados, decorrentes da aludida atividade exploratória. Esqueceu o legislador, e agora tenta desastradamente reparar, o fato de que a Constituição Federal não veda aos demais entes políticos, não produtores, a participação no resultado da exploração quando esta ocorrer no mar territorial, na plataforma continental ou na zona econômica exclusiva.

Logo, os Estados produtores não podem contar com os repasses da exploração de petróleo e de gás como receita a ser garantida em prejuízo dos demais entes federativos, como também não podem os demais entes políticos olvidar que os Estados produtores não auferem receita tributária com a venda do petróleo e do gás.

Se tivesse sido implementada a compensação, tal como determinado pela Magna Carta, e assegurada a participação de todos os Estados, os Municípios e o Distrito Federal no resultado da exploração de petróleo e de gás, talvez hoje não se visse um conflito tão intenso entre os Estados produtores e os Estados não produtores, tão instabilizador do pacto federativo.

Basta analisar o texto da Lei n° 12.734/2012 para verificar-se a perpetuação dos equívocos. Vejamos. A nova lei alterou o art. 42 da Lei n° 12.351/2010, acrescentando, ainda, os arts. 42-A, 42-B e 42-C, a saber:

> Art. 42.
>
> (...)
>
> § 1° Os royalties, com alíquota de 15% (quinze por cento) do valor da produção, *correspondem à compensação financeira pela exploração do petróleo, de gás natural* e de outros hidrocarbonetos líquidos de que trata o § 1° do art. 20 da Constituição Federal,

sendo vedado, em qualquer hipótese, seu ressarcimento ao contratado e sua inclusão no cálculo do custo em óleo. (Destaque nosso).

§ 2º O bônus de assinatura não integra o custo em óleo e corresponde a valor fixo devido à União pelo contratado, devendo ser estabelecido pelo contrato de partilha de produção e pago no ato da sua assinatura, sendo vedado, em qualquer hipótese, seu ressarcimento ao contratado.

Art. 42-A. Os *royalties* serão pagos mensalmente pelo contratado em moeda nacional, e incidirão sobre a produção de petróleo, de gás natural e de outros hidrocarbonetos fluidos, calculados *a partir da data de início da produção comercial*. (Destaque nosso).

§ 1º Os critérios para o cálculo do valor dos *royalties* serão estabelecidos em ato do Poder Executivo, em função dos preços de mercado do petróleo, do gás natural e de outros hidrocarbonetos fluidos, das especificações do produto e da localização do campo.

§ 2º A queima de gás em flares, em prejuízo de sua comercialização, e a perda de produto ocorrida sob a responsabilidade do contratado serão incluídas no volume total da produção a ser computada para cálculo dos royalties, sob os regimes de concessão e partilha, e para cálculo da participação especial, devida sob regime de concessão.

Art. 42-B. Os *royalties* devidos em função da produção de petróleo, de gás natural e de outros hidrocarbonetos fluidos sob o regime de partilha de produção serão distribuídos da seguinte forma:

I - quando a produção ocorrer em terra, rios, lagos, ilhas lacustres ou fluviais:

a) 20% (vinte por cento) para os Estados ou o Distrito Federal, se for o caso, produtores;

b) 10% (dez por cento) para os Municípios produtores;

c) 5% (cinco por cento) para os Municípios afetados por operações de embarque e desembarque de petróleo, gás natural e outro hidrocarboneto fluido, na forma e critérios estabelecidos pela Agência Nacional do Petróleo, Gás Natural e Biocombustíveis (Agência Nacional do Petróleo);

d) 25% (vinte e cinco por cento) para constituição de fundo especial, a ser distribuído entre Estados e o Distrito Federal, se for o caso, de acordo com os seguintes critérios:

1. (VETADO);

2. o rateio dos recursos do fundo especial obedecerá às mesmas regras do rateio do Fundo de Participação dos Estados e do Distrito Federal (FPE), de que trata o art. 159 da Constituição;

3. (VETADO);

4. (VETADO);

5. (VETADO);

e) 25% (vinte e cinco por cento) para constituição de fundo especial, a ser distribuído entre os Municípios de acordo com os seguintes critérios:

1. (VETADO);

2. o rateio dos recursos do fundo especial obedecerá às mesmas regras do rateio do Fundo de Participação dos Municípios (FPM), de que trata o art. 159 da Constituição;

3. (VETADO);

4. (VETADO);

5. (VETADO);

f) 15% (quinze por cento) para a União, a ser destinado ao Fundo Social, instituído por esta Lei, deduzidas as parcelas destinadas aos órgãos específicos da Administração Direta da União, nos termos do regulamento do Poder Executivo;

II - quando a produção ocorrer na plataforma continental, no mar territorial ou na zona econômica exclusiva:

a) 22% (vinte e dois por cento) para os Estados confrontantes;

b) 5% (cinco por cento) para os Municípios confrontantes;

c) 2% (dois por cento) para os Municípios afetados por operações de embarque e desembarque de petróleo, gás natural e outro hidrocarboneto fluido, na forma e critérios estabelecidos pela Agência Nacional do Petróleo;

d) 24,5% (vinte e quatro inteiros e cinco décimos por cento) para constituição de fundo especial, a ser distribuído entre Estados e o Distrito Federal, se for o caso, de acordo com os seguintes critérios:

1. (VETADO);

2. o rateio dos recursos do fundo especial obedecerá às mesmas regras do rateio do Fundo de Participação dos Estados e do

Distrito Federal (FPE), de que trata o art. 159 da Constituição;

3. (VETADO);

4. (VETADO);

5. (VETADO);

e) 24,5% (vinte e quatro inteiros e cinco décimos por cento) para constituição de fundo especial, a ser distribuído entre os Municípios de acordo com os seguintes critérios:

1. (VETADO);

2. o rateio dos recursos do fundo especial obedecerá às mesmas regras do rateio do Fundo de Participação dos Municípios (FPM), de que trata o art. 159 da Constituição;

3. (VETADO);

4. (VETADO);

5. (VETADO);

f) 22% (vinte e dois por cento) para a União, a ser destinado ao Fundo Social, instituído por esta Lei, deduzidas as parcelas destinadas aos órgãos específicos da Administração Direta da União, nos termos do regulamento do Poder Executivo.

A Lei nº 12.734/2012 tem sido alvo de ações judiciais, não pela imprecisão técnica dos seus termos, mas pela divisão percentual dos *royalties* entre Estados e Municípios produtores e não produtores.

Para uns, está claramente posto no art. 20, § 1º, da CF que os *royalties* traduzem-se em compensação financeira devida em razão dos danos decorrentes da exploração de petróleo e de gás e que, portanto, só poderiam percebê-los os Estados e os Municípios diretamente afetados por tal atividade econômica. Além disso, sustentam que querem tirar os *royalties* do petróleo dos Estados e dos Municípios produtores, mas não querem pagar o ICMS do petróleo aos mesmos, o que prejudicaria em muito os Estados do Rio de Janeiro e Espírito Santo e seus municípios impactados.

Num breve apanhado dos argumentos favoráveis à distribuição de tais recursos *apenas aos Estados e Municípios produtores*[184] temos que:

a) as participações governamentais servem para compensar os produtores pelos custos ambientais e socioeconômicos decorrentes da exploração do petróleo. Os custos socioeconômicos estão associados à migração de mão de obra para o local e à necessidade de oferecer serviços para essa população, como saúde, educação e segurança, bem como à necessidade de oferecer infraestrutura para a atividade do petróleo.

b) os Estados produtores foram prejudicados na repartição do ICMS, porque, no caso do petróleo, ele é recolhido no destino, ao contrário do que ocorre com os demais bens e serviços, em que o ICMS é recolhido na origem.

c) Estados e Municípios produtores precisam se preparar quando as reservas de petróleo esgotarem.

Os principais argumentos favoráveis à distribuição de recursos para todos os Estados e Municípios *não produtores*,[185] são:

a) o petróleo pertence à União, portanto, a todos os brasileiros. É injusto que as suas receitas se concentrem em poucos Estados e Municípios.

b) alguns poucos Municípios auferem de *royalties* e de participação especial um valor superior à arrecadação tributária da grande maioria das capitais brasileiras.

---

184. SENADO FEDERAL. Nota Informativa n° 902, de 2012 - Referente à STC N° 2012-02611, da Consultoria Legislativa, acerca de elaboração de nota sobre as participações governamentais nas receitas de petróleo, com o objetivo de subsidiar a Comissão do Federalismo.

185. SENADO FEDERAL. Nota Informativa n° 902, de 2012 - Referente à STC N° 2012-02611, da Consultoria Legislativa, acerca de elaboração de nota sobre as participações governamentais nas receitas de petróleo, com o objetivo de subsidiar a Comissão do Federalismo.

c) quando a exploração de petróleo ocorre distante da costa os confrontantes não sofrem impacto ambiental. Ou, se sofrem, não necessariamente é de um campo ao qual seja confrontante, afinal, as correntes marinhas não obedecem à lógica de confrontação definida em lei.

d) em relação à compensação pelos problemas socioeconômicos, a atividade petroleira gera salários, encomendas, movimentação em hotéis etc., que incrementam a arrecadação tributária local em montante suficiente para fazer frente a eventuais gastos extras. Adicionalmente, há evidências empíricas de que há forte desperdício dos recursos recebidos.

e) não há vinculação entre receitas de petróleo e ICMS. Uma mudança na legislação que determina o recolhimento do ICMS no Estado de destino não iria se traduzir automaticamente em nova distribuição dos *royalties* e participação especial. Ademais, o recolhimento no destino não é exclusividade do petróleo;

f) o art. 3º da CF, ao tratar dos objetivos fundamentais da República Federativa do Brasil, elencou, dentre eles, a construção uma sociedade livre, justa e solidária bem como a redução das desigualdades sociais e regionais;

g) o art. 20, § 1º, da CF é categórico ao atribuir aos entes políticos, bem como aos órgãos da Administração Direta da União, a participação no resultado da exploração de petróleo e de gás, no respectivo território, não impedindo, contudo, que os demais entes políticos, não produtores, participem do resultado da exploração na plataforma continental, mar territorial ou zona econômica exclusiva;

h) a mudança de critérios para distribuição dos *royalties* não acarreta qualquer prejuízo para os contratos firmados, já que a única alteração residirá no destino do valor apurado.

Sustenta Gilberto Bercovici[186] que:

> Os *royalties* do petróleo, no entanto, não podem ser compreendidos como uma compensação pela exploração de recursos minerais nos territórios dos Estados, Distrito Federal e Municípios. Afinal, se forem compensação, a partilha dos recursos arrecadados não faria o menor sentido no caso da exploração de petróleo e gás natural na plataforma continental, na zona econômica exclusiva ou no mar territorial, cujos recursos naturais pertencem à União (art. 20, V e VI da Constituição). O texto do art. 20,§ 1º da Constituição busca garantir a participação no resultado da exploração de petróleo ou gás natural ou a compensação financeira por essa exploração. Os beneficiários são os Estados, Distrito Federal e Municípios e órgãos da Administração Direta da União. O texto, ainda, determina que os Estados, Distrito Federal e Municípios participem do resultado ou sejam compensados pela exploração no respectivo território. A menção à exploração na plataforma continental, mar territorial ou zona econômica exclusiva refere-se à participação no resultado da exploração dos órgãos da Administração Direta da União. Os órgãos da Administração Direta da União não podem receber compensação financeira pela exploração de petróleo e gás natural porque não possuem território em virtude do qual necessitem ser compensados. Estes órgãos só podem participar dos resultados nas situações em que a exploração se realiza em domínio federal, como a plataforma continental, mar territorial e zona econômica exclusiva. Do mesmo modo, os Estados, Distrito Federal e Municípios participam da exploração ou recebem compensação financeira em virtude desta exploração se dar em seus respectivos territórios. Não há razão para que alguns Estados e Municípios recebam recursos em virtude da participação na exploração ou da compensação financeira pela exploração que ocorre em domínio que não é seu, mas da União. Se o artigo 20, § 1º da Constituição for interpretado no sentido de que os Estados, Distrito Federal e Municípios têm direito a receber recursos em virtude da participação na exploração ou da compensação financeira pela exploração de petróleo e gás natural em domínio da União, a única alternativa constitucionalmente adequada, em virtude do art.3º, III, e 170, VII da Constituição de 1988, que determinam a redução das desigualdades regionais como

---

186. BERCOVICI, Gilberto. *Direito econômico do petróleo e dos recursos minerais*. São Paulo: Quartier Latin, 2011. p. 343-344.

EXPLORAÇÃO DE PETRÓLEO E DE GÁS NATURAL

objetivo da República e princípio conformador da ordem econômica, é a repartição desses recursos entre todos os entes da Federação, e não privilegiar apenas os que se situam geograficamente mais próximos das reservas petrolíferas.

O art. 3º da Lei nº 12.734/2012 foi vetado pela Presidente da República, na parte que diminuía a parcela de *royalties* e da participação especial dos contratos em vigor destinada aos Estados e Municípios produtores de petróleo. Nos contratos de partilha, firmados após a promulgação, aplicar-se-ão as normas nela previstas.

O Poder Executivo, inobstante tenha apresentados vetos à lei em comento, editou a MP nº 592, de 3 de dezembro de 2012, que modificou a Lei nº 9.478/97 e a Lei nº 12.351/2010, para determinar novas regras de distribuição, entre os entes da Federação, dos *royalties* e da participação especial decorrentes da exploração de petróleo, de gás natural e de outros hidrocarbonetos fluidos sob o regime de concessão, e para disciplinar a destinação dos recursos do Fundo Social.

A Lei nº 12.351, de 22 de dezembro de 2010, sofreu as seguintes alterações:

> Art. 42-B (...)
>
> II – (...)
>
> f) vinte e dois por cento para a União, a ser destinado ao Fundo Social.
>
> Art. 47 (...)
>
> § 3º Do total do resultado a que se refere o *caput* do art. 51 auferido pelo FS, cinquenta por cento deve ser aplicado obrigatoriamente em programas e projetos direcionados ao desenvolvimento da educação, na forma do regulamento.

A Lei nº 9.478/97, sofreu as seguintes alterações:

> Art. 48-A. A parcela do valor do royalty previsto nos contratos de concessão firmados a partir de 3 de dezembro de 2012 que representar cinco por cento da produção, correspondente ao

montante mínimo referido no § 1º do art. 47, terá a seguinte distribuição:

I - quando a lavra ocorrer em terra ou em lagos, rios, ilhas fluviais e lacustres, segundo os critérios estipulados pelo art. 48 desta Lei; e

II - quando a lavra ocorrer na plataforma continental, no mar territorial ou na zona econômica exclusiva, na forma do Anexo I a esta Lei.

Art. 49-A. A parcela do valor do *royalty* previsto nos contratos de concessão firmados a partir de 3 de dezembro de 2012 que exceder a cinco por cento da produção terá a seguinte distribuição:

I - quando a lavra ocorrer em terra ou em lagos, rios, ilhas fluviais e lacustres, segundo a forma estipulada pelo inciso I do caput do art. 49; e

II - quando a lavra ocorrer na plataforma continental, no mar territorial ou na zona econômica exclusiva, na forma do Anexo II a esta Lei.

Art. 50. (...)

§ 5º Os recursos da participação especial relativos à produção ocorrida nos contratos de concessão firmados a partir de 3 de dezembro de 2012 serão distribuídos na forma do Anexo III a esta Lei.

Art. 50-A. Serão integralmente destinados ao Fundo Social de que trata o art. 47 da Lei nº 12.351, de 2010, os valores dos *royalties* e da participação especial destinados à União de que tratam os arts. 48, 49 e o § 2º do art. 50 desta Lei nº e o art. 5º da Lei nº 12.276, de 2010, quando oriundos da produção realizada no horizonte geológico denominado pré-sal, em campos localizados na área definida no inciso IV do *caput* do art. 2º da Lei nº 12.351, de 2010.

Art. 50-B. As receitas de que tratam os arts. 48-A, 49-A e o § 5º do art. 50 serão destinadas, exclusivamente, para a educação, em acréscimo ao mínimo constitucionalmente obrigatório, na forma do regulamento.

Art. 81-A. As regras de distribuição estabelecidas nos arts. 48, 49, e no § 2º do art. 50 desta Lei aplicam-se apenas aos contratos de concessão celebrados até 2 de dezembro de 2012, observado o disposto no art. 50-A.

Parágrafo único. Ficam acrescidos os Anexos I, II e III à Lei nº 9.478, de 1997, na forma dos Anexos I, II e III a esta Medida

EXPLORAÇÃO DE PETRÓLEO E DE GÁS NATURAL

Provisória.

Art. 3º Ficam revogados:

I - o § 3º do art. 49 da Lei nº 9.478, de 6 de agosto de 1997;

II - o § 4º do art. 50 da Lei nº 9.478, de 6 de agosto de 1997; e

III - o § 2º do art. 49 da Lei nº 12.351, de 22 de dezembro de 2010.

Tal Medida Provisória não encontra amparo em nosso direito positivo, já que determina a Constituição Federal, em seu art. 66 e parágrafos, que o veto deve ser apreciado em sessão conjunta do Congresso Nacional, dentro de trinta dias a contar de seu recebimento, só podendo ser rejeitado pelo voto da maioria absoluta dos Deputados e Senadores, em escrutínio secreto. Se o veto *não for* mantido, será o projeto enviado, para promulgação, ao Presidente da República. Logo, é evidente que não pode o Chefe do Poder Executivo vetar a lei e em vez de aguardar a manifestação do Congresso Nacional, como determina a Constituição Federal, editar medida provisória para a regência do tema ao seu talante.

Sobre tal prática assim de manifestou o Ministro Gilmar Mendes, do Supremo Tribunal Federal:[187]

> 'Se há veto, a matéria tem de ser submetida ao Congresso, para que depois haja sua disciplina' (...) 'Parece que vai se tornar rotina a edição de MPs que podem gerar grande insegurança jurídica' (...) 'Me suscitam dúvidas essas soluções que vêm sendo engendradas, de a Presidência lançar mão do veto e anunciar uma medida complementar via MP' (...) 'Parece preocupante que o Congresso delibere sobre um dado modelo, que haja um veto, em seguida a edição de uma MP e que o Congresso venha a votar a MP, e não o veto'.

Quanto à adoção de medidas provisórias pelo Poder Executivo para suspender a eficácia das leis, temos que as medidas provisórias são inconcebíveis em um Estado

---

187. Gilmar Mendes critica uso de medida provisória para alterar lei dos *royalties*. Ministro do STF afirmou que edição de MP com o projeto ainda em tramitação pode abrir 'insegurança jurídica'. Agência Estado 03/12/2012 12:42:58.

democrático de Direito, que consagre a legalidade como princípio norteador das interações sociais. Viola o princípio republicano e a separação e a independência das funções estatais, que caracterizam o Estado Federal e a forma republicana de governo.

Neste entendimento, estamos na companhia da melhor doutrina nacional, já que nos valemos das lições de mestres incomparáveis, tais como Geraldo Ataliba,[188] Paulo de Barros Carvalho[189] e Celso Antônio Bandeira de Mello.[190]

Desfrutemos de tais ensinamentos, nas lições de Paulo de Barros Carvalho,[191] quando alerta para a imperiosa necessidade da ocorrência dos requisitos constitucionais da relevância e da urgência; da impossibilidade da reedição das medidas provisórias e demais aspectos:

> Agora, se os vocábulos *urgência e relevância* são portadores de conteúdo de significação de latitude ampla, sujeitos a critérios axiológicos cambiantes, que lhe dão timbre subjetivo de grande instabilidade, isto é outro problema, cuja solução demandará esforço construtivo da comunidade jurídica, especialmente do Poder Judiciário. Aquilo que devemos evitar, como singela homenagem à integridade das nossas instituições, é que tais requisitos sejam empregados acriteriosamente, sem vetor de coerência, de modo abusivo e extravagante, como acontecera com o decreto-lei. (Destaque nosso).

Quanto à reedição das medidas provisórias ensina que:[192]

---

188. Medida Provisória e tributos. RDT, Ano 13, jan-mar. 1989, v. 47. Seminário realizado do Auditório do Ministério da Fazenda, em 17/10/88.

189. Medidas Provisórias. Revista de Direito Público, n° 97, São Paulo, p. 37-42, 1991.

190. Perfil Constitucional das Medidas Provisórias- RDP - 95, p. 28-32.

191. Medidas Provisórias. Revista de Direito Público, n° 97, São Paulo, p. 37-42, 1991.

192. CARVALHO, Paulo de Barros. Op. cit.

(...) diríamos que o Congresso está investido da permissão bilateral (faculdade) de examinar a medida provisória. Poderá empreendê-lo por comissão, vale dizer, legislando no sentido de aprová-la (total ou parcialmente) ou de rejeitá-la; como terá, também, a autorização de rejeitá-la, sobre ela não legislando no período de 30 dias, manifestando-se por omissão. Esta ultima, aliás, é uma das alternativas da previsão constitucional, um legítimo direito de que está investido nosso Parlamento, exercendo as prerrogativas que o parágrafo único do art. 62 da Constituição lhe confere. Ora, salta aos olhos que o exercício desse direito não pode ser tolhido pelo Presidente da Republica, mediante a reedição da medida. Com providência desse jaez o Chefe do Executivo inibe uma explícita permissão constitucional atribuída ao Congresso que, ao rejeitar por decurso de tempo a medida encaminhada, estaria operando a autorização de não-fazer, não-legislar, conduta omissiva para a qual está habilitado.

Entretanto, tal veículo introdutor de normas jurídicas, a despeito de toda a sua incompatibilidade com os princípios constitucionais que regem nosso ordenamento jurídico, tem a sua aplicação admitida pelo Supremo Tribunal Federal, como o comprovam os acórdãos proferidos nas seguintes ações diretas de declaração de inconstitucionalidade: ADI-MC 293/DF; ADI 221/DF; ADI 259; ADI 425; ADI 1.442; ADI 1.454; ADI 1.647; ADI 1.716; ADI 1.922; ADI 1.976; ADI 1.998; ADI 2.003; ADI 2.065; ADI 3.289; ADI 3.290; ADI-MC 162; ADI-MC 221; ADI-MC 223; ADI-MC 272.

A Lei n° 12.734/2012 foi alvo de várias ações diretas de declaração de inconstitucionalidade, ajuizadas pelos Estados produtores de petróleo. A ação do Estado do Rio de Janeiro, maior Estado produtor até então, lastreia-se nos seguintes fundamentos (ADI 4.917/2013):

a) impugnação às novas regras de distribuição dos *royalties* e participações especiais devidos pela exploração do petróleo, introduzidas pela Lei n° 12.734/2012. De forma específica, são impugnados os arts. 42-B; 42- C; 48, II; 49, II; 49-A; 49-B; 49-C; 50; 50-A; 50-B; 50-C; 50-D; e 50-E da Lei n° 9.478/97, todos com a redação dada pela Lei n° 12.734/2012.

b) o pagamento de *royalties* e participações especiais insere-se no pacto federativo originário da Constituição de 1988, sendo uma contrapartida ao regime diferenciado do ICMS incidente sobre o petróleo (pago no destino, e não na origem), bem como envolve, por imperativo do art. 20, § 1º, da CF uma compensação pelos ônus ambientais e de demanda por serviços públicos gerados pela exploração desse recurso natural.

c) a absoluta ilegitimidade da aplicação do novo regime às concessões firmadas anteriormente à promulgação da Lei nº 12.734/2012.

d) a Constituição Federal faz uma associação direta e inequívoca entre o pagamento da compensação e o fato de haver produção situada no ente. Além da literalidade do dispositivo, a lógica da compensação aos produtores é justificada por diversas razões objetivas, igualmente baseadas na Constituição. Embora o bem pertença à União (arts. 20, IX, e 176, *caput*, ambos da CF), sua produção gera uma série de ônus e riscos para os entes locais em cujo território ocorre a exploração. Por conta disso, a Constituição Federal exige que os Estados e os Municípios produtores sejam compensados. Sustenta que os *royalties* possuem natureza indenizatória e não redistributiva.

e) a Constituição Federal estabeleceu exceção à regra geral ao regime do ICMS sobre operações interestaduais com o petróleo, deslocando a sua incidência do Estado de origem da mercadoria para o estado de destino (alínea *b* do inc. X do art. 155 da CF) exatamente para que haja coerência no sistema federativo: os Estados produtores, embora não arrecadem o ICMS, devem receber os recursos previstos no art. 20, § 1º. As receitas, assim, se compensam em alguma medida.

f) as novas normas causaram a ruptura do próprio equilíbrio federativo, pois os Estados não produtores passaram a se beneficiar da arrecadação de ICMS e de uma inusitada compensação por prejuízos que nunca tiveram.

g) houve ofensa ao ato jurídico perfeito porque o Estado do Rio de Janeiro celebrou um contrato de refinanciamento da sua dívida com a União, no qual ficou pactuado que a amortização do débito seria feita pela cessão das cotas dos *royalties* e participações especiais. Diante disso, entende que a União não pode se valer da sua competência legislativa para tornar inviável o cumprimento do contrato que celebrou com o Estado, causando-lhe grandes prejuízos.

O Supremo Tribunal Federal, ao apreciar o pedido de liminar do Estado do Rio de Janeiro, nos autos da MC ADI 4.917/DF deferiu a liminar, *ad referendum* do Plenário, pelos seguintes fundamentos:

> 28. Razão de direito assiste ao Autor.
>
> Pelo menos em sede acauteladora, a plausibilidade dos fundamentos apresentados, que põem no centro da discussão processual a eficácia do princípio federativo e as regras do modelo constitucionalmente adotadas, conduz ao deferimento da medida cautelar requerida.
>
> A dicção do § 1º do art. 20 da Constituição brasileira define os titulares do direito à participação no resultado da exploração de petróleo ou gás natural no respectivo território, plataforma continental, mar territorial ou zona econômica exclusiva, ou compensação financeira por essa exploração.
>
> O direito das entidades federadas, Estados e Municípios, constitucionalmente assegurado, decorre de sua condição territorial e dos ônus que têm de suportar ou empreender pela sua geografia e, firmado nesta situação, assumir em sua geoeconomia, decorrentes daquela exploração. Daí a garantia constitucional de que participam no resultado ou compensam-se pela exploração de petróleo ou gás natural.
>
> Como observado por Célio Borja, no parecer antes mencionado, *"a Constituição não partilha participação na produção nem compensação financeira a Estados e Municípios de cujos territórios o petróleo e o gás não são extraídos ou que não se delimitam*

geograficamente com as áreas exploradas, nem concorrem operacionalmente para a produção, porque [...] esses direitos federativos são territoriais e decorrem de confrontação com as jazidas exploradas. A inexistência dessas vinculações topográficas, produtivas e operacionais exclui Estados e Municípios da participação no resultado da exploração e na compensação financeira" (fl. 10 do parecer).

29. A alteração legislativa promovida, a aquinhoar Estados e Municípios não ajustados nas condições territoriais constitucionalmente descritas, com participação nos resultados da exploração de petróleo e gás natural ou com valores compensatórios, mostra-se dissonante da norma constitucional apontada como paradigma.

Note-se que o recebimento de valores pelos Estados e Municípios contemplados pelas regras legislativas questionadas corresponde à perda financeira e jurídica – pois de direito se cuida, segundo alega o Autor, em questão a ser resolvida em julgamento de mérito da presente ação – daqueles que se põem como titulares do direito previsto no § 1º do art. 20 da Constituição brasileira.

30. Também merece relevo a assertiva do Autor de que, sistema jurídico como é a Constituição, a sua interpretação impõe o cuidado integral e o sentido completo a ser acolhido na interpretação de suas normas.

A participação no resultado da exploração de petróleo ou gás natural ou compensação financeira por essa exploração acomoda-se a modelo tributário, que fixa orientação diversa para Estados titulares desse direito (previsto no § 1º do art. 20) e para aqueles que com tais recursos não podem contar.

Daí a norma da al. b do inc. X do § 2º do art. 155 da Constituição, segundo a qual não incidirá ICMS sobre operações que destinem a outros Estados petróleo, inclusive lubrificantes, combustíveis líquidos e gasosos dele derivados e energia elétrica. Vale dizer, orienta-se a hipótese de incidência tributária segundo o destino e não a origem do produto tributado, exatamente para se acomodar o regime de finanças na Federação.

A alteração das regras relativas ao regime de participação no resultado da exploração de petróleo ou gás natural ou da compensação pela exploração, sem mudança constitucional do sistema tributário, importa em desequilibrar o tão frágil equilíbrio federativo nacional e em desajustar, mais ainda, o regime financeiro das pessoas federadas sem atenção aos princípios e às regras que delineiam a forma de Estado adotada constitucionalmente.

EXPLORAÇÃO DE PETRÓLEO E DE GÁS NATURAL

Como ensina Carlos Maximiliano, *"quando o estatuto fundamental define as circunstâncias em que um direito pode ser exercido... esta especificação importa proibir, implicitamente, qualquer interferência legislativa para sujeitar o exercício do direito a condições novas ou estender a outros casos a penalidade. [...] Quando as palavras forem suscetíveis de duas interpretações, uma estrita, outra ampla, adotar-se-á aquela que for mais consentânea com o fim transparente da norma positiva"* (MAXIMILIANO, Carlos. Hermenêutica e aplicação do direito. Rio de Janeiro: Forense, 1988, os. 313/14).

Na espécie em exame, a Constituição estabeleceu normas que se ajustam, coordenam-se, completam-se com finalidade clara de garantir a participação de Estados e Municípios em situação geográfica definida ou compensá-los pelos ônus decorrentes de sua situação.

O enfraquecimento dos direitos de algumas entidades federadas não fortalece a federação; compromete-a em seu todo.

E se uma vez se desobedece a Constituição em nome de uma necessidade, outra poderá ser a inobservância de amanhã em nome de outra. Até o dia em que não haverá mais Constituição.

O direito de Estados e Municípios, a ser exercido nos termos da lei, não pode ser porta de entrada para o seu amesquinhamento pelo legislador, não se podendo permitir seja esse direito constitucionalmente estabelecido mais formal que real, ainda que o objetivo tenha sido o de angariar novos recursos às demais entidades federadas, igualmente necessitadas de novos aportes para fazer face às demandas sociais.

Por mais nobres e defensáveis sejam os motivos que conduzem os legisladores, não se atém o controle de constitucionalidade a suas razões, mas à compatibilidade do ato legislado com as normas constitucionais.

Da inaplicação das novas regras aos royalties devidos pelas concessões instituídas com base na legislação antes vigente

31. O Autor formula pleito subsidiário, contido, de certa forma, no primeiro e mais amplo, mencionado nos vetos da Presidenta da República, relativo à inaplicação das regras alteradas da Lei n. 9.478/1997 às concessões aperfeiçoadas, porque tanto feriria *"o direito adquirido às participações atreladas às concessões já celebradas...da incidência dos princípios da segurança jurídica, da responsabilidade fiscal e da boa-fé objetiva"* (fls. 40).

Quanto à alegação de afronta ao inc. XXXVI do art. 5º da Constituição do Brasil, relativa ao direito adquirido mencionado pelo Autor, é de se observar serem protegidos constitucionalmente, como direitos fundamentais, o direito adquirido, o ato jurídico perfeito e a coisa julgada.

Esses institutos são desdobramentos ou especificações do princípio da segurança jurídica, um dos esteios da ideia de Justiça, cuja concretização é buscada pelo direito. O direito ordena (é ordem normativa) em busca da Justiça (sua finalidade) para tanto propiciando segurança (que é a força do direito para conforto de todas as pessoas).

No caso agora examinado não se há de pretender – nem está expresso no regramento legal questionado, conquanto seja temor do Autor desta e das outras ações diretas ajuizadas questionando as mesmas normas – que a nova legislação seja aplicada a atos jurídicos aperfeiçoados nos termos da legislação vigente ao tempo de sua prática.

Das concessões acabadas decorreram direitos que ingressaram no patrimônio público das pessoas federadas e que, mesmo se desdobrando em recebimentos de valores no presente e parcelas no futuro, fundamentam-se em processos findos, válidos, que se formaram e se aperfeiçoaram segundo a legislação vigente no período em que se deram os seus atos.

Aplicar a nova legislação àqueles atos e processos aperfeiçoados segundo as normas vigentes quando de sua realização seria retroação, dotar de efeitos pretéritos atos e processos acabados segundo o direito, em clara afronta à norma constitucional do inc. XXXVI do art. 5º, antes mencionado.

Como indaguei em outra decisão, se nem certeza do passado o brasileiro pudesse ter, de que poderia ele se sentir seguro no Estado de Direito? Já se disse que o Brasil vive incerteza quanto ao futuro (o que é da vida), mas tem também insegurança quanto ao presente (o que precisa ser depurado para que as pessoas vivam o conforto da certeza das coisas, pois certezas das gentes não há), e o que é pior e incomum, também tem por incerto o passado.

A expressão normativa questionada põe em ênfase este dado: não seria dever do Estado, acatando a Constituição que tem na segurança jurídica e no respeito incontornável e imodificável ao ato jurídico perfeito, garantir a certeza, pelo menos quanto ao passado e acabado, como se dá com as concessões feitas?

Tem razão, no ponto, o Autor, ao requerer a suspensão de efeitos das normas modificadas porque poderiam ser interpretadas no sentido da possibilidade de sua aplicação imediata e com efeitos retro.

EXPLORAÇÃO DE PETRÓLEO E DE GÁS NATURAL

Tanto causaria insegurança jurídica, financeira e política, pelo que não podem prevalecer as normas até o seu julgamento por este Supremo Tribunal Federal.

32. De se anotar, ainda, que se for (ou se fosse) constitucionalmente possível – e há densa plausibilidade de não o ser – possa ser promovida alteração da matéria na forma feita (alteração legislativa é certo ser possível, porque a matéria cuidada no § 1º do art. 20 da Constituição assegura direito "nos termos da lei"), poder-se-ia chegar, talvez, a duas incongruências da nova legislação com os princípios e regras constitucionais: em primeiro lugar, Estados e Municípios não dotados dos requisitos constitucionais para titularizar direito à participação no resultado da exploração de petróleo e de gás natural passariam a receber recursos que, em contrapartida, seriam retirados do que se tem como direito de outros Estados e Municípios, em afronta ao que dispõe o § 1º do art. 20 da Constituição. Em segundo lugar, o legislador teria alterado, tácita e indiretamente, o sistema tributário, pois a regra da al. b do inc. X do § 2º do art. 155 da Constituição do Brasil estabelece regime que se compõe com a interpretação e aplicação do § 1º do art. 20 nos termos legislados antes da alteração agora promovida. Estados e Municípios titulares do direito à participação no resultado da exploração de petróleo e gás natural ou compensação financeira por essa exploração teriam diminuído os recebimentos decorrentes da aplicação desse dispositivo e não teriam sido beneficiados com o que lhes é negado constitucionalmente quanto ao ICMS.

O orçamento aprovado pelas entidades federadas para o ano de 2013 considerou a realidade jurídica de 2012, quando inexistentes ou inaplicáveis as novas regras, pelo que não haveria como assegurar o cumprimento do arcabouço normativo vigente (tais como a Lei de Responsabilidade Fiscal e a Lei Orçamentária) se a aplicação da nova legislação fosse imediata, alargando seus efeitos até mesmo sobre o passado e atingindo, assim, atos jurídicos perfeitos.

Também por isso se mostra imprescindível seja a matéria questionada nesta ação objeto de discussão e decisão definitiva pelo Plenário deste Supremo Tribunal Federal.

33. A suspensão de efeitos de ato legislativo é exceção, sendo a regra a validade constitucional das leis.

Entretanto, como ensinava Ruy Barbosa, *"onde se estabelece uma Constituição, com delimitação da autoridade para cada um dos grandes poderes do Estado, claro é que estes não podem ultrapassar essa autoridade, sem incorrer em incompetência, o que em direito equivale a cair em nulidade"* (BARBOSA, Ruy – Op. cit., v. I, p. 8). Ruy transcreve Marshall, artífice maior do controle de constitucionalidade das leis no direito moderno, na passagem em que se encarece que *"Definiram-se e demarcaram-se os poderes da legislatura; e, para que sobre tais limites não ocorresse erro, ou deslembrança, fez-se escrita a Constituição. ... Ou havemos de admitir que a Constituição anula qualquer medida legislativa, que a contrarie, ou anuir em que a legislatura possa alterar por medidas ordinárias a Constituição. Não há contestar o dilema. Entre as duas alternativas não se descobre meio termo. Ou a Constituição é uma lei superior, soberana, irreformável por meios comuns; ou se nivela com os atos de legislação usual, e, como estes, é reformável ao sabor da legislatura. Se a primeira proposição é verdadeira, então o ato legislativo, contrário à Constituição, não será lei; se é verdadeira a segunda, então as Constituições escritas são absurdos esforços do povo, por limitar um poder de sua natureza ilimitável. Ora, com certeza, todos os que têm formulado Constituições escritas, sempre o fizeram com o intuito de assentar a lei fundamental e suprema da nação; e, conseguintemente, a teoria de tais governos deve ser que qualquer ato de legislatura, ofensivo da Constituição, é nulo"* (Idem).

Conquanto apenas em sede acauteladora de direitos fundamentais federativos, a argumentação apresentada pelo Autor da presente ação e a demonstração por ele feita dos riscos iminentes e de efeitos de difícil desfazimento a serem suportados por Estados e Municípios que se creem titulares do direito prescrito no § 1º do art. 20 da Constituição, conduz ao imediato deferimento do requerido, para suspender os efeitos dos arts. 42-B; 42-C; 48, II; 49, II; 49-A; 49-B; 49-C; § 2º do art. 50; 50-A; 50-B; 50-C; 50-D; e 50-E da Lei Federal n. 9.478/97, com as alterações promovidas pela Lei n. 12.734/201, ad referendum do Plenário deste Supremo Tribunal Federal, até o julgamento de mérito da presente ação.

Da Medida Provisória n. 592/2002

34. O Autor menciona, em rápidas linhas e sem aprofundamento ou justificativa específica e articulada, que também a Medida Provisória n.592/2012 estaria eivada de inconstitucionalidade, mesma nódoa que teria tisnado a Lei n. 12.734/2002.

Observa que a Medida Provisória n. 592/2002 *"adota[ria] um regime de partilha de royalties quase idêntico ao da referida lei [Lei n. 12.734/2012,] derrubado o veto, o Congresso Nacional teria igualmente superado os dispositivos da medida provisória que tratam dos percentuais de partilha, inclusive e sobretudo em razão da clara superposição que se estabeleceu".*

35. A Medida Provisória n. 592, de 3 de dezembro de 2012, modifica "*as Leis n. 9.478, de 6 de agosto de 1997, e n. 12.351, de 22 de dezembro de 2010, para determinar novas regras de distribuição entre os entes da Federação dos royalties e da participação especial decorrentes da exploração de petróleo, gás natural e outros hidrocarbonetos fluidos sob o regime de concessão, e para disciplinar a destinação dos recursos do Fundo Social*".

O Autor observa que "*além de vetar parte do que hoje é a Lei n.12.734/2012, a Presidenta da República também editou a Medida Provisória n.592/2012, que adota um regime de partilha quase idêntico ao da referida lei. Por conta disso, os argumentos da presente ação foram desenvolvidos a partir do pressuposto de que, derrubado o veto, o Congresso Nacional teria igualmente superado os dispositivos da medida provisória que tratam dos percentuais de partilha, inclusive e sobretudo em razão da clara superposição que se estabeleceu. Contudo, na eventualidade de assim não se entender, o requerente pede, desde já, que se considerem aditados os pedidos formulados na presente ação a fim de que neles se inclua a impugnação também da Medida Provisória n. 592/2012 [...] particularmente do seu art. 2º, que atribui nova redação aos arts. 48-A e 50, § 5º da Lei n. 9.478/97. Com a superação do veto, as mesmas razões que conduzem à invalidade da lei se aplicariam também à MP*" (fls. 25).

Não há requerimento de suspensão cautelar dos efeitos dessa Medida Provisória, apenas pedido de mérito (fls. 50), mas sempre "*pedido eventual de inconstitucionalidade ...*".

36. Consta do sítio da Câmara dos Deputados, em 17.3.2013, não ter sido apreciada aquela Medida Provisória pelas Casas do Congresso.

Não há como se afirmar, portanto, e como apenas sugere o Autor, sem desenvolver argumentos quanto à incompatibilidade daquela Medida Provisória com a Constituição da República, que as normas nela contidas teriam sido revogadas, ainda que implicitamente, pela superação do veto aposto pelo Poder Executivo em relação, especialmente, às normas dos arts. 42-B, inc. II, alínea F; 49-A, inc. I e II, e parágrafo único; 50, § 5º; 50-A e 50-B nos termos da Lei n. 12.734/2002.

37. O exame das medidas provisórias pelo Congresso Nacional há ser realizado em conformidade com os princípios e as regras do devido processo legislativo.

De se esclarecer, inicialmente, que a superação dos vetos apresentados em 30.11.2012 pela Presidenta da República, Dilma Rousseff, (Mensagem 522/2012), na sessão do Congresso

Nacional de 7.3.2013, não tornam inválidas, automaticamente, as normas da Medida Provisória n. 592/2002 que tratam de pontos e forma diversa a matéria.

38. A plausibilidade do alegado quanto às normas questionadas da Lei n. 12.734/2012 e a urgência qualificada da medida cautelar requerida e agora deferida não se mostram tão evidentes em relação aos dispositivos da Medida Provisória, que sequer são transcritos e sobre os quais não argumenta, especificamente, o Autor.

Aliás, como anota o Autor, não tem ele mesmo a certeza de que ainda esteja a produzir efeitos aquela Medida Provisória, menos ainda após a superação dos vetos e a suspensão dos efeitos das normas da Lei n.12.734/2012 por esta decisão.

Daí porque a análise e decisão sobre esse diploma, se for o caso, será objeto de oportuno exame, o que convém por mais de uma razão.

A uma, porque a suspensão cautelar dos efeitos de todas as normas constantes da Medida Provisória pode ocasionar eventual vazio normativo sobre matéria que nela seja versada, sem relação direta e imediata com os Estados e Municípios titulares dos direitos na forma do § 1º do art. 20 da Constituição, consequência a ser evitada.

A dois, porque a prudência recomenda o esclarecimento exato de quais normas da Medida Provisória 592/2012 são questionadas, as razões da indagação e as consequências para as entidades federadas da manutenção ou da suspensão de seus efeitos, o que poderá ser feito de imediato pelo Autor e também a partir das informações a serem prestadas, no prazo do art. 11 da Lei n. 9.868/1999, pela Presidenta da República e pelo Congresso Nacional.

A três, porque, como se tem consolidado na jurisprudência deste Supremo Tribunal, é dever do Autor da Ação Direta de Inconstitucionalidade desenvolver, de forma adequada e suficiente, os argumentos que lhe pareçam evidenciar a inconstitucionalidade arguida, como observado pelo Ministro Celso de Mello no julgamento da Ação Direta de Inconstitucionalidade n. 514/PI:

""*Impõe-se, ao autor, no processo de controle concentrado de constitucionalidade, <u>indicar as normas de referência - que são aquelas inerentes ao ordenamento constitucional e que se revestem, por isso mesmo, de parametricidade</u> - em ordem a viabilizar, com apoio em argumentação consistente, a aferição da conformidade vertical dos atos normativos de menor hierarquia.*

EXPLORAÇÃO DE PETRÓLEO E DE GÁS NATURAL

Quaisquer que possam ser os parâmetros de controle que se adotem - a Constituição escrita ou a ordem constitucional global (J. J.GOMES CANOTILHO, "Direito Constitucional", p. 712, 4a ed., 1987, Almedina, Coimbra) -, <u>não pode o autor deixar de referir, para os efeitos mencionados, quais as normas, quais os princípios e quais os valores efetiva ou potencialmente lesados por atos estatais revestidos de menor grau de positividade jurídica, sempre indicando, ainda, os fundamentos, a serem desenvolvidamente expostos, subjacentes à argüição de inconstitucionalidade</u>.

Esse dever de fundamentar a argüição de inconstitucionalidade onera e incide sobre aquele que faz tal afirmação, <u>assumindo, por isso mesmo, um caráter de indeclinável observância</u> (ADI 561/DF, Rel. Min. Celso de Mello).

Não cabe, desse modo, ao Supremo Tribunal Federal, substituindo-se ao autor, suprir qualquer omissão que se verifique na petição inicial. Isso porque a natureza do processo de ação direta de inconstitucionalidade, que se revela instrumento de grave repercussão na ordem jurídica interna, impõe maior rigidez no controle dos seus pressupostos formais (RTJ 135/19, Rel. Min. Sepúlveda Pertence - RTJ 135/905, Rel. Min. Celso de Mello).

A magnitude desse excepcional meio de ativação da jurisdição constitucional concentrada do Supremo Tribunal Federal impõe e reclama, até mesmo para que não se degrade em sua importância, uma atenta fiscalização desta Corte, que deve <u>impedir que o exercício de tal prerrogativa institucional, em alguns casos, venha a configurar instrumento de instauração de lides constitucionais temerárias</u>.

A <u>omissão do autor</u> - que deixou de indicar as razões consubstanciadoras da alegada ilegitimidade constitucional do "caput" do art. 12 da Lei Complementar nº 04/90 <u>- faz com que essa conduta processual incida na restrição fixada pela jurisprudência do Supremo Tribunal Federal que não admite argüições de inconstitucionalidade, quando destituídas de fundamentação ou desprovidas de motivação específica e suficientemente desenvolvida</u>.

Considerada a jurisprudência desta Suprema Corte - que deu causa à formulação da regra inscrita no art. 3o, I, da Lei nº 9.868/99 -, não se pode conhecer de ação direta, sempre que a impugnação nela veiculada, como ocorre na espécie, revelar-se destituída de fundamentação ou quando a argüição de inconstitucionalidade apresentar-se precária ou insuficientemente motivada.

A gravidade de que se reveste o instrumento de controle normativo abstrato impõe, àquele que possui legitimidade para utilizá-lo, o dever processual de sempre expor, de modo suficientemente

249

desenvolvido, as razões jurídicas justificadoras da alegação de inconstitucionalidade.

É que, em sede de fiscalização concentrada, não se admite afirmação meramente genérica de inconstitucionalidade, tanto quanto não se permite que a alegação de contrariedade ao texto constitucional se apóie em argumentos superficiais ou em fundamentação insuficiente.

Essa orientação tem prevalecido, em tema de fiscalização normativa abstrata, na jurisprudência do Supremo Tribunal Federal, que, por mais de uma vez, deixou de conhecer de ações diretas, seja por falta de motivação específica, seja por insuficiência ou deficiência da própria fundamentação (RTJ 177/669, Rel. Min. Maurício Corrêa - ADI 561/DF, Rel. Min. Celso de Mello – ADI 2.111/DF, Rel. Min. Sydney Sanches):

"É necessário, em ação direta de inconstitucionalidade, que venham expostos os fundamentos jurídicos do pedido com relação às normas impugnadas, não sendo de admitir-se alegação genérica de inconstitucionalidade sem qualquer demonstração razoável, nem ataque a quase duas dezenas de medidas provisórias em sua totalidade com alegações por amostragem." *(RTJ 144/690, Rel. Min. Moreira Alves – Destaquei).*

"AÇÃO DIRETA DE INCONSTITUCIONALIDADE - CAUSA DE PEDIR E PEDIDO - *Cumpre ao autor da ação proceder à abordagem, sob o ângulo da causa de pedir, dos diversos preceitos atacados, sendo impróprio fazê-lo de forma genérica. A flexibilidade jurisprudencial de autora não mais se justifica, isso diante do elastecimento constitucional do rol dos legitimados para a referida ação." (ADI 1.708/MT, Rel. Min. Marco Aurélio – Destaquei).*

(...)

Nem se diga que, em ocorrendo situação como a ora exposta, impor-se-ia ao Tribunal o dever de ensejar, ao autor, a possibilidade de complementar a petição inicial.

Tal providência não se revela processualmente viável, porque a Lei nº 9.868/99 - que dispõe sobre o processo e o julgamento da ação direta de inconstitucionalidade e da ação declaratória de constitucionalidade - estabelece que a ausência de fundamentação autoriza o indeferimento liminar da petição inicial, por ocorrência do vício grave da inépcia.

<u>Na realidade, a Lei nº 9.868/99, ao dispor sobre essa consequência de ordem processual, assim prescreve em seu art. 4º, "caput": "A petição inicial inepta, não fundamentada e a manifestamente improcedente serão liminarmente indeferidas pelo relator"</u>

(Destaque).

Cabe ter presente, no ponto, no sentido desta decisão, o julgamento plenário da ADI 1.775/RJ, Rel. Min. Maurício Corrêa (RTJ 177/669), na parte em que esta Corte afastou a proposta de que se deveria ensejar, ao autor, a oportunidade de aditar a petição inicial, quando deficientemente fundamentada.

Sendo assim, e presentes tais razões, não conheço desta ação direta, no ponto em que, sem qualquer fundamentação, o autor questionou a constitucionalidade do "caput" do art. 12 da Lei Complementar nº 04/90, julgando-a prejudicada, de outro lado, no que concerne aos demais preceitos normativos que foram impugnados nesta sede de controle abstrato" (DJ 31.3.2008, Destaques nossos).

De igual teor os seguintes precedentes: ADI 2.044-MC/RS, Rel. Min. Octávio Gallotti, Plenário, DJ 8.6.2001; ADI 128/AL, de minha relatoria, Plenário, DJ 15.9.2011; ADI 2.536/DF, de minha relatoria, Plenário, DJ 28.5.2009).

Da Medida Cautelar e seus Efeitos

39. A relevância dos fundamentos apresentados na petição inicial desta ação pelo Governador do Estado do Rio de Janeiro e a plausibilidade jurídica dos argumentos nela expostos, acrescidos dos riscos inegáveis à segurança jurídica, política e financeira dos Estados e Municípios – experimentando situação de incerteza quanto às regras incidentes sobre pagamentos a serem feitos pelas entidades federais, alguns decorrentes mesmo de concessões aperfeiçoadas e dos direitos delas decorrentes -, impuseram-me o deferimento imediato da medida cautelar requerida.

Assim se tem resguardados, cautelarmente, direitos dos cidadãos dos Estados e dos Municípios que se afirmam atingidos em seu acervo jurídico e em sua capacidade financeira e política de persistir no cumprimento de seus deveres constitucionais.

Esse o quadro que não permitiu sequer alguns poucos dias mais de aguardo para decisão plenária direta da matéria por este Supremo Tribunal, em face das datas exíguas para cálculos e pagamentos dos valores, cujos critérios estão postos na legislação questionada e cujos efeitos são suspensos.

40. Ademais, enfatizo serem quatro as Ações Diretas de Inconstitucionalidade sobre o mesmo tema, algumas com petição inicial de mais de uma centena de laudas, com argumentos a serem examinados com detença mínima, conquanto urgente, para decisão, ainda que cautelar, sobre a matéria, recomendando-se sejam elas encaminhadas em conjunto ao Plenário, o que igualmente requer mais que o tempo de setenta e duas horas para providências.

[...]

41. Pelo exposto, na esteira dos precedentes, em face da urgência qualificada comprovada no caso, dos riscos objetivamente demonstrados da eficácia dos dispositivos e dos seus efeitos, de difícil desfazimento, defiro a medida cautelar para suspender os efeitos dos arts. 42-B; 42-C; 48, II; 49, II; 49-A; 49-B; 49-C; § 2º do art. 50; 50-A; 50-B; 50-C; 50-D; e 50-E da Lei Federal n. 9.478/97, com as alterações promovidas pela Lei n. 12.734/2012, ad referendum do Plenário deste Supremo Tribunal, até o julgamento final da presente ação. (Destaque nosso)

De nossa parte entendemos que não há qualquer óbice constitucional para que os Estados e os Municípios não produtores, bem como o Distrito Federal participem dos resultados da exploração de petróleo e de gás natural quando a exploração ocorrer na plataforma continental, mar territorial ou zona econômica exclusiva.

É por isso que a Constituição Federal prevê, no § 1º do art. 20, compensação ou (excludente) participação no resultado da exploração. A compensação, como contraprestação pelos ônus suportados, e aqui podem ser incluídos os ônus fiscais, só pode ser paga aos entes políticos que sofreram impactos negativos em razão da exploração de petróleo e de gás.

Já a participação no resultado da exploração pode ser paga às pessoas políticas produtoras ou não, uma vez que o Texto Supremo a assegura para a lavra no respectivo território, plataforma continental, mar territorial e zona econômica exclusiva. Os *royalties*, entendidos como contraprestação pelo uso de direito de terceiros só devem ser pagos à União, na qualidade de proprietária do patrimônio explorado.

Se a classificação jurídica dos institutos afetos à exploração de petróleo e de gás, tivesse ocorrido, se fossem claros os conceitos jurídicos de compensação, *royalties*, participações especiais, participação no resultado da exploração, as distorções presentes seriam evitadas, posto que ficariam delimitadas as hipóteses das suas respectivas ocorrências, permitindo aos entes políticos produtores ou não, vislumbrar o que poderiam auferir da exploração de petróleo e de gás. Em vez disso, optou-se por denominar a compensação, constitucionalmente prevista, de *royalties* e impor um imposto sobre a produção dos campos, destinando aos Estados produtores os valores daí decorrentes.

Tais entes políticos, sem atentar para a sazonalidade de tais repasses – como advertiu o próprio Supremo Tribunal Federal, na sua composição plena, ao julgar o Ag. Reg. na Suspensão de Liminar 173-6/SE – fizeram negócios jurídicos com a União, renegociando as suas dívidas e agora se encontram em situação aflitiva.

É preciso considerar que a prevalência do pacto federativo e dos ditames do art. 3º, inciso III, da CF, reclamam não só a consideração da situação jurídica e econômica dos Estados produtores, mas também de todos os demais entes políticos que, com as mesmas dificuldades, e sem respaldo constitucional, estão à margem das riquezas proporcionadas pela exploração de petróleo e de gás.

Mas este não é o único evento polêmico na distribuição dos recursos oriundos da exploração de petróleo e de gás.

A Revista do Direito da Energia, nº 11[193] dá notícia de vários conflitos de interesse entre Municípios, levados à apreciação do Poder Judiciário, em razão dos novos conceitos trazidos pela Portaria ANP nº 29/2001, a saber.

Sustentam os autores dos feitos judiciais que o art. 49 da Lei nº 9.478/97 determina que:

> Art. 49. A parcela do valor do *royalty* que exceder a cinco por cento da produção terá a seguinte distribuição:

---

193. COSTA, Hirdan Katarina de Medeiros; SANTOS, Edmilson Moutinho dos. A jurisprudência do STJ e do STF e a distribuição dos royalties do petróleo. *Revista do Direito da Energia*, nº 11, Rio de Janeiro, IBDE, p. 279-307, abr./2012.

> I - quando a lavra ocorrer em terra ou em lagos, rios, ilhas fluviais e lacustres:
>
> a) cinqüenta e dois inteiros e cinco décimos por cento aos Estados onde ocorrer a produção;
>
> b) quinze por cento aos Municípios onde ocorrer a produção;
>
> c) sete inteiros e cinco décimos por cento aos Municípios que sejam afetados pelas operações de embarque e desembarque de petróleo e gás natural, <u>na forma e critério estabelecidos pela ANP;</u>
>
> (....)
>
> II - quando a lavra ocorrer na plataforma continental:
>
> a) vinte e dois inteiros e cinco décimos por cento aos Estados produtores confrontantes;
>
> b) vinte e dois inteiros e cinco décimos por cento aos Municípios produtores confrontantes;
>
> d) sete inteiros e cinco décimos por cento aos Municípios que sejam afetados pelas operações de embarque e desembarque de petróleo e gás natural, <u>na forma e critério estabelecidos pela ANP</u> (...). (Destaque nosso)

A Agência Nacional do Petróleo, com base em tais comandos normativos, editou a Portaria ANP nº 29/2001,[194] que estabeleceu em seu art. 1º:

> (...) os critérios a serem adotados, a partir de 1º de janeiro de 2002, para fins de distribuição do percentual de 7,5% (sete e meio por cento) sobre a parcela do valor dos *royalties* que exceder a 5% (cinco por cento) da produção de petróleo ou gás natural de cada campo, a ser efetuada aos Municípios que sejam afetados pelas operações de embarque e desembarque de petróleo ou gás natural.

A aludida portaria considerou como instalações de embarque e de desembarque do petróleo ou do gás natural as estações terrestres coletoras de campos produtores e de

---

[194]. AGÊNCIA NACIONAL DO PETRÓLEO, GÁS NATURAL E BIOCOMBUSTÍVEIS. Portaria ANP nº 29, de 22.2.2001. Disponível em: <http://nxt.anp.gov.br/NXT/gateway.dll/leg/folder_portarias_anp/portarias_anp_tec/2001/fevereiro/panp%20 29%20-%202001.xml>. Acesso em: 12 jul. 2015.

transferência de petróleo ou do gás natural, as monobóias, os quadros de bóias múltiplas, os quadros de âncoras, os píeres de atracação e os cais acostáveis destinados ao embarque e desembarque de petróleo ou de gás natural (art. 2º, § 2º).

Previu, ainda, em seu art. 2º, § 4º, que pertencem à zona de influência de uma instalação de embarque e de desembarque de petróleo ou de gás natural:

> I - os Municípios litorâneos que apresentarem limites geográficos pela linha de costa com os Municípios onde se localizarem monobóias, quadros de bóias múltiplas, quadros de âncoras, píeres de atracação e cais acostáveis destinados ao embarque e desembarque de petróleo ou gás natural ou cuja linha de costa situe-se num raio circundante de 10 km (dez quilômetros) das referidas instalações, excluídos os Municípios onde se localizarem tais instalações;
>
> II - os Municípios localizados às margens de lagos ou de baías onde se localizarem monobóias, quadros de bóias múltiplas, quadros de âncoras, píeres de atracação e cais acostáveis destinados ao embarque e desembarque de petróleo ou gás natural, excluídos os Municípios onde se localizarem as referidas instalações;
>
> III - os Municípios atravessados por rios ou localizados às margens de rios onde se localizarem monobóias, quadros de bóias múltiplas, quadros de âncoras, píeres de atracação e cais acostáveis destinados ao embarque e desembarque de petróleo ou gás natural e situados a jusante das referidas instalações, excluídos os Municípios onde se localizarem tais instalações.

Tal portaria *excluiu dos conceitos de embarque* e de desembarque os locais onde se situam as refinarias, os parques de tancagem não ligados diretamente à produção e os *city gates* (pontos de transferência do gás natural), o que fez com que os Municípios impedidos de participar do rateio dos *royalties* recorressem ao Poder Judiciário, alegando a ilegalidade da mesma, por conflitar com os ditames do art. 7º da Lei nº 7.990/89 e com o parágrafo único, do art. 19 do Decreto nº 1/91 que a regulamentou.

Isto foi possível porque a Lei nº 9.478/97 determinou, em seu art. 48 que:

> Art. 48. A parcela do valor do *royalty*, previsto no contrato de concessão, que representar 5% (cinco por cento) da produção, correspondente ao montante mínimo referido no § 1º do art. 47, *será distribuída segundo os seguintes critérios:* (...) (Destaque nosso).

Aumenta a complexidade do tema, os conceitos de instalações marítimas e terrestres trazidas pelo parágrafo único do art. 19 do Decreto nº 1/91, que, ao regulamentar o pagamento da compensação financeira instituída pela Lei nº 7.990/89, dispõe que:

> Art. 19. A compensação financeira aos Municípios onde se localizarem instalações marítimas ou terrestres de embarque ou desembarque de óleo bruto ou gás natural será devida na forma do disposto no art 27, inciso III e § 4º da Lei nº 2.004/53, na redação dada pelo art. 7º da Lei nº 7.990/89.
>
> Parágrafo único. Para os efeitos deste artigo, consideram-se como instalações marítimas ou terrestres de embarque ou desembarque de óleo bruto ou gás natural, as monobóias, os quadros de bóias múltiplas, os píeres de atracação, os cais acostáveis e as estações terrestres coletoras de campos produtores e de transferência de óleo bruto ou gás natural.

Neste aspecto as disputas judiciais envolviam a discussão sobre a taxatividade do rol das instalações marítimas ou terrestres previstas no parágrafo único do art. 19 em questão. Além disso, o art. 7º da Lei nº 7.990/89 trouxe a consideração das áreas geoeconômicas para efeito da distribuição dos *royalties* oriundos da exploração na plataforma continental.

Consignam Hirdan Katarina de Medeiros Costa e Edmilson Moutinho dos Santos,[195] que:

---

[195]. COSTA, Hirdan Katarina de Medeiros; SANTOS, Edmilson Moutinho dos. A jurisprudência do STJ e do STF e a distribuição dos royalties do petróleo. *Revista do Direito da Energia*, nº 11, Rio de Janeiro, IBDE, p. 279-307, abr./2012.

EXPLORAÇÃO DE PETRÓLEO E DE GÁS NATURAL

> Na análise da jurisprudência do STF e do STJ foi possível notar visões contrárias quanto à distribuição dos royalties do petróleo e gás natural. O STJ tem decidido pela competência da Agência Nacional do Petróleo para definir as instalações sediadas em municípios passíveis de lhes outorgar o direito de recebimento dos royalties do petróleo e gás, em *virtude da previsão do art. 49, I, "c", da Lei nº 9.478/97*. Com isso, esse Tribunal tem limitado o rol de equipamentos que oportunizem municípios de perceber royalties de petróleo, criando a figura da instalação à área de exploração. Por outro lado, o STF tem um posicionamento distinto, que permite verificar a possibilidade de extensão do rol de instalações de embarque e desembarque, bem como de transferência que mereçam o enquadramento e o usufruto de *royalties* de petróleo para o ente sede desses equipamentos. Para o STF, decisões que negam o recebimento de royalties aos municípios possuidores de instalações de embarque e desembarque afastariam, portanto, a possibilidade de uma interpretação do art. 48 da Lei do Petróleo, bem como um entendimento de que a lista de instalações seria exemplificativa e não exauriente. O STF, com bastante cautela, tem abordado a viabilidade de interpretação do art. 48 da Lei do Petróleo para estender o rol dos beneficiários e não tornar restritiva a lista de equipamentos passíveis de ser enquadrados como instalações de embarque, desembarque e de transferência. (Destaque nosso).
>
> (...)
>
> Diferentemente, o STJ tem se posicionado no sentido de acompanhar o entendimento da Agência Nacional do Petróleo, por meio da Portaria nº 29/2001 e respectiva nota técnica, o que ocasiona a elevação da concentração das receitas e benefícios financeiros decorrentes da indústria do petróleo e gás natural em poucos municípios, privilegiados em comparação aos demais, que não contarão com esse reforço no orçamento público.

Como se vê, há múltiplas discussões e entendimentos sobre o destino dos valores oriundos da exploração de petróleo e de gás, mas todas são periféricas à classificação jurídica dos institutos envolvidos. Cuida-se apenas do destino da arrecadação, dos frutos econômicos da exploração de petróleo e de gás, sem o cuidado de investigar se tais destinações estão de acordo com o que determina a Constituição Federal em seu art. 20, § 1º.

3.6. Da titularidade do produto da lavra de petróleo e de gás

Não há dúvidas de que a titularidade do direito de lavra de petróleo e de gás é da União, que pode conceder o seu exercício a terceiros, nos termos da lei. Contudo, bastante controversos são os entendimentos sobre a propriedade da lavra decorrente da exploração de petróleo e de gás.

Logo, é um tema a ser enfrentado aqui para que fique caracterizada a classificação jurídica da receita daí decorrente, visto que a depender do patrimônio onerado (público ou privado) a receita poderá ser classificada como derivada ou originária da União.

A elucidação da questão envolve a análise dos arts. 20, 176 e 177 da CF, o art. 26 da Lei nº 9.478/97, bem como o art. 2º, inciso III, da Lei nº 12.351/2010. Lembremos os mandamentos dos aludidos comandos.

No Título VII, ao tratar da Ordem Econômica e Financeira, no Capítulo I, referente aos princípios gerais da atividade econômica, determina a Constituição Federal em seus arts. 20, 176 e 177 que:

> Art. 20. São bens da União:
>
> (...)
>
> IX - os recursos minerais, inclusive os do subsolo.
>
> (...)
>
> Art. 176. As jazidas, em lavra ou não, e demais recursos minerais e os potenciais de energia hidráulica constituem propriedade distinta da do solo, para efeito de exploração ou aproveitamento, e pertencem à União, garantida ao concessionário a propriedade do produto da lavra. (...)
>
> Art. 177. Constituem monopólio da União:
>
> I - a pesquisa e a lavra das jazidas de petróleo e gás natural e outros hidrocarbonetos fluidos;
>
> (...)

EXPLORAÇÃO DE PETRÓLEO E DE GÁS NATURAL

> § 1º A União poderá contratar com empresas estatais ou privadas a realização das atividades previstas nos incisos I a IV deste artigo observadas as condições estabelecidas em lei.

Por sua vez, o art. 26 da Lei nº 9.478/97 dispõe que:

> Art. 26. A concessão implica, para o concessionário, a obrigação de explorar, por sua conta e risco e, em caso de êxito, produzir petróleo ou gás natural em determinado bloco, *conferindo-lhe a propriedade desses bens, após extraídos*, com os encargos relativos ao pagamento dos tributos incidentes e das participações legais ou contratuais correspondentes. (Destaque nosso).

O art. 2º, III, da Lei nº 12.351/2010 prevê que:

> Art. 2º Para os fins desta Lei, são estabelecidas as seguintes definições:
>
> (...)
>
> III - excedente em óleo: parcela da produção de petróleo, de gás natural e de outros hidrocarbonetos fluidos *a ser repartida entre a União e o contratado, segundo critérios definidos em contrato*, resultante da diferença entre o volume total da produção e as parcelas relativas ao custo em óleo, aos royalties devidos e, quando exigível, à participação de *que trata o art. 43.* (Destaque nosso).

O art. 2º, inciso III, da Lei nº 12.321/2010, pode levar a questionamentos sobre a sua constitucionalidade, quando ao tratar do excedente em óleo, dispôs que tal realidade traduz-se na parcela da produção de petróleo, de gás natural *a ser repartida entre a União e o contratado*, porque nos termos do art. 176 da CF o produto da lavra pertence ao concessionário, não podendo a União se apoderar de parcela lucrativa do mesmo. Ou seja, tirante os custos, que poderão ser ressarcidos no produto da lavra, o restante, que consiste no ganho do campo, terá que ser partilhado com a União Federal, nos termos por Ela definidos no contrato.

Tal entendimento parte do pressuposto de que o petróleo e o gás são espécies do gênero recursos minerais, de sorte que aos hidrocarbonetos também seriam aplicáveis os mandamentos do art. 176 da CF, sendo que os ditames do art. 177, só seriam utilizados naquilo que com ele não conflitassem.

Isto é, sendo fato que a Constituição Federal reserva ao concessionário a propriedade do produto da lavra, não pode a lei tirar-lhe parte significativa da mesma, partilhando-a, forçadamente, com a União.

Contudo, tal entendimento não foi acolhido pelo Supremo Tribunal Federal, nos autos da ADI 3.273 /DF, no voto vencedor do Ministro Eros Grau, que analisou sistemicamente a questão do monopólio das atividades econômicas, a distinção entre monopólio da atividade e regime de propriedade, a distinção entre os regimes jurídicos constitucionais referentes ao produto da lavra de hidrocarbonetos (petróleo e gás) e minerais.

Sustentou, com acerto, o julgador que tanto no regime previsto no art. 176 da CF, relativo à exploração mineral, como no previsto no art. 177, referente à lavra de petróleo e gás, *sempre há a aquisição da lavra por parte de concessionário ou do contratado.*

No caso dos minerais, o direito à disposição do produto da lavra é totalmente livre para o concessionário. Já no caso dos hidrocarbonetos, a lei determina a partilha de parcela da produção com a União. Contudo, tal fato não implica, para o julgador, no comprometimento do direito de propriedade, que consiste na prerrogativa legal do proprietário usar, gozar e dispor da coisa, e o direito de reavê-la do poder de quem quer que injustamente a possua ou detenha. Traduz-se, apenas, numa restrição à livre alienação do produto da lavra. Ou seja, o contratado detém a propriedade do produto, mas não é titular da sua livre disponibilidade.

O acórdão está posto nos seguintes termos:

> CONSTITUCIONAL. MONOPÓLIO. CONCEITO E CLASSIFICAÇÃO. PETRÓLEO, GÁS NATURAL E OUTROS HIDROCARBONETOS FLUÍDOS. BENS DE PROPRIEDADE EXCLUSIVA DA UNIÃO. ART. 20 DA CB/88. MONOPÓLIO

EXPLORAÇÃO DE PETRÓLEO E DE GÁS NATURAL

DA ATIVIDADE DE EXPLORAÇÃO DO PETRÓLEO, DO GÁS NATURAL E DE OUTROS HIDROCARBONETOS FLUÍDOS. ART. 177. PETROBRAS. SUJEIÇÃO AO REGIME JURÍDICO DAS EMPRESAS PRIVADAS [ART. 173, § 1º, II, DA CB/88]. EXPLORAÇÃO DE ATIVIDADE ECONÔMICA EM SENTIDO ESTRITO E PRESTAÇÃO DE SERVIÇO PÚBLICO. ART. 26, § 3º, DA LEI N. 9.478/97. MATÉRIA DE LEI FEDERAL. ART. 60 *CAPUT*, DA LEI N. 9.478/97. CONSTITUCIONALIDADE. COMERCIALIZAÇÃO ADMINISTRADA POR AUTARQUIA FEDERAL [ANP]. EXPORTAÇÃO AUTORIZADA SOMENTE SE OBSERVADAS AS POLÍTICAS DO CNPE, APROVADAS PELO PRESIDENTE DA REPÚBLICA (ART. 84, II, DA CB/88). (...)

5. A propriedade não consubstancia uma instituição única, mas o conjunto de várias instituições, relacionadas a diversos tipos de bens e conformadas segundo distintos conjuntos normativos – distintos regimes – aplicáveis a cada um deles.

6. A distinção entre atividade e propriedade permite que o domínio do resultado da lavra das jazidas de petróleo, de gás natural e de outros hidrocarbonetos fluidos possa ser atribuída a terceiros pela União, sem qualquer ofensa à reserva de monopólio (art. 177 da CB/1988).

7. A propriedade dos produtos ou serviços da atividade não pode ser tida como abrangida pelo monopólio do desenvolvimento de determinadas atividades econômicas.

8. A propriedade do produto da lavra das jazidas minerais atribuídas ao concessionário pelo preceito do art. 176 da CB é inerente ao modo de produção capitalista. A propriedade sobre o produto da exploração é plena, desde que exista concessão de lavra regularmente outorgada.

9. Embora o art. 20, IX, da CF estabeleça que os recursos minerais, inclusive os do subsolo, são bens da União, o art. 176 garante ao concessionário da lavra a propriedade do produto de sua exploração. Tanto as atividades previstas no art. 176 quanto as contratações de empresas estatais ou privadas, nos termos do disposto no § 1º do art. 177 da CB, *seriam materialmente impossíveis se os concessionários e contratados, respectivamente, não pudessem apropriar-se, direta ou indiretamente, do produto da exploração das jazidas. A EC 9/95 permite que a União transfira ao seu contratado os riscos e resultados da atividade e a propriedade do produto da exploração de jazidas de petróleo e de gás natural, observadas as normas legais.* Os preceitos veiculados pelos § 1º e § 2º do art. 177 da CB são específicos em relação ao art. 176, de

modo que as empresas estatais ou privadas a que se refere o § 1º não podem ser chamadas de 'concessionárias'. *Trata-se de titulares de um tipo de propriedade diverso daquele do qual são titulares os concessionários das jazidas e recursos minerais a que respeita o art. 176 da CB. A propriedade de que se cuida, no caso do petróleo e do gás natural, não é plena, mas relativa;* sua comercialização é administrada pela União mediante a atuação de uma autarquia, a Agência Nacional do Petróleo – ANP. (Destaque nosso).

(Supremo Tribunal Federal. Tribunal Pleno. ADI 3273 DF. Relator Min. Carlos Britto. Publicação:DJ 02-03-2007 pp-00025 Ement vol-02266-01 pp-00102).

Logo, é evidente que, no que atine à exploração de petróleo e de gás, o concessionário ou o contratado adquirem a propriedade da lavra de tais bens, ainda que parcialmente nos contratos de partilha de produção, de sorte que, insistimos, *tudo o que incidir sobre o resultado da lavra incide sobre o patrimônio do particular.*

Note-se que nos contratos de concessão de exploração de campos é assegurado ao concessionário, como única e exclusiva contrapartida, a propriedade do petróleo e do gás natural extraídos do poço.

A cláusula padrão da Agência Nacional do Petróleo, Gás Natural e Biocombustíveis está redigida nos seguintes termos

> 2.2 O Concessionário assumirá sempre, em caráter exclusivo, todos os custos e riscos relacionados com a execução das Operações e suas consequências.(...)
>
> **Propriedade do Petróleo e/ou Gás Natural**
>
> 2.7 Pertencem à União os Depósitos de Petróleo e Gás Natural existentes no território nacional, na plataforma continental e na zona econômica exclusiva, de acordo com o artigo 20, inciso V e IX da Constituição Federal e com o artigo 3º da Lei nº 9.478/97.
>
> 2.7.1 Caberá ao Concessionário tão somente a propriedade do Petróleo e Gás Natural que venham a ser efetivamente produzidos e a ele conferidos no Ponto de Medição da Produção, por meio de aquisição originária e nos termos deste Contrato.

2.7.2 O Concessionário estará sujeito aos encargos relativos aos tributos e às participações governamentais detalhadas no Anexo V, e aqueles previstos na Legislação Aplicável.

A doutrina especializada partilha de tal entendimento. Sustenta Maria D'Assunção Costa[196] que:

> Em contrapartida, o regime jurídico do petróleo e do gás natural extraído, em decorrência da Constituição Federal, desta lei e do contrato de concessão, passa a ser propriedade exclusiva do concessionário para todos os efeitos legais. Esta passagem de titularidade só se concretiza após a respectiva medição na boca do poço para o pagamento devido das Participações Governamentais e dos demais tributos incidentes sobre a atividade. Garante assim, a lei do petróleo, a total disponibilidade por parte do concessionário sobre o bem produzido, podendo dele usufruir de acordo com os seus interesses empresariais.

Prossegue a autora aduzindo que:[197]

> A única ressalva a esse direito de propriedade é a possibilidade legal do Conselho Nacional de Política Energética estabelecer "diretrizes para a importação e exportação de maneira a atender as necessidades de consumo interno de petróleo e seus derivados, gás natural e condensado, e assegurar o adequado funcionamento do Sistema Nacional de Estoques de Combustíveis", conforme estabelece o inciso V do art. 2º desta lei.

No regime jurídico previsto na Lei nº 12.351/2010, também é evidente que parte do produto da lavra pertence ao contratado, porque se assim não fosse, se a lavra pertencesse à União, não haveria necessidade de tal ente político pactuar com o explorador as regras e os prazos para a repartição do excedente em óleo. Tampouco poderia a União cobrar imposto sobre a receita bruta do campo, porque nesse caso, estaria tributando a si mesma. Como bem posto no voto do Ministro Eros Grau, no acórdão preferido na ADI 3.273/DF, ou

---

196. COSTA, Maria D'Assunção. Op. cit.
197. Idem.

o produto da lavra pertence ao concessionário/contratado ou as empresas exploradoras nada mais são do que meras prestadoras de serviço para a União.

Contudo, insistimos que nos contratos de partilha de produção parte do produto da lavra continua sendo propriedade da União, nos termos do contrato. Sobre tal parcela a União poderá exigir os *royalties* – porque estes são devidos em razão da fruição de direitos exploratórios – mas não poderá receber o imposto incidente sobre toda a produção do campo (impropriamente denominado de compensação financeira ou *royalties*) porque estaria tributando a si mesma. Tal tributo só pode incidir sobre a propriedade do explorador e depois que este adquirir capacidade econômica para suportá-lo.

De qualquer forma, participação governamental que incidir sobre o resultado da lavra recairá sobre patrimônio privado e não sobre o patrimônio público, premissa que norteará as nossas investigações daqui para frente.

Concluindo estas reflexões sobre os *royalties*, temos que:

a) a compensação financeira prevista no art. 20, § 1º, da CF não se traduz em *royalty* visto que, pelo Texto Supremo, a mesma é devida aos Estados, aos Municípios e ao Distrito Federal *que não são os detentores do patrimônio público explorado*;

b) só faz jus ao pagamento de *royalties* a União Federal na qualidade de proprietária do patrimônio público explorado;

c) a compensação financeira, prevista no texto constitucional, deve ser partilhada entre os entes políticos que suportam os efeitos negativos da exploração de petróleo e de gás e perdas tributárias. Já a participação no resultado da exploração pode dar-se entre todos os entes políticos, sejam produtores ou não, quando a exploração ocorrer no mar territorial, na plataforma continental e na zona econômica exclusiva;

d) a titularidade do produto da lavra de petróleo e gás pertence ao concessionário ou ao contratado, a teor do que dispõem os arts. 176 e 177 da CF, o art. 26 da Lei nº 9.478/97, o art. 2º, inciso III, da Lei nº 12.351/2010 e a jurisprudência do Supremo Tribunal Federal.

Isto posto, temos que as imposições, veiculadas por meio de leis ordinárias (Lei nº 9.478/97, Lei nº 12.351/2010 e Lei nº 12.734/2012), incidentes sobre a receita bruta dos campos de petróleo e de gás, oneram o patrimônio do particular, consistindo, portanto, *receita derivada da União, de natureza tributária*.

CAPÍTULO IV
DA NATUREZA TRIBUTÁRIA DA IMPOSIÇÃO DEVIDA PELA EXPLORAÇÃO DE PETRÓLEO E DE GÁS

4.1 Da teoria da norma

Ao tratarmos das disposições constitucionais e legais que cuidam da oneração e do destino da arrecadação do produto da lavra de petróleo e de gás, sem dúvida estamos lidando com normas jurídicas. Então, ainda que de forma breve, é apropriado tecer algumas considerações sobre a Teoria da Norma, valendo-nos das sempre valiosas lições de Paulo de Barros Carvalho,[198] que se dedicou ao estudo aprofundado do tema.

A Teoria da Norma, sob o enfoque deste autor, abrange

> a manifestação do deôntico, em sua unidade monádica, no seu arcabouço lógico, mas também em sua projeção semântica e em sua dimensão pragmática, examinando a norma por dentro, num enfoque intranormativo, e por fora, numa tomada extranormativa, norma com norma, na sua multiplicidade finita, porém indeterminada.

---
198. CARVALHO, Paulo de Barros. *Direito tributário:*... cit., p. 127.

Tem por imprescindível a investigação estrutural das unidades do sistema nas instâncias semióticas referidas.

A expressão norma-jurídica pode ser tomada em sentido amplo ou em sentido estrito. Normas jurídicas *em sentido amplo* aludem aos conteúdos significativos das frases do direito posto, vale dizer, dos enunciados prescritivos, como significações construídas pelos intérpretes. Já a composição articulada dessas significações, de tal sorte que produza mensagens com sentido deôntico completo recebe o nome de normas jurídicas em *sentido estrito*.[199]

Esclarece o autor em foco que:[200]

> Quando se proclama o cânone da homogeneidade sintática das regras de direito o campo de referência está circunscrito às normas jurídicas em sentido estrito, vale dizer, aquelas que oferecem a mensagem jurídica com sentido completo (se ocorrer o fato F, instalar-se-á a relação deôntica R entre os sujeitos S' e S''), mesmo que queira significar apenas que a unidade dispõe do mínimo indispensável para transmitir uma comunicação de dever-ser. E mais, sua elaboração é preparada com as significações dos meros enunciados do ordenamento, o que implica reconhecer que será tecida com o material semântico das normas jurídicas em sentido amplo.

É preciso atentar que os enunciados prescritivos, usados na função pragmática de prescrever condutas, diferem das outras normas jurídicas, cujas significações são construídas a partir dos textos positivados e estruturadas de acordo com a forma lógica dos juízos condicionais, compostos pela associação de duas ou mais proposições prescritivas. Ou seja, a norma como construção partida dos enunciados e não contida nos enunciados.

O sentido completo depende da integração de enunciados que indiquem as pessoas (físicas ou jurídicas), suas

---

199. Idem.

200. Idem.

capacidades ou competências, as ações que podem ou devem praticar, tudo em determinadas condições de espaço e de tempo.

A análise da estrutura lógica da hipótese normativa revela que toda e qualquer norma jurídica positiva, postulando uma mensagem deôntica portadora de sentido completo, pressupõe uma *proposição-antecedente*, descritiva de possível evento do mundo social, na condição de suposto normativo, implicando uma *proposição-tese*, de caráter relacional no consequente. A regra assume, portanto, uma feição dual, estando as proposições implicante e implicada unidas por ato de vontade da autoridade que legisla.

Esse ato de vontade do Poder Público, ao criar normas, expressa-se por um dever-ser neutro, no sentido de que não aparece modalizado nas formas permitido, proibido e obrigatório.

Ensina Paulo de Barros Carvalho[201] que a proposição antecedente não se submete à verificação empírica, assumindo os valores de verdadeiro ou falso, pois não se trata de uma proposição cognoscente do real, mas de uma proposição tipificadora de um conjunto de eventos. É descritora de fato de possível ocorrência no contexto social.

O antecedente da norma jurídica assenta-se no modo ontológico da possibilidade. Se a hipótese fizer a previsão de fato impossível, a relação deôntica entre os sujeitos nunca se instalará, não podendo a regra ter eficácia social. Tratar-se-ia de um sem sentido deôntico ainda que pudesse satisfazer a critérios de organização sintática.

O consequente da norma abriga a relação jurídica, que é o vínculo abstrato segundo o qual, por força da imputação normativa, uma pessoa, chamada de sujeito ativo tem o direito subjetivo de exigir, de outra, denominada sujeito passivo, o cumprimento de uma certa prestação.

---

201. Idem, p. 129.

São necessários dois elementos, a saber: (a) subjetivo – neste encontramos o sujeitos de direito postos na relação (ativo e passivo) ambos, necessariamente, sujeitos de direito, pouco importando se são pessoas físicas, jurídicas, de direito público ou de direito privado, nacionais ou estrangeiras; (b) prestacional – o enunciado relacional contém uma prestação como conteúdo do direito de que é titular o sujeito ativo, ao mesmo tempo, do dever a ser cumprido pelo passivo. O elemento prestacional fala diretamente da conduta modalizada como obrigatória, permitida ou proibida, devendo especificar também qual o seu objeto (pagar, dar, circular mercadorias etc). O elemento prestacional de toda e qualquer relação jurídica assume relevância precisamente na caracterização da conduta que satisfaz o direito subjetivo de que está investido o sujeito ativo, outorgando o caráter de certeza e de segurança de que as interações sociais necessitam.

O autor em foco, opera com a concepção hilética da norma, qual seja, a que toma as unidades normativas, de modo semelhante às proposições, como o significado prescritivo de certas formulações linguísticas.

Todo e qualquer vínculo jurídico voltado a um objeto prestacional apresenta essa composição sintática: liame entre pelo menos dois sujeitos de direito. Tão só pelo conteúdo semântico das relações jurídicas é que estas podem ser objeto de distinção.

O sistema jurídico é tido como conjunto homogêneo de enunciados deônticos, porque todas as normas do sistema convergem para um único ponto, axiomaticamente concebido para dar fundamento de validade à constituição positiva. Tal aspecto confere caráter unitário ao conjunto e à multiplicidade de normas, como entidades da mesma índole, outorga-lhe o timbre de homogeneidade.

A linguagem do legislador se organiza num sistema e, ainda que as unidades exerçam papéis diferentes na composição interna do conjunto (normas de conduta e normas de estrutura) todas elas exibem idêntica arquitetura formal. Há homogeneidade sob o ângulo puramente sintático.

O conceito de norma completa envolve a presença da norma primária e da norma secundária. As normas jurídicas tem a organização interna das proposições condicionais em que se enlaça determinada consequência à realização de um fato. A hipótese refere-se a um fato de possível ocorrência, enquanto o consequente prescreve a relação jurídica que vai se instalar, onde e quando acontecer o fato cogitado no suposto normativo. Representação da norma jurídica: H→C, onde (H) é a hipótese e (C) é o consequente, isto é prescreve os efeitos jurídicos que o acontecimento irá provocar, razão pela qual se fala em descritor e prescritor.

O sentido completo depende da integração de enunciados que indiquem as pessoas (físicas ou jurídicas), suas capacidades ou competências, as ações que podem ou devem praticar, tudo em determinadas condições de espaço e de tempo.

As normas jurídicas não existem isoladamente, mas sempre num contexto de normas em relações particulares entre si. Construir a norma aplicável é tomar os sentidos dos enunciados prescritivos no contexto do sistema do qual fazem parte. A norma é proposição prescritiva decorrente do todo que é o ordenamento jurídico. Depende a norma, pois desse complexo produto de relações entre as unidades do conjunto. Sua fonte material é o ato do Poder Legislativo, do Poder Judiciário e até mesmo o ato do particular. Mas ao ingressar o enunciado linguístico no sistema do Direito posto, seu sentido experimenta inevitável acomodação às diretrizes do ordenamento. A norma é sempre o produto dessa transfiguração significativa.

Ensina Paulo de Barros Carvalho[202] que as regras do direito tem feição dúplice: *norma primária ou endonorma* a que prescreve um dever, se e quando acontecer o fato previsto no

---

202. Idem, p.138-139.

suposto. *Norma secundária ou perinorma* a que prescreve uma providência sancionatória aplicada pelo Estado-juiz, no caso de descumprimento da conduta estatuída na norma primária. Inexistem normas jurídicas sem as correspondentes normas sancionatórias. Tanto na norma secundária como na primária a estrutura formal é uma só: [D (p->q)].

Segundo o autor, apresentada em notação simbólica, a norma secundária apareceria da seguinte forma: [D(p.-q)→Sn], com desdobramento de Sn em (S'RS") em que:

p = é a ocorrência do fato jurídico.

"." = o conectivo conjuntor.

-q = a conduta descumprida do dever.

"→ = operador implicacional.

Sn = a sanção desdobrada em S', como sujeito ativo (o mesmo da relação da norma primária).

R – o relacional deôntico;

S" – o Estado-juiz, perante o qual se postula o exercício da coatividade jurídica.

A norma primária e a secundária formam a norma completa, expressam a mensagem deôntica-jurídica na sua integridade constitutiva. Em representação formal: D{(p→q) v [(p→-q)→S]}.

Ambas são válidas no sistema, mesmo que apenas uma seja aplicada no caso concreto. Por isso, usasse o disjuntor includente ("v") que suscita o trilema: uma ou outra ou ambas. Esse disjuntor tem a propriedade de demonstrar que as duas regras são simultaneamente válidas, mas que a aplicação de uma exclui a da outra.

O discurso produzido pelo legislador é, todo ele, redutível à normas jurídicas, cuja composição sintática é absolutamente constante: um juízo condicional, em que se associa uma consequência à realização de um acontecimento fático previsto no antecedente. Os enunciados prescritivos ingressam na estrutura sintática das normas, na condição de proposição hipótese (antecedente) e de proposição tese (consequente). Somente a norma jurídica, tomada em sua integridade constitutiva terá o condão de expressar o sentido cabal dos mandamentos da autoridade que legisla.

O operador deôntico "dever-ser" pode ser: interproposicional quando as proposições implicante e implicada são postas por ato de autoridade: D(p→q). O ato de vontade da autoridade que legisla é que faz a conexão entre a proposição-hipótese e a proposição-tese, daí porque o operador deôntico é chamado neutro, visto que não aparece modalizado. Quando o dever-ser se expressa por um dos operadores deônticos, mas inserto no consequente da norma, dentro da proposição-tese, ostenta caráter intraproposicional e aproxima dois ou mais sujeitos em torno de uma previsão de conduta que deve ser cumprida por um e que pode ser exigida pelo outro. Esse dever-ser, na condição de conectivo intraproposicional triparte-se nos modais proibido (V), permitido (P) e obrigatório (O), diferentemente do primeiro, responsável pela implicação e que nunca se modaliza. Se chamarmos de functor deôntico aquele presente na proposição – tese da norma jurídica, o primeiro será functor-de-functor, uma vez que inaugurando a relação implicacional é ponente também do functor intraproposicional.

Na linguagem falada e escrita do direito positivo não nos deparamos com o dever-ser com função sintática de modal deôntico neutro. Generalizando, obtém-se o conceito da norma jurídica, mas só formalizando obtém-se o conceito do dever-ser: ultrapassando a linguagem da Teoria Geral do Direito para ingressar na linguagem formal da lógica.

4.2. Das normas jurídicas gerais e individuais, abstratas e concretas

Para trazer este tema, mais uma vez serão invocadas as lições de Paulo de Barros Carvalho.[203]

Para o autor, a generalidade e a individualidade da norma refere-se ao quadro de seus destinatários: *geral,* aquela que se dirige a um conjunto de sujeitos indeterminados quanto ao número. *Individual* a que se volta a certo indivíduo ou ao grupo identificado de pessoas. Já a abstração e a concretude dizem respeito ao modo como se toma o fato descrito no antecedente. A tipificação de um conjunto de fatos realiza uma previsão *abstrata,* ao passo que a conduta especificada no espaço e no tempo dá caráter *concreto* ao comando normativo.

Alerta o autor que a doutrina tem-se limitado à apreciação do antecedente normativo ao qualificar as normas jurídicas de gerais e individuais, abstratas e concretas. Mas a redução não se justifica. A compostura da norma reclama atenção para o consequente: tanto pode haver indicação individualizada de pessoas envolvidas no vínculo, como pode haver alusão genérica aos sujeitos da relação. Uma coisa é certa: é possível que o antecedente descreva fato concreto, consumado no tempo e no espaço; com o consequente, porém, isto seria impossível uma vez que a prescrição da conduta há de ser posta em temos abstratos. Briga com a concepção jurídico-reguladora de comportamentos intersubjetivos imaginar prescrição de conduta que já se consolidou no tempo, estando, portanto, imutável. Seria um sem-sentido deôntico.

Na hierarquia do direito posto há forte tendência de que as normas gerais e abstratas se concentrem nos escalões mais altos, surgindo as gerais e concretas, individuais e abstratas e individuais e concretas à medida que o Direito vai se positivando, com vistas à regulação efetiva das condutas interpessoais.

---

203. CARVALHO, Paulo de Barros. *Direito tributário:...* cit., p. 140.

Caracteriza-se o processo de positivação no avanço em direção ao comportamento das pessoas. As normas gerais e abstratas, dada a sua generalidade e posta a sua abstração não tem condições efetivas de atuar num caso materialmente definido. Ao projetar-se em direção à região das interações sociais, desencadeiam uma continuidade de regras que progridem para atingir o caso especificado.

No processo de positivação do Direito entre duas unidades estará sempre o ser humano praticando aqueles fatos conhecidos como fonte de produção normativa. Vale dizer: é o homem que movimenta as estruturas do Direito, sacando de normas gerais e abstratas outras gerais e abstratas, gerais e concretas, individuais e abstratas e individuais concretas.

No caso das normas gerais, o antecedente ou suposto anuncia a previsão de acontecimentos futuros, segundo a fórmula: se ocorrer o fato "F". Diferentemente, a norma individual e concreta: dado que ocorreu o fato "F". O antecedente da norma geral e abstrata denomina-se hipótese. E, o antessuposto da regra individual e concreta denomina-se antecedente.

A regra-matriz de incidência tributária é uma norma geral e abstrata que atinge as condutas intersubjetivas por intermédio do ato jurídico administrativo do lançamento ou de ato do particular, veículos que introduzem no sistema a norma individual e concreta.

A *norma abstrata e geral* adota o termo abstrato em seu antecedente, no bojo do qual preceitua o enunciado hipotético descritivo de um fato. Em seu consequente repousa a regulação de conduta de todos aqueles submetidos a um dado sistema jurídico. Considerando-se a feição dúplice de toda norma completa, deparamo-nos no plano semântico com dois diferentes tipos gerais e abstratos: (a) a norma geral e abstrata primária onde acomoda-se um enunciado que prescreve um dever-ser: Se ocorrer o fato "F", então deve ser a conduta "Q"; (b) norma geral e abstrata secundária instala-se um enunciado que prescreve uma providência sancionatória hipotética: Se ocorrido o fato "F" e descumprido o dever da conduta "Q", então deve-ser a relação sancionatória "Sn" entre o sujeito do dever e o Estado-Juiz.

Ambas estruturas guardam homogeneidade sintática e heterogeneidade semântica. A norma geral e abstrata para alcançar o inteiro teor da sua juridicidade reivindica a edição de norma individual e concreta. O fato ocorre apenas quando o acontecimento for descrito no antecedente de uma norma individual e concreta.

A norma primária e a norma secundária, em termos individuais e concretos, apresentam ordens semânticas diversas, tal como corre com a norma abstrata e geral. Prescreve a norma primária o fato típico denotativo previsto no dever, identificando o próprio acontecimento relatado no antecedente da norma individual e concreta; e a conduta regulada, identificando os sujeitos da relação e seu objeto.

A norma secundária, por sua vez, em seu antecedente, alude, com determinação, à ocorrência do fato típico e à conduta descumpridora do dever em termos concretos; e, em seu consequente à própria sanção, vinculando Estado-Juiz e o sujeito do dever por meio de uma relação concreta, portadora de coatividade jurídica.

Unidade normativa alguma entra no ordenamento sem outra norma que a conduza. O preceito introduzido é a disciplina dos comportamentos inter-humanos pretendida pelo legislador independentemente de ser abstrata ou concreta e geral ou individual, ao passo que a norma introdutora é igualmente norma, porém, concreta e geral. As normas introduzidas são o próprio objeto da norma introdutora. Implica reconhecer que, sem tal núcleo de significação, o veículo introdutor fica oco, vazio, perdendo o sentido da sua existência.

Em sua estrutura completa de significação, a *norma geral e concreta* tem como suposto ou antecedente um acontecimento devidamente marcada no tempo e no espaço, identificada a autoridade que a expediu. Muitas vezes, vêm numeradas, como é o caso das leis, dos decretos, das portarias, ou referidas diretamente ao número do processo, do procedimento ou da autoridade administrativa que lhe deu ensejo. A verdade é que a hipótese dessa norma refere-se a um fato efetivamente ocorrido. Já o consequente revela o exercício da conduta autorizada a certo e determinado sujeito de direito e que se pretende respeitada por todos os demais da comunidade. Nesse sentido, é geral.

Sua importância, em termos sistemáticos, aloja-se em dois pontos: são os instrumentos apropriados para inserir regras jurídicas no sistema positivo; e, além disso, funcionam como referencial para montar a hierarquia do conjunto. No plano das formulações normativas, fazendo-se menção ao conteúdo da norma geral e concreta em termos primários ou secundários nos deparamos com uma importante secção semântica.

Prossegue o autor ora em foco, ensinado que na aplicação da norma secundária o sujeito competente é o Estado-Juiz, fazendo que esta constitua um subconjunto dentro daqueles em que se inscrevem os sujeitos competentes da norma primária. Nesta, é sujeito de direito o Estado-legislativo, o Estado-Executivo e o Estado-Judiciário, bem como os particulares, uma vez que há hipóteses em que a lei autoriza ao próprio particular a efetivação da norma jurídica. O conteúdo da norma primária abrange aquele da norma secundária, no entanto, com maior amplitude.

A *norma individual e abstrata* é aquela que toma o fato descrito no antecedente como uma tipificação de um conjunto de fatos e que, no quadro dos seus destinatários volta-se a certos indivíduos e a grupos identificados de pessoas. Exemplo: (a) a consulta fiscal, em que o interessado, ainda inerte, questiona ao Fisco a possibilidade de determinada conduta para fins tributários.

A resposta do Fisco trará uma norma individual e abstrata: (justapondo o antecedente hipotético (objeto da consulta) ao consequente individualizado, uma vez que já se pode determinar os sujeitos e o objeto da relação veiculada pela consulta; (b) servidão de passagem – ao conceder a servidão de passagem em sentença, o juiz expede uma norma individual e abstrata.

No antecedente não indica fato determinado no tempo e no espaço, mas uma hipótese factual que se desdobra no tempo. Em seu consequente, por outro lado, encontraremos um vínculo relacional no seio do qual são identificados os sujeitos de direito e do dever; bem como o objeto da relação jurídica, revelando que se trata de enunciado individual; (c) regime especial – a autoridade administrativa, a requerimento do interessado ou de ofício, adota regime especial para o cumprimento das obrigações fiscais, e o faz por intermédio de norma individual e abstrata.

Em seu antecedente, prescreve qualquer tratamento diferenciado da regra geral, tal como a alteração das formas usuais de emissão de documentos fiscais, de escrituração, da apuração e do recolhimento dos tributos; e, em seu consequente, caracteriza os beneficiários do regime, formalizando o vínculo jurídico entre a autoridade administrativa e o sujeito de direito.

A *norma individual e concreta* representa o índice máximo de positivação do Direito, revelando no caso concreto os sujeitos da relação jurídica, o objeto da prestação do sujeito passivo e o direito subjetivo do sujeito ativo de exigi-la. Pode ingressar no ordenamento jurídico por ato do Estado ou do particular.

4.3. Da regra-matriz de incidência

Linhas atrás demonstramos as regras-matrizes das participações governamentais, sem aludir aos ganhos para o estudo do Direito da utilização de tal expediente lógico, o que fazemos agora.

Ensina Paulo de Barros Carvalho[204] que a regra-matriz é um instrumento metódico que organiza o texto bruto do direito positivo, propondo a compreensão da mensagem legislada num contexto comunicacional bem concebido e racionalmente estruturado. É um subproduto da teoria da norma jurídica. O esquema da regra-matriz é um desdobramento aplicativo do construtivismo lógico semântico, sugerido com precisão na obra de Lourival Vilanova.

O método da regra-matriz de incidência tributária, além de oferecer ao estudioso um ponto de partida rigorosamente correto, sob o ângulo formal, favorece o trabalho subsequente de ingresso nos planos semântico e pragmático, tendo em vista a substituição de duas variáveis lógicas pelos conteúdos da linguagem do direito positivo.

A regra-matriz compõe-se de: hipótese ou descritor da norma jurídica e consequente ou o prescritor da regra-matriz de incidência.

Quanto à *hipótese ou descritor da norma jurídica*, fixaremos a nossa atenção nos enunciados de regras que instituem tributos. O legislador formula fatos do mundo real, escolhendo aqueles que são signos presuntivos de riqueza econômica.

Pontes de Miranda utilizou suporte fático para designar o fato bruto e o fato jurídico para referir-se àquela porção demarcada pelas notas da descrição hipotética. O fato bruto ou suporte fático é plurilateral; o fato jurídico é que é, todo ele, exclusivamente jurídico. Becker insistiu na distinção entre a formulação abstrata redigida pelo legislador e o fato em que se verifica no mundo empírico, sempre relacionado a condições espaço temporais.

---

204. Idem.

Para descrever um fato social precisamos apontar critérios de identificação e diretrizes para o seu reconhecimento. Isto equivale a consignar o critério material (verbo + complemento); os critérios espacial e temporal, isto é, o núcleo do acontecimento fático e seus condicionamentos de espaço e de tempo. Em linguagem formalizada, têm-se: Ht = Cm (v.c). (ce). (ct). Em que, "." é o símbolo do conjuntor e (v.c) é o verbo mais o complemento.

O *critério material* é o núcleo do conceito mencionado na hipótese normativa. Nela há referência a um comportamento de pessoas físicas e jurídicas, condicionado por circunstâncias de espaço e de tempo.

O *critério espacial* é o plexo de indicações mesmo tácitas ou latentes, que cumprem o objetivo de analisar o lugar preciso em que a ação há de acontecer.

O *critério temporal* oferece elementos para a identificação do preciso instante em que ocorre o fato descrito.

Adverte o autor ora mencionado, que a interpretação da regra-matriz não se esgota no plano formal, havendo necessidade de investigarmos os conteúdos de significação que a linguagem do direito positivo carrega e, ainda, os modos como os utentes dessa linguagem empregam seus signos. O passo subsequente, então, será preencher as variáveis daquela fórmula lógica com as constantes do direito posto. .

Considerando que no universo jurídico a relação é de imputação, podemos dizer que a hipótese implica a tese ou a consequência de modo que o fato jurídico implica a relação jurídica. Esta é sempre irreflexiva por imposição da própria ontologia do Direito e dar-se-á quando dois sujeitos, no mínimo, se encontrarem deonticamente atrelados. Não é preciso que as duas pessoas termos da relação estejam determinadas. Basta uma. É o que se passa com a promessa de recompensa, com os títulos ao portador ou a declaração unilateral de vontade.

O *consequente ou o prescritor da regra-matriz de incidência* contém dois critérios: o pessoal (sujeito ativo e sujeito passivo) e o quantitativo (base de cálculo e alíquota). Nada mais é necessário para que possamos identificar uma obrigação tributária, espécie, gênero, relação jurídica.

A notação simbólica é a seguinte: Cst"Cp (sa.sp).Cq (bc. al) em que:

Cst = é o consequente tributário.

Cp = é o critério pessoal.

sa = é o sujeito ativo.

sp = é o sujeito passivo.

Cq = é o critério quantitativo.

bc = é a base de cálculo.

al = a alíquota.

"." novamente o conjuntor ou multiplicador lógico.

Para fechar este parêntese, que abrimos para tecer breves considerações sobre a Teoria da Norma, segundo as lições de Paulo de Barros Carvalho,[205] lembramos que não é o texto normativo que incide sobre o fato social, tornando-o jurídico. É o ser humano que buscando fundamento de validade em norma geral e abstrata constrói a norma jurídica individual e concreta, aplicando-a.

Para Gabriel Ivo[206] é a aplicação que dá sentido à incidência. A incidência terá sempre o sentido que o homem lhe der.

Para Paulo de Barros Carvalho,[207] a incidência requer, por um lado, a norma jurídica válida e vigente; por outro lado,

---

205. Idem.
206. IVO, Gabriel. *Norma jurídica: Produção e controle.* São Paulo: Noeses, 2007.
207. CARVALHO, Paulo de Barros. *Curso de direito tributário...* cit.

a realização do evento juridicamente vertido em linguagem, que o sistema indique como própria e adequada. A mesma norma pode incidir sobre acontecimentos diferentes, produzindo com isso, fatos jurídicos distintos.

4.4. Da definição jurídica de tributo

Ensina Paulo de Barros Carvalho,[208] que o vocábulo tributo pode assumir seis significações diversas, quando utilizado nos textos do direito positivo, nas construções doutrinárias, bem como nas manifestações jurisprudenciais. São elas: (a) tributo como quantia em dinheiro; (b) tributo como prestação correspondente ao dever jurídico do sujeito passivo; (c) tributo como direito subjetivo de que é titular o sujeito ativo; (iv) tributo como sinônimo de relação jurídica tributária; (d) tributo como norma jurídica tributária e (vi) tributo como norma, fato e relação jurídica.

O art. 3º do CTN emprega o vocábulo tributo na última acepção posta – tributo como norma, fato e relação jurídica – expressando toda a fenomenologia da incidência, desde a norma instituidora, passando pelo evento concreto, nela descrito, até o liame obrigacional que surge com a ocorrência do fato jurídico tributário, posto em linguagem competente, quer pelo ente tributante (lançamento), quer pelo contribuinte.

O art. 3º do CTN define tributo como:

> Art. 3º Tributo é toda prestação pecuniária compulsória, em moeda ou cujo valor nela se possa exprimir, que não constitua sanção de ato ilícito, instituída em lei e cobrada mediante atividade administrativa plenamente vinculada.

Decompondo os termos da definição legal, de acordo com os ensinamentos do grande mestre Geraldo Ataliba,[209] temos que:

---

208. Idem.

209. ATALIBA, Geraldo. *Hipótese de incidência tributária*. 6. ed. 12. tir. São Paulo: Malheiros, 2011. p. 35-36.

OBRIGAÇÃO – é o vínculo jurídico transitório, de conteúdo econômico, que atribui ao sujeito ativo o direito de exigir do passivo determinado comportamento e que a este põe na contingência de praticá-lo, em benefício do sujeito ativo.

PECUNIÁRIA – circunscreve-se, por este adjetivo, o objeto da obrigação tributária: para que esta se caracterize, no direito constitucional brasileiro, há necessidade de que o seu objeto seja: o comportamento do sujeito passivo consistente em levar dinheiro ao sujeito ativo.

EX LEGE – a obrigação tributária nasce da vontade da lei, mediante a ocorrência de um fato (fato imponível) nela descrito. Não nasce, como as obrigações voluntárias (*ex voluntate*), da vontade das partes. Essa é irrelevante para determinar o nascimento deste vínculo obrigacional.

QUE NÃO CONSTITUA SANÇÃO DE ATO ILÍCITO – O dever de levar dinheiro aos cofres públicos do sujeito ativo decorre do fato jurídico tributário. Este, por definição, é o fato jurídico constitucionalmente qualificado e legalmente definido, com conteúdo econômico, não qualificado como ilícito. Dos fatos ilícitos nascem multas e outras consequências punitivas, que não configuram tributo, por isso não integrando seu conceito, nem se submetendo ao seu regime jurídico.

CUJO SUJEITO ATIVO É EM PRINCÍPIO UMA PESSOA PÚBLICA – regra geral ou o sujeito ativo é uma pessoa pública política ou "meramente administrativa" – como bem designa as autarquias Ruy Cirne de Lima. Nada obsta, porém, que a lei atribua capacidade de ser sujeito ativo de tributos às pessoas privadas – o que, embora excepcional, não é impossível – desde que estas detenham finalidades de interesse público (....)

CUJO SUJEITO PASSIVO É UMA PESSOA POSTA NESTA SITUAÇÃO PELA LEI – a lei designa o sujeito passivo. A lei que qualifica o sujeito passivo explícito, o "destinatário constitucional tributário". Geralmente são pessoas privadas as colocadas na posição de sujeito passivo, sempre de pleno acordo com os desígnios constitucionais. Em se tratando de impostos, as pessoas políticas não podem ser sujeito passivo, devido ao princípio constitucional da imunidade tributária (art. 150, VI). Já no que se refere aos tributos vinculados, nada impede que, também, pessoas públicas sejam contribuintes.

Ao tratar do reconhecimento do tributo, adverte o grande mestre, que toda vez que se depare com a situação de que alguém seja obrigado a levar dinheiro ao Estado, deve-se, inicialmente, verificar se a hipótese é de multa, obrigação convencional, indenização por dano ou tributo. A multa é facilmente reconhecível por caracterizar-se como sanção de ato ilícito. Para que haja débito por multa é preciso que algum ato anterior do sujeito seja considerado ilícito, ao qual a lei atribuiu a consequência de dar nascimento à obrigação de pagamento em dinheiro ao Estado, como punição ou consequência desfavorável daquele comportamento.

As pessoas públicas possuem capacidade para a prática de negócios jurídicos convencionais, o que possibilita que diversas pessoas sejam colocadas na posição jurídica de devedoras de pessoas públicas a título de aluguel, compra, mútuo etc.

Se o vínculo entre o particular e o ente público nascer da vontade das partes, estar-se-á diante de figura convencional. Já se o vínculo obrigacional nascer independentemente da vontade das partes, ou até mesmo contra a vontade delas, por força da lei, mediante a ocorrência de um fato jurídico lícito, então, estar-se-á diante de um tributo.

Ter-se-á a obrigação de indenização por dano, quando o fato de que provém à obrigação é ilícito. É fato, entretanto, que há a possibilidade de compensação por ato lícito, mas aqui é preciso atentar que o valor da mesma só pode ser equivalente a expressão do ônus suportado, não podendo tal compensação ser pré-fixada, com base em aspectos quânticos aleatórios, que nenhuma consonância guardam com a incomodidade ou a perda de receita tributária que a compensação busca neutralizar.

Na hipótese em análise, a União, por meio de lei, coativamente, impõe ao explorador a obrigação de recolher aos cofres públicos 15% (quinze por cento) do valor da produção, se a lavra ocorrer no pré-sal ou em áreas estratégicas, ou 10% dez por cento da produção de petróleo ou gás natural nos contratos de concessão e de cessão, devendo tal ente político repassar o produto de tal arrecadação, da forma constitucionalmente prevista, para os Estados, os Municípios e o Distrito Federal e para órgãos da Administração Direta Federal.

Verifica-se que a imposição ao explorador de entregar à União 15% ou 10% do valor da produção do campo, consiste em uma prestação pecuniária compulsória, oriunda de ato lícito, instituída em lei e cobrada mediante atividade administrativa plenamente vinculada.

Vejamos: a imposição em apreço foi instituída pelas Leis nsº 9.478/97 e 12.351/2010, alteradas pela Lei nº 12.734/2012, bem como pela Lei nº 12.276/2010, sendo de observação obrigatória por todos aqueles que exploram petróleo e gás. É oriunda de ato lícito, porque a atividade exploratória é lícita, além de ser fortemente regulada pelo Estado. Possui expressão econômica e só pode ser paga aos cofres públicos em dinheiro. Seu montante é apurado pela aplicação da alíquota de 10% ou 15% ao valor bruto da produção. Os critérios para o cálculo do valor devido são estabelecidos em ato do Poder Executivo, em função dos preços de mercado do petróleo, do gás natural e de outros hidrocarbonetos fluidos, das especificações do produto e da localização do campo.

Passemos à decomposição das regras matrizes das imposições federais sobre a exploração de petróleo e de gás:

a) Lei nº 9.478/97 – Lei do Petróleo – Contratos de concessão.

Hipótese ou antecedente da norma:

- aspecto material: explorar petróleo e gás.

- aspecto espacial: todo o território nacional, incluído o mar territorial, a plataforma continental e a zona econômica exclusiva.

- aspecto temporal: a partir da data de início da produção comercial de cada campo.

Consequente da norma:

- sujeito ativo: União Federal.

- sujeito passivo: exploradores de petróleo e de gás.

- base de cálculo: montante correspondente à produção de petróleo ou de gás natural.

- alíquota: 10% ou 5%.

b) Lei nº 12.231/2010 – Regime de partilha de produção – Pré-sal e áreas estratégicas.

Hipótese ou antecedente da norma:

- aspecto material: explorar petróleo e gás.

- aspecto espacial: áreas do pré-sal e áreas estratégicas em todo o território nacional.

- aspecto temporal: a partir da data de início da produção comercial de cada campo.

Consequente da norma:

- sujeito ativo: União Federal.

- sujeito passivo: exploradores de petróleo e de gás.

- base de cálculo: o valor da produção de petróleo ou de gás natural.

- alíquota: 15%.

Fixada a premissa de que a cobrança coativa que a União impõe ao explorador de petróleo e de gás, que tem por base de cálculo a produção do campo (patrimônio privado), possui a classificação jurídica de tributo, é preciso verificar de que espécie tributária se trata, analisando a tipologia tributária brasileira. Para tanto, temos que investigar quais são as espécies tributárias postas na Constituição Federal, a forma de identificá-las e depois proceder ao exercício da classificação, inserindo a imposição em foco na espécie tributária a que pertence.

Antes, porém, é preciso reafirmar a seguinte premissa: o legislador infraconstitucional instituiu um tributo, incidente sobre a exploração de petróleo e de gás, que não se confunde com a forma de destinação constitucional do mesmo, ou seja, com o repasse aos Estados, aos Municípios, ao Distrito Federal e aos órgãos da Administração Direta da União, sob a forma jurídica de compensação ou participação no resultado da exploração.

Logo, insistimos, uma realidade jurídica é a forma que a União elegeu para impor ao explorador um recolhimento coativo em razão da exploração de petróleo e de gás, outra é o modo como a União distribuirá tal arrecadação, que nos termos do art. 20, § 1º, da CF, só poderá ser sob a forma de compensação, se houver ônus, aos Estados, aos Municípios, ao Distrito Federal, decorrentes do exercício de atividade *lícita* do explorador, ou participação no resultado da exploração.

Investiguemos, agora, a espécie tributária, que não se confunde, portanto, com a compensação e com a participação no resultado da produção, que são, repetimos, destinações arrecadatórias constitucionalmente definidas.

4.5. Espécies tributárias

Não basta, para a identificação da espécie tributária, a consideração do fato jurídico tributário. É preciso fazer a associação, prevista na Constituição Federal, entre o fato jurídico tributário e a base de cálculo eleita para a exação. Se a base de cálculo for a medida do fato jurídico tributário, se for a expressão econômica deste, então estará confirmada a tributação sobre tal fato jurídico. Por exemplo: se o fato jurídico tributário for a circulação de mercadoria, e se a base de cálculo for o valor da mercadoria, estaremos diante de um imposto sobre a circulação de mercadorias. Se, contudo, o fato jurídico tributário for a circulação de mercadorias e a base de cálculo for o valor da prestação de um serviço, estaremos diante de um imposto sobre serviços e não de uma imposição incidente sobre a circulação de mercadorias.

Caso a base de cálculo não expresse, economicamente, o fato jurídico tributário, posto no aspecto material da norma, prevalece aquela na determinação da realidade gravada pela imposição fiscal, porque indicativa da manifestação de riqueza que pretendeu o legislador onerar.

Ensina Paulo de Barros Carvalho[210] que a prevalência da base de cálculo decorre do art. 145, § 2º, bem como do art. 154, ambos da CF, pelos quais as taxas não poderão ter base de cálculo própria de impostos, bem como os impostos inseridos na competência residual da União não poderão ter base de cálculo e fato gerador próprios dos outros tributos nela discriminados. Logo, impõe-se a análise deste binômio constitucional, que deve prevalecer sobre os ditames do art. 4º do CTN, pelos quais a natureza específica do tributo é determinada pelo fato gerador da respectiva obrigação.

Como é evidente este último critério não serve para qualquer fim classificatório das espécies tributárias, porque só o conhecimento os fatos jurídicos não permite apartá-las em impostos, em taxas ou em contribuição de melhoria. Há em nosso direito positivo muitos tributos cuja denominação nada revela da sua natureza tributária, tais como os empréstimos compulsórios, a taxa de melhoramento dos portos, a Compensação Financeira pela Exploração de Recursos Minerais – CFEM, bem como toda a sorte das denominadas contribuições.

Logo, no direito positivo brasileiro, o tipo tributário é determinado pela associação lógica e harmônica da hipótese de incidência com a base de cálculo, o que além de revelar a natureza própria do tributo, protege contra a linguagem imprecisa do legislador.

Em que pese a crítica oferecida ao art. 4º, *caput*, do CTN não se pode deixar de louvar os mandamentos do seu inciso

---

210. CARVALHO, Paulo de Barros. *Curso de direito tributário...* cit.

II pelos quais é irrelevante, para caracterizar a natureza jurídica do tributo, o destino que se dê ao produto da sua arrecadação. Assim, toda imposição legal que vier a preencher os requisitos constantes do art. 3º do CTN, será, juridicamente, um tributo, *a despeito da destinação dos valores arrecadados.*

A Constituição Federal, em seu art. 145, consagra três espécies tributárias que são: impostos, taxas e contribuições de melhoria, que podem ser classificados em tributos vinculados ou não vinculados.

São vinculados os tributos cuja hipótese de incidência revela uma atividade estatal, diretamente relacionada ao contribuinte. Assim, as taxas e a contribuição de melhoria são tributos vinculados. Tributos não vinculados são aqueles que são devidos por quem realizar o fato jurídico tributário previsto na hipótese de incidência, posto em linguagem competente, que o juridicize, imputando-lhe efeitos na ordem jurídica, independentemente de qualquer contraprestação direta do Estado. Os impostos são tributos não vinculados.

Diversamente dos impostos, cujas competências tributárias estão repartidas por condutas (circular mercadorias, prestar serviços, explorar petróleo e gás etc.) e distribuídas privativamente à União, aos Estados, aos Municípios e ao Distrito Federal, as taxas podem ser cobradas por todas as pessoas políticas desde que sejam decorrentes: do exercício do poder de polícia administrativa ou pela utilização efetiva ou potencial de serviço público, específico e divisível.

4.5.1. Das taxas

As taxas classificam-se entre os tributos vinculados a uma contraprestação do Estado, diretamente relacionada ao contribuinte. É preciso que o Estado faça algo a favor do contribuinte, para dele poder exigir, de modo legítimo, o pagamento de taxas. Assim, sempre que a atuação descrita na norma tributária estiver direta e imediatamente referida ao obrigado teremos uma taxa de serviço ou de polícia.

É fato, entretanto, que não raro os entes tributantes impõem, a título de taxas, verdadeiros impostos, incluídos ou não em suas competências tributárias. Ao intérprete do Direito cabe identificar a real espécie tributária, rechaçando não só a cobrança indevida, mas, sobretudo, impedindo autêntica violação constitucional. A respeito, são claras as lições de Celso Ribeiro Bastos[211] pelas quais as palavras são meros rótulos das coisas, cabendo ao intérprete identificar o regime jurídico a que se submete uma dada categoria jurídica, não se limitando ao sentido estrito do vocábulo utilizado pelo legislador.

4.5.2. Permissivos constitucionais para a imposição de taxas

I – Exercício do poder de polícia administrativa

Celso Antônio Bandeira de Mello,[212] em obra clássica, define poder de polícia administrativa como:

> a atividade da Administração Pública, expressa em atos normativos ou concretos, de condicionar, com fundamento em sua supremacia geral e na forma da lei, a liberdade e a propriedade dos indivíduos, mediante ação ora fiscalizadora, ora preventiva, ora repressiva, impondo coercitivamente aos particulares um dever de abstenção (*non facere*) a fim de conformar-lhes os comportamentos aos interesses sociais consagrados no sistema normativo.

A polícia administrativa propõe-se a salvaguardar os seguintes valores: (a) segurança pública; (b) ordem pública; (c) tranquilidade pública; (d) higiene e saúde públicas; (e) bens estéticos e artísticos; (f) históricos e paisagísticos; (g) riquezas naturais; (h) moralidade pública e economia popular.

---

211. BASTOS, Celso Ribeiro. *Curso de direito constitucional*. 4. ed. São Paulo: Saraiva, 1891.

212. MELLO, Celso Antônio Bandeira de. Op. cit., p. 824.

As taxas de polícia têm por hipótese de incidência o exercício do poder de polícia diretamente referido ao contribuinte. Não é qualquer ato de polícia que autoriza a tributação por meio de taxa, mas tão somente o que se consubstancia num agir concreto e específico da Administração Pública, praticado com base na lei.

Para Roque Antônio Carrazza,[213]

> o simples exercício do poder de polícia – tornamos a repetir – não enseja a cobrança de taxa de polícia. O que enseja tal cobrança é o desempenho efetivo da atividade dirigida ao administrado.

Geraldo Ataliba,[214] depois de declarar que o poder de polícia se explicita em atos de agentes públicos, acrescenta:

> As taxas de polícia cabem para cobrir os custos administrativos com o exercício do poder de polícia diretamente referido a certas pessoas que o provocam, ou exigem em razão de sua atividade. (...) com base na lei, a administração pública licencia, permite, autoriza, fiscaliza, e controla atividades privadas. Os custos desse controle e fiscalização são remunerados pelos interessados cujas atividades o exigem mediante taxas, chamadas 'de polícia'. (...)

Logo, os serviços de iluminação pública, de segurança pública, de diplomacia, de defesa externa do País etc., por não serem diretamente referidos a ninguém, devem ser custeados por meio das receitas gerais do Estado, representadas, basicamente, pelo ingresso advindo dos impostos.

Ensina Geraldo Ataliba[215] que:

> Conceituamos taxa como o tributo vinculado cuja hipótese de incidência consiste numa atuação estatal direta e imediatamente referida ao obrigado. Não basta que a consistência da h.i. seja

---

213. CARRAZZA, Roque Antônio. *Curso de direito constitucional tributário.* 15. ed. São Paulo: Malheiros, 2000. p. 507.

214. ATALIBA, Geraldo. *Hipótese de...* cit., p. 156-157.

215. Idem.

uma atuação estatal. É preciso que esta seja, de qualquer modo, referida ao obrigado (sujeito passivo), para que dele possa ser exigida. Se pudesse ser exigida de outra pessoa desapareceria qualquer utilidade na distinção entre taxa e imposto.

A doutrina citada identifica o perfil constitucional da taxa. Ocorre que a jurisprudência, para as taxas de polícia, contemporaneamente, tem entendido de maneira diversa, valendo-se de presunções, não autorizadas pela Constituição Federal, para declarar a constitucionalidade de taxas de polícia, ainda que não haja o efetivo exercício de tal atividade, diretamente relacionada ao contribuinte, bastando que o Poder Público possua órgão estruturado que exerça permanentemente a atividade de fiscalização, como se verifica da leitura do RE nº 416.601/DF, que teve como relator o Ministro Carlos Velloso.

Entendeu o Supremo Tribunal Federal, nos autos do Recurso Especial em epígrafe, que:

> Não há invocar o argumento no sentido de que a taxa decorrente do poder de polícia fica restrita aos contribuintes cujos estabelecimentos tivessem sido efetivamente visitados pela fiscalização (...) essa questão já foi resolvida, pela negativa, pelo Supremo Tribunal Federal, que deixou assentada em diversos julgados a suficiência da manutenção, pelo sujeito ativo, de órgão de controle de funcionamento.

Quanto à base de cálculo das taxas, entendeu o julgador nos autos do RE nº 416.601/DF que:

> Não se pode exigir do legislador mais que a equivalência razoável sobre o custo real dos serviços e o montante a que pode ser compelido o contribuinte a pagar, tendo em vista a base de cálculo estabelecida na lei e o *quantum* da alíquota por esta fixado. Ora, é razoável supor que a receita bruta de um estabelecimento varie segundo o seu tamanho e a intensidade de suas atividades.

Respeitada a r. decisão da E. Corte, verifica-se que tal entendimento não encontra abrigo constitucional. A Carta Magna impõe, para a cobrança de taxas, o efetivo exercício do poder de polícia, diretamente relacionado a um contribuinte específico. É claro que hoje, dado o avanço tecnológico, pode-se admitir a fiscalização eletrônica, que não precisa ser porta a porta, mas precisa retratar o efetivo ato da fiscalização pelo Estado.

Aludida interpretação, gera uma presunção de exercício de poder de polícia, pelo simples fato da Administração Pública, possuir prédios e funcionários, o que de fato pode inocorrer, gerando risco para a coletividade. Além disso, elimina um discrímem fundamental entre impostos e taxas, consistente na direta referibilidade ao contribuinte da prestação estatal autorizadora da cobrança de taxas. Tal entendimento relativiza a base de cálculo, admitindo juízos hipotéticos de valoração, o que também não encontra amparo em nosso direito positivo.

A competência para exercer o poder de polícia administrativa cabe a quem for competente para legislar sobre a matéria. Assim, União, Estados e Municípios estão aptos ao exercício de tal prerrogativa. Logo, cabe:

a) à União exercer, em caráter exclusivo, polícia administrativa sobre o que estiver arrolado no art. 22 da CF e, concorrentemente, com os Estados e com o Distrito Federal sobre o que consta no art. 24 da CF;

b) aos Estados exercer, em caráter exclusivo, os casos de competência previstos no § 1º do art. 25 da CF ou em concorrência com a União as competências do art. 24 da CF;

c) aos Municípios exercer, em caráter exclusivo, tudo aquilo que disser respeito ao ser peculiar interesse, notadamente sobre as matérias previstas no art. 30 da CF;

d) ao Distrito Federal a quem competem, por força do art. 32, § 1º, da CF, atribuições correspondentes às dos Municípios e às dos Estados, salvo no que concerne ao art. 25, § 1º, da CF, exercerá polícia administrativa em caráter exclusivo no mesmo caso em que os Municípios a exercem e concorrentemente nas hipóteses do art. 24 da CF.

É preciso atentar para o fato de que os Municípios, ainda quando a matéria esteja relacionada à competência de outra pessoa política, podem regular os aspectos que sejam de interesse local ou peculiar. Por exemplo: à União compete, privativamente, legislar sobre Direito Comercial. Entretanto, o horário do exercício do comércio, os locais onde é vedado o estabelecimento de casas comerciais, por serem de peculiar interesse dos Municípios, os habilita a conceder o alvará de funcionamento à casa comercial e a fiscalizá-la.

Salvo hipóteses excepcionalíssimas (o caso dos poderes outorgados aos comandantes de navios) não há delegação de ato jurídico de polícia à particular e nem a possibilidade de que este o exerça a título contratual.

II – Da utilização efetiva ou potencial de serviços públicos específicos e divisíveis

Serviço público, segundo as lições de Celso Antônio Bandeira de Mello,[216]

> (...) é toda atividade de oferecimento de utilidade ou comodidade material destinada à satisfação da coletividade em geral, mas fruível singularmente pelos administrados, que o Estado assume como pertinente a seus deveres e presta por si mesmo ou por quem lhe faça às vezes, sob um regime de Direito Público – portanto, consagrador de prerrogativas de supremacia e de restrições especiais – instituído em favor dos interesses definidos como públicos no sistema normativo.

Ensina o autor em foco que a noção de serviço público, complementando o conceito anteriormente exposto, compõe-se de dois elementos:

a) **substrato material:** é a prestação consistente no oferecimento, aos administrados em geral, de utilidades ou comodidades materiais, fruíveis individualmente, tais como: água,

---

216. MELLO, Celso Antônio Bandeira de. Op. cit., p. 659.

luz, telefone, transporte coletivo etc, que o Estado assume como próprias, por serem reputadas imprescindíveis, necessárias ou convenientes às necessidades básicas de uma sociedade em dado momento histórico;

b) **elemento formal:** traduz-se na subsunção ao regime de direito público, que se assenta na observação dos seguintes princípios:

- **dever inescusável do Estado de promover-lhe a prestação**, diretamente ou por meio de autorização, de concessão ou de permissão, sob pena de ser compelido a fazê-lo judicialmente ou responder por danos causados pela sua omissão.

- **supremacia do interesse público** – deve perseguir sempre as necessidades ou conveniências da coletividade.

- **adaptabilidade** – o serviço prestado deve acompanhar a evolução tecnológica, dentro das possibilidades do Poder Público.

- **universalidade** – o serviço é indistintamente aberto à generalidade do público.

- **continuidade** – impossibilidade da interrupção na prestação do serviço e o pleno direito dos administrados a que não seja suspenso ou interrompido.

- **transparência** – divulgação ao público em geral do conhecimento de tudo o que concerne ao serviço e à sua prestação.

- **motivação** – dever de fundamentar todas as decisões atinentes ao serviço.

- **impessoalidade** – inadmissibilidade de discriminação entre os usuários.

- **modicidade das tarifas** – o serviço público para cumprir sua função jurídica natural terá que ser remunerado por valores muito baixos ou muitas vezes subsidiados. Verifica-se que quando os serviços públicos são concedidos ou permitidos aos particulares, o preço torna-se mais elevado, em razão da perspectiva de lucro destes.

- **princípio do controle** – as condições da prestação de serviços públicos devem ser objeto de controle interno e externo.

A polícia administrativa constitui-se em uma atividade orientada para a contenção dos comportamentos dos administrados, ao passo que o serviço público deve atribuir aos administrados comodidades e utilidades materiais.

Vale notar que não são todos os serviços públicos que autorizam a imposição de taxas. Apenas aqueles que são de utilização individual e mensurável. Gozam, portanto, de divisibilidade, sendo possível avaliar a utilização efetiva ou potencial, individualmente considerada. É o caso dos serviços de telefone, de transporte coletivo, de fornecimento domiciliar de gás, de água potável, de energia elétrica etc.

Nossa Constituição Federal autoriza que as taxas de serviço sejam cobradas pelo efetivo uso de serviços públicos ou pela mera disponibilidade dos mesmos.

Para Roque Antônio Carrazza:[217]

> (...) a disponibilidade que autoriza a tributação por via de taxa de serviço há de ser direta e imediata e não difusa. Além disso, para que este tributo seja exigível, é mister que a utilização (não a prestação) do serviço público seja compulsória, isto é, obrigatória por imperativo legal. Assim, se o serviço público estiver à disposição de todos, mas não diretamente do contribuinte, ou, ainda, que à disposição direta deste, sua fruição for facultativa, a taxa só poderá ser exigida – sempre com apoio em lei – de quem efetivamente vier a utilizá-lo. (...) A prestação do serviço público, por ser determinada pela lei, é sempre obrigatória para o Estado. Ele deve prestá-lo, quando a lei a isto o compele. Já a utilização do serviço público pelo administrado pode, nos termos da lei, ser compulsória ou facultativa. A compulsoriedade da fruição do serviço público nasce da lei. Esta, no entanto, não tem total liberdade para impor, aos administrados, o dever de utilizar todo e qualquer serviço público. Antes, tal obrigatoriedade deve respaldar-se num valor ou interesse prestigiado pela Constituição. Assim, a lei pode e deve obrigar os administrados a fruírem, dentre outros, dos serviços públicos de vacinação, de

---

217. CARRAZZA, Roque Antônio. Curso de direito... cit., p. 509-510.

coleta de esgotos, de coleta domiciliar de lixo, de fornecimento domiciliar de água potável. Por que? Porque nestes casos está em jogo a saúde pública, um dos valores que a Constituição brasileira prestigiou.

A lei não pode obrigar, por outro lado, os administrados a fruírem de certos serviços públicos, que embora devam ser prestados pelo Estado, não realizam valores constitucionalmente consagrados, sendo de fruição facultativa. É o caso dos serviços públicos de telefone, de gás, de conservação de estradas de rodagem.

Apenas a disponibilização de serviços públicos de utilização compulsória autoriza o poder público a cobrar taxa de serviço fruível.

4.6. Dos impostos

Se pelo simples fato do contribuinte exercer uma atividade lícita, tiver que pagar tributo, independentemente de qualquer contraprestação estatal direta, a ele relacionada, a hipótese será de imposto. Ou seja, basta que o contribuinte realize no mundo dos fatos a conduta prevista na norma – vertido o fato jurídico tributário em linguagem competente que o juridicize, tornando-o apto a desencadear efeitos jurídicos – e que a base de cálculo eleita pela lei meça a real expressão econômica da conduta praticada, independentemente de qualquer contraprestação estatal direta, relacionada ao contribuinte, para que estejamos diante de um imposto. São eles:

a) impostos que gravam o comércio exterior: importação e exportação (competência da União).

b) impostos sobre o patrimônio e a renda: imposto sobre a renda; imposto sobre a propriedade territorial rural e grandes fortunas, de competência da União; imposto de propriedade de veículos automotores (IPVA), de competência dos Estados e do Distrito Federal; e imposto predial e territorial urbano (IPTU), de competência dos Municípios.

c) impostos sobre a transmissão, circulação e produção: imposto sobre transmissão *causa mortis* e doações – Estados e Distrito Federal; imposto sobre transmissão inter vivos, a qualquer título, por ato oneroso de bens imóveis, por natureza ou acessão física e de direitos reais sobre imóveis, exceto os de garantia, bem como a cessão de direitos a sua aquisição, este foi endereçado aos Municípios; IPI e impostos sobre operações de crédito, câmbio e seguro, ou relativas a títulos e valores mobiliários – União; ICMS – Estados e Distrito Federal; ISS – Municípios.

d) impostos extraordinários: a União poderá instituí-los na iminência ou no caso de guerra externa, compreendidos ou não em sua competência tributária, os quais serão suprimidos, gradativamente, cessadas as causas da sua criação.

e) impostos previamente indeterminados: competência residual da União – a União pode criar outros impostos, além daqueles inseridos na sua competência privativa, desde que o faça por meio de lei complementar; que não sejam cumulativos e não possuam a mesma hipótese de incidência e base de cálculo dos impostos inseridos na competência tributária das demais pessoas políticas.

4.6.1. Das contribuições de melhoria

Tal exação pode ser cobrada por qualquer pessoa política de Direito Público interno desde que realizem obras públicas das quais decorram melhoria (valorização) dos imóveis circundantes.

A efetivação da obra pública por si só não é suficiente. É necessária a valorização imobiliária. O limite individual de valor para a cobrança da contribuição de melhoria é o *quantum* de acréscimo patrimonial individualmente verificado. Ninguém pode ser compelido a recolher a tal título quantia superior a vantagem que sobreveio ao seu imóvel, em virtude de realização de obra pública. Passar esse limite significa ofensa ao princípio da capacidade contributiva.

Como diferenças entre as taxas e as contribuições de melhoria citamos as seguintes: a taxa pressupõe a prestação de um serviço público, já a contribuição de melhoria pressupõe obra pública; nas taxas a atuação do Estado é diretamente relacionada ao contribuinte, na contribuição de melhoria a atuação do Poder Público é indiretamente relacionada ao contribuinte.

4.6.2. Das contribuições

A Constituição Federal prevê as contribuições como entidades tributárias, subordinando-as ao regime constitucional peculiar aos tributos. Para confirmar a assertiva basta a leitura do art. 149, *caput*, da Magna Carta, ao dispor que as contribuições sociais de intervenção no domínio econômico e de interesse das categorias profissionais ou econômicas, instituídas, exclusivamente, pela União, devem observar as disposições do art. 146, inciso III, da CF (normas gerais em Direito Tributário); do art. 150, inciso I (princípio da legalidade); art. 150, inciso III (irretroatividade e anterioridade). Por fim, o art. 195, § 6º, cuida das contribuições destinadas à seguridade social, criando como termo inicial para a vigência da lei que as tenha instituído, noventa dias após a data da publicação do diploma normativo.

O art. 149 da CF, em seu § 1º, confere poderes aos Estados, ao Distrito Federal e aos Municípios para criarem contribuições, cobradas dos seus servidores, para custeio, em benefício destes, de sistemas de Previdência e Assistência Social.

As denominadas contribuições de intervenção no domínio econômico são tributos que podem assumir a feição de impostos ou taxas, não constituindo espécie tributária autônoma, por não possuírem características próprias, relevantes juridicamente, que permitam classificá-las de forma distinta daquelas imposições fiscais.

A respeito são precisas as lições de Alfredo Augusto Becker:[218]

> A doutrina tem demonstrado que as 'contribuições parafiscais' não constituem uma natureza jurídica de tributo *sui generis*, nem tributo de natureza mista, porém, em determinados casos, são simples impostos com destinação determinada e, noutros, verdadeiras taxas. E a 'contribuição parafiscal' possui referida natureza jurídica porque a destinação do tributo, a sua maior ou menor proporção (em relação à base de cálculo) e a posição do sujeito passivo em relação à hipótese de incidência do tributo, não exercem qualquer influência sobre a natureza jurídica do tributo.

Também para o ilustre Paulo de Barros de Carvalho,[219] as contribuições previstas na Constituição Federal de 1988, possuem a natureza jurídica de impostos ou taxas, a saber:

> Não é de agora que advogamos a tese de que as chamadas contribuições têm natureza tributária. Vimo-las sempre como figuras de impostos ou taxas, em estrita consonância com o critério constitucional consubstanciado naquilo que nominamos de tipologia tributária no Brasil.

Entretanto, há entendimentos doutrinários pelos quais as contribuições sociais, de intervenção no domínio econômico e de interesse das categorias profissionais ou econômicas, como instrumentos de atuação da União nas respectivas áreas, constituem, ao lado dos empréstimos compulsórios, espécies tributárias autônomas, diferentes, portanto, dos impostos e das taxas.

Destacamos o entendimento de Paulo Ayres Barreto,[220] para quem as contribuições constituem espécie tributária

---

218. BECKER, Alfredo Augusto. *Teoria geral do direito tributário*. São Paulo: Saraiva, 1963. p. 349.

219. CARVALHO, Paulo de Barros. *Curso de direito tributário*... cit., p. 74-75.

220. BARRETO, Paulo Ayres. *Contribuições*: Regime jurídico, destinação e controle. São Paulo: Noeses, 2006.

autônoma, distinta dos impostos e das taxas. O autor fixa as seguintes premissas, que embasam a sua conclusão: o vocábulo contribuição tem significação própria – seja no uso comum, seja no uso técnico – distinta de imposto e de taxa.

Com tal posicionamento concordamos no que respeita à contribuição de melhoria. Para as demais contribuições, tal como previstas nos arts. 149 e 177, § 4º, ambos da CF, temos que tal vocábulo possui a acepção semântica de imposto ou de taxa, a depender da análise das bases de cálculo e do fato jurídico tributário eleito pelo legislador.

A Constituição Federal não criou qualquer diferença específica entre as aludidas contribuições e os impostos, que permitam afirmar que estas constituem espécie tributária autônoma. Além do mais, nos termos do art. 4º do CTN o nome da exação não se presta a qualificá-la para efeito de identificação da espécie tributária.

Neste ponto, frisamos que os incisos I e II, do art. 4º do CTN classificam-se como normas de calibragem do sistema, porque se assim não fosse o art. 145 da Magna Carta, ao prever as espécies tributárias, seria um sem sentido jurídico. Além disso, a rígida repartição das competências tributárias traduzir-se-ia num esforço inútil, visto que bastaria ao legislador dar um nome diferente à exação que pretende instituir para introduzir no sistema de direito positivo um tributo novo, inserido ou não em sua competência tributária.

Outra premissa é: o legislador constituinte fez menção às contribuições em várias oportunidades no texto constitucional. Tal assertiva é irrelevante para a análise da classificação jurídica das contribuições.

Continuando, aduz o autor em comento, que o fato do legislador constituinte ter se referido ao imposto, às taxas e às contribuições de melhoria é um importante indício de que as contribuições deles (impostos e taxas) se distinguem.

A mera alusão do constituinte às contribuições, às compensações, os empréstimos compulsórios etc, não fornece qualquer importante indício da classificação jurídica destes. Além disso, não cabe ao intérprete identificar a vontade do legislador, porque tal dado é para ele inatingível, visto estar imerso num mar de subjetividades, de valorações, de experiências pessoais, que não se prestam às investigações de cunho científico.

Outra premissa é: o legislador constituinte poderia ter seguido os passos do Direito alienígena, submetendo as contribuições ao regime jurídico dos impostos, o que não o fez.

A Constituição Federal ao prever as contribuições determinou os motivos jurídicos que autorizam a sua instituição e a destinação do produto da arrecadação. Nada disse sobre o regime jurídico, exceto que é tributário. Mas tais fatos não são suficientes para fazer das contribuições uma espécie tributária autônoma, por força do art. 4º, inciso II, do CTN, que insistimos, deve ser observado em todas as interpretações, por ser norma de calibragem do sistema de direito positivo, tal como posto linhas atrás.

O destino do produto da arrecadação é imprestável para *efeito de identificação da espécie tributária*, embora seja importante para outros efeitos jurídicos, por exemplo, o controle do destino da arrecadação, a constitucionalidade do tributo instituído etc.

O fato da Constituição Federal autorizar a imposição de tais exações, excepcionalmente, diante de determinadas circunstâncias e com fins arrecadatórios específicos, demonstra, tão somente, uma limitação à atividade do legislador, visto que tais impostos não podem ser criados ao seu talante, como mais uma exação.

Afirma, ainda, o autor que: nas contribuições o foco reside na causa para a instituição do tributo, no exame da necessidade e adequação do tributo para o custeio de uma atividade estatal específica. As materialidades, quando referidas, configuram limite adicional a ser respeitado.

Aduz, ainda, como premissa da sua tese, de que as contribuições constituem espécie tributária autônoma, que:[221]

> h) as receitas públicas geradas com a arrecadação de impostos não podem ser vinculadas a órgão, fundo ou despesa, ao passo que, nas contribuições, tais vinculações são constitucionalmente exigidas. As receitas decorrentes das contribuições sujeitam-se a controle quantitativo. Devem ser dimensionadas em conformidade com os dispêndios gerados pela atividade estatal que fundamentou a sua instituição. As receitas advindas de imposto não se submetem a tal controle.

O destino da arrecadação, insistimos, é irrelevante para *classificar* a exação tributária. Contudo, quando a destinação do tributo é determinada pela Constituição Federal, o emprego da arrecadação em finalidade diversa da nela prevista, autorizadora da imposição, macula o tributo de inconstitucionalidade. Quanto à alegação de que as receitas públicas geradas com a arrecadação de impostos não podem ser vinculadas a órgão, fundo ou despesa, é preciso atentar que a *Constituição Federal abriga claras exceções*, sendo umas textuais (art. 167, inciso IV) e outras emergentes do contexto, tal como ocorre com as contribuições.

Dispõe o art. 167, inciso IV, da Magna Carta, que:

> Art. 167. São vedados:
>
> (...)
>
> IV - a vinculação de receita de impostos a órgão, fundo ou despesa, *ressalvadas* a repartição do produto da arrecadação dos impostos a que se referem os arts. 158 e 159, a destinação de *recursos para as ações e serviços públicos de saúde, para manutenção e desenvolvimento do ensino* e para realização de atividades da administração tributária, como determinado, respectivamente, pelos arts. 198, § 2º, 212 e 37, XXII, e a prestação de garantias

---

221. BARRETO, Paulo Ayres. *Contribuições*: Regime jurídico, destinação e controle. São Paulo: Noeses, 2006.

às operações de crédito por antecipação de receita, previstas no art. 165, § 8º, bem como o disposto no § 4º deste artigo. (Destaque nosso).

Além destas exceções textuais, emergem do contexto, as contribuições que nada mais são do que impostos ou taxas, cuja destinação específica é determinada na própria Constituição Federal. E mais, os impostos em questão nestas reflexões, incidentes sobre a receita bruta ou o lucro advindos da exploração de petróleo e de gás, têm, nos termos do art. 20, § 1º, da CF, destinação específica, a saber: compensar os entes políticos das externalidades advindas da exploração de petróleo e de gás ou propiciar a participação destes no resultado da exploração de tal atividade.

Logo, no que atine à oneração imposta pela União sobre a exploração e produção de petróleo e de gás – ainda que se admita a contribuição de intervenção no domínio econômico como espécie tributária distinta dos impostos e das taxas – é forçoso reconhecer que não há autorização constitucional para a instituição de uma contribuição de intervenção no domínio econômico (CIDE), porque os recursos não serão usados para incentivar a atividade econômica em foco, antes serão destinados aos demais entes políticos, como compensação ou participação no resultado da exploração. Vale observar, ainda, a existência de lei determinado que os recursos oriundos da exploração de petróleo e de gás na área do pré-sal, sejam empregados no custeio da saúde e da educação.

Portanto, a ausência dos elementos caracterizadores de uma CIDE é facilmente constatável.

Para Paulo Ayres Barreto:[222]

> As contribuições de intervenção no domínio econômico são tributos que se caracterizam por haver uma ingerência da União

---

222. Idem.

(intervenção) sobre a atividade privada, na sua condição de produtora de riquezas (domínio econômico). Tal forma de intervenção deve ser adotada em caráter excepcional se, e somente se, for detectado um desequilíbrio de mercado, que possa ser superado com a formação de um fundo que seja revertido em favor do próprio grupo alcançado pela contribuição interventiva.

Tácio Lacerda Gama[223] aduz que:

> Cabe ressalvar que a modalidade de incentivo, destacada no esquema acima, é a única que se ajusta ao conceito de intervenção no domínio econômico para fins da instituição das contribuições previstas no art. 149 da CF.

Geraldo Ataliba,[224] embora afirmasse que, "nenhum tributo batizado de 'contribuição', no Brasil, tem hipótese de incidência rigorosa de 'verdadeira contribuição'", vislumbrava a possibilidade da existência de uma autêntica contribuição, além da contribuição de melhoria, desde que concorressem os seguintes elementos:

> O arquétipo básico da contribuição deve ser respeitado: a base deve repousar no *elemento intermediário* (pois, contribuição não é imposto e não é taxa); é imprescindível circunscrever-se, na lei, explícita ou implicitamente, *um círculo especial de contribuintes* e reconhecer-se uma atividade estatal a eles referida indiretamente (...) Os sujeitos passivos serão pessoas cuja situação jurídica tenha relação, direta ou indiretamente, com uma despesa especial, a elas respeitantes, ou alguém que receba da ação estatal um reflexo que possa ser qualificado como especial." Ou seja, na configuração da contribuição "está a circunstância de relacionar-se com uma especial despesa, ou especial vantagem referidas aos seus sujeitos passivos (contribuintes). (Destaque nosso)

De todo o exposto, concluímos que à míngua de elementos jurídicos tipificadores das contribuições como espécie tributária distinta dos impostos e das taxas, aquelas – a

---

223. GAMA, Tácio Lacerda. *Contribuição de intervenção no domínio econômico*. São Paulo: Quartier Latin, 2003.
224. ATALIBA, Geraldo. *Hipótese de incidência...* cit.

depender do fato jurídico tributário previsto em lei e da base de cálculo – podem ser classificadas como impostos ou taxas, com destinação constitucional. A Constituição Federal abriga claras exceções à vedação da vinculação da receita de impostos a órgão, a fundo ou a despesa. Umas estão claramente postas no inciso IV, do art. 167, outras emergem de disposições esparsas do texto constitucional, tal como as que preveem as contribuições.

Mas ainda que se admita como o faz parte da doutrina aqui citada, que as CIDE são espécies tributárias autônomas, é forçoso concluir que legislação infraconstitucional, que prevê a oneração das atividades de exploração de petróleo e de gás, não instituiu contribuições, porque as finalidades constitucionais que nortearam a imposição fiscal em apreço não se prestam para incentivar a atividade em foco e também o fruto da arrecadação não será revertido a favor dos próprios contribuintes, mas sim dos Estados, dos Municípios, do Distrito Federal e dos órgãos da Administração Direta da União.

Vale analisar, ainda que brevemente, as espécies de contribuições previstas em nossa Magna Carta.

4.6.2.1. Das espécies de contribuições

4.6.2.1.1. Das contribuições de intervenção no domínio econômico

A Constituição Federal estabeleceu que a União pode instituir, exclusivamente, contribuições de intervenção no domínio econômico, as quais devem ser utilizadas como instrumento de sua atuação nas respectivas áreas, *in verbis*:

> Art. 149. Compete exclusivamente à União instituir contribuições sociais, de intervenção no domínio econômico e de interesse das categorias profissionais ou econômicas, como instrumento de sua atuação nas respectivas áreas, observado o disposto nos

EXPLORAÇÃO DE PETRÓLEO E DE GÁS NATURAL

arts. 146, III, e 150, I e III, e sem prejuízo do previsto no art. 195, § 6º, relativamente às contribuições a que alude o dispositivo.

Logo, é evidente que o próprio mandamento constitucional faz referência à necessidade de observância de alguns requisitos formais e materiais para a instituição desta contribuição.

O primeiro requisito constitucional consiste no atendimento das finalidades autorizadoras da imposição das aludidas contribuições. Pelo art. 149 do Texto Supremo, exige-se que as finalidades sejam: sociais, para as contribuições sociais; intervenção no domínio econômico para as interventivas e de interesse para as categorias profissionais ou econômicas para as corporativas.

Diante disso, impõe analisar os arts. 173 e 174 da CF, para verificarmos quais são os limites do Estado para disciplinar e agir no campo da intervenção econômica.

Da leitura do art. 173 da Magna Carta, extrai-se que quando o Estado está autorizado a exercer, excepcionalmente, atividade econômica, reservada ao particular, em casos tais como: imperativos de segurança nacional, relevante interesse público ou em casos expressamente previstos no texto maior, remunera-se por meio de preço, não por tributos, estando, portanto, fora do que se pode considerar intervenção no domínio econômico. Tal hipótese ocorre nos casos em que o Estado trava relações jurídicas com o administrado como se fosse um agente privado. Por exemplo, quando comercializa petróleo e gás, devendo obedecer às leis do mercado.

Por sua vez, o art. 174 da CF prevê a participação do Estado no domínio econômico como agente regulador, expressando-se, nesta modalidade, por meio de fiscalização, de planejamento e de incentivo. Se o Estado agir como fiscalizador, exercitando o seu poder de polícia administrativa, está constitucionalmente autorizado a cobrar taxa (art.145, inciso II, da CF). Logo, incabível cogitar-se de contribuição.

O Estado deve planejar, de acordo com o interesse público, o desenvolvimento de certas atividades no País, sendo tal planejamento determinante para o setor público, mas apenas indicativo para o setor privado. Existe em nível normativo e indicativo, não gerando efetiva atuação que implique em despesas a serem custeadas por meio de contribuições. Nossa doutrina admite a instituição das contribuições, nesta espécie, obedecidos a todos os mandamentos constitucionais, apenas na modalidade de incentivo.

São precisas a respeito as lições de Fabiana Del Padre Tomé,[225] como se depreende da participação no XVIII Congresso de Direito Tributário, realizado pelo Instituto Geraldo Ataliba – Instituto Internacional de Direito Púbico Empresarial (IDEPE) – cujo texto foi publicado na Revista de Direito Tributário v. 92, a saber:

> O que autoriza a instituição da CIDE é o incentivo, terceira forma de intervenção no domínio econômico, que está referido no art. 174. Para incentivar determinado setor da economia, determinado setor do direito privado, um âmbito econômico que se considere interessante, que se queira ver desenvolvido, pode a União criar uma CIDE. Essa CIDE há de ter uma finalidade, que vai ser a de intervir no domínio econômico incentivando aquele setor. E, do mesmo modo, deve ser destinado o produto da arrecadação para implementar aquele incentivo pretendido, ou seja, servir como efetivo instrumento de atuação naquela área.

A autora enfatiza que:

> Então, para instituir a CIDE, a regra-matriz que vai autorizar a incidência desse tributo precisará delimitar qual o setor que irá incentivar. E ao delimitar o setor que pretende incentivar, delimitam-se também os sujeitos passivos, o grupo de contribuintes (...). Ou seja, o legislador não pode simplesmente instituir uma contribuição para toda a coletividade. Por que? Porque, aí, não se estará intervindo no domínio econômico.

---

225. TOMÉ, Fabiana Del Padre. *Contribuições*. Mesa de Debates do XVIII Congresso Brasileiro de Direito Tributário, *Revista de Direito Tributário*, nº 92, XVIII, São Paulo, Malheiros, p. 46-73, 2005.

Juntam-se a tais ensinamentos, as lições de Roque Antônio Carrazza[226] pelas quais:

> (...) a EC nº 33, de 11.12.2001, em seu art.1º, inseriu três parágrafos (§§ 2º, 3º e 4º) ao art. 149 da Carta Magna, permitindo que as contribuições interventivas venham a incidir sobre a importação e comercialização de petróleo e seus derivados, gás natural e seus derivados e álcool combustível. A mesma emenda, agora em seu art. 3º, acrescentou um § 4º ao do art. 177 da CF, dispondo: ...
>
> A nosso ver, a EC nº 33/2001 fez tábua rasa da regra-matriz das contribuições interventivas. De fato, havendo a necessidade de regular os mercados mencionados na emenda a União já poderia... criar contribuições interventivas, exclusivamente com base no *caput* do art. 149 da CF.
>
> (...)
>
> Ocorre que, os parágrafos encartados nos arts. 149 e 177, da CF, não apontaram novas finalidades, capazes de justificar a intervenção no domínio econômico e de consequência, a permitir fossem criadas contribuições específicas para atendê-las.
>
> Na real verdade, tais parágrafos limitaram-se a descrever a materialidade das exações que, de "intervenção no domínio econômico", tem apenas o nome. *Prevêem, sim, a criação de impostos*, cujas receitas, conquanto destinadas a determinados fins (...), não justificam, de per si, a criação de tributos (contribuições) com características interventivas. Por mais relevantes que possam ser – e efetivamente o são – a concessão de subsídios, o financiamento de programas ambientais e o financiamento de infra-estrutura de transportes, estes fatos não tem como pressuposto intervir no domínio econômico. Representam, apenas, metas políticas, que, como tais, devem ser atendidas, não com contribuições interventivas, mas com as receitas gerais da União, representadas basicamente pelos impostos (...). (Destaque nosso).

4.6.2.1.2. Das contribuições sociais

A competência para a criação de tributos destinados a custear a Seguridade Social é privativa da União. Determina

---

226. CARRAZZA, Roque Antônio. *Curso de direito constitucional tributário*. 15. ed. São Paulo: Malheiros, 2000.

a Constituição Federal, em seu art. 195, que a seguridade social será financiada por toda a sociedade, de forma direta e indireta, nos termos da lei, mediante recursos provenientes dos orçamentos da União, dos Estados, do Distrito Federal e dos Municípios, e das seguintes contribuições sociais (art. 195, incisos I a IV):

a) do empregador, da empresa e da entidade a ela equiparada na forma da lei, incidentes sobre: folha de salários e demais rendimentos do trabalho pagos ou creditados, a qualquer título, à pessoa física que lhe preste serviço, mesmo sem vínculo empregatício, a receita ou o faturamento e o lucro;

b) do trabalhador e dos demais segurados da previdência social, não incidindo contribuição sobre aposentadoria e pensão concedidas pelo regime geral de previdência social de que trata o art. 201;

c) sobre a receita de concursos de prognósticos; e

d) do importador de bens ou serviços do exterior, ou de quem a lei a ele equiparar.

Prevê, ainda, a Magna Carta, que a lei poderá instituir outras fontes destinadas a garantir a manutenção ou a expansão da seguridade social, obedecido ao disposto em seu art. 154, ou seja, que a exação seja veiculada por meio de lei complementar, que seja "não-cumulativa e não tenha fato gerador ou base de cálculo próprios dos discriminados na Constituição."

Tais contribuições têm materialidades definidas constitucionalmente e submetem-se a uma anterioridade monagesimal, tal como prevista no art. 195, § 6º, da CF.

Adverte Paulo Ayres Barreto[227] que, além das contribuições sociais destinadas à Seguridade Social, podem ser instituídas outras contribuições sociais que sirvam de instrumento da atuação da União, na área social, observados os ditames dos arts. 146, inciso III e 150, incisos I e III, da Magna Carta.

---

227. BARRETO, Paulo Ayres. Op. cit.

Não há circunscrição a determinadas materialidades, não estando, portanto, o legislador infraconstitucional limitado àquelas específicas situações em que a própria Constituição Federal faz menção a fontes adicionais de financiamento, tal como se dá com a contribuição social do salário educação (art. 212, § 5º), em que prevê que a educação básica pública terá como fonte adicional de financiamento a contribuição social do salário-educação, recolhida pelas empresas na forma da lei.

Considerando que a Magna Carta só previu materialidades específicas para as contribuições referentes à Seguridade Social, e que outras podem ser instituídas nos termos do seu art. 149, lança o autor, ora em foco, o seguinte questionamento: tal amplitude não representaria uma abertura sistêmica que infirmaria todo um rol de regras delimitadoras da atividade impositiva, insertas no texto constitucional, considerando, ainda, que as restrições contidas no art. 154, inciso I, da CF só se aplicam as contribuições destinadas à Seguridade Social?

O autor aborda duas situações: (a) a União, detentora de competência para instituir o imposto de importação, faz uso da materialidade desse imposto para erigir a regra matriz de uma contribuição, que não destinada à Seguridade Social. Nesta hipótese, não sendo o tributo sujeito à partilha com os demais entes federados, para o autor nada obsta que a União opte pela imposição do imposto, destinando a arrecadação ao orçamento geral da União ou que opte pela contribuição, devendo dar ao produto da arrecadação, neste caso, destinação específica; (b) se, por outro lado, o imposto que foi substituído pela contribuição, era alvo de partilha como outro ente federado, entende o autor que haverá claramente um comprometimento do equilíbrio da federação, visto que a criação da contribuição causará o desequilíbrio e até o comprometimento das finanças públicas de quem esperava o repasse.

Aqui cumpre-nos observar que além dessas contribuições não possuírem qualquer diferença específica que as permita classificar como uma espécie tributária autônoma, diversas de impostos ou de taxas, já que o destino da arrecadação e os motivos determinantes da sua criação não as descaracterizam como tal, é fato que carregam a perversa sina de servirem de instrumento para a diminuição das receitas dos demais entes federados, porque toda vez que a União não desejar repassar receitas aos mesmos, em vez de instituir impostos, cria as denominadas contribuições, que não são alvo de partilha.

E, pragmaticamente, esta é a finalidade por excelência da instituição das contribuições, já que o produto da sua arrecadação, sistematicamente, não é empregado nas finalidades que autorizam a sua instituição. Exemplo flagrante disso é a CIDE combustíveis, que contou com um sem número de decisões judiciais onde foi reconhecido, que a destinação do produto da arrecadação da CIDE ao caixa geral da União Federal invertia em favor dos contribuintes a presunção de constitucionalidade das normas legais, autorizando ao Poder Judiciário a suspensão da exigibilidade do tributo.

4.6.2.1.3. Das contribuições de interesse das categorias profissionais

O art. 149 da CF também prevê as contribuições de interesse de categorias profissionais ou econômicas, que se destinam ao custeio das atividades das instituições fiscalizadoras e representativas de categorias econômicas ou profissionais, que exerçam funções legalmente reputadas como de interesse público. A União disciplina a atuação dessas entidades, delegando-lhes a capacidade tributária ativa para arrecadar as contribuições instituídas pela lei, fim de que tenham os recursos financeiros necessários para o cumprimento dos seus deveres legais.

Para Roque Antônio Carrazza:[228]

---

228. CARRAZZA, Roque Antônio. *Curso de direito constitucional...* cit., p. 569.

EXPLORAÇÃO DE PETRÓLEO E DE GÁS NATURAL

> As contribuições de interesse de categorias profissionais ou econômicas, como instrumento de atuação nas respectivas áreas (contribuições corporativas), destinam-se a custear entidades (pessoas jurídicas de direito público ou privado) que tem por escopo fiscalizar e regular o exercício de determinadas atividades profissionais ou econômicas, bem como representar, coletiva ou individualmente, categorias profissionais, defendendo seus interesses.

Concordamos com a posição deste autor quando observa que os conselhos profissionais praticam atos de polícia, já que deliberam sobre as inscrições em seus quadros, decidem sobre assuntos relacionados à ética profissional, aplicam penalidades, aferem a habilitação profissional, possuindo, portanto, a denominada contribuição à natureza jurídica de taxa de polícia. Enquadram-se nessa categoria as contribuições que os advogados e estagiários pagam à Ordem dos Advogados do Brasil (OAB), os médicos ao Conselho Regional de Medicina etc.

Postas as espécies tributárias, passemos a investigar em qual delas a exação incidente sobre a exploração de petróleo e de gás se enquadra.

4.7. Da oneração tributária sobre a exploração e produção de petróleo e gás

Antes de demonstrarmos que o legislador infraconstitucional instituiu, a título de compensação financeira ou *royalties*, um imposto, é bom relembrar as seguintes premissas:

a) à União só é devido, a título de *royalties*, tudo o que decorrer da exploração do seu patrimônio, tenha o nome que tiver na lei ou contrato, como, por exemplo, o bônus de assinatura.

b) a compensação financeira e a participação no resultado da exploração, asseguradas constitucionalmente aos Estados, aos Municípios, ao Distrito Federal e à própria União, incidem, por força de lei, sobre o patrimônio do particular (receita bruta do campo ou o lucro) não podendo ser juridicamente consideradas como *royalties* ou indenização a qualquer título, pelos motivos aqui já expostos.

c) não existe qualquer relação jurídica entre os Estados, os Municípios, o Distrito Federal e os órgãos da Administração Direta da União e os exploradores de petróleo e de gás, obrigados, por força de lei, a pagar à União, as denominadas contrapartidas governamentais. Então cabe investigar qual a forma jurídica pela qual a União obtém as receitas que deve destinar aos demais entes políticos.

d) a compensação financeira e a participação no resultado da exploração são formas de aplicação dos recursos que a União obtém em razão da exploração de petróleo e de gás. São formas de destinação de recursos, isto é, são destinos arrecadatórios constitucionalmente previstos, não podendo ser confundidos com o modo que a União elegeu para obter do explorador os recursos referentes à exploração de petróleo e de gás. Ou seja, uma coisa é como a União obtém os recursos. Outra, é a forma como os destina.

Roque Antonio Carrazza,[229] ao analisar a natureza jurídica da compensação financeira pela exploração de recursos minerais, sustenta que a aludida "compensação" traduz-se em um ressarcimento devido à comunidade por todos aqueles que, no exercício da atividade exploratória, lhe causarem dano. Aduz o autor que o aludido ressarcimento poderá estar previsto no próprio ato de concessão ou de autorização ou ser implementado por meio de tributo específico.

Aqui vale observar que se a premissa é a recomposição de dano ao patrimônio público lesado, a compensação não pode provir dos tributos, porque os tributos não possuem natureza remuneratória, ressarcitória ou indenizatória, sendo apurados pela aplicação de alíquotas às bases de cálculo,

---

229. CARRAZZA, Roque Antônio. *Natureza jurídica da "compensação financeira para a exploração de recursos minerais"*. Sua manifesta inconstitucionalidade. São Paulo: Justitia, 1995.

predeterminadas em lei, que não se prestam a quantificar a real extensão do dano causado pela atividade exploratória de petróleo e de gás. Só o valor justo do dano o recompõe, sob pena de gerar o enriquecimento ilícito ou a não recomposição patrimonial justa.

Prossegue o autor afirmando[230] que:

> Como já dissemos, as pessoas que exploram recursos minerais podem ser obrigadas a pagar um tributo, a título de 'compensação financeira por essa exploração'. Mas que tributo será esse? Ao nosso sentir, 'a contribuição de intervenção no domínio econômico', a que alude o art. 149, 1ª parte, da CF.

E, continua explicitando[231] que:

> Notamos, pois, que as 'contribuições' ora em exame não foram qualificadas, em nível constitucional, por suas regras matrizes, mas, sim, por suas finalidades. Parece-nos sustentável que haverá esse tipo de tributo sempre que implementada as suas finalidades constitucionais. Assim, o legislador federal está autorizado, pelo Texto Magno, a instituir quaisquer tributos (impostos, taxas ou contribuição de melhoria), para atender a uma destas finalidades, desde que, é claro, não invada a competência tributária dos Estados, dos Municípios, ou do Distrito Federal, nem atropele os direitos fundamentais dos contribuintes. E poucas palavras, o que estamos tentando dizer é que a União poderá criar, dentro do seu campo competencial, qualquer imposto, taxa ou contribuição de melhoria, explicitando, por exemplo, que o tributo se destinará a intervir num dado setor do domínio econômico. Se assim proceder, terá criado uma contribuição de intervenção no domínio econômico.
>
> (...) Portanto, no caso de exploração de recursos minerais, só poderão ser obrigadas a pagar tais contribuições as pessoas que, mediante concessão ou autorização, a realizarem. O *quantum* da contribuição de intervenção no domínio econômico, na hipótese deverá, de algum modo, corresponder à indenização a que os Estados, Distrito Federal e os Municípios teriam jus, pelos danos sofridos em decorrência da exploração em seus territórios, dos recursos minerais.

---

230. Idem.

231. Idem.

> A lei federal, portanto, ao disciplinar a aspecto quantitativo (base de cálculo e alíquota) desta 'contribuição de intervenção no domínio econômico', deverá garantir esta correlação lógica entre o valor do tributo e a dimensão econômica dos prejuízos que a exploração dos recursos minerais causar aos Estados, aos Municípios ou ao Distrito Federal.

Não podemos concordar com o autor quando aduz que basta a invocação de uma finalidade constitucional para que se aperfeiçoe a CIDE. Tivemos oportunidade de demonstrar, linhas atrás, que o próprio art. 149 da CF faz referência à necessidade de observância de alguns requisitos formais e materiais para a instituição desta contribuição, sendo que a finalidade autorizadora da imposição em comento é apenas a primeira delas.

Impõe-se analisar, além do art. 149, também os arts. 173 e 174 da CF, para a verificação dos limites do Estado para disciplinar e agir no campo da intervenção econômica, tal como aqui também já foi exposto.

Ora, a compensação a que se refere o art. 20, § 1º, da CF não tem por finalidade incentivar a atividade mineradora ou a atividade exploratória, mas, como entende o próprio autor, ressarcir o patrimônio público dos desfalques sofridos em razão da execução de tais atividades e da perda de receita tributária que os entes políticos produtores de petróleo e de gás suportam. Logo, as contribuições de intervenção no domínio econômico não se prestam a tal finalidade, não se traduzindo numa possibilidade semântica do vocábulo compensação, tal como posto no art. 20, § 1º, da CF.

Também não concordamos com a afirmação de que a

> contribuição de intervenção no domínio econômico deverá, de algum modo, corresponder à indenização a que os Estados, o Distrito Federal e os Municípios teriam jus, pelos danos sofridos em decorrência da exploração em seus territórios, dos recursos minerais[232]

---

232. Idem, p. 12.

porque ou o legislador infraconstitucional institui um tributo, em decorrência de *atividade lícita* do contribuinte, ou o dever de pagar uma indenização por dano.

Não há como, em nosso direito positivo, haver a instituição de um tributo para reparar dano. Além disso, tal tributo deveria ter a base de cálculo proporcional ao dano causado pelo contribuinte, o que daria ensejo a uma modalidade anômala de imposto, visto que teria direta referibilidade ao contribuinte, sem ser taxa ou contribuição de melhoria.

Talvez tal entendimento decorra da confusão entre a forma que a União elegeu para obter recursos da exploração de petróleo e de gás com o destino constitucional desta arrecadação, a saber: compensação financeira aos entes políticos ou participação no resultado da exploração.

Outros autores, por diferentes fundamentos, também atribuem à compensação em foco a natureza jurídica de contribuição de intervenção no domínio econômico, lastreados no entendimento de que um dos princípios da ordem econômica brasileira consiste na defesa do meio ambiente, logo o Estado pode intervir na economia no intuito de resguardá-lo. Igualmente, não concordamos com tal entendimento eis que não contemplou todo o regime constitucional referente às contribuições interventivas no domínio econômico. Note-se que a Constituição Federal, em seu § 1º do art. 20, não se ocupa em incentivar a atividade mineradora e nem determina que o produto da arrecadação seja destinado à preservação ambiental, ou seja, a finalidade da instituição da compensação a que se refere o aludido comando constitucional é totalmente diversa da teleologia que informa as contribuições interventivas.

Além disso, e mesmo para quem entende que as contribuições interventivas consistem em espécie tributária autônoma, diversa dos impostos e das taxas, dada a destinação constitucional do fruto da sua arrecadação, é preciso observar que a "contribuição" cobrada dos exploradores de petróleo e de gás só poderia ser destinada ao incremento de tal atividade econômica e não para o custeio da educação e da saúde, como proclamando pelo governo brasileiro.

A espécie tributária eleita pelo legislador infraconstitucional para onerar a exploração e a produção de petróleo e de gás, tal como postas na Lei n° 9.478/97 e Lei n° 12.351/2010, sob a denominação de *royalties* ou compensação financeira, foi a *do imposto*.

Há a tributação por meio de um imposto toda vez que em razão do exercício de atividade lícita, alguém é obrigado, por força de lei, a levar dinheiro aos cofres públicos. Cotejando a legislação instituidora da imposição estatal sobre a produção de petróleo e de gás, tanto nos contratos de concessão, como nos contratos de partilha de produção e de cessão onerosa, com o art. 3° do CTN, verifica-se, de imediato, que as Leis ns° 9.478/97, 12.351/2010 e 12.276/2010 instituíram um tributo.

E, tributo é porque se trata: de (a) uma prestação pecuniária, visto que todo aquele que explorar petróleo e gás deve recolher aos cofres públicos um valor em dinheiro (um percentual sobre a produção comercial do campo); (b) compulsória, visto que o vínculo obrigacional decorre da lei; (c) que não se constitui em sanção de ato ilícito, a atividade exploratória é lícita, dela participando o próprio Estado; (d) instituída em lei, a exação em foco foi instituída pelas Leis ns° 9.478/97, 12.351/2010 e 12.276/2010 e (e) cobrada mediante atividade administrativa plenamente vinculada, a cobrança do débito do explorador é passível de lançamento e de cobrança fiscais.

Logo, na acepção semântica que lhe deu o legislador infraconstitucional a imposição sobre a exploração de petróleo e de gás, impropriamente denominada de *royalty* ou compensação financeira, traduz-se num tributo, especificamente num imposto.

Já deixamos assente aqui que os impostos são devidos toda vez que o contribuinte realizar no mundo fenomênico a conduta prevista no aspecto material da hipótese de incidência da norma tributária, e desde que tal ocorrência seja posta em linguagem competente, apta a desencadear efeitos jurídicos. Nos impostos não há qualquer contraprestação estatal diretamente relacionada ao contribuinte.

Analisando-se o aspecto material das regras matrizes dos tributos em apreço, verifica-se que pelo simples fato de um brasileiro ou empresa brasileira de capital nacional explorar mediante concessão, o contrato de partilha ou a cessão onerosa, de petróleo e de gás, para fins de aproveitamento econômico, faz irromper a obrigação tributária. Trata-se, então, de um imposto inserido na competência tributária da União Federal.

A União Federal pode instituir todos os impostos elencados no art. 153 da CF, dentro do seu campo de competência privativa, sendo que tais exações podem ser introduzidas no ordenamento jurídico por meio de lei ordinária federal. Dos impostos inseridos na competência tributária privativa da União, apenas o imposto sobre grandes fortunas, requer lei complementar.

Diversamente, os impostos instituídos no âmbito da sua competência residual, que são todos que não estão elencados, no art. 153 da CF, requerem lei complementar, além de não poderem ser cumulativos e possuírem fato jurídico tributário ou base de cálculo próprios dos discriminados na Magna Carta.

O imposto sobre a exploração de petróleo e de gás é um tributo inserido na competência residual da União e que, portanto, só poderia ser veiculado por meio de lei complementar, o que não foi observado pelo legislador federal, razão que aponta para a sua inconstitucionalidade por afronta ao art. 153 do Texto Supremo.

Além disso, não foi observado o princípio da capacidade contributiva, tal como previsto no art. 145 da Magna Carta. Nunca é demais recordar que o contribuinte só pode ser chamado a contribuir para o Erário público se possuir capacidade econômica para tanto, devendo a tributação recair sobre riqueza nova. Logo, a tributação sobre a exploração de petróleo e de gás só poderia ocorrer após o explorador vender a produção, abatidos dos seus ganhos todos os seus custos, as despesas e os tributos. Não poderia, portanto, incidir sobre a receita bruta do campo e antes da alienação do produto da lavra.

Vejamos se a legislação referente aos contratos de concessão e de cessão onerosa faz com que a tributação incida apenas sobre a parcela de riqueza nova obtida pelo explorador.

O art. 47 da Lei nº 9.478/77 determina que:

> Art. 47. Os *royalties* serão pagos mensalmente, em moeda nacional, a partir da data de início da produção comercial de cada campo, em montante correspondente *a dez por cento da produção de petróleo ou gás natural.* (Destaque nosso).
>
> § 1º Tendo em conta os riscos geológicos, as expectativas de produção e outros fatores pertinentes, a ANP poderá prever, no edital de licitação correspondente, a redução do valor dos *royalties* estabelecido no *caput* deste artigo para um montante correspondente a, no mínimo, cinco por cento da produção.
>
> § 2º Os critérios para o cálculo do valor dos *royalties* serão estabelecidos por decreto do Presidente da República, em função dos preços de mercado do petróleo, gás natural ou condensado, das especificações do produto e da localização do campo.
>
> § 3º A queima de gás em flares, em prejuízo de sua comercialização, e a perda de produto ocorrida sob a responsabilidade do concessionário serão incluídas no volume total da produção a ser computada para cálculo dos *royalties* devidos.

A Lei nº 9.478/97 não definiu o que deve ser considerado como início da produção comercial da cada campo. Definiu produção como o conjunto de operações coordenadas de extração de petróleo ou de gás natural de uma jazida e de preparo para sua movimentação e sua descoberta comercial como a descoberta de petróleo ou gás natural em condições que, a preços de mercado, tornem possível o retorno dos investimentos no desenvolvimento e na produção. Posteriormente, tal lei foi regulamentada pelo Decreto nº 2.705/98, que definiu os critérios para cálculo e cobrança das participações governamentais de que trata.

EXPLORAÇÃO DE PETRÓLEO E DE GÁS NATURAL

O aludido decreto ao tratar do aspecto temporal do imposto em tela dispôs que o mesmo é devido a partir do mês em que ocorrer a data de início da produção, vedada quaisquer deduções.

O decreto define o início da produção como a data em que ocorrer a primeira medição, em cada campo, de volumes de petróleo ou gás natural em um dos respectivos pontos de medição da produção, e a partir da qual o concessionário assumirá a propriedade do volume de produção fiscalizada, sujeitando-se ao pagamento dos tributos incidentes e das participações legais e das contratuais correspondentes. Define a produção como o conjunto de operações coordenadas de extração de petróleo ou de gás natural de uma jazida e de preparo de sua movimentação, nos termos dispostos no inciso XVI do art. 6º da Lei nº 9.478/97, ou, ainda, volume de petróleo ou de gás natural extraído durante a produção, conforme se depreenda do texto, em cada caso.

Estas definições sobre o início da produção permitem concluir que no momento em que o tributo é devido, o contribuinte ainda não possui capacidade contributiva, porque ainda não alienou o produto da exploração.

Vejamos a base de cálculo. Determina o art. 12 do Decreto nº 2.705/98 que o valor do tributo em foco, devido a cada mês em relação a cada campo, será determinado multiplicando-se o equivalente a dez por cento do volume total da produção de petróleo e de gás natural do campo durante esse mês pelos seus respectivos preços de referência.

Define o volume total da produção como a soma de todas e quaisquer quantidades de petróleo ou de gás natural, extraídas em cada mês de cada campo, expressas nas unidades métricas de volume adotadas pela Agência Nacional do Petróleo, incluídas as quantidades de petróleo ou gás natural perdidas sob a responsabilidade do concessionário; as quantidades de petróleo ou de gás natural utilizadas na execução das operações no próprio campo e as quantidades de gás natural queimadas em flares em prejuízo de sua comercialização, e excluídas apenas as quantidades de gás natural reinjetadas na jazida e as quantidades de gás natural queimadas em flares, por razões de segurança ou de comprovada necessidade operacional, desde que esta queima seja de quantidades razoáveis e compatíveis com as práticas usuais da indústria do petróleo e que seja previamente aprovada pela Agência Nacional do Petróleo, ou, posteriormente, perante ela justificada pelo concessionário, por escrito e até quarenta e oito horas após a sua ocorrência.

Daí, pode-se concluir que o imposto incide sobre o *total da produção* e não sobre o *resultado econômico da exploração*, o que denota que o tributo é exigido antes da venda do produto da lavra, em momento em que o explorador ainda não possui capacidade contributiva, o que também é inconstitucional.

O mesmo no que respeita aos contratos de partilha da produção. O imposto é apurado mediante a aplicação da alíquota de 15% sobre a receita bruta do campo de petróleo e de gás, e deve ser pago a partir do início da produção comercial, antes, portanto, da sua venda. Nesta modalidade, chama a atenção o fato da União tributar a produção total do campo, inclusive a parte que lhe cabe na partilha da produção.

Além disso, determina a Magna Carta que os tributos inseridos na competência residual da União não podem ser cumulativos. Note-se que na hipótese há a tributação sobre a receita bruta do campo, a incidência do imposto sobre a renda (lucro líquido), da CSLL (lucro líquido do exercício), do PIS/Cofins (receita bruta mensal, exceto as exportações), e do ICMS (exceto no caso de exportação) o que acarreta a cumulatividade dos impostos, vedada constitucionalmente.

Alberto Pinheiro Xavier,[233] ao analisar os ditames do § 1º do art. 20 da CF, embora sem fazer a necessária distinção entre a imposição de um imposto sobre a receita bruta do campo

---

233. XAVIER, Alberto Pinheiro. Op. cit.

EXPLORAÇÃO DE PETRÓLEO E DE GÁS NATURAL

e a sua destinação constitucional como compensação financeira ou participação no resultado da exploração, consignou que a compensação financeira tal como posta na Magna Carta não está conexa à ideia de dano ou prejuízo ao patrimônio público explorado, mas que se trata de um verdadeiro imposto. As suas conclusões decorrem das seguintes premissas:

> (...) a expressão 'compensação financeira' não está, na Constituição, conexa com qualquer ideia de dano sofrido por entidades públicas, mas sim com a de uma prestação patrimonial que visa a substituir o mecanismo de participação no resultado da exploração, caso a lei ordinária tenha preferido não adotá-lo. A 'compensação financeira' é, pois, compensação pela renúncia ao sistema de participação nos resultados de exploração e não compensação por dano.
>
> (...) a afirmação de que ocorre uma 'perda de recursos naturais situados em seus territórios' é juridicamente incorreta, uma vez que o domínio dos recursos minerais pertence à União, pelo que não teria qualquer fundamento a atribuição de um direito de indenização a outros entes políticos não titulares dos bens em causa.
>
> (...) não vislumbramos como se possa falar em prejuízo da União decorrente de 'perda' dos recursos minerais que constituem seus bens próprios, quando a única razão de ser da atribuição da propriedade federal sobre tais recursos é precisamente a de assegurar a exploração ordenada e racional pelos particulares. Ao invés de perda, o que ocorre é uma valorização econômica de recursos pela sua extração e beneficiamento.
>
> Enfim, nenhum elemento literal, racional ou sistemático de interpretação do § 1º do art. 20 da CF permite invocar o conceito de prejuízo como fundamento, próximo ou remoto, da prestação patrimonial que contempla, nem estabelecer uma conexão, por mais tênue que seja, entre a prestação patrimonial compulsória em causa e as despesas de infra-estrutura ou similares incorridas para assegurar a exploração dos recursos minerais.
>
> Deve-se, pois, rejeitar-se, sem hesitações, a doutrina do caráter indenizatório da obrigação prevista no do § 1º do art. 20 da CF.
>
> *Em nossa opinião, a figura jurídica em causa vem já desenhada no próprio § 1º do art. 20 como um verdadeiro imposto,* vez que se trata de 'tributo cuja obrigação tributária tem por fato gerador uma situação independente de qualquer atividade estatal específica, relativa ao contribuinte (art. 16 do CTN)'. (Destaque nosso)

Ao analisar a constitucionalidade da legislação ordinária federal que instituiu a Compensação Financeira pela Exploração de Recursos Minerais – CFEM, o autor em comento, concluiu pela sua inconstitucionalidade, dado o fato da exação não ter sido veiculada por meio de lei complementar. No que atine à compatibilização do imposto denominado "compensação financeira" com os ditames do art. 155, § 3º, da Magna Carta, pelos quais só podem onerar as operações referentes aos derivados de petróleo, os combustíveis e os minerais, o ICMS e os impostos de importação e exportação, Alberto Pinheiro Xavier[234] sustenta que:

> (...) o alcance do § 3º do art. 155 da Constituição não está em esgotar a lista de tributos que podem incidir sobre a 'atividade de mineração', (...), mas tão somente dos tributos que tenham por fato gerador atos isolados (como é o ICMS, o imposto de importação e de exportação) e não aos resultados globais ou ao faturamento global da atividade de mineração (como é o caso do imposto de renda, da contribuição social sobre o lucro líquido, do PIS/Pasep, do Cofins etc). Ora, a participação nos resultados de exploração de recursos minerais ou a sua compensação financeira não são tributos sobre operações isoladas, mas sobre um parâmetro global, pelo que não teriam que estar, como não estão, submetidos à enumeração taxativa do § 3º do art. 155.

No que atine à tributação de petróleo e de gás, o art. 155, § 3º, do Texto Supremo determina que com exceção ao ICMS, imposto de importação e de exportação, nenhum outro imposto poderá incidir sobre as operações *com derivados de petróleo e combustíveis*, não vedando a tributação sobre o resultado da exploração do petróleo, razão pela qual as Leis nsº 9.478/97, 12.351/2010 e 12.276/2010 não são inconstitucionais sob este aspecto.

A jurisprudência, em sua maioria, não admitiu a natureza tributária das imposições incidentes sobre a lavra de petróleo e de gás, como demonstram os julgados transcritos em outros itens destas reflexões.

---
234. Idem.

Em cada um deles, demonstramos que os vocábulos *royalties*, compensação e indenização, apesar de possuírem classificação jurídica distinta, foram tomados como sinônimos, visto que as disputas judiciais prendiam-se ao destino da arrecadação. Impunha-se analisar a classificação jurídica da oneração imposta pela União para a exploração de petróleo e de gás, bem como se a destinação dada pelo legislador infraconstitucional ao produto da lavra estava de acordo com o que determinou a Constituição Federal em seu art. 20, § 1°.

A resposta é negativa, como a seguir demonstraremos. Para tanto é importante pesquisar a acepção semântica que os vocábulos compensação e participação no resultado da exploração possuem no Direito positivo brasileiro que, como já registramos, são destinações constitucionais ao produto da lavra de petróleo e de gás. Vejamos.

CAPÍTULO V
A COMPENSAÇÃO COMO INSTITUTO DE DIREITO CIVIL: FORMA DE EXTINÇÃO DAS OBRIGAÇÕES

5.1. Da previsão da compensação no art. 368 do CC

O vocábulo compensação possui ampla radiação semântica, razão pela qual investigaremos as acepções que interessam ao presente trabalho, começando pela compensação civil.

A compensação civil está prevista no art. 368 do CC, nos seguintes termos:

> Art. 368. Se duas pessoas forem ao mesmo tempo credor e devedor uma da outra, as duas obrigações extinguem-se, até onde se compensarem.

Ao tratar do conceito do instituto por intermédio da História, ensina Francisco Cavalcanti Pontes de Miranda[235] que, no Direito clássico, a compensação era efeito processual. "Sem processo não há pensar-se em compensação, nem

---

235. PONTES DE MIRANDA, Francisco Cavalcanti. *Tratado de direito privado*. 3. ed. v. 24 e 25. Rio de Janeiro: Borsoi, 1971.

sequer há a compensação posta como *res deducta*, com alegação da extinção da obrigação."

Houve um percurso histórico considerável até que a compensação se tornasse um instituto de direito material.

Para Pontes de Miranda,[236]

> o verdadeiro fundamento da compensação, como instituto de direito material, a despeito dos variáveis fundamentos da função histórica, mas passageira, do juiz (repulsa ao dolo, equidade), é a utilidade.

Autores contemporâneos ratificam tal entendimento quando consignam que a compensação visa a eliminar a circulação inútil da moeda, evitando duplo pagamento. É a forma mais rápida de regularizar a situação entre credores recíprocos, visto prescindir de dois atos de cumprimento, perfeitamente dispensáveis.

Para Manoel Inácio Carvalho de Mendonça,[237] o princípio da economia política, aplicado ao Direito, exige que as trocas sejam feitas com a menor circulação possível de moeda.

Antunes J. M. Varela[238] aduz que a compensação possui uma vantagem prática que explica o recurso às câmaras de compensação, comuns no setor bancário, e aos contratos de conta-corrente, muito frequentes entre as sociedades com operações de fornecimento ou de concessão de crédito, que regulam operações entre si, por compensação, muitas vezes sem o desembolso de qualquer quantia.

Nos termos do art. 368 do CC vigente, não é possível cogitar-se de compensação se não existir o crédito e o

---

236. Idem.

237. MENDONÇA, Manoel Inácio Carvalho de. *Doutrina e prática das obrigações*. t. 1. 4. ed. Rio de Janeiro: Forense, 1956.

238. VARELA, Antunes J. M. *Direito das obrigações*. v. II. 7. ed. Rio de Janeiro: Forense, 1977.

contracrédito, já que é preciso que haja a reciprocidade de crédito e débito entre duas pessoas.

Ensina Francisco Cavalcanti Pontes de Miranda[239] que:

> No direito brasileiro, os termos do art. 1.009 não permite que se pense em compensação se não existem os dois créditos enantiomórficos: 'Se duas pessoas forem ao mesmo tempo credor e devedor, as duas obrigações extinguem-se, até onde se compensarem' Se o crédito, ou o contracrédito não existia, compensação não houve. Portanto, o crédito existente não se extinguiu.

Ainda, alerta-nos, o autor em foco, que onde só há dever moral não se pode falar em compensação. Os deveres morais, que não se constituíram validamente em relações jurídicas, não geram direitos. Se não lhe correspondem direitos, não há por que cogitar-se de direito formativo à compensação, pois seria atribuir à sua origem a não direitos. Igualmente, a regra da compensabilidade das dívidas bilaterais não pode apanhar os atos ilícitos, porque estes não existem juridicamente.

Ao tratar da eficácia dos créditos, enfrenta Pontes de Miranda[240] a questão referente às nulidades ou anulabilidades dos títulos. Entende que quanto a validade dos títulos, o título nulo e totalmente sem eficácia (sem nenhum efeito) não gera direito formativo extintivo, não porque não valha, mas porque não possui eficácia. Logo, para ele, o título válido, mas ineficaz, não gera tal direito. Esse direito é efeito do crédito. Se não há eficácia, não há esse efeito.

Pode, contudo, haver eficácia e não haver compensação, se as partes abriram mão de tal direito. Se a hipótese for de negócio jurídico nulo com eficácia provisória, ao ser declarada a nulidade o suporte fático deixa de ser suficiente e cai a compensação. Quanto às anulabilidades, o crédito oriundo de negócio jurídico anulável gera direito formativo extintivo: ao

---

239. PONTES DE MIRANDA, Francisco Cavalcanti. Op. cit., p. 338.
240. Idem.

devedor cabe propor ação de anulação, obtendo sentença que desconstitua o negócio jurídico, apanhando, com sua eficácia negativa, o Direito e a pretensão, portanto, o próprio Direito formativo extintivo (compensação).

5.2. Classificação jurídica

Embora seja muito controvertida entre os autores, Sílvio de Salvo Venosa[241] afirma que a compensação não se trata de pagamento, mas de uma forma indireta de extinção das obrigações.

Francisco Cavalcanti Pontes de Miranda,[242] ao enfrentar o tema, adotou a teoria da completação do suporte físico, que analisa o que se passa desde a coexistência dos créditos e assiste ao nascimento do direito expectativo e do direito formativo extintivo.

Para o autor, os créditos extinguem-se, porque o direito formativo extintivo foi exercido. Toda a discussão sobre liberação e satisfação é após o conceito, porque cai no plano da eficácia da compensação, eficácia implícita porque, admitindo o autor a incidência imediata das normas, ela extingue, instantaneamente, os créditos. A autoliberação ou heteroliberação (satisfação) é eficácia imediata, mas eficácia. Também, aduz que, não se deve dizer que o devedor é o titular do direito; quem é o titular do direito é o contracredor: o direito formativo extintivo nasce do contracrédito e não da dívida. É do seu crédito e não do seu débito que brota o seu direito.

Francisco Cavalcanti Pontes de Miranda[243] afirmava, ainda, que no Direito brasileiro, o direito à compensação também é elemento eficacial do crédito compensável, dependente da existência deste e do crédito contrário. Porém, para o seu

---

241. VENOSA, Silvio de Salvo. *Direito civil*. 7. ed. São Paulo: Atlas, 2007.
242. PONTES DE MIRANDA, Francisco Cavalcanti. Op. cit.
243. Idem.

exercício, não se requer negócio jurídico; basta a alegação de que se tem jus à compensação.

A eficácia é *ex tunc*, mas tem de haver a alegação, exercício do direito formativo extintivo, direito à extinção dos créditos. Não se trata de exceção, isto é, recusa da prestação; trata-se de objeção (defesa), alegação que, ao mesmo tempo, alude a ter havido o fato idôneo à compensação *ex tunc* e contém o exercício do direito formativo extintivo *ex tunc*. O direito formativo extintivo pode ser exercido judicialmente ou extrajudicialmente.

A compensação é precedida (a) pela situação de créditos suscetíveis de ser compensáveis no futuro, a que corresponde o direito expectativo de cada um dos titulares, (b) pela situação da compensabilidade dos créditos a que corresponde o direito formativo extintivo de cada um dos titulares e (c) pelo ato de alegação, que é exercício do direito formativo extintivo.

Para o autor em foco, tanto o direito expectativo como o formativo extintivo são elementos do crédito. Com a transmissão de cada crédito, vai-se o direito expectativo ou o direito formativo extintivo, conforme a época que se dá. Por outro lado, não há compensação sem o exercício do direito formativo extintivo.

O suporte fático da compensação é composto pelos seguintes elementos: crédito e contracrédito e a alegação. A alegação é elemento do suporte fático da compensação, mas não todo ele. Por isso, não se pode dizer que a extinção dos créditos seja efeito da alegação.

A alegação é exercício do direito formativo extintivo, que entra no suporte fático da compensação, completando-o. Não é só a comunicação do conhecimento (da regra jurídica e do suporte fático a que só ela falta) é também ato de vontade. Não é negócio jurídico.

No caso de insuficiência do suporte fático, se faltar um dos requisitos dos arts. 369 e 370 do CC, a compensação não se opera, ainda que alegada, sendo ineficaz a alegação. Para o autor, não se pode falar de compensação nula ou anulável, porque a compensação é fato, não é ato jurídico, menos ainda negócio jurídico. A compensação não se opera se o crédito é inexistente ou ineficaz.

5.3. Espécies de compensação

A compensação pode ser *total*, se de igual valor os créditos e os débitos a serem compensados, ou *parcial* se algum deles for menor. Neste caso, abatem-se até a concorrente quantia. O efeito extintivo abrange os juros, o penhor, as garantias fidejussórias e reais, a cláusula penal, e os efeitos da mora, uma vez que extinta a dívida principal não vingam seus acessórios e garantias.

5.3.1. Da compensação legal

Decorre da lei, independe da vontade das partes e se realiza ainda que uma delas se oponha.

Aponta Orlando Gomes,[244] que a diversidade do título é o primeiro pressuposto para a compensação legal. É necessário que as dívidas se originem de contratos distintos, ainda que do mesmo tipo, pois caso contrário todo contrato bilateral poderia ser extinto pela compensação, visto que, por sua estrutura, cada contratante é credor e devedor do outro.

Consigna o autor que:

> (...) seria absurdo admitir que dívidas provenientes do mesmo título possam ser compensadas traindo a própria finalidade do contrato. Se o vendedor pudesse recusar-se a entregar a coisa vendida sob o fundamento de que essa obrigação se compensa com a dívida do comprador representada pelo preço, o contrato seria uma farsa.

---

244. GOMES, Orlando. *Direito civil*. Obrigações. 17. ed. Atual. de Edvaldo Brito. Rio de Janeiro: Forense, 2007.

Também devem ser pessoas diferentes o credor e o devedor. Se desaparecer tal dualidade, fundindo-se em uma só pessoa a condição de credor e de devedor, extingue-se a obrigação, porque ninguém pode ser juridicamente obrigado para consigo mesmo. Nesta hipótese, há a ocorrência da confusão, que também é causa extintiva de obrigações.

5.3.1.1. Requisitos da compensação legal

5.3.1.2. Reciprocidade dos créditos e débitos

A compensação exige a existência de obrigações e de créditos recíprocos, isto é, entre as mesmas partes, visto que provoca a extinção das obrigações pelo encontro de direitos opostos. Só há compensação, nos termos do art. 368 do CC, quando duas pessoas sejam reciprocamente credor e devedor uma da outra.

5.3.1.3. Obrigações de terceiros

Como corolário do requisito da reciprocidade, a compensação só pode extinguir as obrigações entre credor e devedor, e não obrigações de terceiros para com qualquer um deles.

Para Francisco Cavalcanti Pontes de Miranda,[245] o suporte fático da compensação é composto pelo crédito e pelo contracrédito, como primeiro elemento. Se um dos créditos não existe, *compensação* não pode haver. Assim, ninguém pode compensar, invocando crédito de terceiro contra o seu credor.

Afirma:

> Não pode compensar quem não tem o poder de disposição do crédito. Não basta o consentimento do terceiro, credor, para que se utilize o seu crédito para a compensação de dívida do que quer compensar: a compensação exige a titularidade do devedor contra o credor.

---

245. PONTES DE MIRANDA, Francisco Cavalcanti. Op. cit., p. 371.

A respeito, dispõe o art. 376 do CC que uma pessoa obrigando-se por terceiro não pode compensar essa dívida com a que o credor dele lhe dever. Tal mandamento não se confunde com o art. 371 do mesmo diploma legal, porque se aplica, precipuamente, aos contratos com estipulação em favor de terceiro.

Assim, a seguradora (por exemplo) que se obriga em favor de um terceiro (beneficiário), não lhe paga o que lhe prometeu, mas sim o que prometeu ao segurado (contratante). É, em razão da obrigação contraída com o segurado, que realiza o pagamento a terceiro. Logo, não há reciprocidade entre a seguradora e o beneficiário. Também se aplica o dispositivo legal em comento à hipótese do mandante dever ao credor que, por sua vez, deve ao mandatário.

O terceiro não interessado, nos termos do parágrafo único do art. 304 do CC, embora possa pagar em nome e por conta do devedor, não pode compensar a dívida com eventual crédito que tenha em face do credor.

Há, contudo, uma previsão legal distinta em favor do fiador, a saber: dispõe o art. 371 do CC que o devedor somente pode compensar com o credor o que este lhe dever; mas o fiador pode compensar sua dívida com a de seu credor ao afiançado.

O fiador, segundo Francisco Cavalcanti Pontes de Miranda,[246] tem direito formativo extintivo se a sua dívida é compensável, com o que o credor afiançado lhe deve. É credor e devedor como qualquer outro; e é como credor e devedor, e não como fiador, que possui o direito formativo extintivo e o exerce. Tanto a exceção do fiador quanto o seu direito formativo extintivo só existem enquanto o devedor não exerce o seu direito formativo extintivo ou por outro modo esse não se extingue. A renúncia pelo afiançado atinge o direito do fiador, no que se refere ao crédito daquele.

---

246. Idem.

O credor que entra em acordo com o devedor para não compensar, deve ser tratado como o credor que renuncia à compensação, o que pode ser lesivo ao fiador. Se o fez antes da fiança, nada daí advém. Porém, se o fez depois, abriu mão da compensação, ferindo interesse do fiador, porque a compensação não só é causa extintiva de créditos, mas também uma forma de exigi-los.

Se o credor tem muitos débitos para com o afiançado, o fiador tem o direito de escolha, se exerce o seu direito formativo extintivo. Se a dívida afiançada é maior, o fiador responde pelo restante; se menor e não há dívida igual, o credor continua com o seu direito, com a sua pretensão e ação contra o devedor.

Se o fiador não exerce o seu direito formativo extintivo e paga, nenhuma repetição lhe cabe. O devedor pode repetir o que pagou ou compensou com o credor, se o fiador usou do seu direito formativo extintivo, a respeito de crédito seu ou do afiançado, ou se o fiador pagou ou compensou com crédito seu. O fiador pode repetir o que pagou, ou compensou com crédito seu, se o devedor ou credor já exercera o seu direito formativo extintivo.

5.3.1.4. Pluralidade de créditos e de dívidas

Determina o art. 379 do CC que sendo a mesma pessoa obrigada por várias dívidas compensáveis, serão observadas, no compensá-las, as regras estabelecidas quanto à imputação do pagamento.

Por sua vez, preveem os arts. 352 e 353 do CC que a pessoa obrigada por dois ou mais débitos da mesma natureza, a um só credor, tem o direito de indicar a qual deles oferece pagamento, se todos forem líquidos e vencidos. Não tendo o devedor declarado em qual das dívidas líquidas e vencidas quer imputar o pagamento, se aceitar a quitação de uma delas, não terá direito a reclamar contra a imputação feita pelo credor, salvo provando haver ele cometido violência ou dolo.

Logo, se há pluralidade de dívidas compensáveis, com ou sem multiplicidade de créditos ou contracréditos, o que é titular de um só crédito e devedor de duas ou mais dívidas escolhe a dívida ou as dívidas que com seu crédito compensará. O seu direito formativo extintivo é elemento do seu crédito; o direito de indicar é elemento do seu ato de solver. Se há pluralidade de créditos, se quem possui o direito formativo extintivo é o titular deles e cobra (judicialmente ou extrajudicialmente) apenas um deles, exerceu o seu direito e a sua pretensão e espera a atitude do devedor que pague, ou exerça o seu direito formativo extintivo à compensação com o seu único crédito. Escolhe, mas escolhe entre pagar ou compensar.

Se há capital e juros, determina o art. 354 do CC que, o pagamento imputar-se-á primeiro nos juros vencidos, e depois no capital, salvo estipulação em contrário, ou se o credor passar a quitação por conta do capital.

5.3.1.5. Da solidariedade

O Código Civil de 1916, em seu art. 1.020, previa que o devedor solidário só poderia compensar com o credor o que este devesse ao seu coobrigado, até ao equivalente da parte deste na dívida comum. O Código Civil vigente nada dispôs sobre a solidariedade na compensação, o que, segundo Sílvio de Salvo Venosa,[247] torna discutível a sua possibilidade. Afirma que: "Quebra-se, de certa forma, a regra geral da solidariedade. Dessa forma será sustentável opinião no sentido de que a regra não mais prevaleça.".

Para Carlos Roberto Gonçalves[248] e Maria Helena Diniz,[249] o princípio da reciprocidade autoriza a aplicação do conteúdo

---

247. VENOSA, Silvio de Salvo. Op. cit., p. 255.

248. GONÇALVES, Carlos Roberto. *Direito civil brasileiro*. Teoria geral das obrigações. 8. ed. São Paulo: Saraiva, 2011.

249. DINIZ, Maria Helena. *Curso de direito civil brasileiro*. Teoria geral das obrigações. v. 2. 16. ed. São Paulo: Saraiva, 2002.

semântico do art. 1.020 do CC/16, aos casos futuros. Entendem que embora, no débito solidário, cada devedor responda pela dívida inteira perante o credor, entre eles, no entanto, cada qual só deve a sua quota. O legislador, no art. 1.020 do CC/16, levou em consideração o princípio da reciprocidade, que deve existir entre os coobrigados solidários, pois o escolhido pelo credor tem ação regressiva contra os demais para cobrar de cada um a respectiva quota.

Apesar do Código Civil de 2002 não conter dispositivo igual a esse, o princípio de reciprocidade, as normas atinentes às obrigações solidárias (arts. 264 a 285 do CC), bem como a proibição de enriquecimento ilícito (arts. 876 a 883 do CC) autorizam a solução de casos futuros com base na referida regra.

Assim, exemplifica Maria Helena Diniz:[250] se Pedro, Paulo e Antônio são devedores solidários de João pela importância de R$ 30.000,00. Paulo, por sua vez, é credor de João pela importância de R$ 40.000,00. Nos termos da lei civil, Pedro ou Antônio podem compensar contra João apenas até o limite de R$ 10.000,00 cada um, por ser essa a parte da responsabilidade de Paulo na dívida solidária. Trata-se da aplicação antecipada do direito de regresso.

Há casos em que os devedores solidários não têm a mesma responsabilidade dentro da obrigação. Isto deve ser analisado diante das especificidades de cada caso concreto. Nos casos do fiador ou avalista de valor, a obrigação é toda ela devida pelo obrigado principal. Sendo assim, poderá o avalista ou o fiador opor-se por compensação a todo o crédito.

5.3.1.6. Da cessão de crédito

Trata o art. 377 do CC da cessão de crédito. Determina a lei que o devedor deve ser notificado da cessão de crédito. Se ele não se opuser à cessão de crédito, não poderá depois opor

---

250. DINIZ, Maria Helena. *Curso de direito civil brasileiro*. Teoria geral das obrigações. v. 2. 16. ed. São Paulo: Saraiva, 2002.

ao cessionário o direito de compensação que possuía contra o credor originário (cedente). Caso não haja a notificação do devedor da cessão, subsistirá o seu direito de opor compensação ao novo credor. Não há previsão de forma legal para a oposição à cessão do direito de crédito, contudo, o devedor deve fazê-lo em tempo hábil, para a preservação do seu direito de compensação. Deve notificar, *incontinenti*, o cessionário de que tem direito compensatório na dívida objeto do negócio jurídico.

5.3.1.7. Das medidas de constrição e dos direitos de terceiros

Determina o art. 380 do CC que não se admite a compensação em prejuízo de direito de terceiro. O devedor que se torne credor do seu credor, depois de penhorado o crédito deste, não pode opor ao exequente a compensação, de que contra o próprio credor disporia.

A respeito consigna Francisco Cavalcanti Pontes de Miranda[251] que durante o tempo em que os créditos coexistem, faltando algum dos elementos fáticos, além da alegação, ou durante o tempo em que os créditos já são compensáveis, ainda não se tenha alegado a compensação, pode dar-se que um dos créditos, alguns ou todos, estejam arrestados, penhorados, ou de qualquer outro modo constritos.

Nestes casos a compensação não se opera. Isto é assim, porque a medida constritiva tira ao suporte fático o poder de disposição do crédito, que é implícito no elemento crédito. Admite o autor uma forma de compensação, que embora envolva bem penhorado, não causa lesão a direito de terceiro. Exemplifica: se apesar do direito sobre o crédito, há liquidez do resto econômico, a compensação pode operar-se, se o credor desse crédito contra outrem é devedor desse. Se *A* deve a *B* 100 e *B* deve a *A* 200, mas o crédito de *A* está penhorado por

---

251. PONTES DE MIRANDA, Francisco Cavalcanti. Op. cit.

150, em ação de C, pode A pagar a C os 150 e custas e compensar com B, 40. Neste caso, não há ofensa ao direito de terceiro.

5.4. Da liquidez das dívidas

Dispõe o art. 369 do CC que a compensação efetua-se entre dívidas líquidas, vencidas e de coisas fungíveis.

O Código Civil de 1916, em seu art. 1.533 definia a obrigação *líquida* como aquela certa, quanto à sua existência e determinada quanto ao seu objeto. Ou seja, o devedor deveria ter plena consciência do que deve. Embora tal mandamento não seja expresso no Código Civil de 2002, ainda persiste tal definição.

Para Luiz Fux,[252] a liquidez indica quantitativa e qualitativamente o conteúdo da obrigação. Se a obrigação depende de prévia apuração, liquidação ou outras verificações pelos meios regulares de Direito, perderá a condição de líquida e a compensação não se efetivará.

Exige a lei civil, ainda, que a dívida além de líquida esteja *vencida*, por ter ocorrido o vencimento normal ou antecipado, neste último, nos termos preceituados nos art. 331 (falta de estipulação de data para o pagamento, quando o credor pode exigi-lo de imediato), art. 332 (obrigações condicionais, quando o vencimento ocorre no implemento da condição) e art. 333 (o credor pode cobrar a dívida antes do vencimento do prazo, nos casos que estipula), todos do Código Civil. Se a obrigação está sujeita a termo ou a condição, não poderá ser compensada, porque, enquanto não for implementada a condição ou houver o vencimento do termo, não há dívida vencida e, portanto, nada a compensar.

Os prazos de favor, nos termos do art. 372 do CC, não obstam a compensação. Entendem Pablo Stolze Gagliano e

---

252. FUX, Luiz. *O novo processo de execução*. Rio de Janeiro: Forense, 2008.

Rodolfo Pamplona Filho[253] que tal medida é justa, tendo em vista que a dilatação do prazo dá-se por mera liberalidade. Exemplo: Se X tem uma dívida vencida para com Y e este lhe concede um prazo maior para pagá-la, nada impede que Y possa compensar tal crédito com outra dívida vencida que tenha em relação a X.

Logo, como ensinam Washington de Barros Monteiro[254] e Carlos Alberto Dabus Maluf,[255] a compensação é possível, neste caso, porque a lei só se refere a dívidas vencidas, não subordinando a compensação à exigibilidade da obrigação. Então, a compensação pode ocorrer mesmo que uma das dívidas, já vencida, se torne temporariamente inexigível, em razão do favor moratório concedido ao devedor.

Não cabe a compensação se uma das dívidas se achar prescrita e se tal fato for reconhecido judicialmente. Entretanto, se a parte cujo favor se verificou a prescrição não a alegou, a dívida prescrita é compensável, pois neste caso ela é exigível.

Para Francisco Cavalcanti Pontes de Miranda,[256] as dívidas prescritas são compensáveis, se a compensabilidade ocorrer antes da prescrição. Mas, alegada a compensação com dívida prescrita e o demandante ou credor que interpela opõe que já estava prescrita ao tempo de se dar a coexistência dos créditos, a compensação não se opera, porque no momento em que haviam de apurar os pressupostos, uma das dívidas não poderia ser compensada, por existir exceção contra a mesma. Daí resulta que, se ao tempo da coexistência dos créditos não havia prescrição de um deles, a compensação pode operar-se, ainda que sobrevenha prescrição. O suporte fático àquele momento foi suficiente para o nascimento do

---

253. GAGLIANO, Pablo Stolze; PAMPLONA FILHO, Rodolfo. *Novo curso de direito civil*. 8. ed. São Paulo: Saraiva, 2007.

254. MONTEIRO, Washington de Barros. *Curso de direito civil*. 35. ed. São Paulo: Saraiva, 2010.

255. MALUF, Alberto Dabus. *Curso de direito civil*. 35. ed. São Paulo: Saraiva, 2010.

256. PONTES DE MIRANDA, Francisco Cavalcanti. Op. cit.

direito formativo extintivo. Contra o crédito, cuja pretensão está prescrita, também pode compensar: quem alegou compensação sem ter oposto exceção de prescrição, renunciou a essa; quem opôs exceção de prescrição e alegou compensação entende-se que o fez alternativamente, tendo-se de atender à alegação de compensação se o juízo não achar prescrita a pretensão.

Nas obrigações alternativas, em que haja um objeto compensável e outro não, só após a realização da escolha é que se poderá verificar a possibilidade ou não da compensação. Se a opção recair na prestação compensável, pode, deste tal momento, dar-se a compensação.

5.4.1. Da fungibilidade dos débitos

É preciso que as prestações sejam fungíveis, de mesma natureza, entre si. Dívidas em dinheiro compensam-se com dívidas em dinheiro. Dívidas em espécie compensam-se com outras da mesma espécie. Não é possível compensar dívida em dinheiro com dívida em espécie.

Aduz Pietro Perlengiere,[257] que as dívidas devem ser, além de fungíveis, concretamente homogêneas. O atributo da homogeneidade não pode ser visto abstratamente, apenas referida a coisas do mesmo gênero, entendida como qualidade intrínseca do objeto: fungibilidade e generalidade não se apresentam como qualidades típicas e essenciais de certos bens, mas constituem expressões de como numa concreta relação às prestações são avaliadas. Portanto, a fungibilidade, para os efeitos da compensação, indica uma relação de equivalência qualitativa entre os bens objetos das prestações, significando dizer que, *in concreto*, um e outro são intercambiáveis para a satisfação dos interesses dos recíprocos credores.

---

257. PERLENGIERE, Pietro. *Il fenômeno dell'estinzione nelle obbligazioni*. Napoli: Jovene, 1971.

Mas o art. 370 do CC vai além ao prever o requisito da qualidade. Assim, dispõe:

> embora sejam do mesmo gênero as coisas fungíveis, objeto das duas prestações, não se compensarão, verificando-se que diferem na qualidade, quando especificada no contrato.

Logo, introduzido no contrato o topos da qualidade, nas obrigações genéricas (de dar coisa incerta) ou alternativas, embora a escolha caiba, em regra, ao devedor, este não poderá prestar coisa média, nos termos do art. 244, *in fine*, do CC pelos quais o devedor não poderá dar a coisa pior, nem será obrigado a prestar a melhor. Deverá haver a identidade da coisa, determinada pela qualidade.

5.5. Da exclusão da compensação

Dispõe o art. 373 do CC que a diferença de causa nas dívidas não impede a compensação, exceto: "I – se provier de esbulho, furto ou roubo; II – se uma se originar de comodato, depósito ou alimentos; III – se uma for de coisa não suscetível de penhora.".

A menção legal à diferença de causa possui origem histórica, porque o Direito romano só aceitava a compensação de dívidas que possuíssem a mesma causa. Hoje, tal exigência faria sucumbir o instituto da compensação. Portanto, a compensação pode ter por objeto dívidas de diferentes causas. Exemplifica Maria Helena Diniz[258] que uma dívida de mútuo pode ser compensada com uma dívida de aluguel.

Impede a lei civil a compensação quando a sua causa é proveniente de esbulho, furto ou roubo. Isto é assim, porque não pode a lei admitir a oposição de um delito para a extinção de uma obrigação válida. Assim, se o devedor furtou o dinheiro do credor, admitir a compensação de sua dívida seria

---

258. DINIZ, Maria Helena. *Código civil anotado*. 9. ed. São Paulo: Saraiva, 2003.

agasalhar a má-fé, o que não encontra guarida em nosso sistema de direito positivo.

Se uma das dívidas for originária de comodato, depósito ou alimentos também não poderá ocorrer a compensação. O comodato e o depósito impedem a compensação por possuírem objeto de contrato com corpo certo e determinado, inexistindo, portanto, a fungibilidade entre si necessária à compensação.

Além disso, tais negócios jurídicos lastreiam-se na mútua confiança reinante entre os envolvidos, e o pagamento só se efetua mediante a restituição da própria coisa emprestada ou depositada. O credor não é obrigado a receber prestação diversa da que lhe é devida, ainda que mais valiosa (art. 313 do CC). Compensar com outras prestações desnaturaria a feição de tais contratos, além de ensejar a quebra de confiança que também os caracteriza.

O art. 638 do CC abre uma exceção a tal norma quando dispõe sobre dívidas provenientes de outros depósitos.

As dívidas alimentares, por visarem prover a subsistência do indivíduo que não tem recursos para viver, se fossem passíveis de compensação privariam o alimentado dos recursos indispensáveis à sua mantença, condenando-o ao perecimento. Logo, se o devedor de pensão alimentícia se torna credor da alimentado, não pode opor seu crédito quando exigida a pensão.

Também não há a compensação se uma das dívidas se relaciona a coisa não suscetível de penhora. O art. 649 do CPC elenca os casos de impenhorabilidade. Deve-se observar que, dada a importância de tais bens (por exemplo: salário, seguro de vida, proventos de aposentadoria), é afastado até o poder estatal de constrição judicial, o que torna evidente a inviabilidade da compensação, uma vez que tais direitos poderiam não ser usufruídos pelos seus detentores legais, nas suas finalidades próprias. Além disso, a compensação supõe dívidas judicialmente exigíveis; se uma delas não se encontra nessas condições, não há como se operar a compensação.

Há, ainda, previsão legal para outros casos nos quais não cabe a compensação, a saber:

a) na renúncia prévia de um dos devedores, prevista no art. 375 do CC. Neste artigo, está prevista a renúncia bilateral, pela qual credor e devedor, de comum acordo, excluem a possibilidade da compensação entre seus créditos e débitos. Admite, também, nossa lei civil, a renúncia unilateral. Não cabe compensação, havendo a renúncia prévia de uma das partes (art. 375, *in fine*), isto é, quando uma das partes abre mão do direito eventual de arguir a compensação. É necessário, contudo, que seja posterior a criação do crédito, porque senão não há ao que renunciar, e que os requisitos da compensação ainda não estejam presentes. Caso contrário, já estará caracterizada. Ainda assim, qualquer dos devedores ainda pode renunciar a seus efeitos, respeitados os direitos de terceiros.

Ensina Carlos Roberto Gonçalves,[259] que estando em jogo somente interesses privados, não há razão jurídica para condenar a renúncia prévia ao direito de alegar compensação. Não se exigem formas sacramentais, podendo ser expressas ou tácitas, desde que fique clara a intenção abdicativa. Fica vinculada somente à parte que a subscreve. Nada obsta, contudo, que a outra parte, se quiser, obtenha a compensação em seu favor, considerando a sua dívida extinta à custa do contracrédito de que dispõe o credor.

Não se admite a compensação em prejuízo do direito de terceiro (art. 380 do CC). A compensação não pode prejudicar terceiros estranhos à operação. A proteção ao direito de terceiros deve ser por estes reclamada e não pelo próprio devedor.

---

259. GONÇALVES, Carlos Roberto. Op. cit.

5.6. Do lugar da compensação

Dispõe o art. 378 do CC que quando as duas dívidas não são pagáveis no mesmo lugar, não se poderá compensar sem a dedução das despesas necessárias à operação. Quando o local do cumprimento das obrigações é diverso, a lei não veda a compensação, mas determina que sejam deduzidas as despesas necessárias à operação.

Não se pode obrigar que o credor se desloque a um lugar diverso do contratado para receber o que lhe cabe, se não for devidamente ressarcido. Pode o credor recusar-se validamente à compensação, se não for ressarcido.

5.7. Da compensação de dívidas fiscais

O art. 374 do CC, em vigor, previa que a matéria de compensação, no que concerne às dívidas fiscais e parafiscais regia-se pelas disposições constantes no seu Capítulo VII. Ocorre que, por meio da MP nº 75/2002, o então presidente da República, revogou o mencionado artigo, antes mesmo dele adquirir vigência, reconhecendo o vigor do novo Código Civil antes do término da sua *vacatio legis*. A MP nº 75/2002 rejeitada pela Câmara dos Deputados em 18.12.2002, sob a alegação de que uma norma temporária não poderia revogar um dispositivo de lei ainda sem vigência. Mas o Chefe do Executivo, em 10.01.2003, editou a MP nº 104/2003, revogando novamente o art. 374 do CC, que foi convertida na Lei nº 10.677/2003.

Muitos autores viram na revogação do art. 374 do CC um retrocesso no trato das compensações fiscais, tomando o ato do Governo como uma atitude reativa à maior liberdade concedida aos contribuintes no campo da compensação tributária. Isto porque o aludido artigo permitia a compensação de dívidas fiscais e parafiscais, desde que preenchidos os requisitos das normas civis para tanto, podendo o crédito, inclusive, ser objeto de cessão e ser utilizado pelo cessionário para compensação, bastando, para isso, a comunicação à Secretaria da Receita Federal.

Comentam Washington de Barros Monteiro e Carlos Alberto Dabus Maluf,[260] que tal dispositivo representava importante inovação no Direito brasileiro, pois rompe toda a tradição seiscentista do Direito Obrigacional brasileiro, com origem no velho Direito filipino, que proibia a compensação de dívidas fiscais, entendendo que certos créditos do Estado não poderiam ficar sujeitos ao Direito comum.

Sílvio de Salvo Venosa[261] consigna que:

> *Sob esse prisma, o Código de 2002 tentou modernizar o* conceito ao estatuir que "a matéria de compensação, no que concerne às dívidas fiscais, é regida pelo disposto neste capítulo" (art. 374) (...) essa possibilidade relativa à compensação de dívidas fiscais em texto do Código Civil era primordialmente polêmica. Afirmamos que muita discussão ela traria e certamente as autoridades fiscais não se conformariam com esse texto, aliás de extrema justiça para o contribuinte. No entanto nem sempre a história desse país demonstra justiça para quem paga corretamente seus impostos. Tanto assim é que a Medida Provisória de 2002, renovada a seguir e depois substituída por lei (Lei nº 10.677/2003), à socapa da sociedade, sem maiores justificativas e de forma juridicamente inusitada para dizer o menos, em texto legal que se refere a assuntos fiscais diversos, revogou simplesmente o citado art. 374, antes mesmo da entrada em vigor do atual Código. Na verdade, esse artigo era por si só polêmico, pois introduzido na Câmara dos Deputados, após vinda do texto do Senado, em situação de discutível validade. De qualquer forma, a dicção do art. 374 já acenava com uma vida muito curta no cenário jurídico nacional, pois, sem dúvida a cupidez de nossas autoridades não permitiria que ao menos, nesse aspecto, se fizesse justiça fiscal. De qualquer modo, o Código Civil invadira indevidamente a seara dos tributos e seria discutível sua aplicação perante os princípios de direito público.

Já para Edvaldo Brito, atualizador da obra "Obrigações", de Orlando Gomes,[262] a revogação do artigo em comento impunha-se, porque o dispositivo nasceu inconstitucional. A

---

260. Op. cit.

261. VENOSA, Silvio de Salvo. Op. cit.

262. GOMES, Orlando. Op. cit.

compensação, no que concerne à obrigação tributária, é uma modalidade de extinção do crédito tributário, por isso é regida pelo Código Tributário Nacional, com a redação que lhe deu a Lei Complementar nº 104/2001.

Não nos delongaremos aqui na investigação da compensação tributária, visto que será objeto de análise em item específico.

5.8. Da compensação convencional

Também denominada voluntária, é uma avença que só exige dos contratantes o poder de disposição dos créditos, que cada qual deseja compensar, e o acordo para a extinção recíproca deles. Ocorre sempre que faltar um ou mais pressupostos exigidos para a compensação legal, a saber: a homogeneidade, a liquidez e a exigibilidade das dívidas recíprocas.

Neste caso, credor e devedor podem, livremente, estipular os termos da compensação, preservando a ordem pública, os bons costumes, a boa-fé e a função social do contrato (arts. 187, 421 e 422 do CC). Logo, não prosperará compensação que recaia sobre salário, aposentadoria ou dívida alimentar, por exemplo.

Ensina Francisco Cavalcanti Pontes de Miranda,[263] que os requisitos para a compensação segundo a lei não são exigidos na compensação convencional, inclusive não é preciso que *A* seja credor de *B*, e *B* credor de *A*. O crédito contra terceiro pode ser objeto de compensação. No contrato, pode ser estabelecida compensação independentemente do vencimento, e até a de dívida ou dívidas ineficazes ou oriundas de negócios jurídicos não válidos (salvo nulidade no próprio contrato de compensação) ou de eficácia encoberta por alguma exceção.

Por meio do acordo de vontades, é possível a compensação de obrigações de natureza diversa. Se as partes contratantes

---

263. PONTES DE MIRANDA, Francisco Cavalcanti. Op. cit.

quiserem, pode-se compensar uma obrigação de dar que *A* tenha contra *B* (um carro) por uma obrigação de fazer (pintar um quadro) que *B* tenha em relação à *A*. Também, pode-se compensar, por acordo, dívida em dinheiro com a entrega de coisas.

5.9. Da compensação judicial

A compensação pode ser alegada no processo. A reconvenção pode levar à compensação judicial, para a qual não se exige que as dívidas sejam líquidas. É determinada pelo julgador, por meio de ato decisório, toda vez que verificar nos autos a ocorrência das circunstâncias legais que a autorizam, mas é necessário que uma das partes oponha o seu direito de crédito a outra. Por isso, o réu precisará reconvir, elidindo, no todo ou em parte o direito do autor. A compensação judicial é matéria de natureza reconvencional e produz os mesmos efeitos da compensação legal. A compensação poderá, ainda, ser alegada em execução de sentença.

5.10. Efeitos da compensação

A compensação extingue as obrigações recíprocas, com todos os acessórios, liberando os devedores. A extinção pode ser total ou parcial. Se as dívidas possuem o mesmo valor extinguem-se totalmente; mas se uma vale mais do que outra, extinguem-se até a concorrente quantia.

Para a doutrina tradicional, a sentença que reconhece a compensação possui natureza declaratória, tendo, portanto, eficácia retroativa à época em que os créditos se extinguiram. Já, se a compensação é judicial, nascida no curso do processo, e não pré-existente, só se opera a partir da sentença que a determina, isso quando há a necessidade de liquidação em juízo. A compensação convencional gera efeito a partir da avença plena e acabada entre as partes.

De acordo com os pressupostos eleitos para a condução do presente trabalho, é adotada a teoria constitutiva, pela qual um fato só existe juridicamente quando relatado em linguagem competente, momento a partir do qual se instauram os vínculos jurídicos entre dois ou mais sujeitos.

Ensina Aurora Tomazini de Carvalho[264] que a mera ocorrência do fato previsto na hipótese normativa não gera qualquer consequência de ordem jurídica. Para que isso ocorra, é necessário que uma pessoa competente relate a ocorrência do fato, imputando-lhe os efeitos que lhe são próprios. A linguagem produzida pelo aplicador do Direito é constitutiva; ela não declara o fato jurídico e a relação jurídica, mas os constitui, pois, antes dela, nada existe juridicamente. Podemos falar em fato social, evento, relação social, mas nada ainda no plano jurídico. É por isso que a aplicação ou incidência nesta concepção é constitutiva do fato e da relação jurídica.

Diante disso, conclui-se que as sentenças judiciais são sempre constitutivas, e a compensação não foge à regra. Quando for reconhecida em juízo a compensação legal, a sentença constituirá o fato jurídico e o direito, neste momento, e só terá efeitos retroativos se assim determinar o julgador, atendendo a pleito da parte e às peculiaridades do caso, ao inserir no ordenamento a norma individual e concreta.

Inexiste a possibilidade da incidência imediata e infalível da norma. Além do mais, as normas de direito positivo não preveem os efeitos retroativos da compensação legal, sendo uma construção da doutrina, por entender que a sentença, que a reconhece, possui efeitos meramente declaratórios.

Lembra, ainda, Aurora Tomazini de Carvalho[265] que não existem sentenças meramente declaratórias, tal como predica a doutrina processual civil. Todas as sentenças têm natureza constitutiva de uma situação jurídica (direitos e deveres).

---

264. CARVALHO, Aurora Tomazini de. Op. cit.

265. Idem.

Adotando-se a premissa de que o Direito é um corpo de linguagem e que toda nova linguagem traz uma modificação no estado jurídico anterior, todas as sentenças, como todos os outros atos veiculadores de normas concretas, têm natureza constitutiva tanto no que atine ao fato jurídico quanto à relação. O ato de aplicação do Direito caracteriza-se como declaratório em relação ao evento e constitutivo no que respeita ao fato jurídico e à relação.

Diante do exposto, conhecendo-se o regime jurídico da compensação civil, pode-se concluir que a compensação a que alude a Constituição Federal, em seu art. 20, § 1º, com ela não se confunde, pois em tal comando, não trata a Magna Carta de desoneração de dívidas recíprocas. Então, prossigamos investigando a compensação tal como prevista no Código Tributário Nacional.

CAPÍTULO VI
A COMPENSAÇÃO TRIBUTÁRIA: PAGAMENTO

6.1 Notas introdutórias

A compensação é um instituto jurídico de ampla aplicação no Direito Civil e no Direito Tributário, como forma de extinção de obrigações.

De acordo com Paulo César Conrado,[266] compensação é uma entidade francamente associada ao plano da Teoria Geral do Direito, sendo impossível dissociá-la, nesse contexto, só por adjetivá-la de tributária.

No mesmo sentido, pronunciou-se Roque Antônio Carrazza[267] ao afirmar que a compensação é figura jurídica das mais conhecidas e estudadas, não sendo um tema exclusivamente de Direito Civil. Na verdade, a compensação é uma categoria geral do Direito, tais como o pagamento, a sanção, a relação jurídica, entre outros, que também irradiam efeitos na seara do Direito Tributário.

---

266. CONRADO, Paulo César. Op. cit.
267. CARRAZZA, Roque Antônio. *Curso de direito constitucional...* cit.

6.2. O princípio constitucional da não cumulatividade e a compensação tributária

A Constituição Federal determina, em seus arts. 153, IV, § 3º, II, e 155, II, § 2º, que o imposto sobre produtos industrializados (IPI) e o ICMS, serão não-cumulativos, compensando-se o que for devido em cada operação com o montante cobrado nas operações anteriores. Prevê, ainda, no § 12 do art. 195, a não-cumulatividade para o PIS e para a Cofins.

O princípio constitucional da não-cumulatividade vale-se da compensação para assegurar que, enquanto o contribuinte possuir créditos legítimos, oponíveis ao Erário, não seja compelido a pagar imposto.

Ensina Eduardo Marcial Ferreira Jardim[268] que a Constituição Federal, ao prestigiar a compensação, consagrou a isonomia entre governantes e governados ao vedar o enriquecimento ilícito e ao assegurar o direito de propriedade, que salvaguardam a utilização do instituto como forma de reafirmar os direitos e as garantias precitados.

Diversamente do autor acima, há autores que negam a previsão da compensação no patamar da Constituição Federal, não vislumbrando no primado da não-cumulatividade a configuração do aludido instituto. Entendem que a compensação surge pelo labor do legislador ordinário.[269]

Na verdade, o que está previsto na Magna Carta é o princípio da não-cumulatividade que para ser implantado vale-se dos mecanismos inerentes à compensação. Não está prevista constitucionalmente a compensação em si, mas um valor a ser alcançado com a aplicação desta. Logo, o princípio da não-cumulatividade não pode ser classificado como espécie

---

268. JARDIM, Eduardo Marcial Ferreira. *Dicionário de direito tributário*. São Paulo: Noeses, 2011.

269. CERQUEIRA, Marcelo Fortes de. *Extinção da obrigação tributária*: Compensação e repetição do indébito. Curso de especialização em direito tributário. Estudos analíticos em homenagem a Paulo de Barros Carvalho. São Paulo: Forense, 2006.

do gênero compensação, porque uma coisa é o princípio que visa minimizar o impacto tributário no ciclo econômico, outra é a forma jurídica como tal princípio é realizado. Além disso, a não-cumulatividade constitucionalmente prevista é obrigatória, ao passo que a compensação civil e tributária é facultativa,

O Código Tributário Nacional, ao tratar das modalidades de extinção do crédito tributário, em seus arts. 170 e 170-A prevê que a compensação dar-se-á nos seguintes termos:

> Art. 170. A lei pode, nas condições e sob as garantias que estipular, ou cuja estipulação em cada caso atribuir à autoridade administrativa, autorizar a compensação de créditos tributários com créditos líquidos e certos, vencidos ou vincendos, do sujeito passivo contra a Fazenda pública.
>
> Parágrafo único. Sendo vincendo o crédito do sujeito passivo, a lei determinará, para os efeitos deste artigo, a apuração do seu montante, não podendo, porém, cominar redução maior que a correspondente ao juro de 1% (um por cento) ao mês pelo tempo a decorrer entre a data da compensação e a do vencimento.
>
> Art. 170-A. É vedada a compensação mediante o aproveitamento de tributo, objeto de contestação judicial pelo sujeito passivo, antes do trânsito em julgado da respectiva decisão judicial.

Há, ainda, outros instrumentos normativos que no transcorrer do tempo foram dando diferentes tratamentos à compensação tributária. Vejamos alguns, pois tal leitura ajudará a compreender o nosso entendimento de que há farta produção legislativa que autoriza o contribuinte a produzir a norma individual e concreta, referente não só a constituição do débito do Fisco como também da própria compensação tributária.

A Lei nº 8.383/91, em seu art. 66, tratava das compensações federais, possibilitando a compensação por parte do contribuinte, independente de prévio requerimento e autorização da autoridade administrativa. Posteriormente, tal dispositivo foi alterado pela Lei nº 9.250/95 e pela Lei nº 9.069/95, passando a prever que a compensação só poderia dar-se entre tributos, contribuições e receitas *da mesma espécie*, podendo o contribuinte optar pela compensação ou pela restituição do valor pago.

A Lei nº 9.430/96 cuidou da sistemática de compensação no âmbito da Secretaria da Receita Federal, prevendo a compensação de ofício e a compensação a requerimento do contribuinte. Esta lei autorizou a compensação entre quaisquer débitos e créditos administrados pela Secretaria da Receita Federal, vencidos ou vincendos, mas exigia o prévio requerimento e aceitação da autoridade fazendária. Foi regulamentada pelo Decreto nº 2.138/97.

Posteriormente, a Lei nº 10.637/2002 alterou o *caput* do art. 74 da Lei nº 9.430/96 e alguns de seus parágrafos, modificando a sistemática da compensação. O § 2º do art. 74 da Lei nº 9.430/96 determinava que a compensação declarada à Secretaria da Receita Federal extinguia o crédito tributário sob condição resolutória, dependendo de posterior homologação, que deveria ocorrer no prazo de cinco anos contatos do envio da respectiva declaração.

Até a alteração trazida pela Lei nº 10.637/2002, a extinção da obrigação tributária não ocorria sem que houvesse a apreciação da compensação efetuada pela Secretaria da Receita Federal (SRF). Assim, a extinção do crédito compensado passou a ser automática e resolutória, até que houvesse posterior análise das compensações pela Secretaria da Receita Federal.

Os pedidos de compensação, pendentes de apreciação na data em que entrou em vigor o art. 49 da Lei nº 10.637/2002 foram convertidos em declarações de compensação.

A Lei nº 10.833/2003 alterou o art. 74 da Lei nº 9.430/96, transformando a declaração de compensação em confissão de dívida do crédito tributário, tornando a referida declaração em instrumento hábil e suficiente para a exigência dos débitos indevidamente compensados. Se houvesse compensação não homologada era obrigatória a instauração do processo administrativo fiscal, inclusive com a suspensão da exigibilidade do débito, objeto da compensação.

A declaração de compensação passou, então, a ser o meio hábil à constituição do crédito tributário. No caso do procedimento não homologado, cabia discussão, inclusive na via administrativa, com direito à consequente suspensão da exigibilidade do crédito tributário confessado, nos termos dos §§ 7º a 11 do art. 74 da Lei nº 9.430/96

A Lei nº 11.051/2004 criou uma nova hipótese de compensação denominada não declarada. A compensação era considerada não declarada quando do crédito utilizado pelo contribuinte: (a) era de terceiro; (b) decorria de decisão judicial não transitada em julgado; (c) referia-se a crédito prêmio; (d) referia-se a título público; (e) referia-se a tributo ou à contribuição não administrados pela Secretaria da Receita Federal; (f) tratava de valor objeto de pedido de restituição ou de ressarcimento já indeferido pela autoridade competente, ainda que o pedido se encontrasse pendente de decisão definitiva na esfera administrativa; e (g) cuidava de saldo a restituir em Declaração do Imposto de Renda Retido na Fonte (DIRF), além das hipóteses previstas em lei específica. Além destas hipóteses, a compensação também é considerada não declarada quando o débito se enquadrar nas hipóteses enumeradas nos incisos II ao V do § 3º do art. 74 da Lei nº 9.430/96.

A edição da Lei nº 10.833/2003 aumentou o rol de hipóteses em que não era permitida a compensação, determinou o prazo para homologação das compensações efetuadas, bem como a declaração de compensação passou a constituir uma confissão de dívida. O lançamento de ofício limitava-se à imposição de multa isolada sobre as diferenças apuradas na compensação indevida.

Embora a evolução da legislação infraconstitucional continue no tempo, em tal investigação não nos deteremos porque o que nos importa especular agora é sobre os requisitos, a classificação jurídica, as características e os efeitos da compensação tributária, para verificarmos se foi nesta acepção semântica que a Constituição Federal empregou o vocábulo em seu art. 20, § 1º.

6.3. Requisitos da compensação tributária

A compensação tributária, apesar de possuir características próprias, possui os mesmos requisitos da compensação civil que, como demonstrado linhas atrás, são os seguintes: (a) reciprocidade das obrigações; (b) liquidez das dívidas; (c) exigibilidade das prestações; (d) fungibilidade das coisas devidas.

Como requisito próprio da compensação tributária figura a necessidade de lei que a autorize.

6.4. Classificação jurídica

Tal como a compensação civil, a compensação tributária é uma modalidade de extinção da obrigação tributária desde que haja reciprocidade de créditos e de débitos entre dois sujeitos de direito.

Antes de tratarmos da compensação tributária, é preciso definir obrigação tributária e extinção da aludida obrigação.

Ensina Paulo de Barros Carvalho[270] que obrigação tributária, em sentido estrito, é o vínculo abstrato em que uma pessoa, denominada de sujeito ativo, tem o direito subjetivo de exigir de outra, chamada de sujeito passivo, o cumprimento de prestação de cunho patrimonial, decorrente da aplicação da norma jurídica tributária. Nascida a obrigação tributária, surge, simultaneamente, o crédito tributário, elemento indissociável da obrigação de pagar tributo, consistente no direito subjetivo de que é possuidor o sujeito ativo.

Paralelamente, a essa espécie de relação obrigacional, pontua o autor, há o surgimento de liames em que a Fazenda

---

270. CARVALHO, Paulo de Barros. *Direito tributário:...* cit.

Pública figura no polo oposto, assumindo a posição de sujeito passivo. É a chamada relação de débito da Fazenda Pública, que pode decorrer: (a) de recolhimento indevido ou a maior de importância pecuniária a título de tributos; (b) prática de fato jurídico que faz nascer a relação de crédito para o contribuinte; (c) contrato administrativo firmado pela pessoa política. Nestes casos, a Fazenda Pública possui o dever de cumprir uma obrigação pecuniária para com o particular, caracterizando um débito seu.

Continua o aludido mestre, ensinando que na fenomenologia do nascimento do débito tributário temos: (a) a regra-matriz de incidência tributária; (b) acontecimento do evento previsto na hipótese da norma geral e abstrata; (c) produção da linguagem competente por parte do administrado ou do Fisco, em atividade corretiva ou substitutiva e a construção da norma individual e concreta, em que figura o fato jurídico e a correspondente obrigação tributária; (d) comunicação ao Fisco da norma individual e concreta, quando constituída pelo contribuinte, ou a comunicação a este quando a norma é constituída pelo Poder Público e (e) o aparecimento formal de débito do imposto.

Para a identificação do fenômeno da extinção da obrigação tributária temos que verificar o modo pelo qual desaparecerem seus elementos integrativos (sujeito ativo e sujeito passivo), bem como as relações que os unem. Assim, extingue-se a obrigação tributária pelo desaparecimento do sujeito passivo, do sujeito ativo ou do objeto e pelo desaparecimento do direito subjetivo de que é titular o sujeito pretensor, que equivale ao desaparecimento do crédito, ou pelo desaparecimento do dever jurídico imputado ao sujeito passivo, que equivale ao desaparecimento do débito.

O art. 156 do CTN cuida das causas extintivas da obrigação tributária, dentre elas a compensação. Neste ponto, impõe relembrar que, por força dos primados da legalidade e da indisponibilidade dos interesses públicos, tanto o surgimento, as modificações e a extinção das obrigações tributárias devem dar-se em estrita consonância com a lei. Assim, todas as causas extintivas das obrigações tributárias são modalidades jurídicas, muitas delas assumindo a feição de institutos de Direito tais como: o pagamento, a compensação, a transação, a prescrição, a decadência, dentre outros.

Adverte-nos Paulo de Barros Carvalho[271] que o art. 156 do CTN não tratou de outras causas extintivas da obrigação tributária, tais como a confusão entre credor e devedor e o desaparecimento do sujeito passivo, sem que haja bens, herdeiros ou sucessores.

Para o autor, é preciso observar que a compensação tributária encerra um plexo de relações, decorrendo, necessariamente, da existência de outras duas relações jurídicas, a saber:

a) **a obrigação tributária:** toda vez que se realizar o acontecimento previsto na hipótese de incidência e constituído o fato pela linguagem competente, propaga-se o efeito jurídico próprio, instalando-se o liame obrigacional, pelo qual o sujeito ativo terá o direito subjetivo de exigir de outro, sujeito passivo, o cumprimento de determinada prestação pecuniária.

b) **a relação de débito da a Fazenda Pública:** verificado no caso concreto a ocorrência de pagamento indevido de tributos, surge para o sujeito passivo da obrigação tributária o direito subjetivo à restituição do valor indevidamente pago. Assim, a compensação não é só uma modalidade de extinção da obrigação tributária, mas também uma forma de extinção, simultânea, da relação de débito do Fisco.

Tal como ocorre com a extinção da obrigação tributária, a extinção do débito do Fisco dar-se-á toda vez que desaparecerem seus elementos constitutivos (sujeitos ativo e passivo, objeto, desaparecimento do direito subjetivo de que é titular o sujeito pretensor, que equivale ao desaparecimento do

---
271. Idem.

crédito, ou pelo desaparecimento do dever jurídico imputado ao sujeito passivo).

Embora não haja um número exato de formas de extinção da relação de débito do Fisco, aponta a doutrina[272] as duas formas usuais que são: a execução de sentença, proferida em ação de repetição do indébito tributário e a compensação tributária, ambas de iniciativa do contribuinte. O fundamento jurídico tanto da compensação, como da repetição do indébito, consiste no repúdio ao enriquecimento sem causa.

6.5. Do fenômeno da positivação do Direito

Segundo as precisas lições de Paulo de Barros Carvalho,[273] há o fenômeno da positivação do Direito, quando partindo de concepções abrangentes, distantes, constantes das normas gerais e abstratas, busca-se atingir o patamar da região material das condutas intersubjetivas, chegando às normas individuais e concretas. A regra-matriz de incidência tributária está no patamar das normas gerais e abstratas. O conteúdo da norma individual e concreta é apurado por redução da norma geral e abstrata, revelando o seu antecedente (fato jurídico tributário) e o seu consequente (relação jurídica tributária).

Ensina o aludido mestre que:

> A norma geral e abstrata, para alcançar o inteiro teor da sua juridicidade, reivindica, incisivamente, a edição de norma individual e concreta. No direito positivo brasileiro estão aptos a emitir normas individuais e concretas não só as autoridades públicas, como também os contribuintes. A sucessão do tempo demonstra que é crescente a transferência de atividades de apuração do débito tributário para a esfera dos deveres instrumentais do sujeito passivo, mediante controle da entidade tributante.

---

272. CONRADO, Paulo César. Op. cit.

273. CARVALHO, Paulo de Barros. *Fundamentos jurídicos da incidência*. 2. ed. São Paulo: Saraiva, 1999.

Transpondo tais lições para as reflexões sobre a compensação tributária, que ora fazemos, temos a existência de três normas gerais e abstratas, a saber :

a) regra-matriz de incidência tributária: o fato jurídico tributário é indicado conotativamente na hipótese normativa, enquanto, na posição de consequente, consta a obrigação tributária, podendo assim ser enunciada: dado o fato jurídico tributário, deve ser a relação obrigacional.

b) regra-matriz do pagamento indevido: é a conotação do denominado fato jurídico do pagamento indevido que assume a condição de suposto, e a consequência é integrada pela relação de débito do Fisco, nos seguintes termos: dado o fato jurídico do pagamento indevido, deve ser a relação de débito do Fisco.

c) regra-matriz da compensação tributária: dado o fato jurídico do pagamento indevido de tributo, conjugado ao fato relacional da obrigação, deve ser a relação jurídica da compensação tributária, envolvendo os respectivos débitos do Fisco e créditos do sujeito passivo.

Para que a compensação se verifique não bastam as prescrições das normas gerais e abstratas. É preciso a expedição de duas normas individuais e concretas: uma constituindo o débito do contribuinte, outra formalizando o débito do Fisco. Da combinação dessas duas normas surgirá uma terceira, que é a norma individual e concreta da compensação tributária. Aplicada a norma de compensação tributária gera a extinção do crédito tributário e do débito do Fisco. Nunca é demais lembrar que a compensação tributária só existe juridicamente se relatada em linguagem competente, admitida pelo Direito.

É controvertida na doutrina a questão de quem pode emitir a norma individual e concreta referente ao débito do Fisco: se tal prerrogativa é privativa das autoridades públicas, administrativas e judiciárias ou se o contribuinte também está autorizado pelo sistema de direito positivo a fazê-las.

Para Eurico Marcos Diniz de Santi:[274]

> Do fato do pagamento indevido decorre como eficácia jurídica imediata a obrigação de débito do Fisco. Esta é, como a relação jurídica tributária, efectual. Ganha concretude existencial mediante ato que lhe outorga forma enunciativa. Este ato, segundo nosso direito positivo, pode ser veiculado por meio de ato administrativo, decisão administrativa, sentença judicial ou acórdão.

E, continua expondo que:

> O crédito tributário ganha concretude pelo ato de uma autoridade ou pelo ato do próprio contribuinte executando os deveres instrumentais (...). O contribuinte no 'auto lançamento' deve formalizar o crédito tributário. Mas, ordinariamente, carece de competência para constituir o débito do fisco. Este resulta, necessariamente, de ato administrativo, decisão administrativa ou judicial: veículos introdutórios da relação jurídica de débito do Fisco.

Aqui, cumpre-nos consignar duas discordâncias: uma referente à existência de relações jurídicas efectuais e outra relativa à assertiva de que a constituição do débito do Fisco decorre, necessariamente, de ato administrativo, decisão administrativa ou judicial.

O autor, ora citado, na esteira do trabalho de Francisco Cavalcanti Pontes Miranda[275] e Lourival Vilanova,[276] entende que há dois tipos de relação jurídica: (a) efectuais, que surgem como decorrência de um evento, não apresentado, necessariamente, formulação linguística; e (b) intranormativas, constituídas em linguagem jurídica. Assim, para ele, com a ocorrência dos fatos, previstos pelo Direito como hipótese normativa, no mundo fenomênico, nasceria a relação jurídica

---

274. SANTI, Eurico Marcos Diniz. Compensação e restituição de tributos. *Repertório IOB de jurisprudência*, n° 03, São Paulo, IOB, p. 68-71, 1ª quinzena de 1996.

275. PONTES DE MIRANDA, Francisco Cavalcanti. Op. cit.

276. Vide a relação das obras do autor consultadas nas referências bibliográficas.

efectual e, depois, com a constituição do fato em linguagem competente, se instauraria a relação jurídica intranormativa.

De tal entendimento discordamos, porque a ocorrência de qualquer evento, antes que seja descrito em linguagem competente, autorizada pelo Direito, não produz qualquer efeito jurídico, não constituindo relações jurídicas. Se houver efeitos, serão morais, sociais, econômicos etc, mas não jurídicos. Da citada classificação só assume o *status* de relação jurídica a intranormativa.

Também discordamos de que a produção da norma individual e concreta que introduz no sistema de direito positivo a compensação tributária, bem como aquela que constitui o débito do Fisco são necessariamente produzidas pelas autoridades administrativas e judiciais. É fato que tais autoridades estão credenciadas pelo sistema de Direito a fazê-lo, mas são cada vez mais frequentes as hipóteses em que a lei autoriza o contribuinte a produzir a norma individual e concreta, procedendo à efetivação da compensação, dependendo, neste caso, para os efeitos liberatórios, da homologação expressa ou tácita da autoridade pública competente. A legislação federal, transcrita linhas atrás, confirma tal entendimento.

6.6. Características da compensação tributária

Diversamente da compensação civil, que admite a modalidade convencional, a compensação tributária, em razão dos primados da legalidade e da indisponibilidade dos interesses públicos, será sempre legal. Depende, inexoravelmente, de lei específica que a autorize, a teor do que dispõe o *caput* do art. 170 do CTN (a lei pode, autorizar a compensação de créditos tributários com créditos líquidos e certos, vencidos ou vincendos, do sujeito passivo contra a Fazenda Pública).

Outra peculiaridade da compensação tributária é que, nesta, as dívidas compensáveis não são apenas as vencidas, mas também as vincendas.

Tal como na compensação civil, a compensação tributária pode ser parcial. Nas situações em que o crédito tributário é maior do que o débito do Fisco, confrontadas estas duas relações, temos que a primeira sobreviverá na parte em que não foi passível de compensação, ao passo que a segunda será extinta. Ou seja, embora tenha sido totalmente satisfeito o crédito do contribuinte, remanesce a obrigação tributária, pois ainda há valores devidos ao Erário. Aqui vale notar que, apesar da compensação, não foi totalmente extinta a obrigação tributária do contribuinte.

Diversamente da compensação civil, a compensação tributária pode dar-se com créditos vincendos do sujeito passivo contra a Fazenda Pública. Neste caso, a lei determinará a apuração do seu montante, não podendo cominar redução maior que a correspondente a um por cento ao mês pelo tempo a decorrer entre a data da compensação e a data do vencimento.

6.6.1. Da liquidez e certeza

Por força do que dispõe o art. 170 do CTN, para que a compensação se aperfeiçoe, é preciso que as relações tenham objetos líquidos e certos. A certeza diz respeito à existência do crédito e a liquidez identifica o valor correspondente ao mesmo.

Dentro do processo de positivação do Direito, temos que compensação só se efetivará se for produzida uma norma individual e concreta, pelo agente competente, que constitua os fatos e as relações jurídicas, apurando o objeto da prestação que se traduz no montante devido. Da mesma forma, crédito tributário líquido e certo é aquele formalizado pelo contribuinte ou pelo ato do lançamento; bem como o débito do Fisco líquido e certo é aquele que foi objeto de decisão administrativa ou judicial ou reconhecido pelo contribuinte com fundamento em expressa autorização legal.

Tanto o crédito tributário, como o débito do Fisco são líquidos e certos quando estão identificados o credor e o devedor, o valor da prestação e o motivo do surgimento do vínculo relacional.

6.7. Da aplicação do art. 170-A do CTN

Determina o art. 170-A do CTN que é vedada a compensação mediante o aproveitamento de tributo, objeto de compensação judicial pelo sujeito passivo, antes do trânsito em julgado da respectiva ação judicial. A Súmula 212 do STJ consigna que a compensação de créditos tributários não pode ser deferida por medida liminar.

Muitas reações provocaram na doutrina o art.170-A do CTN, bem como a Súmula 212 do STJ. Para muitos, ambos seriam inconstitucionais por violação, dentre outros princípios, ao primado que prevê o livre convencimento do julgador, uma vez que um provimento cautelar, emergencial, não pode ser negado sem a análise do caso concreto; se a legislação tributária, referente à compensação de tributos, permite em muitos casos, que o contribuinte efetue a compensação, sujeitando-a a posterior homologação pela autoridade fiscal, por que nas ações judiciais haveria maior risco para a Fazenda Pública na compensação efetuada antes do trânsito em julgado da decisão?

Para outros, o art. 170-A do CTN não abriga inconstitucionalidade ou qualquer violação aos direitos do contribuinte. O problema reside na interpretação dada ao comando normativo.

A interpretação fundada nas diretrizes do sistema apontaria para a construção da seguinte significação: só são aplicáveis os ditames do art. 170-A do CTN aos casos em que o contribuinte, por exemplo, se insurge contra a constitucionalidade da lei que lhe permitiu a geração de créditos, de sorte que eventual compensação ficaria protraída, aguardando uma manifestação definitiva do Poder Judiciário. Ou seja, o contribuinte não pode opor ao Fisco créditos, gerados sob a regência de lei que ele repudia em juízo.

Respeitadas todas as opiniões favoráveis ao art. 170-A do CTN, temos que tal comando é totalmente desnecessário, porque qualquer compensação feita pelo contribuinte, com ação judicial em curso ou não, está sempre sujeita a risco e à ratificação do ente impositor, que se dela discordar poderá lavrar o auto de infração e seguir na cobrança executiva da dívida.

Caso verifique a autoridade fiscal, em um dado caso concreto, que a compensação a ser efetuada pelo contribuinte trará riscos irremediáveis ou de comprovada difícil reparação ao Erário público, poderá invocar a tutela jurisdicional, requerendo medida emergencial, lastreada no poder geral de cautela do julgador.

Logo, não há necessidade de existir um comando legal prevendo que toda e qualquer compensação que ocorra durante uma disputa judicial do contribuinte com o Fisco, é temerária, de difícil reparação. Ou seja, a compensação efetuada no curso de um processo judicial não envolve riscos maiores para o Erário público dos que os que podem ocorrer em uma compensação extrajudicial.

De todo o exposto sobre a compensação tributária, verifica-se que não foi nessa acepção semântica que o vocábulo compensação foi empregado, porque não trata a Magna Carta no art. 20, § 1º, da extinção total ou parcial de obrigações tributárias.

Então, seguimos o rumo das nossas investigações para verificarmos se o vocábulo compensação possui a irradiação semântica de contrapartida contratual, em avenças travadas entre a União Federal e os administrados, quando da exploração dos campos de petróleo e de gás.

CAPÍTULO VII
AS CONTRAPARTIDAS GOVERNAMENTAIS NÃO POSSUEM NATUREZA CONTRATUAL. DECORREM DA LEI

7.1. Prestação de serviço público ou exercício de atividade econômica?

Antes de tudo, é preciso definir se: (a) os contratos de concessão, de partilha de produção e de cessão onerosa, para a exploração de campos de petróleo e de gás, envolvem a prestação de um serviço público, tendo em vista o estabelecido no art. 175 da CF, segundo o qual cabe ao Poder Público diretamente ou sob o regime de concessão ou permissão, sempre por meio de licitação, a prestação de serviços públicos, ou (b) exercício de atividade econômica, realizada sob controle estatal, por determinação constitucional.

Uma pequena parte da doutrina sustenta que as atividades de exploração e produção de petróleo e de gás são serviços públicos, em vista do estabelecido no art. 175 da CF. Sendo assim, o contrato de concessão para a exploração e produção de petróleo e de gás seria uma espécie de contrato de concessão de serviço público.

Outro é o entendimento do Supremo Tribunal Federal, como se vê no acórdão proferido na ADI 3.273, analisado linhas atrás, e de Celso Antônio Bandeira de Mello[277] para quem as

> (...) atividades monopolizadas não se confundem com serviços públicos. Constituem-se, também elas, em 'serviços governamentais', sujeitos, pois, às regras de direito privado. Correspondem, pura e simplesmente, a atividades econômicas subtraídas do âmbito da livre iniciativa. Portanto, as pessoas que o Estado criar para desenvolver estas atividades não são prestadoras de serviço público.

Também a doutrina majoritária inclina-se no sentido de considerar a exploração e a produção de petróleo como uma atividade econômica *stricto sensu*, mas sujeita ao monopólio estatal por força constitucional, em decorrência da sua grande relevância e do interesse nacional.

Sustenta a doutrina majoritária a natureza híbrida (direito público e direito privado) do regramento jurídico aplicável ao exercício das atividades econômicas, submetidas, constitucionalmente, ao regime de monopólio tais como a exploração de petróleo e de gás.

Assim, ensina Celso Antônio Bandeira de Mello[278] que:

> De resto, se as sociedades de economia mista ou empresas públicas fossem submissas a um regime jurídico idêntico ao que é aplicado à generalidade das pessoas de direito privado, não existiriam como categoria jurídica autônoma, conforme bem observou Fritz Fleiner (Príncipes Genéraux du Droit Administratif Allemand, 1933, trad. francesa de CH.EINSENMAN, pgs. 82-83). Então, embora basicamente se conformem à disciplina do direito privado, sobrepesse no que tange a suas relações com terceiros, nem por isso são regidas exclusivamente pelos preceitos atinentes àquele ramo do Direito. Muito pelo contrário. Sofrem também, como se disse, a ingerência de princípios e normas de

---

277. MELLO, Celso Antônio Bandeira de. *Curso de direito administrativo*. 25. ed. São Paulo: Malheiros, 2007.

278. MELLO, Celso Antônio Bandeira de. Op. cit.

direito público. A peculiaridade desta situação foi o que levou Jean-Dénis Brendin (...) a sustentar que possuem natureza híbrida (L'Entreprise Semi-Publique et Publique et Le Droit Privé, Paris, 1957). Entre nós, Lucia Valle Figueiredo (...) também pôs em questão o ajustamento destas figuras ao modelo paradigmático do direito privado. Hoje é induvidoso, no seio da melhor doutrina, que seria ingênuo considerá-las como simples pessoas de direito privado, à moda de quaisquer outras.

Tal entendimento parece-nos o mais consentâneo com as disposições do nosso direito positivo, considerando-se o disposto nos arts. 4º e 5º da Lei do Petróleo, segundo os quais as atividades descritas no art. 177 da CF (pesquisa e lavra das jazidas de petróleo e de gás natural, refino, importação, exportação, transporte marítimo ou por condutos do petróleo e de seus derivados) são "atividades econômicas (...) reguladas e fiscalizadas pela União," podendo ser exercidas por empresas constituídas sob as leis brasileiras que possuam sede e administração no País.

Assim, o Poder Público concede ao particular o exercício de uma atividade econômica, e não a prestação de um serviço público, visto que nesta última modalidade busca-se atender à satisfação direta das necessidades públicas. No caso das atividades desenvolvidas na indústria do petróleo, especialmente a exploração e a produção, tem-se que seu principal objetivo está relacionado ao atendimento de interesses estratégicos do Estado, enfocando as necessidades da coletividade de forma indireta ou mediata.

De acordo com Celso Antônio Bandeira de Mello,[279] serviço público é toda a atividade de oferecimento de utilidade ou de comodidade material destinada à satisfação da coletividade em geral, mas fruível singularmente pelos administrados, que o Estado assume como pertinente a seus deveres e presta por si mesmo, ou por quem lhe faça as vezes, sob o regime de direito público – portanto, consagrador de prerrogativas de

---

279. Idem.

supremacia de restrições especiais – instituído em favor dos interesses definidos no sistema normativo.

Já as atividades econômicas são aquelas reservadas, em princípio, à iniciativa privada. Contudo, a própria Constituição Federal autoriza o Estado a exercê-las, excepcionalmente, em regime de competição com o setor privado (art. 173) ou em monopólio, como é o caso das atividades de exploração e produção de hidrocarbonetos (art.175).

As atividades desempenhadas na indústria do petróleo e do gás natural são de titularidade da iniciativa privada, exigindo a Constituição Federal, em virtude de sua relação com o bem-estar da coletividade e da importância estratégica para o Estado, que a lei determine o regime jurídico de tais atividades, sujeitando-as à regulação contínua do Poder Público.

Logo, respondendo objetivamente à primeira pergunta lançada no preâmbulo deste item, temos que a exploração e a produção de petróleo e de gás não se traduzem em serviços públicos, mas em atividade econômica, explorada por determinação constitucional em regime de monopólio.

7.2. Os contratos de concessão, de partilha da produção e de cessão onerosa são contratos administrativos

Quanto à função dos contratos firmados para a exploração e a produção de petróleo e de gás, consigna Rayssa Cunha Lima,[280] que o modelo contratual adotado pelo setor petrolífero nacional tem como principais objetivos estratégicos manter a soberania do Estado sobre este importante recurso energético natural e garantir o abastecimento e o consumo energético interno. Por outro lado, garante às empresas concessionárias o acesso às reservas nacionais de petróleo e assegura,

---

[280]. LIMA, Rayssa Cunha. Os contratos de concessão da indústria do petróleo e gás natural. *Jus Navigandi*, nº 2.765, ano 16, 26 jan. 2011. Disponível em: <http:jus.com.br/950714-rayssa-cunha-lima/publicacoes>. Acesso em: 21 mar. 2012.

nos termos da lei, o direito de propriedade sobre a produção.

Entende a autora em foco, que o contrato de concessão pode ser definido como o instrumento de outorga, por parte da contratante Agência Nacional do Petróleo, do direito de exploração de um bloco para a empresa concessionária que, no caso de descoberta, terá também o direito de exploração e de produção de petróleo existente na área.

Tal contrato é fonte originária de direitos e obrigações do particular e de deveres e sujeições da Administração Pública, sendo o marco regulatório da indústria petrolífera, juntamente com a Lei do Petróleo.

Note-se que nos termos do art. 177 da CF, só o produto da lavra integra a propriedade do concessionário/contratado, uma vez que a jazida pertence à União, que a detém em regime de monopólio, podendo explorá-la diretamente ou delegar o exercício de exploração aos particulares mediante contratos de concessão ou de partilha de produção. Aos particulares assiste, tão somente, o direito de propriedade sobre o produto da lavra nos termos da lei.

O contrato de concessão, de partilha de produção e de cessão onerosa, por serem espécies do gênero contrato administrativo, possuem as seguintes características: são consensuais (no que se refere a formação do vínculo contratual); formais; onerosos; comutativos e celebrados *intuito personae*. Além destas características, apresentam outras peculiaridades que os apartam dos demais contratos privados celebrados pelo Poder Público, a saber: a sua feição de contrato de adesão e a aleatoriedade contratual (não há garantias quanto à viabilidade econômica da exploração).

O equilíbrio econômico-financeiro dos contratos administrativos está assegurado em nosso direito positivo, quer no art. 37, inciso XXI, da CF, quer na Lei nº 8.666/93 (art. 58, §1º).

Para a autora ora citada, são características dos contratos de adesão a sua oferta à coletividade; a convenção como ato exclusivo de uma das partes; a complexa regulamentação do contrato; a situação preponderante do ofertante e o caráter de utilidade pública do objeto contratual. A preponderância da vontade do ofertante decorre da própria natureza dos interesses aos quais o contrato serve.

Dessa forma, conclui a autora em foco[281] que:

> Diante da importância socioeconômica das atividades econômicas de interesse geral, não há dúvidas quanto ao fato das atividades da indústria do petróleo e do abastecimento nacional de combustíveis possuírem natureza dúplice: a pública e a privada, razão pela qual o poder de polícia a ser exercido sobre elas (restringindo liberdades e interesses individuais, em razão do interesse público) não tem mais os contornos que possuía em sua origem, mas sim o de um novo poder de polícia, harmônico com o atual poder regulatório do Estado, bem mais extenso e funcional que aquele tradicional.

Da análise de todo o regime jurídico aplicável aos contratos de concessão, de partilha de produção e de cessão onerosa, verifica-se que a presença do regime de direito público é marcante. Vale ressaltar, por ser útil às nossas investigações, que os contratos de concessão e de partilha traduzem-se em contratos de adesão, visto que os concessionários/contratados não podem discutir com a Administração Pública qualquer das suas cláusulas.

Vale relembrar aqui a decisão do Superior Tribunal de Justiça, transcrita linhas atrás, para ter presente que as relações contratuais que se estabelecem na exploração e produção de petróleo e de gás decorrem da lei, de tal sorte que ainda que não existam os contratos é possível identificar perfeitamente as obrigações dos contratantes e determinar o seu cumprimento.

Lembremos que tanto a Lei nº 9.478/97, como as Leis nsº 12.351/2010 e 12.276/2010, já determinam as cláusulas

---

281. LIMA, Rayssa Cunha. Op. cit., p. 1.

contratuais, as quais os concessionários/contratados só podem aderir, dentre elas, as que preveem as contrapartidas governamentais. O único ato de vontade que assiste ao concessionário/contratado é aderir ou não ao contrato.

7.3. O dever de pagar as denominadas participações governamentais decorre da lei e não da vontade dos contratantes

Embora no ato de positivação do Direito, a máxima concretude esteja no contrato de concessão ou de partilha da produção, que veiculam, dentre outras, a obrigação do concessionário/contratado de pagar o tributo, equivocadamente denominado de compensação financeira ou *royalty*, é fato que tais contraprestações não surgem do acordo de vontades, mas da lei.

As partes apenas se comprometem a celebrar a avença nos termos da lei. Logo, qualquer das denominadas contrapartidas governamentais não têm natureza eminentemente contratual. Não derivam do contrato de concessão, de partilha de produção ou de cessão onerosa, de um livre acordo de vontades. Ficasse ao alvedrio das partes a livre estipulação de contrapartidas governamentais, talvez estas não existissem nos contratos ou tivessem outros contornos.

Logo, a denominada "compensação financeira", na verdade é um imposto, *não se confundido com a compensação prevista no art. 20, § 1°, da CF*, sendo exigida, portanto, do concessionário/contratado, por força da lei, decorrente de ato lícito, qual seja a exploração de petróleo e de gás. O contrato é apenas o suporte físico onde são postas as obrigações legais das partes e identificado, em cada caso concreto, quem assumirá as obrigações de concessionário ou contratado, dentre elas o dever de pagar aos cofres públicos as denominadas participações governamentais, tal como determinadas na lei.

CAPÍTULO VIII
DA DESTINAÇÃO CONSTITUCIONAL DOS VALORES ADVINDOS DA EXPLORAÇÃO DE PETRÓLEO E DE GÁS. DAS RECEITAS PÚBLICAS

8.1. Classificação das receitas auferidas pelo Estado

Para que possamos tratar das receitas auferidas pelo Estado temos que, inicialmente, classificá-las, valendo-nos da Lógica dos Termos.

Ensina Paulo de Barros Carvalho[282] que a Lógica dos Termos,

> se ocupa, além da definição, das operações de classificação e divisão. Classificar é distribuir em classes, é dividir os termos segundo a ordem da extensão ou, para dizer de modo mais preciso, é separar os objetos em classes de acordo com a com as semelhanças que entre eles existam, mantendo-os em posições fixas e exatamente determinadas em relação às demais classes.

---

282. CARVALHO, Paulo de Barros. *Direito tributário...* cit.

A classe das receitas públicas pode ser dividida em subclasses. Existem vários critérios classificatórios. Conheçamos alguns, começando pelo critério da periodicidade.

Por este critério, as receitas públicas podem ser: (a) ordinárias, quando obtidas com regularidade, no desenvolvimento normal das atividades do Estado; (b) extraordinárias, quando decorrentes de fato eventual ou fortuito. Usando como critério classificador parâmetros econômicos, tal como posto na Lei nº 4.320/64, as receitas públicas poderão ser (a) receitas correntes, que advêm de atos governamentais e destinam-se a atender as despesas correntes e (b) receitas de capital que causam movimentação contábil no registro do ativo e do passivo. Pelo critério classificatório da origem as receitas públicas podem ser originárias, derivadas e transferidas.

Ensinou Oscar Joseph Plácido e Silva[283] que receita pública consiste no complexo de valores recebidos pelo Erário público, sejam provenientes de rendas patrimoniais, sejam resultantes de rendas tributárias, destinadas a fazer frente à despesa pública.

A receita originária ou patrimonial decorre do resultado financeiro obtido do patrimônio público, isto é, de bens móveis e de bens imóveis ou da participação societária ou de superávits apurados das operações de alienações de bens patrimoniais.

Para Celso Ribeiro Bastos:[284]

> As receitas patrimoniais *são aquelas geradas pela exploração do patrimônio do Estado* (ou mesmo pela sua disposição), feitas segundo as regras de direito privado, consequentemente sem caráter tributário. Com efeito, os Poderes Públicos desfrutam de um patrimônio formado por terras, casas, empresas, direitos, que são passíveis de serem administrados à moda do que faria

---

283. DE PLÁCIDO E SILVA, Oscar Joseph. *Noções de finanças e direito fiscal*. 3. ed. Curitiba: Guairá, 1946.

284. BASTOS, Celso Ribeiro. Op. cit.

um particular, isto é, dando em locação, vendendo a produção de bens ou mesmo cedendo o imóvel ou direito. (Destaque nosso).

A *receita derivada* provém *do constrangimento sobre o patrimônio do particular*. Nesta rubrica, estão os tributos, as sanções e também o perdimento de bens oriundos de contrabando, apreensão de armas de criminosos etc. Diante disso, é possível concluir que as receitas originárias provêm do próprio patrimônio público do Estado ou de relação disciplinada pelo direito privado, já as derivadas promanam do patrimônio ou renda dos particulares.

Estevão Horvath e Regis Fernandes de Oliveira[285] ao tratarem das receitas transferidas (fruto de repasse de verbas de uma pessoa política à outra) não tributárias citam, como exemplo das mesmas, a compensação instituída pela Lei nº 7.990/89 combinada com a Lei nº 8.001/90, referente à Compensação Financeira pela Exploração de Recursos Minerais – CFEM. Na mesma classificação estão as receitas que são devidas aos Estados, aos Municípios e o Distrito Federal em razão da exploração e produção de petróleo e de gás.

No caso da exploração de petróleo e de gás, é preciso identificar e distinguir as seguintes receitas:

a) a receita *tributária que a União* recebe quando impõe aos exploradores o imposto sobre a produção total do campo, nos termos dos arts. 47 da Lei nº 9.478/97 e do art. 42, § 1º da Lei nº 12.351/2010, com as modificações trazidas pela Lei nº 12.734/2012.

b) a *receita tributária que a União* aufere quando tributa o lucro do campo, nos termos do art. 50, § 1º, da Lei nº 9.478/97.

c) a *receita originária da União* oriunda do pagamento dos *royalties*, impropriamente denominados de bônus de assinatura.

---

285. HORVATH, Estevão; OLIVEIRA, Regis Fernandes de. *Manual de direito financeiro*. 6. ed. São Paulo: RT, 2003.

d) a *receita transferida aos Estados, aos Municípios e ao Distrito Federal*.

Vejamos, como a doutrina e a jurisprudência classificaram a compensação financeira prevista no § 1º do art. 20 da CF.

8.2. Da compensação financeira e da participação no resultado da exploração como receitas do Estado

Paulo de Barros Carvalho,[286] adotando a classificação das receitas quanto à origem, estabeleceu uma diferença entre as receitas que são auferidas pela União, quando da exploração dos recursos minerais, das receitas que recebem os Estados e os Municípios a tal título.

Consignou que:

> Efetuados esses esclarecimentos, e considerando o disposto no art. 20, § 1º, do texto constitucional, não tenho dúvidas em afirmar que o valor arrecadado a título de Compensação Financeira pela Exploração de Recursos Minerais configura receita originária relativamente à União, e receita transferida para os Estados, Distrito Federal e Municípios.[287]

Para outros autores, como Leite e Calijorne:[288]

> Não se pode olvidar, outrossim, a clássica distinção entre as receitas originárias e derivadas. Nos dizeres de Ricardo Lobo Torres, receitas originárias 'são as que decorrem da exploração do patrimônio do Estado, compreendendo os preços públicos, as compensações financeiras e ingressos comerciais.' Os valores auferidos pelo Estado como o pagamento da CFEM enquadram-se perfeitamente na definição acima,

---

286. CARVALHO, Paulo de Barros. *Parecer sobre a compensação financeira pela exploração de recursos minerais* – CFEM. São Paulo. 2006.

287. Idem.

288. A CFEM como contraprestação de uso de bem público. In: SILVA, Paulo Roberto Coimbra (Coord.). *CFEM*: compensação financeira pela exploração de recursos minerais. São Paulo: Quartier Latin, 2010. p. 80-89.

não restando dúvidas, pois, quanto a sua classificação como receita originária. A repartição da receita auferida entre os entes federativos denúncia a existência da estrutura de fundos de repartição: sistema de repartição indireta através do qual a receita arrecadada por um ente não é por este totalmente apropriada, transferindo-se para os demais o que se denomina receita transferida, a privilegiar, desse modo, um federalismo participativo ou cooperativo. Sobre as receitas transferidas confira-se: 'embora provindas do patrimônio do particular não são arrecadas pela entidade política que vai utilizá-las (...). Assim, o dinheiro ingressa nos cofres públicos de Estados e Municípios, não em virtude do seu poder constritivo sobre o particular, nem por exploração dos seus próprios bens. Recebe o dinheiro em decorrência do exercício de competência de outra entidade política que, por disposição constitucional, o transfere aos cofres de Estados e Municípios.' A seu turno, os tributos, por expressa disposição legal, subsumem-se na categoria das receitas derivadas, conforme se extrai do art. 9º da Lei nº 4.320/64, ao tratar das normas gerais de direito financeiro, o que afasta a caracterização da CFEM enquanto tributo.

Tal posição não é isolada. Verifica-se dentre os estudiosos da legislação do petróleo e do gás,[289] os que acreditam ser a compensação financeira e a participação no resultado da exploração dos hidrocarbonetos em foco, receita originária dos Estados e dos Municípios.

Sustentam que:

> Incontestavelmente, a União detém o domínio sobre os minérios e recursos hídricos, assim como também não se contesta que os valores assegurados pelo § 1º, do art. 20 da CF são receitas dos entes federados beneficiários. A compensação e a participação financeira prevista no § 1º, do art. 20 da CF é a tradução, a termo, da negociação havida na constituinte de 1988, conforme consignado no voto relativo ao MS nº 24.312-1, do Ministro Nelson Jobim, que pela sua pertinência, nos cabe repisar aquilo que importa:

---

289. ROLIM, Derance Amaral. *Royalties*: competência dos estados, do Distrito Federal e dos municípios para fiscalizar estas receitas. Âmbito Jurídico, Rio Grande do Sul, n. 98, ano XV, mar. 2012. Disponível em: <http://www.ambito-juridico.com.br/site/?n_link=revista_artigos_leitura&artigo_id=11251&revista_caderno=9>. Acesso em: 3 abr. 2013.

(...) Então, Ministra Ellen, estou tentando recompor a questão histórica, com isto, estou entendendo que não é uma receita da União que liberalmente está dando, por convênio, ao Estado; é uma receita originária dos Estados, face à compensação financeira da exploração em seu território de um bem, de um produto sobre o qual não incide o ICMS. Essa a origem do problema. (...)

Sob esta ótica, se os Estados e o Distrito Federal se abstinham de cobrar o ICMS nas operações interestaduais com o petróleo e seus derivados e sobre a energia elétrica produzida em seu território, equitativo seria assegurar uma contrapartida à perda de receita do ICMS, e que, de preferência, fosse recomposta por outra receita sobre a qual os Estados e o Distrito Federal exercitariam sua autonomia financeira conferida pela Constituição Federal, resguardadas a regulamentação trazida pelas as Leis Federais que instituíram seus elementos constitutivos.

Neste diapasão, a compensação e a participação financeira – *royalties* – são receitas originárias dos Estados, Distrito Federal e dos Municípios. Assim, derroca-se, inclusive, a ideia de que os Royalties sejam transferências constitucionais ou legais da União aos Estados, Distrito Federal e Municípios, mesmo porque, o art. 8º, da Lei nº 7.990/89, impõe, taxativamente, que o pagamento seja feito diretamente ao Ente beneficiário.

(...)

Deste conceito, logo se abebera que para auferir tais receitas, o Estado não se impõe revestido de poder estatal que lhe é inerente. Ou seja, não se projetou sobre o patrimônio do particular, imbuído com seu poder de império, para angariá-las, como é próprio do exercício arrecadatório das receitas de natureza tributária. Vemos que, no caso das receitas patrimoniais, o Estado, facultativamente, buscou nas atividades contratuais e de cunho privado receitas de caráter originário. Portanto, pode-se deduzir que as receitas originárias são receitas de natureza facultativa e contratual.

Nesta esteira, não há como contrapor aos fundamentos já apresentados até então, de que os Royalties – compensações e participações financeiras – são receitas originárias.

No mesmo sentido, decidiu o Supremo Tribunal Federal ao julgar o MS nº 24.312/DF, tendo por relatora a Ministra Ellen Gracie, como o demonstra a transcrição da seguinte ementa:

MANDADO DE SEGURANÇA. ATO CONCRETO. CABIMENTO. EXPLORAÇÃO DE PETRÓLEO, XISTO BETUMINOSO E GÁS NATURAL. PARTICIPAÇÃO, EM SEU RESULTADO, DOS ESTADOS, DISTRITO FEDERAL E MUNICÍPIOS. CONSTITUIÇÃO FEDERAL, ART. 20, § 1º. COMPETÊNCIA DO TRIBUNAL DE CONTAS DO ESTADO DO RIO DE JANEIRO PARA A FISCALIZAÇÃO DA APLICAÇÃO DOS RECURSOS ORIUNDOS DESTA EXPLORAÇÃO NO TERRITÓRIO FLUMINENSE.

1 - Não tendo sido atacada lei em tese, mas ato concreto do Tribunal de Contas da União que autoriza a realização de auditorias nos municípios e Estado do Rio de Janeiro, não tem aplicação a Súmula 266 do STF.

2 - Embora os recursos naturais da plataforma continental e os recursos minerais sejam bens da União (CF, art. 20, V e IX), a participação ou compensação aos Estados, Distrito Federal e Municípios no resultado da exploração de petróleo, xisto betuminoso e gás natural são receitas originárias destes últimos entes federativos (CF, art. 20, § 1º).

3 - É inaplicável, ao caso, o disposto no art. 71, VI da Carta Magna que se refere, especificamente, ao repasse efetuado pela União - mediante convênio, acordo ou ajuste - de recursos originariamente federais.

4 - Entendimento original da Relatora, em sentido contrário, abandonado para participar das razões prevalecentes.

5 - Segurança concedida e, ainda, declarada a inconstitucionalidade do arts. 1º, inciso XI e 198, inciso III, ambos do Regimento Interno do Tribunal de Contas da União, além do art. 25, parte final, do Decreto nº 1, de 11 de janeiro de 1991.

Inobstante tais entendimentos insistimos em que a única pessoa política que aufere receita originária é a União Federal, por ser a proprietária do patrimônio público explorado. Os Estados, os Municípios e o Distrito Federal tem direito ao repasse das verbas advindas do resultado da exploração quer a título de compensação financeira, quer como participação no resultado da exploração.

É preciso observar que uma coisa é a União receber *royalties*, na qualidade de proprietária do patrimônio público explorado pelo particular, outra são as imposições que, por força de lei, incidem sobre o patrimônio do particular (produto da lavra) tomando por base de cálculo a produção ou o lucro do campo. As chamadas "participações governamentais", que incidirem, por força de lei, sobre o patrimônio do particular, possuindo natureza tributária, constituem-se em receita derivada da União, auferida mediante o exercício da sua atividade impositiva.

Os *royalties*, que a União recebe em razão da exploração pelo particular do seu patrimônio, classificam-se como receita originária de tal ente político. As receitas que os Estados, os Municípios e o Distrito Federal recebem a título de compensação ou de participação no resultado da exploração de petróleo e de gás são receitas repassadas. Não são derivadas, porque não advêm da atividade tributária própria. Não são originárias visto que não resultam da exploração do patrimônio estadual, municipal ou distrital, mas do patrimônio da União.

Aqui abrimos um parêntese para insistir que embora os *royalties*, tal como os impostos, possam ser veiculados por meio de lei, a diferença entre ambos reside no fato de que nos impostos não há qualquer contrapartida do Poder Público em relação ao contribuinte. Basta que a conduta lícita do contribuinte esteja prevista na norma de incidência e traduzida em linguagem jurídica competente, para que o imposto seja exigido pelo Estado.

No caso dos *royalties*, o particular paga pela utilização do patrimônio da União. Logo, o Poder Público tem o dever de disponibilizar tal patrimônio ao concessionário/contratado. Há uma reciprocidade de obrigações, que inexiste nos impostos.

Alguns autores, como Frederico Augusto Lins Peixoto e Victor Penido Machado[290] ao tratarem da Compensação Financeira pela Exploração de Recursos Minerais – CFEM,

---

290. PEIXOTO, Frederico Augusto Lins; MACHADO, Victor Penido. Op. cit. p. 68-77.

sustentaram que embora os recursos minerais sejam, constitucionalmente, bens de titularidade da União Federal, sua exploração é realizada por uma pessoa jurídica de direito privado que recolhe aos cofres públicos compensação financeira.

Descaracterizaram, de imediato, a aludida compensação como receita originária, uma vez que tal receita é determinada pelos rendimentos das entidades de direito público na utilização direta de seus próprios recursos patrimoniais e, no caso, a compensação pela exploração de recursos minerais e hidrocarbonetos, não é devida diretamente à União, titular de tais recursos.

Quem admite a compensação financeira como receita originária dos Estados, dos Municípios, do Distrito Federal aponta para as seguintes classificações jurídicas: indenização administrativa; indenização ambiental e preço público. Vejamos.

8.3. A compensação financeira como indenização administrativa

Para Guilherme Graciliano Araújo Lima,[291] a compensação financeira de que trata o art. 20, § 1°, da CF, classifica-se como indenização a ser paga aos entes produtores.

Nas palavras do autor:

> (...) é de se salientar a importância dos *royalties* como uma modalidade de responsabilidade civil da empresa exploradora aos estados e municípios produtores ou relacionados ao processamento de gás e de petróleo. Como caso de responsabilidade civil, pois se fazem presentes os elementos primordiais do dano, da conduta e do nexo causal, além de não se amparar por alguma causa excludente da ilicitude. A conduta configurada pelo exercício de atividade de exploração de um bem público, mediante a utilização do espaço público dos estados e municípios para

---

291. LIMA, Guilherme Graciliano Araújo. A questão da natureza jurídica dos royalties na atividade de exploração e produção de gás natural: expressão de responsabilidade civil e condução da matéria pela justiça federal. *Revista Jurídica da Seção Judiciária de Pernambuco*, n° 4, Recife, p. 134-159, 2011.

viabilizar a extração, produção e distribuição de gás natural e óleo bruto. O dano se verifica na efetiva utilização do bem público e do aparelho logístico estatal, pois trata-se de bem não renovável, finito, recurso escasso, além do fato do concessionário utilizar outros bens, que podem sofrer avarias, degradações etc. Esse dano, insta acentuar, representa elemento primordial da responsabilidade civil, pois a verificação do dano ressarcível resulta da constatação de violação à área de atuação legítima de um interesse merecedor de tutela. Tal área de atuação não pode ser delimitada em abstrato, mas exige sua concreta definição frente à conduta lesiva.[292]

Jardel Meireles Leão,[293] ao analisar a compensação financeira pela exploração de minerais, comentou que a compensação em apreço, por ser receita patrimonial do Estado, traduz-se em indenização administrativa.

Entende o autor que o Constituinte, ao empregar o termo compensação, determinou a instituição de uma verdadeira indenização aos entes políticos pela prática pelo particular de um atividade danosa ao patrimônio público.

Faz uma analogia entre a compensação em tela e o primado do usuário pagador, previsto no art. 4º, VII, da Lei nº 6.938/81. Tal comando normativo impõe ao poluidor e ao predador, a obrigação de recuperar e/ou indenizar os danos causados ao meio ambiente, e ao usuário, de contribuir pela utilização de recursos ambientais com fins econômicos.

Aduz o autor que:

> Tal princípio dá ensejo à instituição de mecanismos capazes de fazer com que, na cadeia de produção, sejam internalizados os custos decorrentes da utilização de recursos naturais. Esses mecanismos podem ter natureza reparatória, compensatória e até mesmo preventiva.[294]

---

292. Idem.

293. A CFEM como indenização administrativa. In: SILVA, Paulo Roberto Coimbra (Coord.). *CFEM*: compensação financeira pela exploração de recursos minerais. São Paulo: Quartier Lantin, 2010. p. 90-100.

294. Idem.

Isso porque, continua o autor:

> (...) toda atividade produtiva ou de exploração de recursos gera, além dos danos ambientais, impactos sociais e econômicos, chamados em linguagem econômica de externalidades. Neste sentido, a compensação prevista no art. 20, § 1º da Constituição Federal nada mais seria do que a valoração monetária destas externalidades, sendo naturalmente calculadas sobre a remuneração gerada pela exploração de minerais. Assim, como o princípio do poluidor-pagador ou usuário-pagador que não visa contestar a poluição, mas evitar que o dano ecológico fique sem reparação, com a compensação prevista na Constituição Federal, se dá a mesma coisa, tentando reparar os danos causados à localidade onde se dá a exploração.
>
> Desta forma, a compensação em apreço, pode ser entendida como recurso econômico utilizado para que o explorador arque com os custos da atividade, ou seja, haja a internalização dos efeitos externos (externalidades), passando assim a repercutir nos custos finais dos produtos e serviços oriundos das atividades.[295]

Admite o autor ora em foco que tal indenização decorre de ato lícito e, para rebater o argumento de que a indenização mede-se pela extensão do dano, tal como previsto no art. 944 do CC, aduz que tal como no dano moral, também na compensação em foco, não há a possibilidade de mensurar-se financeiramente as externalidades, razão pela qual criou o legislador uma presunção lógica legal, qual seja, o faturamento da empresa exploradora ou a receita bruta do campo de petróleo e de gás.

Para o autor, o faturamento da empresa é diretamente proporcional ao recurso extraído.

Conclui suas reflexões, alegando que: (a) esta compensação financeira nada mais é que uma indenização, instituto oriundo do direito privado; (b) uma vez que os recursos minerais pertencem à União, a compensação paga pelo concessionário pela utilização de bens públicos constitui receita

---

295. Idem.

patrimonial; (c) por ter a natureza de ressarcimento de dano futuro, em virtude da exploração mineral, a compensação pode ser caracterizada como indenização.

Regina Helena Costa[296] sustentou que:

> (...) a compensação financeira constitucionalmente prevista possui natureza indenizatória. Ainda que a propriedade dos recursos minerais, inclusive os do subsolo pertença à União (art.20, IX), pressupõe a Lei Maior um prejuízo para aquela pessoa em cujo território se dá a exploração.
>
> (...)
>
> Destarte, cumpre salientar que mesmo em se tratando o instituto em tela de uma obrigação *ex lege,* cujo objeto é uma prestação pecuniária compulsória, que não se constitui em sanção de ato ilícito e cujo sujeito ativo é uma pessoa jurídica, pode não se estar diante de um tributo, mas de uma indenização por dano.

Outros autores, como Leite e Calijorne[297] discordam de tal entendimento. Embora admitam que o direito positivo brasileiro preveja casos de indenização decorrentes de ato lícito, consignam que admitir a natureza indenizatória da compensação financeira, prevista na Constituição Federal para a exploração de minerais, implica na instituição de nova modalidade de dever de indenizar por ato lícito, eis que a conduta do explorador de recursos minerais, além de lícita, é submetida à prévia autorização da Administração Pública. Ademais, o cálculo das compensações em comento não guarda pertinência com os critérios atinentes à determinação do *quantum* indenizatório por não refletir o valor do dano.

---

296. A natureza jurídica da compensação financeira pela exploração de recursos minerais. *Revista da Procuradoria Geral do Estado de São Paulo*, São Paulo, n. 47-48, jan.-dez. 1997.

297. A CFEM como contraprestação de uso de bem público. In: SILVA, Paulo Roberto Coimbra (Coord.). *CFEM*: compensação financeira pela exploração de recursos minerais. São Paulo: Quartier Latin, 2010. p. 80-89.

No que se refere à recomposição ambiental, sustentam Leite e Calijorne[298] que por força do art. 225, § 2º, da CF, aquele que explora recursos minerais já se encontra obrigado a recuperar o meio ambiente degradado.

Determina o comando constitucional em foco que:

> (...) § 2º Aquele que explorar recursos minerais fica obrigado a recuperar o meio ambiente degradado, de acordo com solução técnica exigida pelo órgão público competente, na forma da lei.

Logo, entender as compensações em foco como indenização importaria em reconhecer uma dupla sanção com função indenizatória decorrente do mesmo ato.

Inobstante a respeitabilidade dos entendimentos supra mencionados, com eles não concordamos, sob o argumento de que indenização e compensação não se confundem, por encerrarem realidades jurídicas diversas.

Há a compensação nos casos em que não é possível indenizar como ocorre com os bens extrapatrimoniais (dano moral, certos tipos de danos ambientais, por exemplo) onde a reparação dá-se por meio de uma prestação pecuniária, com o objetivo de possibilitar ao lesado uma satisfação compensatória pelo ônus sofrido, atenuando, em parte, as consequências da lesão. Esses danos não são propriamente indenizáveis, visto como indenização a eliminação do prejuízo e das consequências. Nestes casos, prefere-se dizer que o ônus é compensável. Trata-se de compensação e não de ressarcimento.

Nesta acepção deve ser entendido o vocábulo compensação posto na Constituição Federal, visto que não ali não se pretende avolumar o número de indenizações devidas em razão de atos ilícitos decorrentes das atividades minerárias e exploratórias.

---

298. Idem.

É preciso atentar que tanto o Texto Supremo como a legislação infraconstitucional e também os contratos de concessão, de partilha da produção e de cessão onerosa, preveem hipóteses de indenização por danos decorrentes da atividade exploratória.

É inegável que as indenizações por dano têm amplo amparo legal, desde o Código Civil, passando pelas Leis nsº 9.478/97 e 12.351/2010, chegando aos contratos de concessão, de partilha de produção e de cessão onerosa. Contudo, não havia norma prevendo uma compensação aos entes políticos, que suportam em seus domínios territoriais a exploração de petróleo e de gás, visando a amenizar as externalidades decorrentes de tais atividades, assegurando o equilíbrio entre os interesses exploratórios e os interesses dos entes políticos por eles afetados.

Ensina Gustavo Ordoqui Castilla[299] que:

> La obligácion de compensar que surge como respuesta del ordenamiento jurídico al ejercicio de una activdad lícita que causa un dãno, se caracteriza por desempeàar una función consistent em lograr un equilíbrio que modere o neutralice el possible incremento de un patrimonio em perjuicio de outro. Ai tutelarse tanto el ejercicio del derecho como la situación del perjudicado, se busca que, em definitiva, ninguno de ambos patrimonios resulte menoscabado.

E, continua afirmando que:

> Como resulta de lo expuesto, la obligación de compensar que las normas permisivas imponen ante cienos daños causados por conductas lícitas, no cumple una función sancionatoria, ni supone una situación de garantia, sino que trata de imponer un equilíbrio entre intereses contrapuestos tutelados por el Derecho (art. cit., p. 19).

---

299. CASTILLA, Gustavo Ordoqui. Obligacion de compensar daños causados por condutas lícitas. São Paulo: RT, 1996.

Silvio Neves de Baptista,[300] em sua obra intitulada "Teoria geral do dano", sustenta que os danos decorrentes de atos lícitos (prospecção de petróleo e de gás, por exemplo) não são propriamente indenizáveis, mas compensáveis porque o próprio sistema jurídico permite que alguém, por meio de atividade lícita, cause dano a outrem, atribuindo, em compensação ao prejudicado o direito de ressarcimento pelos danos sofridos.

Consigna que:

> São situações especiais em que o interesse predominante de um se sobrepõe ao interesse de outro, impondo à vítima o dever de sujeitar-se à ofensa, e negando-lhe a faculdade de defesa contra o ataque do ofensor. Mas em contrapartida, sem embargo da natureza lícita do dano, o direito oferece ao prejudicado o poder de pleitear indenização pela ofensa permitida, exigindo o dever de reparação da pessoa que viola o interesse do outro. Como já falamos não se trata propriamente de uma sanção, porém é uma compensação ao titular do direito sacrificado (...).[301]

No mesmo sentido entendeu o Superior Tribunal de Justiça, como se vê da seguinte ementa:

> PROCESSO CIVIL E AMBIENTAL. VIOLAÇÃO DO ART. 535, II, DO CPC. OMISSÃO NÃO CONFIGURADA. COMPENSAÇÃO AMBIENTAL. ART. 36 DA LEI N° 9.985/2000.
>
> 1. (...)
>
> 2. O art. 36 da Lei n° 9.985/2000 prevê o instituto de compensação ambiental com base em conclusão de EIA/RIMA, de que o empreendimento teria significativo impacto ambiental e mensuração do dano previsível e indispensável a sua realização.
>
> 3. A compensação tem conteúdo reparatório, em que o empreendedor destina parte considerável de seus esforços em ações que sirvam para contrabalançar o uso de recursos naturais indispensáveis à realização do empreendimento previsto no estudo

---

300. BAPTISTA, Silvio Neves de. *Teoria geral do dano*. São Paulo: Atlas, 2003.
301. Idem.

de impacto ambiental e devidamente autorizados pelo órgão competente.

4. O montante da compensação deve ater-se àqueles danos inevitáveis e imprescindíveis ao empreendimento previsto no EIA/RIMA, não se incluindo aqueles que possam ser objeto de medidas mitigadoras ou preventivas.

5. A indenização por dano ambiental, por seu turno, tem assento no art. 225, § 3º, da Carta da República, que cuida de hipótese de dano já ocorrido em que o autor terá obrigação de repará-lo ou indenizar a coletividade. Não há como se incluir nesse contexto aquele foi previsto e autorizado pelos órgãos ambientais já devidamente compensado.

6. Os dois institutos têm natureza distinta, não havendo bis in idem na cobrança de indenização, desde que nela não se inclua a compensação anteriormente realizada ainda na fase de implantação do projeto .

(...)

9. Recursos especiais não providos.

(Recurso Especial nº 896.863/DF (2006/0226648-9) - Relator : Ministro Castro Meira - *DOU* 02.06.2011).

Logo, a compensação financeira pela exploração de petróleo e de gás, tal como posta no § 1º do art. 20 da CF, não se traduz em indenização pelo uso de recurso finito (petróleo e gás), tampouco por lesões ambientais, mas como medida que visa a equilibrar os ônus decorrentes do exercício de atividade lícita, suportada por alguns Estados e Municípios, com os ganhos que de tal atividade advém para o empreendedor e para os demais entes políticos.

Assim, cabe indenização para reparar o dano decorrente de ato ilícito, quando a indenização for meio eficiente para eliminar o prejuízo e as consequências. O valor do *quantum* indenizatório só poderá ser o correspondente ao do dano ocorrido.

Não poderá tomar como base de cálculo a receita bruta do campo. Por sua vez, a compensação surge em decorrência de ato lícito e, quando não há a possibilidade da indenização, eliminar o dano causado ao patrimônio agredido. Por

EXPLORAÇÃO DE PETRÓLEO E DE GÁS NATURAL

exemplo, as atividades necessárias à implantação de um empreendimento lícito, licenciado pelo Estado, no que se refere às obras, movimentação de máquinas, de solo, de pessoas, gasto de recursos hídricos etc, podem causar ônus ou incômodos ao local onde instala, antes mesmo que nele se iniciem quaisquer atividades passíveis de causar danos.

Tais locais suportariam um ônus maior do que os outros, que só usufruiriam dos benefícios da exploração da atividade.

Note-se que a exploração e produção de petróleo e de gás são atividades lícitas, fortemente reguladas e desejadas pelo Estado, sendo que os efeitos sociais e econômicos negativos, que podem acarretar para os Municípios e os Estados produtores, não podem ser indenizados, visto que além de não serem oriundos de ato ilícito, são insuscetíveis de serem eliminados pela indenização, podendo apenas ser contrabalançados por medidas compensatórias que permitam a preservação dos direitos inerentes à exploração e de quem a suporta.

No mesmo sentido, decisão do Supremo Tribunal Federal proferida nos autos do RE nº 228.800, como se verifica no voto do Relator, Ministro Sepúlveda Pertence, a saber:

> Essa compensação financeira há de ser entendida em seu sentido vulgar de mecanismo destinado a recompor uma perda sendo, pois, essa perda, o pressuposto e a medida da obrigação do explorador. (...) A compensação financeira se vincula, a meu ver, não à exploração em si, mas aos problemas que gera.
>
> (Supremo Tribunal Federal – Primeira Turma. RE 228.800-5 Distrito Federal. Relator Min. Sepúlveda Pertence. D.J. 16.11.2001. Ementário nº 2052-3. 25/09/2001).

Ou seja, o vocábulo compensação, tal como posto no texto maior, não se refere aos danos diretos causados pela atividade exploratória, quer perante a União Federal, quer perante terceiros, visto que estes devem ser suportados pelo explorador, nos termos da legislação infraconstitucional e dos contratos de partilha da produção, de concessão e de cessão onerosa.

Os contratos de concessão preveem que o concessionário é o único responsável pelos danos a terceiros, à Agência Nacional do Petróleo e à União decorrentes da execução do mesmo.

As cláusulas contratuais, que preveem as responsabilidades dos concessionários, estão postas nos seguintes termos:[302]

> 2.5 O Concessionário será o único responsável civilmente pelos seus próprios atos e os de seus prepostos e subcontratados, bem como pela reparação de quaisquer danos causados pelas Operações e sua execução, independentemente da existência de culpa.
>
> 2.5.1 A União e a Agência Nacional do Petróleo deverão ser ressarcidas do ônus que venham a suportar em consequência de eventuais demandas motivadas por atos de responsabilidade do Concessionário, a quem caberá tal ressarcimento.
>
> 2.6 A União e a Agência Nacional do Petróleo não assumirão quaisquer riscos ou perdas operacionais, tampouco responderão pelos custos, investimentos e danos relacionados com a execução das Operações e suas consequências.
>
> (...)
>
> 21.7 Sem prejuízo do disposto no parágrafo 21.1, o Concessionário assumirá responsabilidade integral e objetiva por todos os danos ao meio ambiente que resultarem, direta ou indiretamente, execução das Operações.
>
> 21.7.1 O Concessionário deverá reparar e/ou indenizar os danos resultantes das Operações.
>
> 21.7.2 O Concessionário deverá ressarcir a União e a Agência Nacional do Petróleo, nos termos do parágrafo 2.2 a 2.6, por toda e qualquer ação, recurso, demanda ou impugnação judiciais, juízo arbitral, auditoria, inspeção, investigação ou controvérsia de qualquer espécie, bem como por quaisquer indenizações, compensações, punições, multas ou penalidades de qualquer natureza, relacionados ou decorrentes de tais danos e prejuízos.

---

302. AGÊNCIA NACIONAL DO PETRÓLEO, GÁS NATURAL E BIOCOMBUSTÍVEIS. Disponível em: <www.anp.gov.br>. Rodadas de Licitação. Contrato de Concessão.

EXPLORAÇÃO DE PETRÓLEO E DE GÁS NATURAL

Logo, o § 1º do art. 20 da CF não é mais um comando a determinar a indenização aos Estados, aos Municípios e ao Distrito Federal por quaisquer danos que a atividade exploratória gere, criando uma sobreposição de indenizações pelo mesmo fato, mas procura compensar tais entes políticos das consequências negativas, sociais e econômicas, que dela advêm, em seus limites territoriais, tais como: o agravamento do problema da moradia, da assistência médica, das escolas e toda a infraestrutura necessária para suportar a migração populacional. Mas esta compensação só será devida se ficar provada a ocorrência de tais gravames e na exata medida destes.

Mas se não bastasse tal argumento, ainda que se admita que a compensação de que trata a Constituição Federal refere-se à indenização, forçoso observar que em nosso direito positivo infraconstitucional, não foi implementada tal realidade jurídica.

Note-se que na legislação infraconstitucional, especialmente nos comandos da Lei nº 9.478/97 e da Lei nº 12.351/2010 não foi dado à compensação de que trata o art. 20, § 1º, da CF a feição de indenização, visto que o valor da produção total do campo de petróleo e de gás pode não corresponder à extensão dos danos advindos da atividade exploratória. Podem estar além do valor da produção do campo, hipótese em que não serão totalmente reparados, perpetuando o prejuízo ao detentor do direito violado. Se, por outro lado, os danos forem menores que o valor da produção do campo, surgirá o enriquecimento sem causa do beneficiado.

O faturamento do minerador ou o resultado da exploração do campo de petróleo e de gás distam de serem critérios eficientes para a mensuração de qualquer espécie de dano ou outras externalidades decorrentes de tais atividades, razão pela qual não há amparo jurídico para reconhecer, à compensação prevista na Constituição Federal, a natureza jurídica de indenização administrativa.

Assim, não há como, juridicamente, entender que compensação e indenização são expressões sinônimas porque: (a) são institutos jurídicos diferentes, por terem origem diversa (ato jurídico lícito ou ilícito, respectivamente); (b) só é possível cogitar-se em compensação quando não for possível indenizar; (c) não previu a Magna Carta, em seu art. 20, § 1º, mais uma modalidade de indenização a onerar as atividades exploratórias, usando o vocábulo compensação, na acepção semântica de manutenção do equilíbrio econômico entre dois interesses tutelados pelo Direito e (d) porque as normas infraconstitucionais se pretendiam instituir uma indenização não elegeram a base de cálculo adequada a aquilatar, em cada caso concreto, a extensão da dano.

Verifiquemos, agora, a acepção de compensação como indenização ambiental.

8.4. A compensação financeira como indenização ambiental

A doutrina civil, como em Pablo Stolze Gagliano e Rodolfo Pamplona Filho,[303] estabelece uma diferença entre as formas de reparação de danos. Para os danos patrimoniais – onde restou atingido um bem físico de valor comensurável monetariamente, a reparação pode ser feita por meio de reposição natural.

Segundo Orlando Gomes,[304] há a reposição natural quando o bem é restituído ao estado em que se encontrava antes do fato danoso. Constitui a mais adequada forma de reparação.

Tal forma foi eleita pela Constituição Federal, quando determina em seu art. 225, § 2º, que o explorador de recursos minerais é obrigado a reparar o meio ambiente degradado.

---

303. GAGLIANO, Pablo Stolze; PAMPLONA FILHO, Rodolfo. *Novo curso de direito civil*. 8. ed. São Paulo: Saraiva, 2007.

304. GOMES, Orlando. Op. cit.

No que respeita à degradação ambiental, pretende a Magna Carta, em primeiro lugar, a recomposição ambiental e, só, excepcionalmente, a indenização. E, de outra maneira não poderia ser, visto que os recursos naturais e minerais, dentre eles o petróleo e o gás, não são recuperados ou poupados por meio do pagamento de indenização em dinheiro. É preciso, primordialmente, racionalizar o uso de tais recursos e adotar formas de intervenção no meio ambiente do modo menos lesivo possível. Não pode vingar a mentalidade de que o pagamento de indenizações pelo uso de recursos naturais autoriza a exploração incauta dos mesmos.

Em todos os contratos da indústria do petróleo de gás no Brasil, a obrigação de reparação ou compensação ambiental cabe ao explorador, seja na condição jurídica de concessionário ou contratado. Os contratos veiculam cláusula específica que obriga o explorador a operar em condições ambientalmente seguras, bem como reparar qualquer dano ambiental, a saber:

21 SEGURANÇA OPERACIONAL E MEIO AMBIENTE

Controle Ambiental

21.1 O Concessionário deverá dispor de um sistema de gestão de segurança e meio ambiente que atenda às Melhores Práticas da Indústria do Petróleo e à Legislação Aplicável.

21.2 O Concessionário deverá, na execução do Contrato:

a) zelar pela preservação do meio ambiente ecologicamente equilibrado;

b) minimizar a ocorrência de impactos e/ou danos ao meio ambiente;

c) zelar pela segurança das Operações com fim de proteger a vida humana e o meio ambiente;

d) zelar pela proteção do patrimônio histórico-cultural brasileiro;

e) reparar o meio ambiente degradado em conformidade com a solução técnica exigida pelo órgão ambiental competente;

f) controlar as Operações de modo que os métodos e

substâncias empregados não comportem risco à vida humana e ao meio ambiente.

21.2.1 Quando da Exploração e Produção de Recursos Não Convencionais, o Concessionário, conforme Legislação Aplicável, deverá:

a) Garantir a integridade das perfurações, dos revestimentos e cimentações e dos fraturamentos hidráulicos dos projetos de poços para garantir o isolamento, a segurança e a qualidade do solo, sub-solo, das águas subterrâneas e dos aquíferos; e

b) Garantir a integridade dos processos de captação, uso, tratamento reuso e/ou descarte de água e fluídos durante as operações de fraturamento hidráulico.

21.3 A ANP poderá solicitar cópia dos estudos submetidos à aprovação do órgão ambiental competente caso a ciência do seu conteúdo torne-se necessária para instrução/gestão do contrato ora firmado.

21.4 Caso haja processo de licenciamento ambiental em que o órgão competente julgue necessária a realização de Audiência Pública, o Concessionário deverá enviar à ANP cópia dos estudos elaborados visando à obtenção das licenças em data anterior à realização da Audiência.

21.5 O Concessionário deverá apresentar à ANP cópia das licenças ambientais e de suas respectivas renovações no prazo de 30 (trinta) dias contados de sua obtenção, ou, antes disso, quando necessário para instruir procedimento de autorização que requeira tais documentos.

21.6 O Concessionário deverá informar imediatamente à ANP e às autoridades competentes qualquer ocorrência, decorrente de fato ou ato intencional ou acidental, envolvendo risco ou dano ao meio ambiente ou à saúde humana, prejuízos materiais ao patrimônio próprio ou de terceiros, fatalidades ou ferimentos graves para o pessoal próprio ou para terceiros ou interrupções não programadas das operações, conforme a Legislação Aplicável.

21.7 O Concessionário deverá dispor de um sistema de gestão de Responsabilidade Social e sustentabilidade que atenda às diretrizes da Responsabilidade Social e à Legislação Aplicável.

Da Responsabilidade por Danos e Prejuízos

> 21.8 *Sem prejuízo do disposto no parágrafo 21.1, o Concessionário assumirá responsabilidade integral e objetiva por todos os danos ao meio ambiente que resultarem, direta ou indiretamente, da execução das Operações.* (Destaque nosso).
>
> 21.8.1 *O Concessionário deverá ressarcir os danos resultantes das Operações.* (Destaque nosso).
>
> 21.8.2 O Concessionário deverá ressarcir a União e a ANP, nos termos do parágrafo 2.2 a 2.6, por toda e qualquer ação, recurso, demanda ou impugnação judiciais, juízo arbitral, auditoria, inspeção, investigação ou controvérsia de qualquer espécie, bem como por quaisquer indenizações, compensações, punições, multas ou penalidades de qualquer natureza, relacionados ou decorrentes de tais danos e prejuízos.[305]

Note-se que o próprio contrato estabelece indenizações e compensações, admitindo-as como realidades jurídicas diversas.

Vale observar, também, que a exploração de petróleo e de gás deve reger-se pelas "Melhores Práticas da Indústria do Petróleo" definidas nos contratos de concessão como:

> 1.3.28. Melhores Práticas da Indústria do Petróleo: práticas e procedimentos geralmente empregados na Indústria de Petróleo em todo o mundo, por Operadores prudentes e diligentes, sob condições e circunstâncias semelhantes àquelas experimentadas relativamente a aspecto ou aspectos relevantes das Operações, visando principalmente à garantia de: (a) aplicação das melhores técnicas e procedimentos mundialmente vigentes nas atividades de Exploração e Produção; (b) conservação de recursos petrolíferos e gasíferos, o que implica a utilização de métodos e processos adequados à maximização da recuperação de hidrocarbonetos de forma técnica, econômica e ambientalmente sustentável, com o correspondente controle do declínio de reservas, e à minimização das perdas na superfície; (c) segurança operacional, o que impõe o emprego de métodos e processos que assegurem a segurança das Operações, contribuindo para a prevenção

---

305. AGÊNCIA NACIONAL DO PETRÓLEO, GÁS NATURAL E BIOCOMBUSTÍVEIS. Disponível em: <www.anp.gov.br>. Rodadas de Licitação. Contrato de Concessão.

de incidentes; (d) *preservação do meio ambiente e respeito às populações, o que determina a adoção de tecnologias e procedimentos associados à prevenção e à mitigação de danos ambientais, bem como ao controle e ao monitoramento ambiental das Operações de Exploração e Produção de Petróleo e Gás Natural.* (Destaque nosso).[306]

Inobstante, há autores que, analisando a compensação financeira sobre recursos minerais, entenderam que esta se traduz em indenização ambiental.

Camila Morais Leite e Roberta Borella Marcuci,[307] sustentam que o impacto ambiental pode ser considerado como toda alteração provocada ao meio ambiente pela atividade humana (física, química e biológica), de forma a atingir, direta ou indiretamente, a saúde, a segurança, o bem estar da população, as atividades socioeconômicas e a biodiversidade de uma maneira geral. Dentre as atividades causadoras de significativo impacto ambiental está a atividade mineradora.

Aduzem que a Constituição Federal, em seu art. 225, prevê que todos têm direito ao meio ambiente ecologicamente equilibrado e, sendo o patrimônio ambiental um bem de toda a coletividade, caberia a todos a sua defesa e proteção. Assim, dada a natureza coletiva dos bens minerais, torna-se manifesta a necessidade da instituição do dever de indenizar em prol daqueles que deixaram de usufruir de um determinado bem, frente a exaustão por um terceiro.

A Magna Carta, em seu art. 225, § 3º, estabeleceu a chamada responsabilidade civil objetiva do risco integral, sujeitando todo aquele que causar danos ao meio ambiente às sanções penais e administrativas, independentemente de culpa. A configuração da responsabilidade civil objetiva, a ensejar o direito à indenização, condiciona-se à demonstração da

---

306. Idem.

307. LEITE, Camila Morais; MARCUCI, Roberta Borella. A CFEM como indenização ambiental – CFEM. Compensação financeira pela exploração de recursos minerais. São Paulo. Quartier Lantin. 2010.

ocorrência do dano e do nexo de causalidade. Considerando-se a complexa mensuração da extensão do dano ambiental, bem como a sua difícil reparação, a condenação em dinheiro deve proporcionar tanto a reconstituição do meio ambiente como o restabelecimento do equilíbrio ecológico. Não basta simplesmente indenizar, deve-se buscar também a recuperação do ambiente natural lesado. Somente nos casos em que tal recuperação torna-se inviável é que se deve admitir a aplicação da indenização como única medida sancionadora.

Só por estes motivos, verifica-se o quanto uma exação, que incide sobre o faturamento ou receita bruta de um campo de produção, está distante de atender à axiologia e à teleologia das normas que disciplinam a proteção ambiental, que preferem a remediação à indenização, e que, em qualquer hipótese, exigem o nexo de causalidade entre a ação do explorador e o dano. Além disso, a indenização deve refletir o valor do dano, não podendo ser fixada, *a priore*, em parâmetros genéricos, alheios, portanto, às necessidades do caso concreto.

Mas prossigamos acompanhado o desenrolar do raciocínio que se propuseram as autoras em foco.

Aduzem que, por meio de uma interpretação sistemática das legislações instituidoras da Compensação Financeira pela Exploração de Recursos Minerais – CFEM, resta evidente que a exação em referência foi criada com o objetivo de indenizar as regiões atingidas pelas degradações ambientais decorrentes da exploração de recursos minerais, determinado que os entes federados apliquem a quantia recebida na recuperação das áreas afetadas.

Sustentam, ainda, que o voto do Ministro Sepúlveda Pertence, nos autos do Recurso Extraordinário nº 228.800-5/DF, de 25.09.2001, retro transcrito, revela nitidamente que a criação da Compensação Financeira pela Exploração de Recursos Minerais - CFEM resulta da necessidade de se reparar as perdas ambientais oriundas da exploração mineral. Isso porque os Municípios nos quais se localizam as mineradoras sofrem com a perda da cobertura vegetal, com a consequente ocorrência de inundações, crescimento populacional, dentre outros problemas.

E, continuam aduzindo que, o fato da Compensação Financeira pela Exploração de Recursos Minerais – CFEM ser calculada sobre percentual do faturamento corresponde à mera opção do legislador para a apuração do valor devido pelas mineradoras, não servindo, em hipótese alguma, como justificativa para lhe retirar o caráter indenizatório.

E, concluem que a jurisprudência pátria atual, em total consonância com o entendimento consolidado pelo Supremo Tribunal Federal, atesta a natureza indenizatória da Compensação Financeira pela Exploração de Recursos Minerais – CFEM em razão da natureza peremptória dos bens envolvidos.

Inobstante tal entendimento, vale notar que o Ministro Sepúlveda Pertence, relator nos autos do Recurso Extraordinário nº 228.800-5/DF, deixou bem claro que nenhuma indenização aos entes políticos, decorrente da atividade mineradora, poderia ser fixada com base no faturamento da empresa. Em razão disso, afastou a natureza indenizatória da Compensação Financeira pela Exploração de Recursos Minerais – CFEM para admiti-la como participação no resultado da exploração.

Vejamos novamente o julgado:

> (...)
>
> Pois bem. Dos recursos despendidos com esses outros efeitos da exploração é que devem ser compensadas as pessoas referidas no aludido dispositivo.
>
> Se assim é, não se justifica que o valor a ser pago a título de compensação financeira seja fixado em função do faturamento, que nada tem a ver com as perdas a que alude implicitamente o art. 20, § 1º., da Constituição.
>
> Daí não advém, entretanto, a inconstitucionalidade da cobrança questionada.

> Na verdade – na alternativa que lhe confiara a Lei Fundamental – o que a L. 7.990/89 instituiu, ao estabelecer no art. 6º. que "a compensação financeira pela exploração de recursos minerais, para fins de aproveitamento econômico, será de até 3% sobre o valor do faturamento liquido resultante da venda do produto mineral" , não foi verdadeira compensação financeira: foi sim, genuína "participação no resultado da exploração" , entendido o resultado não como lucro do explorador, mas como aquilo que resulta da exploração (...).

Logo, discordamos, pelos motivos aqui já expostos, que o legislador infraconstitucional tenha instituído, por meio das Leis nsº 9.478/97 e 12.351/2010, as indenizações pretendidas por parte da doutrina e da jurisprudência, visto que as bases de cálculo eleitas por essas leis não representam a extensão dos danos decorrentes da atividade mineradora e pela exploração de petróleo e de gás, perdendo, portanto, a natureza indenizatória, tal como proclamado pelo Supremo Tribunal Federal.

Além disso, é preciso atentar que a proteção ambiental tem sede constitucional, leis próprias que visam a positivar os comandos magnos, que em nada se confundem com a compensação prevista no art. 20, § 1º, da CF. Vejamos.

No Capítulo do Meio Ambiente prevê a Magna Carta que:

> Art. 225. Todos têm direito ao meio ambiente ecologicamente equilibrado, bem de uso comum do povo e essencial à sadia qualidade de vida, impondo-se ao Poder Público e à coletividade o dever de defendê-lo e preservá-lo para as presentes e futuras gerações.
>
> § 1º Para assegurar a efetividade desse direito, incumbe ao Poder Público:
>
> I - preservar e restaurar os processos ecológicos essenciais e prover o manejo ecológico das espécies e ecossistemas;
>
> (...)

III - definir, em todas as unidades da Federação, espaços territoriais e seus componentes a serem especialmente protegidos, sendo a alteração e a supressão permitidas somente através de lei, vedada qualquer utilização que comprometa a integridade dos atributos que justifiquem sua proteção;

IV - exigir, na forma da lei, para instalação de obra ou atividade potencialmente causadora de significativa degradação do meio ambiente, estudo prévio de impacto ambiental, a que se dará publicidade;

(...)

VII - proteger a fauna e a flora, vedadas, na forma da lei, as práticas que coloquem em risco sua função ecológica, provoquem a extinção de espécies ou submetam os animais a crueldade.

(...)

§ 2º *Aquele que explorar recursos minerais fica obrigado a recuperar o meio ambiente degradado, de acordo com solução técnica exigida pelo órgão público competente, na forma da lei.*

§ 3º As condutas e atividades consideradas lesivas ao meio ambiente sujeitarão os infratores, pessoas físicas ou jurídicas, a sanções penais e administrativas, independentemente da obrigação de reparar os danos causados. (Destaque nosso)

A Lei nº 9.985/2000, ao dar maior concretude ao art. 225, § 1º, incisos I, II, III e VII, da CF, instituiu o Sistema Nacional de Unidades de Conservação da Natureza (SNUC), dispondo que:

Art. 36. Nos casos de licenciamento ambiental de empreendimentos de significativo impacto ambiental, assim considerado pelo órgão ambiental competente, com fundamento em estudo de impacto ambiental e respectivo relatório - EIA/RIMA, o empreendedor é obrigado a apoiar a implantação e manutenção de unidade de conservação do Grupo de Proteção Integral, de acordo com o disposto neste artigo e no regulamento desta Lei.

§ 1º *O montante de recursos a ser destinado pelo empreendedor para esta finalidade não pode ser inferior a meio por cento dos custos totais previstos para a implantação do empreendimento*, sendo o percentual fixado pelo órgão ambiental licenciador, de acordo com o grau de impacto ambiental causado pelo empreendimento. (...) (Destaque nosso).

Tal obrigação legal, chamada de "Compensação da Lei do SNUC", teve sua constitucionalidade questionada perante o Supremo Tribunal Federal, acerca do seu caráter indenizatório ou tributário.

A autora da ação, a Confederação Nacional da Indústria (CNI), entendia tratar-se de indenização descabida por pressupor um dano em todo empreendimento de significativo impacto ambiental, dano esse dimensionado no momento da concessão da licença ambiental.

Tal imposição, segundo a Confederação Nacional da Indústria, lastreava-se no entendimento de que entre as "medidas mitigadoras" previstas em Estudos de Impacto Ambiental está incluída a compensação do dano ambiental provável, sendo tal compensação uma forma de indenização devida pelo princípio da responsabilidade objetiva ambiental.

Por sua vez, o Instituto Brasileiro de Petróleo e Gás pugnou pela inconstitucionalidade da exação pela vertente tributária, eis que a presente exação subsumia-se ao conceito de tributo, mas estava eivada de vários vícios, especialmente quanto ao seu fato jurídico tributário e à sua base de cálculo (ADI 3.378/2008).

O Supremo Tribunal Federal, nos autos da ADI 3.378-D, entendeu que:

> AÇÃO DIRETA DE INCONSTITUCIONALIDADE. ART. 36 E SEUS §§ 1º, 2º E 3º DA LEI Nº 9.985, DE 18 DE JULHO DE 2000. CONSTITUCIONALIDADE DA COMPENSAÇÃO DEVIDA PELA IMPLANTAÇÃO DE EMPREENDIMENTOS DE SIGNIFICATIVO IMPACTO AMBIENTAL. INCONSTITUCIONALIDADE PARCIAL DO § 1º DO ART. 36.
>
> 1. O compartilhamento-compensação ambiental de que trata o art. 36 da Lei nº 9.985/2000 não ofende o princípio da legalidade, dado haver sido a própria lei que previu o modo de financiamento dos gastos com as unidades de conservação da natureza. De igual forma, não há violação ao princípio da separação dos Poderes, por não se tratar de delegação do Poder Legislativo para o Executivo impor deveres aos administrados.

2. Compete ao órgão licenciador fixar o quantum da compensação, de acordo com a compostura do impacto ambiental a ser dimensionado no relatório - EIA/RIMA.

3. O art. 36 da Lei nº 9.985/2000 densifica o princípio usuário-pagador, este a significar um mecanismo de assunção partilhada da responsabilidade social pelos custos ambientais derivados da atividade econômica.

4. Inexistente desrespeito ao postulado da razoabilidade. Compensação ambiental que se revela como instrumento adequado à defesa e preservação do meio ambiente para as presentes e futuras gerações, não havendo outro meio eficaz para atingir essa finalidade constitucional. Medida amplamente compensada pelos benefícios que sempre resultam de um meio ambiente ecologicamente garantido em sua higidez.

5. Inconstitucionalidade da expressão 'não pode ser inferior a meio por cento dos custos totais previstos para a implantação do empreendimento', no § 1º do art. 36 da Lei nº 9.985/2000. O valor da compensação-compartilhamento é de ser fixado proporcionalmente ao impacto ambiental, após estudo em que se assegurem o contraditório e a ampla defesa. Prescindibilidade da fixação de percentual sobre os custos do empreendimento.

6. Ação parcialmente procedente.

(Processo: ADI 3378 DF - Relator: Carlos Britto - Julgamento: 08/04/2008 - Órgão Julgador: Tribunal Pleno Publicação: DJe-112 DIVULG 19-06-2008 PUBLIC 20-06-2008 EMENT VOL-02324-02 PP-00242).

Pinçando do acórdão supra transcrito, o que interessa às presentes reflexões, temos que:

a) **indenizar e compensar são realidades jurídicas distintas**. Ilustrativo a respeito é o voto do Ministro Menezes Direito pelo qual:

> Não entendo que essa verba seja indenizatória. Ao contrário. É uma verba de natureza compensatória porque visa preservar o meio ambiente e eventual empreendimento que possa causar significativo impacto ambiental.[308]

---

308. Supremo Tribunal Federal, nos autos da ADI 3.378-D. Voto do Min. Menezes Direito. Publicação: DJe-112 DIVULG 19-06-2008 PUBLIC 20-06-2008 EMENT

b) a base de cálculo das compensações, bem como das indenizações tem que guardar absoluta conformidade com o valor do bem jurídico que se visa compensar ou com o valor do dano que se pretende indenizar. O item 5 da ementa do acórdão retro transcrito evidencia tal entendimento. Logo, totalmente descabido pretender que a compensação devida aos entes políticos pela exploração de petróleo e de gás tenha por base de cálculo o valor da produção do campo.

Mas, ainda que se admita que a compensação presta-se a compor danos é preciso que haja a prova da existência dos mesmos e que o valor da compensação seja a ele equivalente, afastando-se as presunções e a aplicação de alíquotas sobre bases de cálculo que em nada se relacionam com a recomposição do patrimônio lesado, tais como a produção do campo ou o faturamento do minerador.

Tal realidade já foi acolhida pelo Supremo Tribunal Federal em, pelo menos, duas ocasiões, a saber: uma ao enfrentar a alegação de inconstitucionalidade da Compensação Financeira pela Exploração de Recursos Minerais – CFEM, em que decidiu que o faturamento não serve para mensurar a compensação de que trata a Magna Carta em seu art. 20, § 1º, da CF e outra nos autos da ADI 3.378-DF, em que concluiu que o valor da compensação ambiental há de resultar do estudo de impacto ambiental e não aplicação da alíquota de 0,5% sobre o valor do empreendimento.

Logo, não há como sustentar que a compensação a que alude o Texto Supremo, em seu art. 20, § 1º, possui a acepção semântica de indenização ambiental.

8.5. A compensação financeira como preço público

Há entendimentos doutrinários, como o de Silva e Pires,[309] que, considerando a contribuição financeira devida

---

VOL-02324-02 PP-00242.

309. A Compensação Financeira pela Exploração de Recursos Minerais - CFEM

pela exploração mineral como receita originária do Estado, vislumbram-na na modalidade de preço público.

Para tais autores:

> A concessão do título de direitos minerários consiste em um contrato de promessa de compra e venda, que se transforma em efetivo contrato de compra e venda no momento da extração de recursos minerais, quando ocorre a tradição do bem para o patrimônio do particular. Como qualquer contrato de compra e venda, pressupõe o recebimento de uma soma em dinheiro, denominada de preço. Como no caso em tela, o credor é o Poder Público, chama-se essa contraprestação de preço público.

Nesse sentido, o preço público representa o pagamento pela aquisição do direito de propriedade ou de uso e gozo de bem público dominial, ou a retribuição pela utilização ou consumo de serviço ou bem de natureza comercial ou industrial, que o Estado fornece.

Verifica-se, pois, do que sustentam os autores, que o valor devido, quando da saída por venda do produto mineral das áreas de extração ou de quaisquer estabelecimentos da mineradora, possui a natureza jurídica de preço público, por consistir na contraprestação paga pelo particular pela aquisição dos recursos minerais pertencentes à União.

Afirmam que embora o preço público se caracterize como uma contraprestação, não é possível afirmar que exista equivalência econômica entre o bem vendido e o montante exigido pelo Estado.

Para Bernardo Ribeiro de Moraes,[310] a relação preço-custo não afeta a natureza contraprestacional do valor pago pelo particular, uma vez que o preço público atende aos anseios da economia pública, quando o objetivo de lucro pode até mesmo inexistir.

---

como Preço Público. In: Compensação Financeira pela Exploração de Recursos Minerais. São Paulo. Quartier Lantin. 2010.

310. MORAES, Bernardo Ribeiro de. *Doutrina e prática das taxas*. São Paulo: RT, 1976. p. 104.

Por esse motivo, entendem os autores em foco,[311] que a aludida compensação financeira

> é definida por critérios objetivos, com base no faturamento líquido do explorador, podendo-se afirmar que sua quantificação se baseia no princípio da capacidade econômica.

Concluem Silva e Pires,[312] que:

> Pelo exposto, é possível verificar que a natureza jurídica da Compensação Financeira pela Exploração de Recursos Minerais – CFEM – não pode ser outra senão a de preço público, uma vez que a aquisição dos recursos minerais somente pode dar-se a partir de um contrato de compra e venda, dotado de todos os requisitos necessários para a cobrança do preço público pelo Estado.

No mesmo sentido, o entendimento de Aurélio Pitanga Seixas Filho,[313] pelo qual:

> (...) a compensação financeira é devida por uma pessoa que, por sua vontade, candidatou-se e obteve autorização para explorar um recurso mineral de propriedade da União Federal, e tem natureza jurídica de um preço público, a ser exigido proporcionalmente ao resultado dessa exploração, conforme determinação legal.

Outros autores, como José Athié Campos da Cruz e Maurício Saraiva de Abreu Chagas,[314] discordam da acepção do vocábulo compensação como preço público pelos seguintes fundamentos:

---

311. Silva e Pires. A CFEM como preço público. Op. cit.

312. Op. cit., p. 142.

313. SEIXAS FILHO, Aurélio Pitanga. A natureza jurídica da compensação financeira por exploração de recursos minerais. In: ROCHA, Valdir de Oliveira (Org.). *Grandes questões atuais de direito tributário*. São Paulo: Dialética, 1998.

314. CRUZ, José Athié Campos da; CHAGAS, Maurício Saraiva de Abreu. A CFEM como *royalty*. In: SILVA, Paulo Roberto Coimbra da (Coord.). *Compensação financeira pela exploração de recursos minerais*. São Paulo: Quartier Lantin, 2010.

> Revela-se ainda, insustentável a caracterização da CFEM como preço público, uma vez que ele decorre de uma contraprestação devida por particular em função de um serviço fornecido pelo Estado. Contudo, a exploração de recursos minerais não envolve qualquer prestação de serviço por parte do Estado, evidenciando-se a necessidade de enquadrar a mencionada obrigação numa espécie autônoma de receita patrimonial originária, conforme ensina Ricardo Lobo Torres.

Antes de analisarmos tais posicionamentos doutrinários, recordamos as lições de Aliomar Baleeiro,[315] pelas quais as receitas originárias ou advindas dos negócios privados são decorrentes da exploração de bens ou de direitos de titularidade do Estado, que administra tal patrimônio como se fosse um empresário privado, não podendo, dessa forma, exercer o seu poder coativo para a cobrança dos seus créditos.

As receitas derivadas caracterizam-se por decorrerem do poder impositivo do Estado, em nada importando a vontade do administrado, sendo receitas recolhidas do patrimônio privado, por ato de autoridade. Nas primeiras, incluem-se os preços públicos.

Os preços públicos não se confundem com os tributos, porque se regem pelo regime jurídico típico de direito privado, informado pela autonomia da vontade, da qual decorrem a liberdade de contratar e a liberdade contratual, a impossibilidade da alteração unilateral de cláusulas, as prestações são equivalentes em direitos e deveres etc.

Como aqui já foi fartamente demonstrado, quando da análise da legislação regulatória das atividades inerentes à prospecção dos campos de petróleo e de gás, as contrapartidas governamentais são determinadas pela legislação ordinária federal, bem como o destino do valor arrecadado é determinado pela Constituição Federal, de sorte que não há qualquer margem de liberdade contratual para que o poder concedente

---

315. BALEEIRO, Aliomar. *Uma introdução à ciência das finanças*. 14. ed. Rio de Janeiro: Forense, 1987.

negocie a inclusão ou não das mesmas nos contratos, bem como negocie seus valores.

A obrigação decorre da lei, bem como a forma de apuração dos valores devidos aos Poderes Públicos e ao concessionário. Quer a Compensação Financeira pela Exploração de Recursos Minerais - CFEM quer as prestações devidas pela exploração de petróleo e de gás sejam instituídas por lei e, de observação obrigatória, pela União e concessionários. Logo, não se trata de preço público, mas de uma imposição coativa do Estado.

Fixadas estas premissas, é evidente que não podemos concordar com o posicionamento doutrinário, que vê a Compensação Financeira pela Exploração de Recursos Minerais – CFEM como preço público por entender que esta decorre de um contrato de compra e venda, já que a União não vende aos mineradores nem o produto da lavra, nem serviços.

Ao contrário do que alegam os autores, não há contrato de compra e venda de minerais quando surge o produto da lavra. Na verdade, a Constituição Federal, da mesma forma que atribuiu à União o domínio dos recursos minerais (art. 20, inciso IX, da CF), garantiu aos concessionários à propriedade do produto da lavra (art. 176 da CF).

Logo, o direito à propriedade da lavra é constitucionalmente assegurado ao explorador e ao minerador, nasce com a lavra, não lhe sendo juridicamente transferido pela União. O concessionário não pratica com a União nenhum ato mercantil de alienação de lavra.

Mesmo nos contratos de partilha de produção, não há relação jurídica, na fase de exploração e de produção, entre o contratado e a União que permitam vislumbrar preço público. Em tal avença o contratado adquire a propriedade da produção no valor equivalente aos seus custos e uma parte do excedente em óleo que deverá partilhar com a União, na forma prevista no edital de licitação e no contrato. A parte da União não é adquirida do contratado, nem são reembolsados ao contratado os custos exploratórios referentes a tal quinhão.

Igualmente, equivocados os entendimentos doutrinários pelos quais o Superior Tribunal de Justiça, nos autos do Recurso Especial nº 756.530/DF (2005/0092596-2), por sua Primeira Turma, definiu a compensação em foco como preço público. Aliás, em vários acórdãos, entendeu o Superior Tribunal de Justiça que não poderia manifestar-se sobre a natureza jurídica da Compensação Financeira pela Exploração de Recursos Minerais - CFEM, por tal questão envolver análise de matéria constitucional.

A respeito vejamos os seguintes acórdãos:

> AGRAVO REGIMENTAL EM AGRAVO DE INSTRUMENTO. TRIBUTÁRIO. COMPENSAÇÃO FINANCEIRA PELA EXPLORAÇÃO DE RECURSOS MINERAIS (CFEM). APRECIAÇÃO DE MATÉRIA CONSTITUCIONAL. INCABIMENTO NESTA SEDE.
>
> 1. A análise de questão cujo deslinde reclama a apreciação de matéria de natureza constitucional é estranha ao âmbito de cabimento do recurso especial (artigos 102, inciso III, e 105, inciso III, da CF). Precedentes.
>
> 2. Na esteira da jurisprudência do Superior Tribunal de Justiça, a apreciação do recolhimento da compensação financeira, decorrente da exploração de recursos minerais (Leis nºs 7.990/89 e 8.001/90, e Decreto nº 01/91), enseja o conhecimento de matéria constitucional (arts. 20, § 1º, e 37, *caput*, da CF).
>
> Precedentes.
>
> 3. Agravo regimental improvido.
>
> (AgRg no Ag 1198861 / SP - Agravo Regimental no Agravo de Instrumento 2009/0103762-9 – Relator: Ministro Hamilton Carvalhido - Primeira Turma - 15/12/2009).
>
> PROCESSUAL CIVIL. COMPENSAÇÃO FINANCEIRA PELA EXPLORAÇÃO DE RECURSOS MINERAIS (CFEM). ART. 20, § 1º, DA CF. ACÓRDÃO RECORRIDO COM FUNDAMENTO CONSTITUCIONAL. INADMISSIBILIDADE DO RECURSO ESPECIAL.
>
> 1. Hipótese em que o Tribunal de origem decidiu a lide afirmando que as hipóteses de compensação financeira reguladas pelas

Leis 7.990/1990 e 8.001/1990, bem como pelo Decreto 01/1991, estão em consonância com o que determina o art. 20, § 1°, da Constituição Federal.

2. Sob pena de invasão da competência do STF, descabe analisar questão constitucional em Recurso Especial.

3. Agravo Regimental não provido.

(AgRg no REsp 501666 / PR - Agravo Regimental no Recurso Especial 2003/0021348-6 – Relator: Ministro Herman Benjamin - Segunda Turma - 20/08/2009).

Diante disso, emerge a convicção de que tanto a compensação pela exploração de petróleo e de gás como a Compensação Financeira pela Exploração de Recursos Minerais - CFEM, tal como postas em nosso direito positivo, não se traduzem numa receita originária do Estado, quer como preço público, quer como indenização, dentre outros motivos, por não refletirem a contraprestação ao patrimônio público decorrente da exploração por particulares da atividade mineradora e da atividade exploratória.

Na verdade, quando a lei toma por base de cálculo o faturamento do minerador ou a produção do campo de petróleo e de gás, cria uma incidência coativa sobre o patrimônio privado, porque o produto da lavra já surge como propriedade do concessionário e do explorador de petróleo e de gás, conforme aqui foi demonstrado nos itens anteriores.

Logo, a compensação financeira a que alude o § 1° do art. 20 da CF, visa a equilibrar os efeitos nocivos decorrentes do exercício de atividade lícita (exploração de petróleo e de gás), bem como as perdas de receita tributária, suportados pelos Estados e Municípios onde ocorre a lavra, com o direito exploratório, proporcionando o equilíbrio entre esses dois interesses públicos contrapostos. A base de cálculo deve ser representativa do valor do ônus causado, não podendo ser a receita bruta do campo ou o seu lucro.

Diante disso, podemos afirmar que as Leis nsº 9.478/97, 12.351/2010 e 12.276/2010 não instituíram a compensação financeira, tal como prevista no art. 20, § 1°, da CF.

Capítulo IX
DA PARTICIPAÇÃO NO RESULTADO DA EXPLORAÇÃO DE PETRÓLEO E DE GÁS

O Supremo Tribunal Federal, nos autos do Recurso Extraordinário nº 228.800-DF, de 2001, tendo por relator o Ministro Sepúlveda Pertence, ao julgar feito relativo à compensação financeira pela exploração de recursos minerais, entendeu que a Compensação Financeira pela Exploração de Recursos Minerais - CFEM não é a compensação financeira a que alude a Constituição Federal em seu art. 20, § 1º.

Concluiu o Supremo Tribunal Federal que a Compensação Financeira pela Exploração de Recursos Minerais - CFEM tal como posta na Lei nº 7.990/89, não corresponde ao modelo constitucional da compensação, visto que tem por base de cálculo o faturamento do minerador. Contudo, é constitucional por amoldar-se à alternativa de participação no produto da exploração dos aludidos recursos minerais, igualmente prevista no art. 20, § 1º, da CF.

Neste ponto vale uma análise detida do referido acórdão. Consta da fundamentação do voto do relator que:

> O SENHOR MINISTRO SEPÚLVEDA PERTENCE – (Relator): O tratar-se de prestação pecuniária compulsória instituída por lei não faz necessariamente um tributo da participação nos resultados ou da compensação financeira cogitadas.

413

A disciplina da matéria, de modo significativo, não se encontra no capítulo do sistema tributário, mas em parágrafo do art. 20 da Constituição, que trata dos bens da União, a evidenciar a natureza patrimonial da receita a auferir.

Por outro lado, diferentemente do que ocorre em relação aos impostos – espécie tributária não vinculada a qualquer contraprestação estatal - tanto a participação nos resultados como a CFEM tem a sua causa – direta ou indireta, como se verá – na exploração de recursos hídricos, para fins de geração de energia elétrica, e minerais – bens integrantes do patrimônio da União (CF, art.20, VIII e IX).

(...)

Tenho, no entanto, que a obrigação instituída pela Lei nº 7.990/89 não corresponde ao modelo constitucional.

Essa compensação financeira há de ser entendida em seu sentido vulgar de mecanismo destinado a recompor uma perda, sendo, pois, essa perda, o pressuposto e a medida da obrigação do explorador.

A que espécie de perda, porém, se refere implicitamente a Constituição?

Não, certamente, à perda dos recursos minerais em favor do explorador, pois, nesse caso, a compensação financeira, para compensá-la efetivamente, haveria de corresponder à totalidade dos recursos minerais explorados – o que inviabilizaria a sua exploração econômica privada (...) em todo caso não seria lógico compensar os Estados, o Distrito Federal e os Municípios pela perda de bens que não lhes pertencem, mas exclusivamente à União.

A compensação financeira se vincula, a meu ver, não à exploração em si, mas aos problemas que ela gera.

Com efeito, a exploração de recursos minerais e de potenciais de energia elétrica é atividade potencialmente geradora de um sem número de problemas para os entes públicos, especialmente para os municípios onde se situam as minas e as represas. Problemas ambientais – como a remoção da cobertura vegetal do solo, poluição, inundação de extensas áreas, comprometimento da paisagem e que tais – sociais e econômicos, advindos do crescimento da população e da demanda por serviços públicos.

(...)

Pois bem. Dos recursos despendidos com esses outros efeitos da exploração é que devem ser compensadas as pessoas referidas no aludido dispositivo.

> Se assim é, não se justifica que o valor a ser pago a título de compensação financeira seja fixado em função do faturamento, que nada tem a ver com as perdas a que alude implicitamente o art. 20, § 1º., da Constituição.
>
> Daí não advém, entretanto, a inconstitucionalidade da cobrança questionada.
>
> Na verdade – na alternativa que lhe confiara a Lei Fundamental – o que a Lei nº 7.990/89 instituiu, ao estabelecer no art. 6º. que 'a compensação financeira pela exploração de recursos minerais, para fins de aproveitamento econômico, será de até 3% sobre o valor do faturamento liquido resultante da venda do produto mineral', não foi verdadeira compensação financeira: foi sim, genuína 'participação no resultado da exploração', entendido o resultado não como lucro do explorador, mas como aquilo que resulta da exploração, interpretação que revela o paralelo existente entre a norma do art. 20, § 1º, e a do art. 176, § 2º, da CF, *verbis*:
>
> '§ 2º - É assegurada participação ao proprietário do solo nos resultados da lavra, na forma e no valor que dispuser a lei.'
>
> Ora, tendo a obrigação prevista no art. 6º. da Lei nº 7.990/89 a natureza de participação no resultado da exploração, nada mais coerente do que consistir o seu montante numa fração do faturamento.
>
> Nada importa que – tendo-a instituído como verdadeira 'participação nos resultados' da exploração mineral, a lei lhe haja emprestado a denominação de 'composição financeira' pela mesma exploração – outro termo da alternativa posta pelo art. 20, § 1º, da CF: cuidando-se de obrigação legal, de fonte constitucional, ainda que não seja tributo, é dado transplantar, *mutatis mutandis* para identificar a natureza da CFEM, a regra de hermenêutica do art. 4º, I, do CTN, que adverte da irrelevância da denominação dada à exação.
>
> (Recurso Extraordinário nº 228.800 – Distrito Federal – Relator: Min. Sepúlveda Pertence.)

Entendemos como o Supremo Tribunal Federal, que a legislação infraconstitucional não instituiu a compensação mencionada no art. 20, § 1º, do Texto Supremo, pelos fundamentos que expusemos no capítulo anterior.

Resta avaliar se a participação no resultado da exploração foi instituída da forma constitucionalmente prevista. Ao contrário do que julgou a excelsa corte, no acórdão em epígrafe, entendemos que não. Vejamos a doutrina.

Sergio Clemes[316] afirma que:

> Ocorre que a forma de 'compensação' instituída pela Lei nº 7.990/89 (o pagamento de percentual sobre as vendas) não guarda qualquer relação com o dano que visa reparar. Como dito, a exploração de recursos minerais causa danos ambientais, sociais e econômicos. Ora, não há relação possível entre um percentual qualquer sobre o faturamento liquido decorrente da venda do produto mineral e os danos perpetrados. Seria flagrante irresponsabilidade afirmar que o faturamento líquido é diretamente proporcional ao dano, pois a exploração de recurso mineral pode ser muito agressiva e o produto obtido não encontrar mercado comprador. O faturamento liquido menor geraria o pagamento de "compensação" inferior, apesar de os danos terem sido significativos. O contrário também poderia acontecer: a exploração mineral pode gerar um alto faturamento, mas a um baixo impacto ambiental e social; (...). Verifica-se, então, que a Lei nº 7.990/89 não instituiu a obrigação pela exploração de recursos minerais sob a forma de 'compensação'. De fato, referida obrigação foi instituída na modalidade de "participação no resultado da exploração" apesar da denominação adotada. (...).

E, continua o autor consignando que:

> A decisão da Corte Suprema é brilhante ao identificar, com precisão, a verdadeira espécie de obrigação regulada pela Lei nº 7.990/89. (...) O verdadeiro lapso da decisão, este sim inarredável, é o de proclamar a constitucionalidade da CFEM, mesmo diante do patente desrespeito à Constituição embutido na Lei nº Federal no. 7.990/89, quando elege como base de cálculo da obrigação o faturamento e não o resultado da exploração.[317]

Prossegue o autor pontuando a diferença entre faturamento e resultado da exploração, a saber:

---

316. CLEMES, Sergio. É devido o pagamento da compensação financeira por exploração de recursos minerais (CFEM), prevista na Lei nº 7.990/89? Disponível em: <http//jus2.uol.com.br/doutrina/ texto.asp>. Acesso em: 20 abr. 2012.

317. Idem.

O faturamento, tal como definido na Lei nº 7990/89, para efeito de cálculo da CFEM, é calculado sobre o total da receita de vendas, excluídos os impostos incidentes sobre a comercialização do produto mineral, as despesas de transporte e seguros (Lei nº 8.001/90. art. 2º, *caput*). Para a Contabilidade *resultado* equivale ao produto das receitas auferidas com a atividade da empresa, subtraído todos os custos, despesas e encargos necessários à produção das receitas. A Resolução do Conselho Federal de Contabilidade nº 686/90, aprovou a Norma Brasileira de Contabilidade NBC T3, que ao tratar do Conceito, Conteúdo, Estrutura e Nomenclatura das Demonstrações Contábeis, abordou a Demonstração do Resultado, dispondo que a demonstração de resultado compreenderá: (i) as receitas e os ganhos do período, independentemente do seu recebimento; (ii) os custos, despesas, encargos e perdas pagos ou incorridos, correspondentes a esses ganhos e receitas.[318]

Ao tratar do conceito da demonstração do resultado, a norma determina que:

> A demonstração do resultado, observado o princípio da competência, evidenciará a formação dos vários níveis de resultados mediante o confronto entre as receitas, os correspondentes custos e despesas.

Sendo assim, no caso de empresa que exerce atividade de produção e comercialização de bens, aduz o autor, que:

> (...) o 'resultado' provém do confronto das receitas auferidas com a produção e comercialização com os custos e despesas incorridos para viabilizar essas mesmas produção e comercialização. Difere, consequentemente, de faturamento liquido em que se consideram as receitas obtidas com a realização do objeto social, das quais *são excluídas apenas algumas despesas* (tributos incidentes sobre a venda, descontos incondicionados e devoluções de vendas). (Destaque nosso).
>
> Relacionadas as categorias resultado e faturamento liquido tem-se que o resultado é sempre menor que o faturamento liquido, eis que este, contrariamente àquele, não leva em conta todas as despesas indispensáveis à produção e comercialização de um determinado bem; já o resultado reflete aquilo que realmente

---

318. Idem.

resultou da atividade empresarial: despesas e receitas e não somente receitas.

Observa o autor em comento, que quando o art. 20, § 1º, da CF tratou de *resultado,* fê-lo no sentido contábil, *não se referindo ao faturamento líquido que tem conceito diverso.* Note-se que a Constituição de 1988 reconhece a diferença entre os conceitos de faturamento e resultado, tanto que não os toma como sinônimos. A Magna Carta, em seu art. 20, § 1º, trata do resultado ao passo que no art. 195, inciso I, refere-se ao faturamento e ao lucro, tudo significando que faturamento, lucro e resultado são realidades distintas.

Adverte, ainda, o autor, que o Supremo Tribunal Federal vem se posicionando favoravelmente à preservação dos termos técnicos empregados na Magna Carta.

Exemplo desse entendimento pode ser obtido da leitura do julgamento proferido nos autos do Recurso Extraordinário nº 166.772-9, de 16.12.1994, cuja ementa é a seguinte:

> CONSTITUIÇÃO. ALCANCE POLÍTICO. SENTIDO DOS VACÁBULOS. INTERPRETAÇÃO.
>
> O conteúdo político de uma Constituição não é conducente ao desprezo do sentido vernacular das palavras, muito menos ao do técnico, considerados os institutos consagrados pelo Direito. Toda ciência pressupõe a adoção de escorreita linguagem, possuindo os institutos, as expressões e os vocábulos que revelam conceito estabelecido com a passagem do tempo, quer por força dos estudos acadêmicos quer, no caso do Direito, pela atuação dos Pretórios.

Daí, concluiu o autor:

> Tem-se, portanto, a inconstitucionalidade material da legislação de regência da CFEM, frontalmente contrária à norma constitucional do parágrafo 1º. do art. 20. O referido dispositivo, porque prevê uma obrigação, ou seja, norma que impõe um dever à pessoa que pratica a atividade mineradora, não pode sofrer ampliação pela legislação infraconstitucional,de modo a se tornar mais gravoso. E a Lei nº 7.990/89, por utilizar como base de cálculo

da obrigação faturamento liquido, sempre maior que o resultado, aumenta indevidamente o ônus pela exploração dos recursos minerais.[319]

Se a participação no resultado da exploração de minérios é inconstitucional por não observar o conceito de resultado, incidindo sobre o faturamento, o que dizer sobre a participação no resultado da exploração dos campos de petróleo e de gás que incidem sobre a receita bruta do campo, vedadas quaisquer deduções e antes que o explorador tenha alienado a produção.

Logo, é evidente que a legislação infraconstitucional, também para as hipóteses de exploração de petróleo e de gás, não instituiu a participação no resultado da exploração prevista no Texto Supremo. Ou seja, não foram implementados, por meio das Leis nº 9.478/97, 12.351/2010 e 12.276/2010, os mandamentos constitucionais referentes ao destino da arrecadação, proveniente do fruto da lavra, quer se entenda que tais normas instituíram compensação financeira ou participação no resultado da exploração.

Se entendermos, como o fez o Supremo Tribunal Federal, que pela base de cálculo adotada, as leis em comento instituíram a participação no resultado da exploração, verificaremos que tal participação não atende ao determinado no art. 20, § 1º, do texto maior, uma vez que incide sobre a receita bruta do campo. Vejamos.

A Lei nº 9.478/1997 determina, em seu art. 47, que:

> Art. 47. Os *royalties* serão pagos mensalmente, em moeda nacional, a partir da data de início *da produção comercial de cada campo, em montante correspondente a dez por cento da produção de petróleo ou gás natural.*
>
> (...)
>
> § 3º A queima de gás em flares, em prejuízo de sua comercialização, e a perda de produto ocorrida sob a

---

319. Idem.

responsabilidade do concessionário serão incluídas no volume total da produção a ser computada para cálculo dos *royalties* devidos. (Destaque nosso)

Já os arts. 11 e 12 do Decreto n° 2.705/98 dispõem que:

> Art. 11. Os *royalties* previstos no inciso II do art. 45 da Lei n° 9.478/97, constituem compensação financeira devida pelos concessionários de exploração e produção de petróleo ou gás natural, e serão pagos mensalmente, com relação a cada campo, a partir do mês em que ocorrer a respectiva *data de início da produção, vedadas quaisquer deduções.*
>
> Art. 12. O valor dos *royalties*, devidos a cada mês em relação a cada campo, será determinado multiplicando-se o equivalente a dez por cento *do volume total da produção de petróleo e gás natural* do campo durante esse mês pelos seus respectivos preços de referência, definidos na forma do Capítulo IV deste Decreto. (Destaque nosso).

No mesmo sentido, dispõe a Lei n° 12.351/2010, com as alterações trazidas pela Lei n° 12.734/2012, em seus arts. 42 e 42-A, a saber:

> Art. 42. O regime de partilha de produção terá as seguintes receitas governamentais:
>
> I - *royalties*; e
>
> II - bônus de assinatura.
>
> § 1° Os *royalties*, com alíquota de 15% (quinze por cento) do valor da produção, correspondem à compensação financeira pela exploração do petróleo, de gás natural e de outros hidrocarbonetos líquidos de que trata o § 1° do art. 20 da Constituição Federal, sendo vedado, em qualquer hipótese, seu ressarcimento ao contratado e sua inclusão no cálculo do custo em óleo.
>
> (...)
>
> Art. 42-A. Os *royalties* serão pagos mensalmente pelo contratado em moeda nacional, e *incidirão sobre a produção de petróleo, de gás natural* e de outros hidrocarbonetos fluidos, calculados a partir da data de início da produção comercial.
>
> § 2°A queima de gás em flares, em prejuízo de sua comercialização, e a perda de produto ocorrida sob a

responsabilidade do contratado serão incluídas no volume total da produção a ser computada para cálculo dos royalties, sob os regimes de concessão e partilha, e para cálculo da participação especial, devida sob regime de concessão. (Destaque nosso)

Ora, se as denominadas participações devem incidir sobre o resultado do campo, como determina o § 1°, do art. 20, da CF, não há por que onerar a produção, independentemente do resultado da lavra.

Lembramos que quando a Constituição Federal se reporta ao resultado da exploração de petróleo e de gás, *vale-se do conceito contábil de resultado,* como exposto acima, *o que envolve o confronto das receitas auferidas com os custos e despesas incorridos para a exploração, a produção e a comercialização de tais produtos.*

Diante disso, pode-se concluir que a Lei nº 9.478/97, bem como a Lei nº 12.351/2010, com as alterações da Lei nº 12.734/2012, não instituíram quer a compensação financeira pela prática de ato lícito, causadora de ônus para os entes políticos que suportam a lavra, quer a participação no resultado da exploração, porque as bases de cálculo eleitas não asseguram a exata retribuição do suposto ônus causado aos Estados e aos Municípios produtores, tampouco prestam-se a partilhar o resultado da exploração.

CAPÍTULO X
DA DESTINAÇÃO CONSTITUCIONALMENTE PREVISTA PARA O PRODUTO DA ARRECADAÇÃO ADVINDO DA EXPLORAÇÃO E DA PRODUÇÃO DE PETRÓLEO E DE GÁS

Embora a Constituição Federal, em seu art. 20, § 1°, assegure aos Estados, aos Municípios e ao Distrito Federal a participação no resultado da exploração de petróleo e de gás ou compensação financeira por tal exploração, não determina a forma que a União deve utilizar para obter os recursos decorrentes da aludida lavra. Sendo assim, a União poderia cobrar os *royalties*, instituir impostos ou utilizar qualquer outra forma em Direito admitida.

Diante desta mensagem constitucional, o legislador federal tomando por sinônimos *royalties* e compensação financeira, instituiu um imposto sobre a produção total do campo, gerando grande dificuldade sistêmica no trato da questão. O conteúdo semântico jurídico do vocábulo compensação, como uma forma de minimizar os ônus causados a um patrimônio, por ter que suportar atividade lícita, foi totalmente ignorado pelo legislador, causando os desatinos que se veem no trato da compensação pela exploração de petróleo e de gás, a que alude o texto constitucional.

Por essa razão, nossa melhor jurisprudência, embora reconheça a liberdade do intérprete ao criar o conteúdo semântico da norma, tem afastado as interpretações que atribuem ao vocábulo um sentido diverso daquele que reconhecidamente lhe atribui o ordenamento jurídico.

O Supremo Tribunal Federal, nos autos do Recurso Extraordinário nº 357950-RS, consignou que:

> Mostrou SAUSSURE que ninguém pode duvidar de que o termo (signo linguístico) não decorre da natureza do objeto (significado), mas é estipulado arbitrariamente pelos usuários da linguagem, mediante consenso construído ao longo da história, em torno de um código implícito de uso.
>
> As palavras (signos), assim na linguagem natural, como na técnica, de ambas as quais se vale o direito positivo para a construção do tecido normativo, são potencialmente vagas, *'esto es, tienem un campo de referencia indefinido consistente em um foco o zona central y uma nebulosa de incertidumbre'*. Mas isso também significa que, por maiores que sejam tais imprecisões, há sempre um limite de resistência, um conteúdo semântico mínimo recognoscível a cada vocábulo, para além do qual, parafraseando ECO, o intérprete não está 'autorizado a dizer que a mensagem pode significar qualquer coisa. Pode significar muitas coisas, mas há sentidos que seria despropositado sugerir'. Para afastar ambiguidades ou construir significados no discurso normativo, pode o legislador atribuir sentidos específicos a certos termos, como o faz, p. ex., no art. 3º do CTN, que impõe a definição de tributo.
>
> Na grande maioria dos casos, porém, os termos são tomados no significado vernacular corrente, segundo o que traduzem dentro do campo de uso onde são colhidos, seja na área do próprio ordenamento jurídico, seja no âmbito das demais ciências, como economia (juros), biologia (morte, vida etc.), e, até, em outros estratos linguísticos, como o inglês (*software, internet, franchising, leasing*), sem necessidade de processo autônomo de elucidação.
>
> Quando o legislador, para responder a estratégias normativas, pretende adjudicar a algum velho termo, novo significado, diverso dos usuais, explicita-o mediante construção formal do seu conceito jurídico-normativo, sem prejuízo de fixar, em determinada província jurídica, conceito diferente do que usa noutra, o que pode bem ver-se ao art. 327 do Código Penal, que define ""''funcionário público''"" para efeitos criminais, e ao art. 2º da Lei

de Improbidade Administrativa (Lei nº 8.429/92), que atribui, para seus fins, análogo conceito à expressão 'agente público'.

Quando não haja conceito jurídico expresso, tem o intérprete de se socorrer, para a reconstrução semântica, dos instrumentos disponíveis no próprio sistema do direito positivo, ou nos diferentes corpos de linguagem.

6. Como já exposto, não há, na Constituição Federal, prescrição de significado do termo faturamento. Se se escusou a Constituição de o definir, *tem o intérprete de verificar, primeiro, se, no próprio ordenamento, havia então algum valor semântico a que pudesse filiar-se o uso constitucional do vocábulo,* sem explicitação de sentido particular, nem necessidade de futura regulamentação por lei inferior. É que, se há correspondente semântico na ordem jurídica, a presunção é de que a ele se refere o uso constitucional.

Quando u'a mesma palavra, usada pela Constituição sem definição expressa nem contextual, guarde dois ou mais sentidos, um dos quais já incorporado ao ordenamento jurídico, será esse, não outro, seu conteúdo semântico, porque seria desproposidado supor que o texto normativo esteja aludindo a objeto extrajurídico.

(...)

Ao outorgar à União competência para instituir contribuição social sobre o faturamento, o constituinte originário indicou-lhe desde logo, de modo expresso, o fato gerador (hipótese de incidência) e a base de cálculo possíveis, interditando ipso facto à lei subalterna alargar ou burlar tais limites mediante subterfúgios linguísticos ou conceituais, como, p. ex., *alteração dos significados normativos incorporados pela Constituição.* É, nisso, velha, mas oportuna, a observação do Min. Luiz Gallotti: 'Sr. Presidente, é certo que podemos interpretar a lei, de modo a arredar a inconstitucionalidade. Mas, interpretar interpretando e, não, mudando-lhe o texto, e, menos ainda, criando um imposto novo, que a lei não criou.

Como sustentei muitas vezes, ainda no Rio, se a lei pudesse chamar de compra o que não é compra, de importação o que não é importação, de exportação o que não é exportação, de renda o que não é renda, ruiria todo o sistema constitucional tributário inscrito na Constituição." (voto no RE nº 71.758-GB, RTJ v. 66, p. 165)

(...)

INTERPRETAÇÃO. CARGA CONSTRUTIVA. EXTENSÃO.
Se é certo que toda interpretação traz em si carga construtiva,

> não menos correta exsurge a vinculação à ordem jurídico-constitucional. O fenômeno ocorre a partir das normas em vigor, variando de acordo com a formação profissional e humanística do intérprete. No exercício gratificante da arte de interpretar, descabe "inserir na regra de direito o próprio juízo – pro mais sensato que seja – sobre a finalidade que 'conviria' fosse por ela perseguida" – Celso Antônio Bandeira de Mello – em parecer inédito'."
>
> (Supremo Tribunal Federal- Tribunal Pleno. Recurso Extraordinário N° 346.084-6 - Paraná – Relator Originário: Min. Ilmar Galvão. Relator para o acórdão: Min. Marco Aurélio. 09/11/2005.)

Além disso, o destino da arrecadação, que só poderia ser o constitucionalmente determinado – a saber: (a) compensação financeira, pelos ônus decorrentes das atividades de exploração de petróleo e de gás, que deve ter por base de cálculo a expressão econômica do ônus suportado pelo ente político, inclusive com as perdas arrecadatórias ou (b) participação no resultado da exploração, que pode ter por base de cálculo a expressão econômica dos ganhos advindos da lavra de petróleo e de gás – não foi implementado pela legislação ordinária federal que só previu a partilha percentual do valor da tributação obtida.

É fato que os alardeados ônus exploratórios podem não ocorrer ou os ganhos com a lavra podem suplantá-los. Em tais hipóteses, nenhuma compensação seria devida aos entes políticos produtores, a não ser as perdas arrecadatórias.

O legislador infraconstitucional, talvez ciente de tal fato e avesso ao que determina a Constituição Federal, em seu art. 20, § 1°, criou uma legislação que se apressou em consignar que compensação é *royalty*, para que o instituto da compensação não fosse aplicado, afastando a verificação da materialização de ônus, tratando apenas de partilhar percentualmente a produção do campo, alheio aos conceitos jurídicos de compensação, de *royalty* e de participação no resultado da exploração. O legislador só fez cálculos sobre um montante a partilhar.

EXPLORAÇÃO DE PETRÓLEO E DE GÁS NATURAL

Note-se que neste aspecto, a Lei nº 12.734/2012, que alterou a Lei nº 12.351/2010 e a Lei do Petróleo, está tão dissociada da Constituição Federal que estabelece a faculdade dos Estados, dos Municípios e do Distrito Federal escolherem se receberão os frutos da exploração de petróleo e de gás como produtores ou como participantes do rateio da parcela do Fundo Especial, que será dividida entre os demais entes políticos. Se preferirem receber do Fundo Especial, não receberão como produtores. Em nenhum momento, a Constituição Federal previu esta forma de destinação dos recursos oriundos da lavra de petróleo e de gás.

Já a participação no resultado da exploração, pode abranger Estados e Municípios não produtores, bem como o Distrito Federal, mas deve incidir sobre o resultado econômico do campo e não sobre o valor total da produção do mesmo, proibidas quaisquer deduções, que a isto veda a Constituição Federal. É preciso atentar que a tributação só pode incidir sobre riqueza nova, logo, inconstitucional, por ausência de capacidade contributiva, a tributação incidente sobre o valor total de produção de petróleo e de gás. A tributação deve incidir sobre o resultado (na acepção contábil do termo) da exploração e não sobre a produção do campo.

Recordamos que o Decreto nº 2.705/98, ao definir os critérios para o cálculo e cobrança das participações governamentais de que trata a Lei nº 9.478/97, aplicáveis às atividades de exploração, desenvolvimento e produção de petróleo e de gás natural, determina que o imposto, impropriamente denominado de royalty, será apurado multiplicando-se o equivalente a dez ou cinco por cento (a critério da Agência Nacional do Petróleo, Gás Natural e Biocombustíveis) do volume total da produção de petróleo e de gás natural do campo, durante esse mês, pelos seus respectivos *preços de referência*.

O *volume total da produção* traduz-se na soma de todas e quaisquer quantidades de petróleo ou de gás natural, extraídas em cada mês de cada campo, expressas nas unidades métricas de volume adotadas pela Agência Nacional do Petróleo,

Gás Natural e Biocombustíveis incluídas as quantidades de petróleo ou de gás natural perdidas sob a responsabilidade do concessionário; as quantidades de petróleo ou de gás natural utilizadas na execução das operações no próprio campo, e as quantidades de gás natural queimadas em flares em prejuízo de sua comercialização, e excluídas apenas as quantidades de gás natural reinjetadas na jazida e as quantidades de gás natural queimadas em flares, por razões de segurança ou de comprovada necessidade operacional, desde que esta queima seja de quantidades razoáveis e compatíveis com as práticas usuais da indústria do petróleo e que seja previamente aprovada pela Agência Nacional do Petróleo, Gás Natural e Biocombustíveis, ou posteriormente, perante ela justificada pelo concessionário, por escrito e até quarenta e oito horas após a sua ocorrência.

O *preço de referência* a ser aplicado a cada mês ao petróleo produzido no campo, será *igual à média ponderada dos seus preços de venda* praticados pelo concessionário, em condições normais de mercado, ou ao *seu preço mínimo estabelecido pela Agência Nacional do Petróleo, Gás Natural e Biocombustíveis*, aplicando-se o que for maior.

Os aludidos preços de venda são livres dos tributos incidentes sobre a venda e, no caso de petróleo embarcado, livres a bordo. O *preço mínimo do petróleo* extraído de cada campo será fixado pela Agência Nacional do Petróleo, Gás Natural e Biocombustíveis com base no valor médio mensal de uma cesta-padrão composta de até quatro tipos de petróleo similares cotados no mercado internacional.

Diante disso, verifica-se que o valor do imposto é apurado mediante a aplicação da alíquota de 10% ou 5%, conforme a modalidade de contratação, sobre o volume total da produção, excluídas quaisquer deduções, multiplicado pelo preço de referência determinado pela Agência Nacional do Petróleo, Gás Natural e Biocombustíveis. Note-se que para a apuração do valor de referência não é tomado o preço de venda da produção do campo, mas sim uma média ponderada das vendas praticadas em períodos anteriores ou então um valor fixado pela Agência Nacional do Petróleo, Gás Natural e Biocombustíveis.

Logo, o contribuinte é onerado antes que possua capacidade contributiva para arcar com o peso econômico da exação, visto que a venda do produto da lavra ocorrerá em momento posterior ao recolhimento do imposto.

De longa data, nossa melhor doutrina tem advertido que a tributação só pode recair sobre riqueza nova do contribuinte, tanto que muitos foram os esforços doutrinários e jurisprudenciais para defini-la, lapidando os conceitos de receita, patrimônio, variação patrimonial, faturamento, renda, dentre outros.

Geraldo Ataliba[320] ensinou que:

> (...) o conceito de receita refere-se a uma espécie de entrada. Entrada é todo o dinheiro que ingressa nos cofres de uma entidade. Nem toda entrada é uma receita. Receita é a entrada que passa a pertencer à entidade. Assim, só se considera receita o ingresso de dinheiro que venha a integrar o patrimônio da entidade que a recebe.

Ricardo Marins de Oliveira,[321] invocando as lições de Aliomar Baleeiro, Eduardo Dominhos Botallo, Ruy Barbosa Nogueira, Marco Aurélio Grecco, Bulhões Pedreira, dentre outros, consignou que:

> Este acervo doutrinário, a despeito de sua maior parte ter sido voltada para situações particulares de variados tributos, exatamente por isso e por sua uniformidade conceitual, demonstra ser possível formar um conceito jurídico de "receita", sólido, de caráter geral. Destarte, retirando das transcrições acima o que elas tem de essencial, podemos resumir afirmando que, juridicamente:

---

320. ATALIBA, Geraldo. *Estudos e pareceres de direito tributário*. v. 1 e 2. São Paulo: RT, 1978.

321. OLIVEIRA, Ricardo Marins. *Fundamentos do imposto de renda*. São Paulo: Quartier Latin, 2008.

- receita é um tipo de entrada ou ingresso no patrimônio da pessoa jurídica, sendo certo que nem todo ingresso ou entrada é receita;

- receita é o tipo de entrada ou ingresso que se integra ao patrimônio sem reserva, condição ou compromisso no passivo, acrescendo-o como elemento novo e positivo;

- a receita passa a pertencer à entidade com sentido de permanência;

- a receita remunera a atividade correspondendo ao benefício efetivamente resultante de atividades suas;

- a receita provém de outro patrimônio, e se constitui em propriedade da empresa pelo exercício das atividades que constituem as fontes do seu resultado;

- a receita exprime a capacidade contributiva de entidade;

- a receita modifica o patrimônio, incrementando-o.

Também o patrimônio como signo de riqueza nova, foi alvo de manifestação doutrinária.

Ensina Ricardo Marins de Oliveira[322] que:

> O conceito jurídico de patrimônio é norma do direito positivo brasileiro, posto que está contido no art. 91 do CC: ele é uma universalidade de direito ou universalidade jurídica (...) que se compõe pelo 'complexo de relações jurídicas, de uma pessoa, dotadas de valor econômico'.

E, prossegue, ensinando que:

> (...) considerando que o fato gerador do imposto de renda é sempre aumento no patrimônio do contribuinte, ele somente ocorrerá se houver, dentro do período de apuração, uma soma algébrica positiva de todos os fatores positivos (direitos) e negativos (obrigações) que tenham afetado de tal sorte que se pode dizer que o fato gerador do imposto de renda se exprime pela equação 'mais direitos menos obrigações é igual a lucro'.[323]

---

322. Idem, p. 67.

323. OLIVEIRA, Ricardo Marins. Op. cit.

EXPLORAÇÃO DE PETRÓLEO E DE GÁS NATURAL

Nos autos do Recurso Extraordinário n° 1.117.887-6-SP, o Supremo Tribunal Federal, na sua composição plenária, ao cuidar do conceito constitucional de renda, decidiu que:

> CONSTITUCIONAL. TRIBUTÁRIO. IMPOSTO DE RENDA. RENDA. CONCEITO. Lei n° 4.506, de 30.XI.64, art. 38, CF/46, art. 15, IV; CF/67, art. 22, IV; EC 1/69, art. 21, IV. CTN, art. 43. Rendas e proventos de qualquer natureza: o conceito implica reconhecer a existência de receita, lucro, proveito, ganho, acréscimo patrimonial que ocorrem mediante o ingresso ou o auferimento de algo, a título oneroso. CF, 1946, art. 15, IV; CF/67, art. 22, IV; EC 1/69, art. 21, IV. CTN, art. 43.C.F.15IVCF/6722IV121IVCTN43II. Inconstitucionalidade do art. 38 da Lei n° 4.506/64, que institui adicional de 7% de imposto de renda sobre lucros distribuídos. III. - R.E. conhecido e provido.
>
> (Supremo Tribunal Federal - Pleno. Relator: Carlos Velloso - Data de Julgamento: 10/02/1993. Data de Publicação: DJ 23-04-1993).

No caso da tributação pela exploração e produção de petróleo e de gás, temos que não há qualquer receita, para a imposição do tributo erroneamente denominado como *royalty*, porque o imposto é devido na data de início da produção, antes, portanto, da alienação do produto da lavra. Depois da primeira medição as seguintes também serão feitas e o imposto recolhido antes da venda da produção.

Logo, é inconstitucional tanto o imposto que incide sobre a produção total do campo, bem como o que incide sobre o excedente da produção. Isto é assim, porque os impostos são cobrados antes que o contribuinte adquira capacidade contributiva, além de incidirem sobre bases de cálculo que só consideram o valor da produção, desconsiderando os custos. No que atine ao excedente de produção, o imposto não pode incidir sobre a parte da produção que pertence à União, visto que em tal hipótese a União estaria tributando a si mesma, o que é juridicamente inconcebível.

São, ainda, impostos inseridos na competência residual da União, que só poderiam ser veiculados por meio de lei complementar, além de serem cumulativos com outros tributos federais (imposto de renda e Contribuição Social sobre o Lucro Liquido - CSLL).

Também as leis ordinárias federais que previram as participações governamentais quer no regime jurídico de concessão, da partilha de produção ou de cessão onerosa não implementaram os mandamentos do art. 20, § 1°, da CF no que atine aos destinos arrecadatórios previstos na norma constitucional em foco. Pelos motivos aqui já expostos, não foi instituída a compensação financeira pela exploração e perda fiscal, tampouco foi assegurada a participação no resultado econômico da exploração.

Sendo assim, é forçoso reconhecer que toda a oneração sobre os resultados da lavra de petróleo e de gás, bem como os destinos constitucionais de tal arrecadação demandam um novo labor legislativo, atento ao que determina a Constituição Federal, bem como a rigorosa observação da classificação jurídica dos institutos de Direito consagrada pela tradição jurídica brasileira.

CONCLUSÃO

O presente trabalho propôs-se a reflexão sobre a classificação jurídica das chamadas participações governamentais, devidas em razão da exploração e da produção de petróleo e de gás, bem como sobre a destinação constitucional do produto da lavra.

Para tanto, foi necessário investigar o regime jurídico constitucional aplicável à atividade em comento, identificando o conteúdo semântico dos vocábulos compensação financeira e participação no resultado da exploração.

Verificamos que a compensação financeira a que se refere a Magna Carta, em seu art. 20, § 1º, traduz-se no destino que a União deve dar aos valores arrecadados em razão da exploração e da produção de petróleo e de gás. Logo, os valores que a União receber, em razão da exploração e produção de petróleo e de gás, devem ser repassados aos Estados, aos Municípios e ao Distrito Federal de duas formas, a saber: **(a) compensação financeira**, se o ente político suportar, em razão do exercício de atividade lícita em seu território, qualquer gravame, inclusive a perda de receitas tributárias. Assim, a acepção semântica de compensação, utilizada no Texto Supremo, é a de manter o equilíbrio entre o patrimônio de quem suporta em seus domínios a exploração de petróleo e de gás, com o patrimônio de quem se beneficia de tal exploração; ou (excludente) **(b) a participação no resultado da exploração**, que pode traduzir-se em um percentual a ser aplicado sobre o resultado da exploração (e não sobre o valor total da produção), a ser partilhado entre os Estados e os Municípios produtores, se a exploração ocorrer em seus domínios territoriais, ou entre todos os demais entes políticos, se a exploração se der no mar territorial, na plataforma continental e na zona econômica exclusiva.

A Magna Carta não determinou as formas que a União poderia utilizar para receber os recursos decorrentes da exploração de petróleo e de gás, cabendo ao legislador infraconstitucional fazê-lo.

O legislador infraconstitucional, desatento ao que determinou a Constituição do Brasil, instituiu as chamadas participações governamentais, que se traduzem no que denominou de *royalties*, de participação especial, de bônus de assinatura e de pagamento pela ocupação ou retenção de área. Definidas e classificadas tais imposições, concluímos que o legislador federal instituiu: (a) impostos (os denominados *royalties*, participação especial e pagamento pela ocupação ou retenção de área), (b) *royalties* (os denominados bônus de assinatura) e (c) participação no resultado da produção (para os proprietários dos imóveis, quando a exploração ocorrer em terra).

Para que pudéssemos chegar a tais conclusões, seguimos o seguinte percurso:

a) adotamos a Filosofia da Linguagem, o Giro-linguístico e o Construtivismo Lógico Semântico como norteadores das nossas reflexões.

b) investigamos o regime jurídico constitucional referente à atividade exploratória de petróleo e de gás, tal como posto nos arts. 20, § 1º e 177 da CF.

c) analisamos a legislação infraconstitucional editada para dar eficácia a tais comandos constitucionais, a saber: Lei nº 2.004/53; Lei nº 3.257/57; Decreto-Lei nº 523/69; Decreto-Lei nº 1.288/73; Lei nº 7.453/85; Lei nº 7.525/86; Lei nº 7.990/89; Lei nº 8.001/90; Lei nº 9.478/97; Lei nº 12.351/2010; Lei nº

12.304/2010; Lei nº 12.276/2010 e a Lei nº 12.734/2012.

d) verificamos que as atividades exploratórias são reguladas e fiscalizadas pela União e poderão ser exercidas, mediante concessão, contratação sob o regime de partilha de produção ou por cessão onerosa, por empresas constituídas sob as leis brasileiras, com sede e administração no País, cabendo à Agência Nacional do Petróleo, dentre outras atribuições, elaborar os editais e promover as licitações para a concessão de exploração, desenvolvimento e produção, celebrando os contratos e fiscalizando a sua execução.

e) partilhamos do entendimento doutrinário pelo qual os contratos de concessão, de autorização, contratação sob o regime de partilha da produção e cessão onerosa são contratos administrativos, vinculados à lei, nos quais o único ato de vontade que o concessionário/contratado exerce é de firmar o contrato ou não. É assegurado o equilíbrio econômico financeiro da avença.

f) verificamos que são fixadas no edital e no contrato de concessão, as denominadas participações governamentais, que se traduzem em contraprestações, previstas em lei, devidas pelos concessionários. São elas: bônus de assinatura, *royalties* ou compensação pela extração de petróleo e de gás, participação especial e pagamento pela ocupação ou retenção de área.

g) quanto à classificação jurídica das denominadas participações governamentais temos que:

- o *bônus de assinatura* traduz-se num pagamento pelo direito de exploração do bloco, que o concessionário faz à União Federal pelo direito de explorar o patrimônio a Ela pertencente. Sendo assim, tal verba pode ser classificada como *royalty*, considerando-se que os *royalties* são tomados como o pagamento devido por todo aquele que explora direito de outrem.

- os valores a serem pagos pelos exploradores de petróleo e de gás, denominados *royalties*, tal como previstos na Lei nº 9.478/97, *não possuem tal classificação jurídica*, porque não se destinam a contraprestação de direitos exploratórios.

- a *participação especial* classifica-se como tributo, mais precisamente um imposto, que incide sobre a receita líquida da exploração do campo.

- o *pagamento pela ocupação ou retenção de área* traduz-se num imposto, cobrado pela União e destinado à Agência Nacional do Petróleo. Nos termos do art. 154, inciso I, do Texto Supremo, tal tributo só poderia ser instituído por meio de lei complementar, desde que não fosse cumulativo, não tivesse fato imponível tributário e base de cálculo próprios de outros impostos previstos na Constituição Federal, o que não se verifica na hipótese, maculando-o de inconstitucionalidade.

- o *pagamento aos proprietários da terra* traduz-se numa participação equivalente, em moeda corrente, a um percentual variável entre cinco décimos por cento e um por cento da produção de petróleo ou de gás natural;

h) a Lei nº 12.351/2010, que dispõe sobre a exploração e a produção de petróleo, de gás natural e de outros hidrocarbonetos fluidos, sob o regime de partilha de produção, em áreas do pré-sal e em áreas estratégicas prevê como receitas governamentais:

- *royalties*, que correspondem à compensação financeira pela exploração de petróleo, de gás natural e de outros hidrocarbonetos fluidos de que trata o § 1º do art. 20 da CF, vedada sua inclusão no cálculo do custo em óleo. *Royalties* e compensação, por possuírem distinta classificação jurídica não podem ser tomados como sinônimos pelo legislador. Aqui, também os denominados *royalties* possuem a classificação jurídica de imposto;

- o *bônus de assinatura:* por traduzir-se em contraprestação pelo uso de direito exploratório, possui a classificação jurídica de *royalty*;

EXPLORAÇÃO DE PETRÓLEO E DE GÁS NATURAL

i) no *contrato de cessão onerosa* há pagamento de um imposto incidente sobre o valor total da produção (10%), impropriamente denominado de *royalty*.

j) a compensação financeira prevista no art. 20, § 1°, da CF não pode ser tida como sinônimo de *royalty* visto que, pelo Texto Supremo, a mesma é devida aos Estados, aos Municípios e ao Distrito Federal que não são os detentores do patrimônio público explorado. Só faz jus ao pagamento de *royalties* a União Federal na qualidade de proprietária do patrimônio público explorado.

k) a compensação financeira, prevista no texto constitucional, deve ser partilhada entre os entes políticos que suportam os efeitos negativos da exploração de petróleo e de gás (atividade lícita), dentre elas a perda de receita tributária. Já a participação no resultado da exploração pode dar-se entre todos os entes políticos, sejam produtores ou não, quando a exploração ocorrer no mar territorial, na plataforma continental e na zona econômica exclusiva.

l) a titularidade do produto da lavra de petróleo e de gás pertence ao concessionário a teor do que dispõe o art. 177 da CF, o art. 26 da Lei n° 9.478/97 e a jurisprudência do Supremo Tribunal Federal.

m) nos contratos de partilha de produção, o contratado adquire a propriedade da lavra referente ao custo em óleo e uma parte do excedente da produção, visto que o excedente da produção deve ser partilhado com a União Federal. A União não adquire essa parte da lavra do contratado. Neste caso, a propriedade do produto da lavra é originária da União.

n) no contrato de cessão onerosa, assinado entre a União e a Petrobras, a estatal assume a propriedade da produção do campo, devendo pagar um imposto, impropriamente chamado de *royalties*, nos termos do art. 47 da Lei n° 9.478/97.

o) também as imposições, veiculadas por meio de leis ordinárias federais (Lei n° 9.478/97 e Lei n° 12.351/2010), incidentes sobre o valor total da produção dos campos de petróleo e de gás, oneram o patrimônio do particular, consistindo, portanto, em receita derivada da União, de natureza tributária.

p) nos regimes jurídicos dos contratos de concessão, de partilha de produção é preciso *atentar que a lei e o contrato já determinam que é dever do concessionário/contratado indenizar todos os danos que causar, inclusive os ambientais*, o que leva a crer que a Constituição Federal em seu art. 20, § 1°, *não trata de indenização* ao se referir à compensação financeira.

q) não existe qualquer relação jurídica entre os Estados, os Municípios, o Distrito Federal e os órgãos da Administração Direta da União e os exploradores de petróleo e de gás, obrigados, por força de lei, a pagar à União as denominadas contrapartidas governamentais.

r) a compensação financeira e a participação no resultado da exploração são formas de destinação constitucional dos recursos que a União obtém em razão da exploração de petróleo e de gás. São destinos arrecadatórios constitucionalmente previstos, não podendo ser confundidos com o modo que a União elegeu para obter do explorador os recursos referentes à exploração de petróleo e de gás. Ou seja, uma coisa é como a União obtém os recursos, instituindo impostos; outra é a forma como os destina.

s) a União, por meio da Lei n° 9.478/97, instituiu um imposto incidente sobre o valor total da produção do campo, que dominou de *royalty*, e um outro imposto que incide sobre a receita líquida do campo, que denominou de participação especial. Tais impostos são inconstitucionais, uma vez que, por estarem inseridos na competência residual da União, só poderiam ser veiculados por meio de lei complementar, respeitada a não-cumulatividade constitucionalmente prevista, bem como a capacidade contributiva.

t) a Lei n° 12.351/2010, bem como a Lei n° 12.276/2010 instituíram um imposto incidente sobre o valor da produção, que denominaram impropriamente de *royalty*, que também é inconstitucional, por não ter sido introduzido no ordenamento jurídico por meio de lei complementar, por desrespeitar a não-cumulatividade constitucionalmente prevista, bem como a capacidade contributiva.

u) quanto ao destino da arrecadação dos valores, advindos da exploração de petróleo e de gás, constitucionalmente previsto como compensação ou participação no resultado da exploração, temos que, tanto a Lei n° 9.478/97, a Lei n° 12.351/2010, bem como a Lei n° 12.276/2010 não o implementaram, limitando-se a fazer a partilha percentual do produto da arrecadação, totalmente avessas ao que determinou o Texto Supremo no § 1° do art. 20.

v) a "compensação" financeira prevista no art. 20, § 1°, da CF, não se traduz na compensação civil, tal como posta no art. 368 do CC. É evidente que a Magna Carta não cuida, no artigo em comento, da extinção das obrigações entre credores e devedores recíprocos. Possui outra irradiação semântica.

w) analisando-se o regime jurídico da compensação tributária, verifica-se que também não foi nesta acepção semântica que o vocábulo compensação foi empregado, porque não trata a Magna Carta no art. 20, § 1°, da extinção total ou parcial de obrigações tributárias.

x) também não poder ser entendida a "compensação" em foco como cláusula contratual, porque embora no ato de positivação do Direito, a máxima concretude esteja nos contratos de concessão, de partilha de produção e de cessão onerosa, veiculando, dentre outras, a obrigação do concessionário/contratado de pagar o imposto impropriamente denominado de compensação, é fato que tais contraprestações não surgem do acordo de vontades, mas da lei. As partes apenas se comprometem a celebrar a avença nos termos da lei. Logo, a compensação em apreço não tem natureza eminentemente contratual. Não deriva de qualquer contrato, de um livre acordo de vontades. Ficasse ao alvedrio das partes a livre estipulação de contrapartidas governamentais, talvez estas não existissem nos contratos ou tivessem outros contornos. Assim, a acepção semântica do termo compensação, como cláusula contratual, emergente do acordo de vontades entre o Poder Público e o particular, não satisfaz os reclamos da presente investigação.

y) a compensação, a que se refere o § 1º do art. 20 da CF, traduz-se numa forma de destinação constitucional dos recursos advindos da exploração de petróleo e de gás, devida quando houver o desequilíbrio patrimonial entre quem aufere os ganhos advindos da exploração de petróleo e de gás e quem suporta a lavra. Neste caso, o valor devido ao desfavorecido deverá corresponder aos ônus comprovadamente suportados, dentre eles a perda de receita tributária dos Estados produtores, decorrente da imunidade nas operações interestaduais que envolvem o petróleo e o gás. Sua base de cálculo deve ser representativa do valor do ônus causado, não podendo ser a receita bruta do campo ou o seu lucro. Portanto, com razão, o Supremo Tribunal Federal quando aduziu que a compensação financeira não foi instituída pela legislação ordinária, tal como determinado pela Constituição Federal.

z) a compensação financeira em comento não é indenização, porque cabe indenização para reparar dano decorrente de ato ilícito, quando a indenização for o meio eficiente para eliminar o prejuízo e as suas consequências. O valor do *quantum* indenizatório só poderá ser o correspondente ao do dano ocorrido. Não poderá tomar como base de cálculo a receita bruta do campo. Por sua vez, a compensação surge em decorrência de ato lícito e quando não há a possibilidade da indenização eliminar o ônus causado ao patrimônio agredido. Por exemplo, as atividades necessárias à implantação de um empreendimento lícito, licenciado pelo Estado, no que se refere às obras, movimentação de máquinas, de solo, de pessoas, gasto de recursos hídricos etc, podem causar ônus ou incômodos ao local onde se instala, antes mesmo que nele se iniciem quaisquer atividades passíveis de causar danos. Tais locais suportariam um ônus maior do que os outros, que só usufruiriam dos benefícios da exploração da atividade. Logo, não há como, juridicamente, entender que compensação e indenização são expressões sinônimas porque: (a) são institutos jurídicos diferentes, por terem origem diversa (ato jurídico lícito ou ilícito, respectivamente); b) só é possível cogitar-se em compensação quando não for possível indenizar; (c) não previu a Magna Carta em seu art. 20, § 1º, mais uma modalidade de indenização a onerar as atividades exploratórias, usando o vocábulo compensação na acepção semântica de manutenção do equilíbrio econômico entre dois interesses tutelados pelo Direito e (d) porque as normas infraconstitucionais se pretendiam instituir uma indenização não elegeram a base de cálculo adequada a aquilatar, em cada caso concreto, a extensão da dano.

aa) o legislador infraconstitucional não instituiu a participação no resultado da exploração, porque quando o art. 20, § 1º, da CF dispôs sobre o resultado, o fez no sentido contábil, não se referindo ao valor total da produção do campo. Resultado envolve o confronto das receitas auferidas com a extração, a produção e a comercialização com os custos e despesas incorridos para viabilizar a produção e comercialização de tais produtos. Logo, um tributo que incide sobre o valor total da produção do campo, não pode ser confundido com a participação no resultado da lavra.

bb) é preciso que o legislador infraconstitucional produza uma legislação que realmente implemente o que determinou a Constituição Federal, quer na instituição do imposto incidente sobre as operações que envolvem a produção de petróleo e de gás, quer na destinação do produto de tal arrecadação. A cobrança dos *royalties* também precisa ser reformulada, para que seja instituída uma autêntica cobrança pelo uso do direito exploratório.

Estas reflexões visam à definição e a classificação das imposições legais que oneram a exploração e a produção de petróleo e de gás, bem como a análise dos destinos constitucionais dos frutos econômicos das mesmas, proporcionando ao estudioso e ao aplicador do Direito um panorama jurídico sistêmico que poderá ajudar no enfrentamento de tantas disputas judiciais que a exploração e a produção de petróleo e de gás suscitam, tais como o destino constitucional dos valores arrecadados, a contemplação dos entes políticos não produtores na participação do resultado da exploração, e tantos outros que ainda poderão surgir.

Visam, ainda, a incentivar a reflexão e a crítica jurídica sistematizada, ensejadoras de debate, o que sem dúvida contribuirá para que o trato do tema evolua para construções jurídicas bem estruturadas.

REFERÊNCIAS BIBLIOGRÁFICAS

AGÊNCIA NACIONAL DO PETRÓLEO, GÁS NATURAL E BIOCOMBUSTÍVEIS – ANP. *O regime regulador misto*: concessão e partilha. Disponível em: <http://www.anp. gov.br/?pg=63573&m=o%20regime%20regulador%20misto&t1=&t2=o%20regime%20regulador%20misto&t3=&t4=&ar=0&ps=1&1436629330326>. Acesso em: 15 abr. 2013.

AGÊNCIA NACIONAL DO PETRÓLEO, GÁS NATURAL E BIOCOMBUSTÍVEIS.

Portaria ANP nº 29, de 22.2.2001. Disponível em: <http://nxt. anp.gov.br/NXT/gateway.dll/leg/folder_portarias_anp/portarias_anp_tec/2001/fevereiro/panp%2029%20-%202001.xml>. Acesso em: 12 jul. 2015.

AFONSO, José Roberto; CASTRO, Kleber Pacheco de. *Tributação do setor de petróleo*: Evolução e perspectiva. Textos para discussão. Brasília, 2010. Disponível em: < http://www.esaf.fazenda.gov.br/a_esaf/biblioteca/textos-para-discussao/?searchterm=Kleber%20Pacheco%20 de%20Castro>. Acesso em: 05 jul. 2012.

ATALIBA, Geraldo. *Hipótese de incidência tributária*. 6. ed. 12. tir. São Paulo: Malheiros, 2011.

_____. *Estudos e pareceres de direito tributário*. v. 1 e 2. São Paulo: RT, 1978.

_____. *República e constituição*. 2. ed. São Paulo: Malheiros, 1998.

_____. *Taxa de polícia e funcionamento*. Estudos e pareceres de direito tributário. São Paulo: RT, 1978.

_____. Normas gerais de direito financeiro e tributário e autonomia dos estados e municípios. *Revista de Direito Público*, n. 10, ano 2, São Paulo, RT, p. 45-80, out/dez.1969.

_____. *As estruturas lógicas e o sistema de direito positivo*. Prefácio. São Paulo: Noeses, 2005.

BAIN & COMPANY; TOZZINI FREIRE ADVOGADOS. *Estudos de alternativas regulatórias, institucionais e financeiras para a exploração e produção de petróleo e gás natural e para o desenvolvimento industrial da cadeia produtiva de petróleo e gás natural no Brasil*. 2009. Disponível em: <http://www.bndes.gov.br/SiteBNDES/export/sites/default/bndes_pt/Galerias/Arquivos/empresa/pesquisa/chamada1/RelConsol-1de6.pdf>. Acesso em: 24 agost. 2012.

BALEEIRO, Aliomar. *Limitações constitucionais ao poder de tributar*. 6. ed. Rio de Janeiro: Forense, 1985.

_____. *Uma introdução à ciência das finanças*. 14. ed. Rio de Janeiro: Forense, 1987.

BARRETO, Paulo Ayres. *Contribuições*: Regime jurídico, destinação e controle. São Paulo: Noeses, 2006.

BAPTISTA, Silvio Neves de. *Teoria geral do dano*. São Paulo: Atlas, 2003.

BASTOS, Celso Ribeiro. *Curso de direito constitucional*. 4. ed. São Paulo: Saraiva, 1891.

BATISTA, Henrique. *A constitucionalidade da contratação direta da Petrobras no Pré-sal*. Reflexões jurídicas.

BECKER, Alfredo Augusto. *Teoria geral do direito tributário*. São Paulo: Saraiva, 1963.

_____. *Carnaval tributário*. São Paulo: Lejus, 1999.

BERCOVICI, Gilberto. *Direito econômico do petróleo e dos recursos minerais*. São Paulo: Quartier Latin, 2011.

BITTAR, Djalma. *Relação jurídica tributária em nível lógico*. São Paulo: LTr, 1993.

BOBBIO, Norberto. *Teoria do ordenamento jurídico*. Trad. Maria Celeste Cordeiro Leite dos Santos. 6. ed. Brasília: UnB, 1995.

_____. *Teoria della norma giuridica*. Torino: Giappichelli, 1960.

BORGES, José Souto Maior. *Lei complementar tributária*. São Paulo: RT, 1975.

_____. *Elementos de direito tributário*. São Paulo: RT, 1978.

BOTTALLO, Eduardo Domingos. *Obrigação tributária*: Uma introdução metodológica. São Paulo: Saraiva, 1984.

_____. Princípios gerais do processo administrativo tributário. *Revista de Direito Tributário*, n° 1, São Paulo, Malheiros, p. 183-187, 1977.

BRUNA, Sérgio Varella. Atribuições das agências reguladoras. Peculiaridades do modelo brasileiro. *Revista do Direito da Energia* – IBDE. 2004.

BULHÕES PEDREIRA, José Luiz. *Imposto de renda*. Rio de Janeiro: Justec, 1971.

BULOS, Uadi Lammêgo. *Constituição federal anotada*. 9. ed.

São Paulo: Saraiva, 2009.

CÂMARA DOS DEPUTADOS. Consultoria Legislativa. Descrição e Análise do Contrato de Cessão Onerosa entre a União e a Petrobrás. Consultor Legislativo: Paulo César Ribeiro Lima. Disponível em: <bd.camara.gov.br/bd/bitstream/handle/.../descricao_analise_lima.pdf?seq>. Acesso em: 09 mar. 2012.

CAMPILONGO, Celso Fernandes. *Decisão política e decisão jurídica*. São Paulo: Max Limonad, 2001.

CANARIS, Claus-Wilthelm. Pensamento sistemático e conceito de sistema na ciência do direito. Trad. Antonio Manuel da Rocha e de Menezes Cordeiro. Lisboa: Fundação Calouste Gulbenkian, 1989.

CANOTILHO, J. J. Gomes. *Direito constitucional e teoria da constituição*. 4. ed. Coimbra: Almedina, 2000.

CANTO, Gilberto de Ulhôa. *Temas de direito tributário*. Rio de Janeiro: Alba, 1964.

CARDOSO, Auta Alves. Gás como fonte de energia sustentável. A importância da sua desoneração fiscal. In: TORRES, Heleno Taveira; CATÃO, Marcos André Vinhas (Coords.). *Tributação no setor do petróleo*. São Paulo: Quatier Latin, 2005.

_____. Da concessão de regimes especiais pelas autoridades fiscais. Motivos autorizadores e consequências jurídicas. *Revista Jurídica Tributária*, n° 9, Rio Grande do Sul, Notadez, 2009.

_____. A retribuição aos municípios pela utilização do subsolo urbano. *Revista de Direito Tributário*, n° 90, São Paulo, Malheiros, p. 187-203.

_____. ISS – Conflito entre a lei municipal e a norma geral de direito tributário. Lei Complementar 116/2003. Análise dos principais aspectos polêmicos da legislação do ISS. In: *Revista de Direito Tributário*, nº 93, São Paulo, Malheiros, p. 286-299.

_____. ISS – Tributação sobre serviços prestados no exterior: Contextualização e críticas. In: TORRES, Heleno Taveira (Coord.). *Direito Tributário Internacional Aplicado*, v. IV, São Paulo, Quatier Lantin, p. 709-730, 2007.

CARNELUTTI, Francesco. *Teoria general del derecho*. Trad. F. X. Osset. Revista de Derecho Privado, Madrid, 1955.

CARRAZZA, Elizabeth Nazar. *Os princípios da igualdade e da capacidade contributiva e a progressividade do IPTU*. Curitiba: Juruá, 1993.

CARRAZZA, Roque Antônio. *Curso de direito constitucional tributário*. 15. ed. São Paulo: Malheiros, 2000.

_____. *Natureza jurídica da "compensação financeira para a exploração de recursos minerais"*. Sua manifesta inconstitucionalidade. São Paulo: Justitia, 1995.

CARRIÓ, Genaro R. *Notas sobre derecho e lenguaje*. Buenos Aires: Abeledo-Perrot, 1990.

CARVALHO, Aurora Tomazini de. *Curso de teoria geral do direito*. O Construtivismo Lógico Semântico. São Paulo: Noeses, 2009.

CARVALHO, Paulo de Barros. *Direito tributário*: Linguagem e método. 2. ed. São Paulo: Noeses, 2008.

_____. *Curso de direito tributário*. 21. ed. São Paulo: Saraiva. 2009.

_____. *Parecer sobre a compensação financeira pela exploração de recursos minerais – CFEM*. São Paulo. 2006.

_____. *Fundamentos jurídicos da incidência*. 2. ed. São Paulo: Saraiva, 1999.

_____. *Derivação e positivação no direito tributário*. v. 1. São Paulo: Noeses, 2011.

_____. *Teoria da norma tributária*. 3. ed. São Paulo: Max Lomonad, 1998.

_____. O direito positivo como sistema homogêneo de enunciados deônticos. *Revista de Direito Tributário*, v. 45, ano 12, São Paulo, Malheiros, , p. 32-36, 1988.

CASTILLA, Gustavo Ordoqui. Obligacion de compensar daños causados por condutas lícitas. São Paulo: RT, 1996.

CASTRO, Kleber Pacheco de; AFONSO, José Roberto. *Tributação do setor de petróleo*: Evolução e perspectiva. Textos para discussão. Brasília, 2010. Disponível em: < http://www.esaf.fazenda.gov.br/a_esaf/biblioteca/textos=-para-discussao/?searchterm-Kleber%20Pacheco%20de%20Castro>. Acesso em: 04 dez. 2012.

CERQUEIRA, Marcelo Fortes de. *Extinção da obrigação tributária*: Compensação e repetição do indébito. Curso de especialização em direito tributário. Estudos analíticos em homenagem a Paulo de Barros Carvalho. São Paulo: Forense, 2006.

CIRNE LIMA, Ruy. Princípios de direito administrativo. 2.ed. Porto Alegre.

CLEMES, Sergio. É devido o pagamento da compensação financeira por exploração de recursos minerais (CFEM), prevista na Lei nº 7.990/89? Disponível em: <http//jus2.uol.com.br/doutrina/ texto.asp>. Acesso em: 20 abr. 2012.

COMPARATO, Fábio Konder. Direito público. Estudos e pareceres. São Paulo: Saraiva, 1996.

CONRADO, Paulo César. *Compensação tributária e processo*. 2. ed. São Paulo: Quartier Latin, 2010.

COSTA, Hirdan Katarina de Medeiros; SANTOS, Edmilson

Moutinho dos. A jurisprudência do STJ e do STF e a distribuição dos royalties do petróleo. *Revista do Direito da Energia*, nº 11, Rio de Janeiro, IBDE, p. 279-307, abr./2012.

COSTA, Maria D'Assunção. *Comentários à lei do petróleo*. 2. ed. São Paulo: Atlas, 2009.

CRUZ, José Athié Campos da; CHAGAS, Maurício Saraiva de Abreu. A CFEM como *royalty*. In: SILVA, Paulo Roberto Coimbra da (Coord.). *Compensação financeira pela exploração de recursos minerais*. São Paulo: Quartier Lantin, 2010.

CUÉLLAR, Leila. *As agências reguladoras e seu poder normativo*. São Paulo: Dialética, 2001.

DE PLÁCIDO E SILVA, Oscar Joseph. *Noções de finanças e direito fiscal*. 3. ed. Curitiba: Guairá, 1946.

DI PIETRO, Maria Sylvia Zanella. *Parcerias na administração pública*. 3. ed. São Paulo: Atlas, 1999.

DINIZ, Maria Helena. *Curso de direito civil brasileiro*. Teoria geral das obrigações. v. 2. 16. ed. São Paulo: Saraiva, 2002.

_____. *Código civil anotado*. 9. ed. São Paulo: Saraiva, 2003.

_____. *As lacunas no direito*. 8. ed. São Paulo: Saraiva, 2007.

_____. *Conflito de normas*. São Paulo: Saraiva, 2003.

_____. *Compêndio de introdução à ciência do direito*. São Paulo: Saraiva, 1988.

ESCOLA SUPERIOR DE ADMINISTRAÇÃO FAZENDÁRIA – ESAF. Tributação do Setor de Petróleo: Evolução e Perspectivas. José Roberto Afonso e Kleber Pacheco de Castro. Brasília, junho de 2010. Disponível em: <www.esaf.fazenda.gov.br/a_esaf/.../arquivo.2013-04-17.1606654842>. Acesso em: 20 jul. 2015.

FERRARA, Francesco. *Como aplicar e interpretar as leis*. Belo Horizonte: Líder, 2002.

FERRAZ JR., Tercio Sampaio. *Introdução ao estudo do direito*. Técnica, decisão dominação. 6. ed. São Paulo: Atlas, 2010.

FERRAGUT, Maria Rita. *As presunções no direito tributário*. 2. ed. São Paulo: Quatier Latin, 2005.

FIORIN, José Luiz. *Introdução ao pensamento de Bakhtin*. São Paulo: Ática, 2006.

FLUSSER, Vilém. *Língua e realidade*. 3. ed. São Paulo: Annablume, 2007.

FREDERICO, Daniel Braga. Alguns apontamentos acerca da natureza jurídica das participações governamentais do petróleo e do gás e seus reflexos práticos. *Revista Brasileira de Direito do Petróleo, Gás e Energia*, n° 1, Rio de Janeiro, p. 189-208, mar. 2006.

FURLAN, Valéria C. P. *IPTU*. São Paulo: Malheiros, 1998.

FUX, Luiz. *O novo processo de execução*. Rio de Janeiro: Forense, 2008.

GADAMER, Hans George. *Verdade e método*. 4. ed. Rio de Janeiro: Vozes, 1997.

GAMA, Tácio Lacerda. *Contribuição de intervenção no domínio econômico*. São Paulo: Quartier Latin, 2003.

GAGLIANO, Pablo Stolze; PAMPLONA FILHO, Rodolfo. *Novo curso de direito civil*. 8. ed. São Paulo: Saraiva, 2007.

GOMES, Orlando. *Direito civil*. Obrigações. 17. ed. Atual. de Edvaldo Brito. Rio de Janeiro: Forense, 2007. GONÇALVES, Carlos Roberto. *Direito civil brasileiro*. Teoria geral das obrigações. 8. ed. São Paulo: Saraiva, 2011.

GRAU, Eros Roberto. *O direito posto e o direito pressuposto*. 7. ed. São Paulo: Malheiros, 2008.

_____. *A ordem econômica na Constituição de 1988*. 4. ed. São Paulo: Malheiros, 2010.

GUTMAM, José. *Tributação e outras obrigações na indústria do petróleo*. Rio de Janeiro: Freitas Bastos Editores, 2007.

HABERNAS, Jurgen S. *Verdade e justificação*: ensaios filosóficos. São Paulo: Loyola, 2000.

HARET, Florence. As presunções e a linguagem prescritiva do direito. *Revista de Direito Tributário*, v. 97, São Paulo, Malheiros, p. 109–117, 2007.

HEIDEGGER, Martin. *Conferências e escritos filosóficos*. Coleção: Os pensadores. São Paulo: Vozes, 2003.

HORVATH, Estevão; OLIVEIRA, Regis Fernandes de. *Manual de direito financeiro*. 6. ed. São Paulo: RT, 2003.

INSTITUTO BRASILEIRO DE ESTUDOS DO DIREITO DA ENERGIA. A jurisprudência do STJ e do STF e a distribuição dos royalties do petróleo. *Revista do Direito da Energia*, nº 11, abril de 2012. 7º Congresso Internacional do Direito da Energia. p. 279-307.

INSTITUTO DE PESQUISAS TECNOLÓGICAS – IPT. *Nota Técnica 005/2009*. Participações governamentais na renda do petróleo no Brasil. 2009. Disponível em: < http://www.energia.sp.gov.br/a2sitebox/arquivos/documentos/216.pdf>. Acesso em: 13 abr. 2012.

IVO, Gabriel. *Norma jurídica*: Produção e controle. São Paulo: Noeses, 2007.

JARDIM, Eduardo Marcial Ferreira. *Dicionário de direito tributário*. São Paulo: Noeses, 2011.

JUSTEN FILHO, Marçal. *O direito das agências reguladoras independentes*. São Paulo: Dialética, 2002.

KELSEN, Hans. *Teoria pura do direito*. Trad. João Baptista Machado. Lisboa: Armênio Amado, 1984.

_____. *Teoria pura do direito*. 2. ed. São Paulo: Martins Fontes, 1987.

_____. *Teoria geral das normas*. Porto Alegre: Sergio Antonio Fabris, 1986.

LEITE, Camila Morais; MARCUCI, Roberta Borella. A CFEM como indenização ambiental – CFEM. Compensação financeira pela exploração de recursos minerais. São Paulo. Quartier Lantin. 2010.

137 LEITE, Fabricio do Rozario Valle Dantas. As participações governamentais na indústria do petróleo sob a perspectiva do estado-membro: Importância econômica, natureza jurídica e possibilidade de fiscalização direta. *Revista de Direito GV*, n° 2, v. 5, São Paulo, Fundação Getúlio Vargas, Escola de Direito, jul./dez. 2009. Disponível em: <http://dx.doi.org/10.1590/S1808-24322009000200015>. Acesso em: 08 set. 2012.

LIMA, Rayssa Cunha. Os contratos de concessão da indústria do petróleo e gás natural. *Jus Navigandi*, n° 2.765, ano 16, 26 jan. 2011. Disponível em: <http:jus.com.br/950714-rayssa-cunha-lima/publicacoes>. Acesso em: 21 mar. 2012.

LIMA, Ruy Cirne. *Princípios de direito administrativo*. 2. ed. Porto Alegre: Globo, 1939.

MALUF, Alberto Dabus. *Curso de direito civil*. 35. ed. São Paulo: Saraiva, 2010.

MANOEL, Cácio Oliveira. *Natureza jurídica dos royalties do petróleo*. 2° Congresso Brasileiro de P&D em Petróleo e Gás. Disponível em: <http://www.portalabpg.org.br/

PDPetro/2/7056.pdf>. Acesso em: 10 mai. 2013.

MAXIMILIANO, Carlos. *Hermenêutica e aplicação do direito.* 9. ed. 1. tiragem. Rio de Janeiro: Forense, 1980.

MAZZA. Alexandre. *Agências reguladoras.* Coleção Temas de Direito Administrativo. São Paulo: Malheiros, 2005.

MELLO, Celso Antônio Bandeira de. *Curso de direito administrativo.* 17. ed. São Paulo: Malheiros, 2004.

MELO, José Eduardo Soares de. *Contribuições sociais no sistema tributário.* 5. ed. São Paulo: Malheiros, 2003.

MENDES, Conrado Hübner. Reforma do estado e agências reguladoras: Estabelecendo os parâmetros de discussão. In: SUNDFELD, Carlos Ari (Org.). *Direito administrativo econômico.* São Paulo: Malheiros Editores, 2000.

MENDONÇA, Manoel Inácio Carvalho de. *Doutrina e prática das obrigações.* 4. ed. Rio de Janeiro: Forense, 1956.

132 MENEZELLO, Maria D'Assunção Costa. Comentários à Lei do Petróleo. Lei Federal n° 9.478, de 6-8-1997. São Paulo: Atlas, 2000.

MENSAGEM n° 870, DE 6 DE AGOSTO DE 1997, do Presidente da República ao Presidente do Senado Federal, publicada no Diário Oficial da União de 7.8.1997; ADInMC 1.949-RS, rel. Min. Sepúlveda Pertence, 18.11.99. (Publicado no Informativo STF n° 171, Brasília, 15 a 19 de novembro de 1999).

MINISTÉRIO DE MINAS E ENERGIA. Contrato n° 48000.003155/2007-17: Desenvolvimento de Estudos para elaboração do Plano Duodecenal (2010-2030) de Geologia, Mineração e Transformação Mineral Ministério de Minas e Energia – Mme. Secretaria de Geologia, Mineração e Transformação Mineral-Sgm. Banco Mundial. Banco Internacional para a Reconstrução e Desenvolvimento

– Bird. Aspectos Tributários da Mineração Brasileira. Análise Comparativa de Royalties. J.Mendo Consultoria. Consultor: Eliezer Braz. Projeto Estal. Projeto de Assistência Técnica ao Setor de Energia. Junho de 2009. Disponível em: <www.mme.gov.br/...Mineral_no.../7539b086-7d51-4e11-b67e-d914d53>. Acesso em: 04 nov. 2012.

MINISTÉRIO DE MINAS DE ENERGIA. *Pré-Sal*: Perguntas e respostas. Perguntas mais frequentes sobre o marco regulatório do Pré-Sal. 2009. p. 10. Disponível em: < http://www.mme.gov.br/documents/10584/1256544/Cartilha_prx-sal.pdf/e0d73bb0-b74b-43e1-af68-d8f4b18cb16c>. Acesso em: 17 jul. 2015.

MINISTÉRIO DE MINAS E ENERGIA. Resolução CNPE nº 5/2013, de 25 de junho de 2013. Disponível em: < http://www.mme.gov.br/documents/10584/1139163/Resolucao_CNPE_5_2013.pdf/bc0d3bcd-763f-42fa-82fa-9187ccc84ff1>. Acesso em: 12 jul. 2015.

MONTEIRO, Washington de Barros. *Curso de direito civil*. 35. ed. São Paulo: Saraiva, 2010.

MORAES, Bernardo Ribeiro de. *Doutrina e prática das taxas*. São Paulo: RT, 1976.

MOUSSALLEM, Tárek Moysés. *Revogação em matéria tributária*. São Paulo: Noeses, 2005.

OLIVEIRA, José Marcos Domingues de. Aspectos tributários do direito do petróleo. In: ROSADO, Marilda (Org.). *Estudos e pareceres*: direito do petróleo e gás. Rio de Janeiro: Renovar, 2005.

OLIVEIRA, Ricardo Marins. *Fundamentos do imposto de renda*. São Paulo: Quartier Latin, 2008.

PEIXOTO, Frederico Augusto Lins; MACHADO, Victor Penido. Distinções entre a CFEM e o royalty do petróleo e entre receita originária e derivada. *CFEM compensação financeira sobre a exploração de recursos minerais.* São Paulo: Quartier Latin, 2010.

PERLENGIERE, Pietro. *Il fenômeno dell'estinzione nelle obbligazioni.* Napoli: Jovene, 1971.

PIETRO, Maria Sylvia Zanella Di. Parcerias na administração pública. 3. ed. São Paulo: Atlas, 1999.

PONTES DE MIRANDA, Francisco Cavalcanti. *Tratado de direito privado.* 3. ed. v. 24 e 25. Rio de Janeiro: Borsoi, 1971.

PORTARIA ANP n° 143, de 25 de setembro de 1998. Disponível em: < http://www.anp.gov.br/brasil-rounds/round1/Docs/LDOC05_pt.pdf>. Acesso em: 12 jul. 2015.

ROCHA, Jaqueline Mainel. *Discricionariedade, técnica e poder normativo das agências reguladoras brasileiras.* Disponível em: <www.getel.org/docmonografiajaquelineDiscricionariedadeTecnica>.

ROLIM, Derance Amaral. *Royalties*: competência dos estados, do Distrito Federal e dos municípios para fiscalizar estas receitas. Âmbito Jurídico, Rio Grande do Sul, n. 98, ano XV, mar. 2012. Disponível em: <http://www.ambito- juridico.com.br/site/?n_link=revista_artigos_leitura&artigo_id=11251&revista_caderno=9>. Acesso em: 3 abr. 2013.

SANTI, Eurico Marcos Diniz. Compensação e restituição de tributos. *Repertório IOB de jurisprudência*, n° 03/96, São Paulo, IOB, p. 68-71, 1ª quinzena de 1996.

SCARVINO, Dardo. *La filosofia actual*: pensar sin certezas. Buenos Aires: Paidos, 1999.

SCHWIND, Willian Prescott Mills; ALICE, Felipe. Participações governamentais na exploração e produção de petróleo e gás. perspectivas do direito comparado e norte- americano.

Revista do Direito da Energia, n° 9, set. 2009.

SEIXAS FILHO, Aurélio Pitanga. A natureza jurídica da compensação financeira por exploração de recursos minerais. In: ROCHA, Valdir de Oliveira (Org.). *Grandes questões atuais de direito tributário*. São Paulo: Dialética, 1998.

SENADO FEDERAL. Nota Informativa n° 902, de 2012 - Referente à STC N° 2012-02611, da Consultoria Legislativa, acerca de elaboração de nota sobre as participações governamentais nas receitas de petróleo, com o objetivo de subsidiar a Comissão do Federalismo.

SILVA, Fernando Quadros da. *Agências reguladoras*. Curitiba: Juruá, 2002.

TÁCITO, Caio. As agências reguladoras da administração. *Revista de Direito Administrativo*, ano 34, v. 221, Rio de Janeiro, jul.-set. 2000.

TOMÉ, Fabiana Del Padre. *Contribuições*. Mesa de Debates do XVIII Congresso Brasileiro de Direito Tributário *Revista de Direito Tributário*, n° 92, XVIII, São Paulo, Malheiros, p. 46-73, 2005.

_____. *A prova no direito tributário*. São Paulo: Noeses, 2005.

TORRES, Ricardo Lobo. *Curso de direito financeiro e tributário*. 11. ed. Rio de Janeiro: Renovar, 2004.

TOZZINI FREIRE ADVOGADOS; BAIN & COMPANY. *Estudos de alternativas regulatórias, institucionais e financeiras para a exploração e produção de petróleo e gás natural e para o desenvolvimento industrial da cadeia produtiva de petróleo e gás natural no Brasil*. 2009. Disponível em: <http://www.bndes.gov.br/SiteBNDES/export/sites/default/bndes_pt/Galerias/Arquivos/empresa/pesquisa/chamada1/RelConsol-1de6.pdf>. Acesso em: 17 jul. 2012.

VARELA, Antunes J. M. *Direito das obrigações*. v. II. 7. ed. Rio de Janeiro: Forense, 1977.

VENOSA, Silvio de Salvo. *Direito civil*. 7. ed. São Paulo: Atlas, 2007.

VILANOVA, Lourival. *As estruturas lógicas e o sistema de direito positivo*. São Paulo: Noeses, 2005.

_____. *Causalidade e relação no direito*. São Paulo: Saraiva, 1989.

_____. *Lógica jurídica*. São Paulo: Bushatsky, 1976.

_____. Norma jurídica proposição jurídica (significação semiótica). *Revista de Direito Público*, ano XV, n° 61, São Paulo, Editora Revista dos Tribunais, p. 12-26, 1982.

_____. *Teoria da norma fundamental*. Estudos em homenagem à Miguel Reale. CAVALCANTE FILHO, Teófilo (Org.). São Paulo: RT, 1977.

_____. *Sobre o conceito do direito*. Escritos jurídicos e filosóficos. v. 1. São Paulo: IBET/Axis Mundi, 2003.

XAVIER, Alberto Pinheiro. Natureza jurídica e âmbito de incidência da compensação financeira por exploração de recursos minerais. *Revista Dialética de Direito Tributário* – RDDT, n° 29, São Paulo, Dialética, p. 11-25, 1998.

_____. *Temas de direito tributário*. Rio de Janeiro: Lumen, 1991.

WARAT, Luiz Alberto. *O direito e sua linguagem*. Porto Alegre: Fabris, 1984.

_____. *Introdução geral ao direito*. Porto Alegre: Fabris, 1994.

WITTGENSTEIN, Ludwig. *Tractatus logico-philosophicus*. Trad. Luis Henrique Lopes dos Santos. São Paulo: EDUSP, 1994.

Impressão e Acabamento
Intergraf Indústria Gráfica Eireli